亚洲类信访制度比较研究

主　编　江利红　王　凯
副主编　赵斯宇　张晓锐　杨　慧

人民出版社

序　一

　　《亚洲类信访制度比较研究》一书是近年来信访理论研究的又一优秀成果。我曾将我国的政治法律制度区分为核心政制（人民代表大会制度是其根本）与辅助政制，并将信访制度归类于辅助政制，今天看来这种分类仍然能够比较实事求是地反映中国政治法律制度的现状。把信访制度定位于辅助政制，或许可以成为人们研究、完善这个制度，协调好它与核心政制各部分关系的一个认识基点。把信访制度放在辅助政制的位置绝对不是否认它的重要性。信访制度之重要，并非因为它隶属核心政制范畴，而是因为它对核心政制的存在和有效运作是不可缺少的制度性要素。

　　实际上，本书还不经意地揭示了这样一个普遍规律，即当代世界各国，其核心政制的有效运作，都离不开类信访制度在其各要素间起辅助和拾遗补缺的作用。本书介绍、研究的亚洲各主要国家和地区的正在运作的类信访制度，已经足以证明，任何国家或地区，不论其法治发展程度高低，都必须有类似中国这种信访制度的安排作为其核心政制的必要补充。这些类信访制度包括日本的苦情相谈制度、韩国的苦衷民愿处理制度、新加坡的民情联系制度、印度的"人民法庭"制度、以色列的监察专员制度、我国台湾地区的陈情请愿制度、我国香港的申诉专员制度等等。

其实，欧美各国也有类似的制度安排，只是内容有别、名称各异而已。如欧洲不少国家（包括本书提到的瑞典）实行的议会监察专员制度，还有美国宪法第一修正案列举的关于公民和平集会和向政府请愿申冤的权利等，都是著名的例证。

作为一个整体，本书还有力地表明，中国的信访制度不是临时的、过渡性的制度安排，更不是可有可无的，而是必然与中国核心政制长期共存和需要与时俱进加以建设的制度。因为，在本书作者考察所及的几乎所有国家和地区，都有一种类同中国信访制度的体制性安排在辅佐其核心政制。可以说，这是各国政制法律制度建设和运行过程中一种带有规律性的客观需要，中国也不例外。

改革开放三十多年以来，我国社会主义建设事业取得了辉煌的成就，这在很大程度要归因于政治法律制度的保障，其中也包含着信访制度的"汗马功劳"，尤其在保障人民安居乐业、服务经济社会发展、维护社会稳定方面。但是信访制度建设在当今中国也面临着新的挑战，特别是在实现法治化方面。中共十八大报告将"全面推进依法治国"确立为推进政治建设和政治体制改革的重要任务，党的十八届四中全会明确要求"把信访纳入法治化轨道，保障合法合理诉求依照法律规定和程序就能得到合理合法的结果"。信访制度是国家治理体系现代化的重要内容，是我国当前乃至今后相当长时期社会稳定的重要力量之一。在保持执政党和群众之间的密切关系，以及维护人民群众合法权益方面，信访制度承担的功能无可替代。

我特别注意到，本书提出了一个信访立法的构想。法律法规是信访制度合法性的来源，也是其运行的基本依据。就信访制度本身的重要性而言，信访制度在法律依据方面仍存在明显缺憾。我国《宪法》第四十一条规定："公民对于任何国家机关和国家工作人员，有提出批评和建议的权利；对于任何国家机关和国家工作人员的违法失职行为，有向有关国家机关提出申诉、控告或者检举的权利，但是不得捏造或者歪曲事实进行诬告陷害。对于公民的申诉、控告或者检举，有关国家机关必须查清事实，负责处理。任何人不得压制和打击报复。由于国家机关和国家工作人员侵犯公民权利而受到损失的人，有依照法律规定取得赔偿的权利。"

我国宪法确认的这些基本权利，很大程度上以来信访制度来落实。因此，我国客观上需要信访领域的法律，尽管它不一定要称为"信访法"。现在我国规范信访行为的位阶最高的法只是国务院颁布的《信访条例》，属于行政法规，其效力低于法律，调整范围相对有限。本书作者认为，信访制度的立法现状，模糊了信访制度在整个国家法律体系中的地位，无法确保信访制度的必要权威，进而提出了相应的立法构想。这确实是一个值得重视的意见。

近年来，虽然理论界已经开始关注信访制度理论研究，但是对国外类信访制度的相关理念和方法的了解比较匮乏。而且，由于各类信访制度所依托的制度文化、意识形态、制度设置和运行都有其特色，很难在其他国家找到与信访制度完全对应的制度设置，并且不同制度相比较必然涉及多国的文化背景、制度特征，在资料收集汇总、分析研究方面也都存在一定难度，因此，目前关于信访制度比较研究的理论成果仍然十分有限。在这种条件下，作者完成本项目难能可贵。

注重从制度文化角度看问题，是本书的一个显著特点。制度离不开文化，制度作为文化的凝结，有赖于传统习惯和文化观念的支持。本书作者立足制度文化视角，选择了在制度安排上具有一定文化相似性的亚洲国家地区作为比较对象，开展类信访制度比较研究，这在国内理论界尚属首次。本书从亚洲文化角度开展信访制度比较研究，涵盖日本、韩国、印度、新加坡、以色列以及我国港澳台地区的类信访制度，通过搜集、梳理、翻译大量的外文原始资料以丰富研究素材，运用宏观、微观相结合的视角，总结这些制度的渊源、特点和价值，提出了一些有益思考。该书的出版有助于总结相关制度设置的普遍规律，在新形势下重新审视信访制度的定性、定位和功能，进一步发展完善信访制度的运行机制，推进信访制度的法治化、规范化。

最后，我还想向读者介绍一下牵头完成这个研究项目的北京市信访矛盾分析研究中心（以下简称"研究中心"）。该中心成立于2009年11月，是我国第一家致力于信访理论、社会矛盾和社会问题研究的专门机构。自成立以来，该中心一直致力于社会矛盾运行规律、信访基础理论、信访发展态势和信访风险评估等方面的开创性研究，并取得了不少颇具创新价值的成果。这些成果不仅受到有关领导人高度肯定，也受到相同及相邻专业专家学者和公众的广泛关注。

与此同时，该中心还受国家信访局委托，在全国率先开展信访立法研究，率先提出和进行社会矛盾指数研究，开创了政府部门用数量指标衡量和检测社会矛盾相关要素对立程度的先河。该中心还编辑并公开出版发行了全国第一份，也是唯一一份从信访角度研究社会矛盾和社会问题的理论刊物，刊名为《信访与社会矛盾问题研究》。另外值得一提的是，为推动信访工作专业化和职业化，该中心与北京城市学院设立当时全国首个"信访与社会矛盾冲突管理"方向研究生班，编写了全国第一套用于研究生教学用的教材，推动"产、学、研"一体化。中心还十分重视国际交流合作，借以增进国际社会对中国信访制度的了解，同时推动对国外的相关经验的参考借鉴。

相信北京市信访矛盾分析研究中心和本书作者今后能在信访制度研究领域为我国民主法治建设作出更大贡献。

童之伟
二〇一六年二月

序 二

　　《亚洲类信访制度比较研究》是北京市信访矛盾分析研究中心 2015 年计划公开出版的七部著作之一。

　　研究中心成立后始终把编辑出版信访理论著作作为一件非常重要的工作来做，就像一个工厂如果没有产品，这个工厂就会倒闭一样，一个研究机构如果没有著作出版，这个研究机构就没有什么存在的价值。研究中心成立 6 年来出版著作近 30 部，其中比较研究方面的理论著作有两部，本书是其中之一。《亚洲类信访制度比较研究》一书总结梳理了日本、韩国、新加坡、印度、以色列等国以及我国香港、澳门、台湾等地区与我国信访相类似的制度，认真分析了它们的共同点、不同点、制度产生背景、运行模式以及对我们的启示，对于进一步完善我国的信访制度，指导我们做好信访实际工作特别是推动信访工作的法治化都有重要的现实意义。

　　本书重视总结亚洲文化背景下类信访制度运行的普遍规律，为国家治理体系下信访制度的完善与发展提供借鉴。国家治理体系，体系我以为讲的是制度建设的总和，治理能力，能力我以为说的是思维和理念，体系和能力相互关联非常重要。国家治理体系和治理能力现代化的本质就是将科学、民主、法治的精神，以及由此形成的公共理性，贯彻到国家治理体系和治理能力建设当中，推动人类社会健康有序地不断发展。关注别人，总结别人，学习别人，借鉴别人，是为了使我们自己变得更好。信访制度作为中国特色的制度设计，是我国珍贵的制度资源，更是我国国家治理体系的重要组成部分。但作为制度建设，信访制度还有许多需要完善提升的地方，还需要改革与创新，还需要我们付出艰苦的努力和实践。

为了更好地做好这方面工作，研究中心在华东政法大学专门成立了"信访制度比较研究中心"，专门从事信访制度与国外相关制度比较研究、促进信访法治化建设。这些工作机制的建立，推动信访制度比较研究日益从单一走向多元，从零散走向系统，从关注制度的具体问题走向关注制度的顶层设计。当前中国面临两大问题，一是经济怎么能上去，二是社会矛盾怎么能下来。也就是说，各级政府应该把经济建设和化解社会矛盾当成政府的两件大事来抓，给予高度重视。然而我们在化解矛盾方面认识还不够，思维理念还比较陈旧，措施手段还比较传统，实际效果还远远不尽如人意。这就需要我们向别人学习和借鉴，希望本书的出版能对我们的实际工作有所启发，有所帮助。

信访制度是我国本土化的制度设计，但它从来都没有像今天这样在中国社会受到广泛关注，乃至备受国际社会所关注，信访是一门学问，但多少年来我们从来也未曾把它当作一门学问来研究。历史发展到今天，当我们总结过去、思考未来的时候，我们越来越深刻地认识到这一制度的珍贵与价值，尽管它还有需要完善和提高的地方，但它成为国家治理体系下的重要制度设计是必定无疑的。

是为序。

张宗林
二〇一六年二月

目 录

Contents

引　言

一、亚洲类信访制度比较研究的重要意义

党的十八大报告和十八届四中全会贯穿"全面推进依法治国"的法治新思维，开启了我国法治建设的新篇章。信访法治化是落实"全面推进依法治国"战略的重要举措，党和国家明确了新时期信访法治化的目标和任务：党的十八大报告要求"完善信访制度"；党的十八届三中全会要求"改革信访工作制度，实行网上受理信访制度，健全及时就地解决群众合理诉求机制。把涉法涉诉信访纳入法治轨道解决，建立涉法涉诉信访依法终结制度"；党的十八届四中全会进一步明确要求"把信访纳入法治化轨道，保障合理合法诉求依照法律规定和程序就能得到合理合法的结果"。在此基础上，国务院公布了2015年立法工作计划，高度关注信访法治化的建设工作，将"信访法"的立法作为有关"深化行政体制改革、加强政府自身建设"的立法项目而予以了明确。为深入推进新时期的信访法治化建设进程，有必要针对信访法治化建设中面临的挑战和问题，开展我国信访制度与国外类信访制度的比较研究，总结经验教训，为我国信访制度的发展完善提供借鉴。

信访是一项极具中国特色的制度，信访制度的形成和发展和我国的经济、社会、文化背景关系密切。但从公民权利的救济以及行政机关的监督等角度来看，可以说世界上几乎所有的国家和地区都存在着与我国信访相类似的制度，例如瑞典的议会监察专员制度、英国的公民申诉制度等，目前国内对于这些国家的类信访制度的介绍以及与我国信访制度的比较研究较为充分，相关著作也较为多见。而与行政复议、行政诉讼等正式的救济或监督途径相比较，信访作为非正式的救济和监督途径，其最大的特征就是灵活性，包括受理范围、受理机制、审理程序、处理结果等方面的灵活性。正因为如此，信

访比行政复议、行政诉讼等更容易受到一国的历史、文化、社会等因素的影响。而从历史、文化、社会等方面来看，比起西方诸国，我国与亚洲（特别是东亚）各国或地区的历史、文化、社会的联系更为紧密，相似程度也更高，因此，信访制度的可比性及可借鉴性也更高。正是基于这种考虑，本书选择以亚洲（特别是东亚）各国或地区的类信访制度为研究对象，通过对这些国家或地区的类信访制度的介绍以及与我国信访制度的比较研究，分析各国或地区类信访制度的主要内容、特色、实际运行效果以及存在的问题，比较各国或地区的类信访制度与我国信访制度的异同，在此基础上，明确我国现有信访制度的优缺点，并借鉴各国或地区类信访制度的优点或实践经验完善我国的信访制度，从信访的理论、制度、实践等多层面推动我国信访制度的发展。

二、亚洲类信访制度的选择标准

本书以亚洲（特别是东亚）各国或地区的类信访制度作为研究对象，但是由于亚洲的国家及地区众多，各国或地区虽然都存在着类信访制度，各种制度之间却差异甚大，因此，如何选取合适的国家或地区作为本书研究的对象是个问题。对此，本书主要基于以下标准进行选择：

第一，以我国信访制度中存在的问题为标准，为立足于我国的信访实践以及我国目前正在进行"信访法"立法的时代背景，以我国目前"信访法"立法过程中所面临的问题为出发点，具有针对性地选择作为比较研究对象的国家或地区；

第二，规范比较的标准，规范比较的前提是不同的国家或地区具有大致相同的法律结构并且被比较的制度在不同的国家或地区发挥着大致相同的社会功能，因此，从规范比较的角度出发，应当选择与我国的信访制度的法律结构以及社会功能大致相同的国家或地区作为比较研究的对象；

第三，功能比较的标准，毕竟信访是具有一定中国特色的制度设计，从规范比较的角度出发，选择与我国的信访制度的法律结构以及社会功能大致相同的国家或地区时，可供选择的国家或地区并不多，因此，本书研究主要是从功能比较的角度出发，以各国或地区相同或相类似的社会问题或需求作为核心，以类信访制度在各国或地区的社会中所发挥的功能为标准，选择研究的对象；

第四，宏观的社会背景标准，类信访制度与各国或地区的历史、文化、社会等背景密切相关，因此，本书注重将类信访制度放置于各国或地区的历史、文化、社会等宏观背景之下进行研究，特别注重选择具有浓郁亚洲文化特色的国家或地区以及现代化转型相对成功的国家或地区作为研究对象。

按照以上标准，本书经过筛选，最终选择日本的行政相谈制度、韩国的苦衷民愿处理制度、新加坡的民情联系制度、印度的申诉官制度、以色列的监察专员制度以及我国台湾地区的陈情制度和请愿制度、香港地区的申诉专员制度、澳门地区的请愿制度作为比较研究的对象。

三、亚洲类信访制度比较研究的整体思路

信访制度不仅仅是一国或地区的法律制度，而且与该国或地区的其他制度之间，与该国或地区的历史、文化、社会等背景之间存在着密切的关联。因此，本书的研究并不局限于有关信访法律制度的比较分析，而且还注重与相关制度以及一国或地区的历史、文化、社会等背景的比较研究。具体而言，在比较各国或地区的类信访制度与我国信访制度时，本书主要基于以下思路对亚洲类信访制度进行研究：

第一，在研究路线方面，本书采取"总—分—总"的研究路线，首先立足于我国信访制度的理论与实践，在分析我国信访制度的机制与运行现状，总结我国信访制度目前在现实运行中存在的问题以及在信访立法过程中的需求；在此基础上按国别或地区分别分析了日本的行政相谈制度、韩国的苦衷民愿处理制度、新加坡的民情联系制度、印度的申诉官制度、以色列的监察专员制度以及我国台湾地区的陈情制度和请愿制度、香港地区的申诉专员制度、澳门地区的请愿制度；最后，将这些国家或地区的类信访制度进行总结和比较，在此基础上反思我国信访制度法治化建设中存在的问题以及解决的对策。所以，在研究路线方面，本书以我国的信访问题以及立法的实际需求作为出发点和归结点，在此前提下展开比较研究。

第二，在研究内容方面，本书并不局限于对各国或地区类信访制度的简

单介绍，而更注重于分析各国或地区类信访制度的实际运行状况，并将其与我国信访制度进行比较研究。具体而言，本书在对日本、新加坡、印度、以色列以及我国的台湾、香港、澳门等地区的类信访制度进行详细介绍的同时，分别考察这些国家或地区类信访制度的运行状况及其存在的问题，并将其与我国的信访制度进行比较，在比较相同点与不同点、优点和缺点等的基础上，明确各国或地区的类信访制度对于完善我国信访制度的启示意义与可借鉴之处。

第三，在研究重点方面，虽然从篇幅上来看，本书详细地介绍了各国或地区的类信访制度的主要内容、特色、实际运行效果以及存在的问题，但本书始终坚持两个重要的落脚点：首先是探讨亚洲文化背景下社会矛盾预防化解的普遍规律；其次是探讨亚洲类信访制度法治化建设中的普遍规律，为我国信访制度法治化提供借鉴。

四、亚洲类信访制度比较研究全书的结构

本书首先梳理了我国信访制度的现状特点和现实挑战，分析了信访制度法治化建设面临的重点、难点问题。在此基础上，有针对性地介绍了日本、韩国、新加坡、印度、以色列和我国港澳台地区的类信访制度，分别对亚洲类信访制度的文化背景、制度功能定位、机构设置和运行程序进行比较研究，并提出了深入推进我国信访制度法治化建设进程的对策建议。

全书主要内容分为八章，每章的作者情况如下：第一章"法治现代化进程中的信访制度"由北京市信访矛盾分析研究中心王凯、赵斯宇、张晓锐和杨慧撰写；第二章"日本的类信访制度"第一节由华东政法大学杨官鹏撰写，第二节、第三节、第四节由华东政法大学江利红撰写；第三章"韩国苦衷民愿处理制度"由北京市检察院何赞国撰写；第四章"新加坡的民情联系制度"由华东政法大学杜丹丹撰写；第五章"印度的类信访制度研究"由华东政法大学孙晓丹撰写；第六章"以色列监察专员制度"由华东政法大学温作玩撰写；第七章"我国港澳台地区的类信访制度"第一节由华东政法大学温作玩撰写，第二节由华东政法大学张坤撰写，第三节由华东政法大学孙光强撰写，第四节由华东政法大学杜丹丹撰写；第八章"亚洲类信访制度的比较分析"

由华东政法大学江利红、周海源撰写。本书附录部分列出了亚洲各国或地区类信访制度相关的法律依据，供读者参考。

　　信访制度比较研究仍属于相对崭新的研究领域，希望以本书为契机，吸纳更多的理论研究者、实务工作者关注信访制度的比较研究，推动信访理论研究的深入发展，推动国家治理体系下信访制度的不断完善和发展。本书为亚洲类信访制度比较研究领域的初步探索，仍存在很多的不足，请各位读者不吝赐教。

|第一章|

法治现代化进程中的信访制度

　　信访是具有中国特色的政治与法律制度。学界普遍认为，1951 年 6 月 7 日，政务院发布《关于处理人民来信和接见人民工作的决定》，是新中国信访制度正式确立的标志。① 从信访制度设立至今，已有 60 多年的历程。60 多年来，信访工作逐渐走向制度化、规范化。需特别提及的是，国务院 1995 年颁布、2005 修订的《信访条例》，是信访制度发展的一个重要里程碑。时至今日，信访制度已成为中国国家治理体系的重要组成。

　　"信访"概念有广义、狭义之分。广义的信访是指"人民群众向各级党委、政府、人大、公检法机关、人民政协、人民团体、新闻媒体等机构以各种方式反映情况，提出意见、建议、要求和申诉、控告或检举的活动"。② 狭义的信访也称行政信访，是指"公民、法人或者其他组织采用书信、电子邮件、传真、电话、走访等形式，向各级人民政府、县级以上人民政府工作部门反映情况，提出建议、意见或者投诉请求，依法由有关行政机关处理的活动"。③ 那么，围绕这些活动形成的政治和管理制度，就是信访制度。就本书而言，所讨论的信访制度同时涉及广义和狭义，重点在于狭义的信访即行政信访。

---

　　① 参见张宗林：《中国信访史研究》，中国民主法制出版社 2012 年版，第 117 页。
　　② 张丽霞：《民事涉诉信访制度研究——政治学与法学交叉的视角》，法律出版社 2010 年版，第 22—23 页。
　　③ 参见国务院《信访条例》（2005）第一章第二条。

第一节 信访是具有中国特色的制度设置

一、信访制度的文化渊源探析[①]

纵观信访制度的发展历程，"信访是一个地道的中国问题"，[②] 围绕信访形成的制度具有浓郁的中国特色。正如孟德斯鸠谈及"法律的精神"时指出："从最广泛的意义而言，法是由事物的性质产生出来的必然关系"，[③] 也就是说，具体的法律制度要和相应国家的自然条件、气候、土地、人民的生活方式、文化风俗等因素发生关系，而"这些关系综合起来就构成了所谓'法的精神'"。[④] 这就提醒我们，对一个制度的研究，需要关注制度的文化渊源。特别是对于信访制度这样具有地域性和时代性的本土制度，更需要深入了解该制度的特性，对其文化渊源进行探讨。

我国古代就存在类似于信访的社会现象，这种现象以及衍生的相关制度深深地植根于我国古代传统的政治、经济、社会、文化土壤中，与现代的人民信访制度存在本质的差别。但是，历史是无法割断的，文化影响是无法排除的。研究中国当代信访制度，需要理性面对中国传统法律文化的客观影响。

信访制度不是对古代类似制度的继承与发展，而是中国共产党人探索新中国建设道路过程中的创造与发明。"人民信访制度深深植根于中国民主革命和社会主义建设的政治法律理念和实践传统，发端于新民主主义革命时期党领导下的处理人民来信和接待人民来访工作，形成于党的十一届三中全会之前中国特色社会主义民主政治建设的不断推进，发展于党的十一届三中全会以来改革开放的宏伟事业，创新于党的十六大以来全面贯彻落实科学发展观

---

① 本部分内容参考张恩玺：《中国特色社会主义民主法治条件下的人民信访制度》，载北京市信访矛盾分析研究中心编：《信访与社会矛盾问题研究》第二辑，中国民主法制出版社 2012 年版，第2—3 页。

② 李宏勃：《法制现代化进程中的人民信访》，中国民主法制出版社 2007 年版，第 3 页。

③ 〔法〕孟德斯鸠：《论法的精神》上册，张雁深译，商务印书馆 1997 年版，第 1 页。

④ 同上书，第 7 页。

的丰富实践。"① 当代中国的人民信访制度其文化内核是中国共产党领导下的以人为本、执政为民的执政理念，体现了新时期的民主、法治精神。

（一）从古代类信访现象看中国古代传统法律文化

古代类信访现象源于原始社会末期的尧舜禹时代，主要以"谤木""善旌""谏鼓"等器物为标志，反映了文字及教育不普及的历史事实；奠基于奴隶社会时期，及至周王朝时期，形式多样、严格规定的信访制度已经明确记载在历史文献中，"士传民语"反映了等级礼制的束缚等特点；发展于封建社会时期，自秦汉至南北朝隋朝时期以公车府受理吏民上书为主要形式、自唐朝到五代十国以匦制为主要形式、自宋代到元代以登闻鼓制度为主要形式、自明朝到清朝以通政使司制度为主要形式，② 同时许多朝代中，根据统治者的特殊需要，一系列富有个性的特殊上书形式（如密封、直诉等）又应运而生。

古代信访历经了数千年传统文化的塑造，自身也构成了一种文化传统。德治仁政民本思想是其重要的理论基础。③ 从古代信访看中国古代法律文化，集中体现为和贵于法、情理大于法、工具理性、权大于法等多面一体的特征。④

中国古代法律文化对内影响持久深入，历时两千多年传承不辍；对外影响波及日本、韩国、越南等亚洲国家。中国古代法律文化几千年的发展表现形式虽有所变易，但其精神实质却是一脉相承，即礼法文化深刻支配着政治架构的设计和官民的社会行为方式。礼法形成的多方面的原因，"其中自给自足的农耕生产方式为其物质基础，宗法家族的社会组织结构为其社会基础，以权力为核心的政治模式和官僚制度为其政治基础，以儒家学说为主导的思维模式为其文化基础"。⑤ 正因为礼法文化所赖以存在的基础尚以或隐或现的方式存在于当今社会中，因而，礼法文化的影响不可避免。它作为一种思想意识观念植根于社会民众的头脑观念之中，不是一朝一夕可以改变的。作为

---

① 张恩玺：《中国特色社会主义民主法治条件下的人民信访制度》，载北京市信访矛盾分析研究中心编：《信访与社会矛盾问题研究》第二辑，中国民主法制出版社2012年版，第2—3页。
② 参见王学军：《中国当代信访工作制度》附一，人民出版社2012年版，第20页。
③ 参见张宗林：《中国信访史研究》，中国民主法制出版社2012年版，第60页。
④ 参见刘顶夫：《从信访看中国法律文化》，湘潭大学硕士学位论文，2005年。
⑤ 张仁善：《礼·法·社会清代法律转型与社会变迁》，天津古籍出版社2001年版，第59页。

法律传统礼法文化，影响着当今中国法治的现代化进程。

（二）当代中国信访制度遵循社会主义的法治理念

现代法律文化是在现代工业化社会的大背景下，建立在市场经济基础之上的、以现代法律制度和现代法律价值观念为核心的法律文化。现代法律文化的根本特征是"法治"（Rule by Law），法治是人类社会在漫长的历史时期，经过不断试错后选择的一种生活方式和价值理念。亚里士多德在《政治学》一书中谈道："法治应包括两层含义，已成立的法律获得普遍的服从，而大家所服从的法律又应该是本身制定得良好的法律"。① 法治可以从实体价值和形式价值两个层面来把握，法治的实体价值是指由法治所决定的法律在目的和后果上应遵循的社会原则，包括正义、自由、公平等原则；法治的形式价值是由法治决定的法律形式化原则，包括法律的至上性原则、法律的普遍性原则、法律的可操性原则、法律的程序正义原则、法律的组织职业化与技术化原则等。② 法治实体价值是形式价值的灵魂和追求的最终目标，形式价值最终要受实体价值的制约；法治形式价值是实体价值实现的手段，形式价值的虚空将导致实体价值式微。

围绕法治目标，一个国家的制度设计在很大程度上依赖其特有的法律传统、文化风格和时代背景。最鲜明的例证莫过于英美判例法与欧陆成文法的并立。在中国共产党是中国人民和中华民族的先锋队的身份定位、掌握人类社会发展规律的理论优越感以及追求人民民主的目标指引下，新中国成立后逐步形成了实质理性的法律传统。实质理性法律传统强调，法律的制定及其实施必须服从和服务于国家社会治理的需要，必须符合人民的普遍价值准则和利益诉求。形式理性与实质理性是国外学者马克斯·韦伯在划分法律思想类型时提出的概念。如果法律的制定出台不"使用内在于这种法律制度之中的决策标准"，而只是出于对政治、功利、伦理等法律之外的实质社会正义原则的追求，并且只有在符合这些法律外在目的的情况下法律才被遵守，这样的法律就是"实质的"。例如，1951 年彭真在政务院第 84 次政务会议上提出："在立法方面……应该按照当前的中心任务和人民急需解决的问题，根据

---

① ［古希腊］亚里士多德：《政治学》，吴寿彭译，商务印书馆 1965 年版，第 199 页。
② 参见王人博、程燎原：《法治论》，山东人民出版社 1989 年版，第 138—144 页。

可能与必要，把成熟的经验定型化，由通报典型经验并综合各地经验逐渐形成制度和法律条文。"① 人民信访制度正是实践这种实质理性法律思想的独特尝试和努力，一方面体现了法律本身的逻辑，即是理性的，另一方面又体现了对价值的特殊渴求，即是实质的，而对价值的要求恰是法治的基本要件之一。

"人民信访制度是中国共产党的制度发明，具有时代特色，也具有中国特色。"② 信访制度是推进法治化的重要制度设计，是法治化建设的具体成果：首先，人民信访制度促成"法乃良法"。确保公民充分的政治表达权是实现法乃良法的一个基础条件。通过信访渠道，公民既可以反映对法律政策的建议意见，也可以基于切身利益对现行法律政策提出不满、进行批评，而且通过信访渠道的表达更为直接。这样，信访制度担负起汇集民意的功能，并将之反映到法律的制定与修改中去，确保法律能够按照人民意愿得以出台或者调整。其次，通过做好处理人民来信和人民来访的工作，司法得以实现立法中的价值追求，并因其对个案实质正义的重视和保障，容易赢得公民对司法的真诚信赖，从而培养社会的法律信仰，促使民众对法律自觉普遍的服从。实践中，大量信访事项是针对各级政府违法行为而提出的批评和申诉。这些信访事项的妥善处理，既在个案层面纠正了政府的具体违法行为、维护了群众合法权益，同时也使信访工作成为制度化解决违法、不良行政问题的有效方式，使信访制度成为督促各级政府自觉服从法律的一个有效途径。而政府对法律的遵守和服从乃是法治的基本要求和主要标志。再次，人民信访制度受法律法规的调整规范。作为一项现代政治制度，人民信访制度没有也不可能超越于法律之上，它的产生、构建和运作都在法律调整之下。人民信访制度基于宪法而产生，依据国务院《信访条例》（2005）而构建。在此基础上，人民信访制度的运作也依赖法律。

可见，信访制度是社会主义法治的重要组成部分，是落实依法治国方略的重要制度设计，是推进依法执政、依法行政的重要环节，是社会主义法治

---

① 郭世东：《浅析彭真的立法思想》，《江淮法治》2009 年第 19 期。
② 李宏勃：《法制现代化进程中的人民信访》，中国民主法制出版社 2007 年版，第 138 页。

建设的重要内容。①

（三）当代中国信访制度秉承中国特色的人民民主理念②

当代信访理念的探索与创新关于人民民主的一个经典阐述是著名的"窑洞对"。1945 年 7 月，应邀访问延安的黄炎培在与毛泽东长谈时，提出了共产党如何跳出"其兴也勃焉，其亡也忽焉"的历史周期率问题。毛泽东自信地回答说："我们已经找到新路，我们能跳出这周期率。这条新路，就是民主。只有让人民来监督政府，政府才不敢松懈。只有人人起来负责，才不会人亡政息。"新中国成立之初，由于新的政治协商会议主要体现党际民主，人民代表大会制度尚未确立，诞生于革命战争时期并一直作为我们党密切联系群众、进行社会整合和动员有效手段的信访工作，便成为实践人民民主理念的第一次制度化尝试。

1951 年 5 月 16 日，毛泽东在《关于处理群众来信的报告》上作出重要批示："必须重视人民通信。要给人民来信以恰当的处理，满足群众的正当要求，要把这件事看成是共产党和人民政府加强和人民联系的一种方法，不要采取掉以轻心置之不理的官僚主义的态度。如果人民来信很多，本人处理困难，应设立适当人数的专门机关或专门的人，处理这些信件。如果来信不多，本人或秘书能够处理，则不要另设专人。"毛泽东的这一指示构成人民信访制度的理论源泉和思想基础，鲜明地体现了人民民主理念，是对人民民主的又一次具体生动的诠释。可以说，人民信访制度在其确立之初，就具有深厚的民主基因，就是作为跳出历史周期律的民主制度设置和建设的。正如 1957 年 11 月 19 日《国务院关于加强处理人民来信和接待人民来访工作的指示》指出的，"在我们的国家，人民群众通过向政府机关写信和要求见面接谈，提出各种要求，表达各种愿望，对各项工作提出意见，对一些工作人员提出批评，这是人民的一种民主权利，是人民监督政府工作的一种方法"。作为实践人民民主理念的一种具体制度形式，人民信访制度在促进和完善中国特色社会主义民主政治建设中具有独特的功能。

----

① 参见张恩玺：《中国特色社会主义民主法治条件下的人民信访制度》，载北京市信访矛盾分析研究中心编：《信访与社会矛盾问题研究》第二辑，中国民主法制出版社 2012 年版，第2—3页。

② 同上。

二、信访制度与新中国相伴而生

分析信访制度的特性，需要关注信访制度的演变历程。因为，今天的现实是昨天历史的逻辑延伸，对于信访制度现状的探讨，需要了解其昨天的行程和历史的逻辑，这样有利于全面了解制度的特性。[①]信访制度历经 60 多年的发展，现行信访制度的基本框架是不断调整和逐步充实的结果。学者依据不同的标准，进行了不同的历史分期，将信访制度的历史发展为两个发展阶段或四个发展阶段或六个发展阶段等。[②]由于国家关于信访工作的观念以及相应的制度选择主导了新中国成立以来的信访制度发展，综合相关专家的观点，本书根据国家信访工作理念的变化，将信访制度的发展划分为四个阶段，即萌芽和酝酿阶段（1951 年以前）、创立和探索阶段（1951—1978 年）、恢复和发展阶段（1978—2007 年）、统合和重塑阶段（2007 年至今）。

（一）萌芽和酝酿阶段（1951 年以前）

在 1951 年《关于处理人民来信和接见人民工作的决定》出台之前，中共中央和中央人民政府已经设立专人或专门机构负责处理人民来信和来访工作，构成了新中国信访制度的雏形。1949 年 3 月，中共中央从西柏坡迁至北京以后，中央书记处即设专人办理人民来信来访。1951 年 3 月，政务院秘书厅成

---

① 参见王凯：《信访制度与国外相关制度分析研究》，中国民主法制出版社 2013 年版，第 7 页。
② 如薄钢将信访制度的发展分为六个阶段：1949—1957 年，信访制度初步形成；1957—1966 年，信访制度处于调整期；1966—1976 年，信访制度遭遇挫折；1976—1982 年，信访制度逐步恢复和重建；1982—2005 年，信访制度受调整并得以进一步发展；2005 年至今，信访面临新形势，需要融于和谐社会建设中，处于转型期。黄灵辉将中国信访制度的发展分为四个时期：一是 1949—1957 年的创建时期；二是 1958—1978 年的曲折与停滞时期；三是 1979—2002 年的重建与发展时期；四是 2002 年至今的转型与创新时期。作者如此划分信访的历史发展的原因在于"由于不同历史时期社会政治、经济状况和国家中心工作不同，社会矛盾的特点不同，每个阶段的信访形势、主要任务和职能偏重也都有所不同，它的发展在很大程度上是和政治发展史紧密相随的。信访治理作为一种高度灵活的政治机制，适应了不同历史时期国家治理的特殊要求"。此分期的划分标准可归于国家当时的政治与经济情势以及国家的工作中心。张恩玺依据四个阶段展现了信访制度的发展历程：1949—1956 年信访制度初现雏形；1957—1982 年信访制度建立，并在曲折中走向成熟；1982 年到中国共产党的十六大召开，中国特色人民信访制度逐步形成；直至 2005 年《信访条例》的修订，信访制度又有了创新发展。冯仕政通过对史料的提炼从国家信访工作观念演变的角度将信访发展分为两个阶段：一是 1951—1978 年，是一种主要以社会动员为取向的信访；二是 1978 年至今，已经演变成主要以冲突化解为取向的信访。

立人民信件组，专门办理人民来信。① 1951 年 4 月 30 日，中共中央办公厅秘书室又就当年一至三月处理群众来信情况向毛泽东作了一次报告。5 月 16 日，毛泽东在报告上批示："必须重视人民的通信，要给人民来信以恰当的处理，满足群众的正当要求，要把这件事看成是共产党和人民政府加强和人民联系的一种方法，不要采取掉以轻心置之不理的官僚主义的态度。"② 在萌芽和酝酿阶段，信访工作虽然受到毛泽东等党和国家领导人的高度重视，但毕竟组织和制度安排尚不健全。

（二）信访制度的创立与探索（1951—1978 年）

中国信访制度的创立和探索阶段，起于 1951 年 6 月 7 日政务院发布《关于处理人民来信和接见人民工作的决定》，迄于 1978 年 9 月 18 日第二次全国信访工作会议召开。在这个阶段，信访制度建设有两个重要特征：

第一，信访体制建设被正式纳入国家政治日程，并在路线、方针、政策以及具体制度等方面做了初步的、艰苦的探索，但由于政治形势长期、剧烈的变动，信访工作在此期间多有曲折和反复，在组织、制度和具体实施等方面一直不太稳定，波动较大。

第二，由于当时实行高度集权的计划体制，信访制度的形成和演变主要受中央政策驱动，地方政府在构建信访制度方面的自主权较小，信访制度的地方特色较弱。

中国信访制度在创立和探索过程中，有三个标志性事件：一是 1951 年 6 月 7 日发布的《关于处理人民来信和接见人民工作的决定》；二是 1957 年 11 月 9 日国务院发布的《关于加强处理人民来信和接待人民来访工作的指示》；三是 1963 年 9 月 20 日中共中央、国务院联合下发的《关于加强人民来信来访工作的通知》。这三个文件分别简称为"五一决定""五七指示"和"六三通知"。

（三）恢复和发展阶段（1978—2007 年）

粉碎"四人帮"以后，特别是 1978 年党的十一届三中全会以后，随着政治逐步走向安定，经济和社会逐渐走向繁荣，信访制度建设也迎来了恢复和

---

① 参见刁杰成编著：《人民信访史略》，北京经济学院出版社 1996 年版，第 24—25 页。
② 《毛泽东文集》第六卷，人民出版社 1999 年版，第 164 页。这个批示后来被广为引用。

发展阶段。这个阶段的基本特征是：

第一，党和国家关于信访工作的一系列要求，以及以往信访工作实践取得的一系列经验，逐渐以法规的形式巩固下来，信访工作逐渐走上规范化、法制化的轨道，信访工作在组织、制度和业务流程等方面趋于稳定，不断完善。

第二，地方政府在构建信访制度方面的自主性越来越大，主动性和创造性越来越强，信访制度的地方特色也因此越来越明显。

"文化大革命"十年动乱造成大量冤假错案和十分严重的社会矛盾，粉碎"四人帮"以后，随着政治形势解冻，大批群众涌向各级党政机关要求解决问题。从1977年下半年开始，全国信访量大幅度上升，来访量的上升尤其明显。① 为了解决日益严重的信访问题，1978年9月18日至10月5日，第二次全国信访工作会议在北京召开。会后，党中央和国务院利用信访这一制度机制，卓有成效地开展工作，平反了大量冤假错案，迅速恢复了政治和社会秩序，为改革开放提供了强有力的政治保障。

为了巩固已经取得的工作成果，1982年2月22—27日，第三次全国信访工作会议在北京召开。会议讨论通过了《党政机关信访工作暂行条例（草案）》，并于4月8日由中共中央办公厅和国务院办公厅转发各地执行。《暂行条例（草案）》的标志性意义在于，一是宣告我国信访领域的拨乱反正工作已经全面完成，并将拨乱反正的成果以法规的形式肯定下来，信访工作从此进入了一个蓬勃发展的历史时期；二是对信访工作的领导和机构作了更明确、具体的规定，实质性地推进了信访机构和工作人员的专职化和普遍化；三是开创了信访工作法制化的新方向。

20世纪90年代后，在健全社会主义法制的背景下，各项工作被要求进行法制化的转型和重塑，依法信访日益受到关注。1995年10月28日，国务院发布了新中国成立以来第一部严格意义上的信访行政法规《信访条例》，它的出现意味着信访从随意走向规范，从根本上改变了信访无法可依的被动局面。进入21世纪以来，中国改革进入深水区。在经济飞速发展的同时，经济发展的社会代价、环境代价、人文代价日益凸显，信访反映出的社会矛盾与社会

---

① 参见刁杰成编著：《人民信访史略》，北京经济学院出版社1996年版，第223页。

问题也愈加复杂、严峻。面对新形势，2005 年 1 月 17 日，国务院颁布了新修订的《信访条例》，在信访处理程序、信访机构的监督权、信访人权利保障等方面取得创新突破。2005 年以来，信访总量持续攀升的态势得到遏制，全国信访总量开始呈现下降的趋势。

（四）统合和重塑阶段（2007 年至今）

2007 年 3 月，中共中央、国务院下发了《关于进一步加强新时期信访工作的意见》，对信访制度的定位、机制、体制的一系列要求和部署体现了"积极推动信访工作制度化、规范化和法制化"的法治理念，丰富了新时期信访制度的法律政策基础。以此为标志，全国信访工作进入了统合和重塑阶段。此外，中央颁布了一系列有关信访的法律、政策。如 2008 年，监察部、人力资源和社会保障部、国家信访局联合出台《关于违反信访工作纪律处分的暂行规定》。2009 年，中共中央办公厅、国务院办公厅转发《关于领导干部定期接待群众来访的意见》《关于中央和国家机关定期组织干部下访的意见》《关于把矛盾纠纷排查化解工作制度化的意见》等，推进信访制度的法制化、规范化。党和国家力图从全局的角度和更高的层次，打破部门界限，构建"统一领导、部门协调，统筹兼顾、标本兼治，各负其责、齐抓共管的信访工作新格局"，[①] 从而将现实中相对分散和分割的信访体制统合起来，形成信访工作的合力，以应对转型时期信访制度面临的挑战。

2012 年，党的十八大报告明确提出了"全面推进依法治国"的总目标，报告通篇贯穿全面推进依法治国的法治新思维，是我国法治建设的重要里程碑。党的十八大报告明确要求"完善信访制度"。2014 年，党的十八届四中全会明确要求"把信访纳入法治化轨道"。在此期间，党和国家出台了一系列政策文件，如《关于创新群众工作方法解决信访突出问题的意见》（2014年）、《关于依法处理涉法涉诉信访问题的意见》（2014 年）等，推动信访法治化建设进程的深入。伴随着全面依法治国建设的深入，制定统一的"信访法"成为各界关注的焦点。2015 年，在理论与实务界的共同推动下，国务院

---

① 王学军：《学习贯彻〈中共中央、国务院关于进一步加强新时期信访工作的意见〉百题解读》，人民出版社 2008 年版，第 59 页。

· 15 ·

正式把的《信访法》列入 2015 年的立法规划。[①] 2015 年 12 月，中共中央、国务院颁布的《法治政府建设实施纲要（2015—2020 年）》，再次强调"把信访纳入法治化轨道"，推进信访法治化已经成为党和国家推进全面推进依法治国战略的重要组成。

三、信访制度的法律、政策依据

法律、法规和政策作为制度合法性的来源和运行的基本依据，是制度研究的规范性依据。信访制度的法律、政策依据是指党和国家机关颁布的规范信访工作的各种法律、法规和政策。经过 60 多年的发展，时至今日，信访制度已经形成了一个层次多元、数量庞大的法律政策体系。伴随国务院《信访条例》的制定、完善，以及各地方、部门性信访规定的出台，我国初步形成了以宪法为统帅，以国务院《信访条例》为基础，以部门立法和地方立法为主体，以人大、司法、党的机构的信访规范为重要组成部分的信访法制格局。

我国信访制度的法律、法规和政策依据具有如下特点：

第一，层次多元、数量庞大。信访法律法规包括多元的层次，由宪法、行政法规、部门规章、地方性法规和地方政府规章共同组成。此外，还包括大量党的信访政策。迄今为止，信访法律、法规的数量达百部之多，如果再加上一些内部规定，则数量可多达三四百部。

第二，信访立法的位阶较低，呈现金字塔式的立法格局。当前中国的信访立法，呈现出高层次的中央立法相对比较稀缺，而地方性、部门性的低层次立法则蔚为大观的金字塔式格局。

第三，变动相对频繁。分析信访制度的发展历史，可以看到各个时期的信访工作重点各不相同，信访法律也根据客观形势不断完善发展。从信访制度建立之初，政策在指导信访工作中发挥着重要作用，变化相对频繁。

目前，信访制度的法律政策依据的具体情况如下：

（一）以宪法为统帅

我国宪法并未明确规定信访制度，但相关的条款为信访制度提供了法律

---

① 参见《国务院办公厅印发〈国务院 2015 年立法工作计划〉》，中国政府网，http：//news. xinhuanet. com/politics/2015－09/02/c_ 128191201. htm，2015 年 9 月 2 日访问。

依据。《宪法》第二十七条规定："一切国家机关和国家工作人员必须依靠人民的支持，经常保持同人民的密切联系，倾听人民的意见和建议，接受人民的监督，努力为人民服务。"《宪法》第四十一条规定："中华人民共和国公民对于任何国家机关和国家工作人员，有提出批评和建议的权利；对于任何国家机关和国家工作人员的违法失职行为，有向有关国家机关提出申诉、控告或者检举的权利，但是不得捏造或者歪曲事实进行诬告陷害。对于公民的申诉、控告或者检举，有关国家机关必须查清事实，负责处理。任何人不得压制和打击报复。"这些条款都为信访制度的建立、运行提供了宪法依据。

（二）以行政法规《信访条例》为基础

迄今为止，全国人大没有制定有关信访的法律，国务院于1995年制定、2005年修订的行政法规《信访条例》成为信访领域的"基本法"。2005年《信访条例》第一条明确规定："为了保持各级人民政府同人民群众的密切联系，保护信访人的合法权益，维护信访秩序，制定本条例。"这一立法宗旨体现了信访制度基本的法定功能。该条例把保护信访人合法权益、维护信访秩序作为信访工作的指导原则，主要内容包括：明确了信访事项受理的范围；明确信访管理结构；明确信访事项的办理流程和期限；强化了政府的责任；推进行政机关依法行政，强化信访工作责任；要求建立政府主导、社会参与解决纠纷的工作机制。此外，针对当前在信访秩序方面存在的突出问题，国务院《信访条例》还规定了维护信访秩序的措施，要求信访人依法信访。

国务院《信访条例》虽然主要是规范政府部门的信访活动，但根据其第十五条的规定，该条例对人大、司法、党的机构和其他社会组织的信访活动也具有参照价值，国务院《信访条例》无疑是当代中国信访活动的基本法律规范。

（三）部门规章立法

部门规章是国务院各部、委、局依职权制定的规范性法律文件，在我国法律体系中效力较低。在信访工作领域，公安部、民政部、国土资源部等国务院各部委基本上都根据本部门实际情况制定了自己的信访规章。与全国人大信访法律的缺位以及中央信访立法的稀少不同，有关信访的部门立法相当繁多。实践中，大部分信访工作和信访问题都是依据这些纷杂的部门立法进行处理和解决的。

信访量大的国务院各部委大多制定了比较系统的信访部门规章，如《文化部信访工作办法》（2013 年）、民政部的《民政信访工作办法》（2011 年）、监察部的《关于违反信访工作纪律处分暂行规定》（2008 年）、教育部的《教育信访工作规定》（2007 年）、卫生部的《卫生信访工作办法》（2006 年）、《科学技术部信访工作管理办法》（2005 年）、公安部的《公安机关信访工作规定》（2005 年）、《财政部信访工作办法》（2005 年）、《人事部信访工作规定》（2005）、《建设部信访工作管理办法》（2005 年）、《水利部信访工作办法》（2005 年）、农业部的《农业信访规定》（2005 年）、国土资源部的《国土资源信访规定》（2002 年通过，2005 年、2006 年修订）等。

（四）地方性法规和地方政府规章

根据《立法法》(2015 年)，我国省、自治区、直辖市的人大及其常委会，以及设区的市的人大及其常委会可以制定地方性法规。省、自治区、直辖市和设区的市、自治州的人民政府，可以制定地方政府规章。截至 2015 年 10 月 26 日，依据国务院《信访条例》（2005），我国大陆 26 个省、自治区、直辖市分别制定了本行政区域内的信访条例（或信访法规）。目前，一些较大的市的人大及政府也制定了与信访相关的法规规章。

目前，代表性的信访工作地方性法规和地方政府规章有：《北京市信访条例》（北京市人大常委会 1994 年颁布，2006 年修订）、《上海市信访条例》（上海市人大常委会 1993 年通过，2003 年、2012 年修订）、《天津市信访工作的若干规定》（天津市人大常委会 2005 年通过）、《江苏省信访条例》（江苏省人大常委会 2006 年通过）、《湖北省信访条例》（湖北省人大常委会 2005 年通过）、《湖南省信访条例》（湖南省人大常委会 2006 年通过）、《广东省信访条例》（广东省人大 2014 年通过）、《江西省信访条例》（江西省人大常委会 2004 年通过）、《贵州省信访条例》（贵州省人大常委会 2006 年通过）、《甘肃省信访条例》（甘肃省人大常委会 1992 年通过，2002 年、2006 年两次修订）、《深圳经济特区信访条例》（深圳市人大常委会 2011 年通过）等。

（五）党的信访政策

信访政策包括党中央和地方党组织发布的信访政策文件。信访制度设立之初，信访政策在指导信访工作中一直发挥着重要作用。信访政策和信访法律法规有共同的原则和价值目标，它们相互补充，对保障信访工作规范化、法制化，促进信访工作协调开展发挥了各自的作用。

当前，起主要作用的信访政策主要有如下几个：①中共中央、国务院 2007 年颁发的《关于进一步加强新时期信访工作的意见》（中发〔2007〕5号）。②2008 年 6 月 30 日，监察部、人力资源和社会保障部、国家信访局联合发布《关于违反信访工作纪律处分暂行规定》。2008 年 7 月 4 日，中央纪委发布《关于违反信访工作纪律适用〈中国共产党纪律处分条例〉若干问题的解释》。③2009 年 1 月 18 日，中共中央办公厅、国务院办公厅以中办发〔2009〕3 号文件形式转发《关于领导干部定期接待群众来访的意见》《关于中央和国家机关定期组织干部下访的意见》《关于把矛盾纠纷排查化解工作制度化的意见》等三个文件。④2014 年 2 月，中共中央办公厅、国务院办公厅印发《关于创新群众工作方法解决信访突出问题的意见》。⑤ 2014 年 3 月，中共中央办公厅、国务院办公厅发布《关于依法处理涉法涉诉信访问题的意见》。

四、信访制度的体制结构、运行机制

体制结构是制度的组织形态，运行机制是制度的现实运行方式，两者共同构成了制度的现实运行状态。体制结构、运行机制研究，是制度研究的重要组成部分。我国信访制度的体制结构、运行机制独具特色。

（一）当前信访制度的体制结构

体制是指社会活动的组织体系和结构形式，包括特定社会活动的组织结构、权责划分、运行方式和管理规定等。① 国务院《信访条例》仅规范了政

---

① 参见赵理文：《制度、体制、机制的区分及其对改革开放的方法论意义》，《中共中央党校学报》2009 年第 5 期。

府信访机构的设置，根据该条例的规定，我国各级政府都设置了信访机构，形成行政信访结构。由于历史传统或现实的需要，我国党委、人大、司法、政协等组织都分别设置了信访机构，一些企事业单位也设置了信访机构。行政信访与党委信访、人大信访、司法信访、政协信访、企事业单位信访共同构成了我国信访体制结构。

由此，信访制度的体制结构可从两个方面描述：一是行政信访的体制结构（如机构设置、职责要求、权力配置）；二是党委信访、人大信访、司法信访、政协信访、企事业单位信访的体制结构。由于《信访条例》主要规范行政信访机构，且行政信访机构在整个信访体制结构中处于核心地位，因此本部分重点描述行政信访的体制机构。

1. 行政信访的机构设置

2005 年《信访条例》第六条第一款规定："县级以上人民政府应当设立信访工作机构；县级以上人民政府工作部门及乡、镇人民政府应当按照有利工作、方便信访人的原则，确定负责信访工作的机构或者人员，具体负责信访工作。"根据此项规定，我国从中央到地方的行政机关均设置了信访工作机构，行政机关信访工作机构可分为两类：一是县级以上人民政府设置的专职信访工作机构；二是县级以上人民政府职能部门及乡、镇人民政府根据需要确定的负责信访工作的内设机构。

（1）县级以上人民政府的专职信访机构

我国县级以上各级人民政府必须设置专职信访工作机构，有相应的编制、人员和经费保障，而不能指定其他部门兼职从事信访工作。

在中央层面，国家信访局是依法开展信访工作的专职机构。在地方层面，目前我国 31 个省、自治区、直辖市（不含港澳台）的县级以上人民政府（包括县级）均设立了专职信访工作机构。在同一个省级的行政区划内，省级、地级和县级三级政府的专职信访工作机构的设置情况基本相同。实践中，省、自治区、直辖市的专职信访机构主要包括三种设置模式：一是党政分设、分别管理模式，即在党委办公室和政府办公室分别设立信访机构，各自独立管理，分别列入党委、政府的工作机构；二是党政合设、政府主管模式，也就是在党委办公室和政府办公室共同设立信访机构，共同管理，以政府管理为主（党委办公室进行指导），列入政府工作机构（以国家信访局为代表);三是党政分设、党委主管模式,即在党委办公室和政府办公室共同设立信访机构,共同管理,但以党委办公室管理为主,列入党委工作机构。这种设置模式是近年来信访工作机构设置的新动向,其基本着眼点是将原来行政信访工作纳入党的群众工作中,以党的群众工作统揽信访工作。实际工作过程中的一种具体做法,是在党委设立群众工作部(称"党委群众工作部"),把原来政府办公室主管的行政信访机构纳入党委群众工作部中,一套班子,两块牌子,实行合署办公。截至2011年7月,全国已有14个省份60个市(地)640个县(市、区)陆续开展群众工作统揽信访工作的改革试点。①

(2)县级以上人民政府职能部门内设的信访机构

县级以上人民政府职能部门及乡、镇人民政府应当按照有利工作、方便信访人的原则,确定负责信访工作的机构或者人员,具体负责信访工作。实践中,从中央到地方的各级政府中,很多职能部门根据实际需要,设立了负责信访工作的内设机构。

在中央政府中,许多中央部委都内设了信访工作机构,如公安部人民来访接待室、司法部办公厅信访办公室、民政部信访办公室、人力资源和社会保障部信访处、国土资源部办公厅信访处、住房和城乡建设部办公厅信访处、农业部办公厅信访处、水利部办公厅信访处、卫生部办公厅信访处、审计署举报中心办公室等。与中央政府类似,省级、地级和县级人民政府的很多工作部门均内设了信访机构。以北京市为例,北京市公安局、司法局、民政局、人力资源和社会保障局、国土资源局、住房和城乡建设委、农委等几十个委办局均内设了信访工作机构。省级、地级和县级政府职能部门的信访机构与中央一级同构。

(3)行政信访机构的横向关系

在各级人民政府中,专职信访工作机构与职能部门内设的信访机构共同构成了行政信访的横向结构,这种横向结构关系是相对松散的。仍以中央层面为例,国家信访局作为中央政府专职信访机构,由国务院办公厅主管,各

---

① 参见苏岭等:《重唱"群众"这首歌 多个地方常委成立群众工作部》,《南方周末》2011年7月11日。

部委内设的信访机构则由部委主管，它们主要根据业务内容进行信访分工。国家信访局只是对各部委的信访机构进行业务指导，并非它们的领导机关。国家信访局对各部委信访机构的信访工作可以进行督办，并提出改进建议，可以针对公务人员的失职行为向职能部门提出行政处分建议。在职能分工方面，国家信访局全面负责中央政府的信访工作，部委信访机构主要负责与其业务相关的信访事项。

（4）行政信访机构的纵向关系

目前，从中央到省级、地级和县级政府，基本上都设立了专职信访机构，配备专职人员。而在乡级政府（包括城市街道）信访机构设置则存在较大差异：一些乡级政府单独设立信访接待室，一些乡级政府则设立"综治维稳中心"，还有一些乡级政府则由办公室或其他职能部门负责信访工作。此外，有些县级、乡级政府还向基层自治组织委派了信访信息员，甚至派驻了信访接待站。从中央到地方，行政机关信访机构形成了一个纵向的体制结构。

从各级政府专职信访机构考察行政信访的纵向关系，其纵向结构也相对松散。同一级政府的信访机构主要对同级党委、政府负责，上级政府信访机构并非下级政府信访机构的领导机关，两者没有严格的隶属关系，前者只是对后者进行业务指导。工作过程中，上级政府信访机构可向下级政府信访机构交办信访事项，并对后者进行督促检查，提出办理意见，且要求反馈情况。不过，下级政府信访机构对于信访事项的办理情况，更多取决于同级党委和政府对信访工作的重视程度。在具体信访分工方面，行政信访采取"属地管理、分级负责、谁主管、谁负责"的原则。

2. 行政信访机构的职责、权限

国务院《信访条例》明确了行政信访机构的职责，原则性地界定了行政信访机构受理信访事项的范围，并赋予行政信访机构相应权限。

（1）行政信访机构的职责

国务院《信访条例》对行政信访机构的职责作出如下规定："县级以上人民政府信访工作机构是本级人民政府负责信访工作的行政机构，履行下列职责：（一）受理、交办、转送信访人提出的信访事项；（二）承办上级和本级人民政府交由处理的信访事项；（三）协调处理重要信访事项；（四）督促检查信访事项的处理；（五）研究、分析信访情况，开展调查研究，及时向本级人民政府提出完善政策和改进工作的建议；（六）对本级人民政府其他工作部门和下级人民政府信访工作机构的信访工作进行指导。"

可见，行政信访机构的职责包括：受理、交办、转办信访事项；承办特定信访事项；协调处理重要信访事项；督促检查信访事项的处理；提出政策性建议；信访工作业务指导等。

（2）行政信访机构受理信访事项的范围

在行政信访机构履行职责的过程中，"信访事项"是需要涉及的核心概念。2005年国务院《信访条例》并未直接对"信访事项"进行定义，而是从行为角度对"信访"进行了定义，即"本条例所称信访，是指公民、法人或者其他组织采用书信、电子邮件、传真、电话、走访等形式，向各级人民政府、县级以上各级人民政府工作部门反映情况，提出建议、意见或者投诉请求，依法由有关行政机关处理的活动"。《信访条例》对于行政机关信访事项的范围主要采用明确界定和依法排除并用的方式明确的。

第一，该条例明确了行政信访机构可受理涉及如下人员和组织的信访事项：行政机关及其工作人员；法律、法规授权的具有管理公共事务职能的组织及其工作人员；提供公共服务的企业、事业单位及其工作人员；社会团体或者其他企业、事业单位中由国家行政机关任命、派出的人员；村民委员会、居民委员会及其成员。

第二，该条例也规定了不予受理的信访事项的范围：应当通过诉讼、仲裁、行政复议等法定途径解决的投诉请求；属于国家权力机关、司法机关职权范围内的信访事项。《信访条例》第十五条规定："信访人对各级人民代表大会以及县级以上各级人民代表大会常务委员会、人民法院、人民检察院职权范围内的信访事项，应当分别向有关的人民代表大会及其常务委员会、人民法院、人民检察院提出。"

（3）行政信访机构拥有的权限

目前，行政信访机构在履行职责的过程中，拥有的权力相对有限，主要包括：

第一，转送权。转送，是指各级人民政府专职信访机构对于信访诉求，根据政府工作部门的职责权限和级别管辖，将信访事项转到有权对信访事项的实体内容进行调查、核实并作出处理决定的部门。

第二，交办权。交办，是指各级人民政府专职信访工作机构对于转送的信访事项中有比较重要的情况需要反馈办理结果的，要求有权处理的行政机关在指定办理期限内反馈结果并提交办结报告。

第三，督办权。《信访条例》明确赋予信访工作机构对信访事项的督办权，信访专职信访机构可针对以下行为进行督办，并提出改进建议：一是无正当理由未按规定的办理期限办结信访事项的；二是未按规定反馈事项办理结果的；三是未按规定程序办理信访事项的；四是办理信访事项推诿、敷衍、拖延的；五是不执行信访处理意见的；六是需督办的其他情形。收到改进建议的行政机关应当在 30 日内书面反馈情况，未采纳改进建议的，应当说明理由。

这一规定赋予了县级以上人民政府专职信访机构督办权。实践中，人民政府专职信访工作机构履行督办权时，主要是通过提出改进建议等间接方式督促其他行政机关依法处理信访事项，通常不能直接作出信访处理意见，因此，行使的是一种"软权力"，效力有限。

第四，行政处分建议权。为保证信访工作机构的督办权得到落实，《信访条例》还赋予信访工作机构提请行政处分的建议权。该条例第三十八条规定："县级以上人民政府信访工作机构对在信访工作中推诿、敷衍、拖延、弄虚作假造成严重后果的行政机关工作人员，可以向有关行政机关提出给予行政处分的建议。"行政处分建议权目的在于提升信访机构的权威。但是，信访实践中，这项权力的震慑力有限，实际运用情况也相对较少。

此外，行政信访机构还拥有完善政策和改进工作的建议性权力，此项权力在实践中使用的情况也不多。

3. 党委、人大、司法、政协、企事业单位的信访机构

在整个信访体制中，行政信访体制处于核心地位，党委、人大、司法、政协、企事业单位的信访机构是体制的重要组成部分。实践中，党委、人大、司法、政协和企事业单位的信访机构各成体系、相互独立。

党委信访与行政信访存在分别设立、合并设立两种情况。整体而言，党政合设、共同管理、以政府管理为主是目前行政信访与党委信访占主导关系的结构。如前所述，在合并设立的模式下，有党委主管的情况，也有政府主

管的情况。

人大信访与行政信访是分别设立的，两者之间没有直接的权责对应关系。虽然根据我国的政体，政府由同级人大选举产生，政府向人大负责。但是实践中，行政机关信访机构不必向人大信访机构汇报工作，二者分别属于不同的工作体系，没有建立有机的关联。相比而言，行政信访比人大信访更为公民所信赖，地位更为凸显。

政协信访与行政信访也是分别设立的。政协信访机构也称联络局，如中国人民政治协商会议全国委员会办公厅联络局（信访局）。信访工作是我国政协发挥政治协商、民主监督和参政议政职能的一种渠道，通过信访反映的情况，政协可以开展调查、提出提案。因此，政协信访也是我国信访系统的重要组成部分，但实践中，政协信访常常不为人所知。政协信访与行政信访分属不同系统，没有权责对应关系，通常具体的业务联系也不多。

我国的企事业单位（特别是大型国有企业和事业单位）也有信访工作，但不一定有信访工作机构，企事业单位可以直接受理和办理组织成员和社会民众的信访事项。行政信访与企事业单位信访不存在领导与被领导关系，根据《信访条例》的规定，两者甚至没有指导与被指导的关系，关系相当松散。实践中，信访机构可以将特定的信访事项转交给相关的企事业单位办理。企事业单位的信访工作参照国务院《信访条例》执行。

4. 当前我国信访体制结构的特点

（1）在当前的信访体制结构中，行政信访是最为核心的子系统

行政信访的核心地位主要体现在如下方面：一是在整个信访体系中，国家只针对行政信访制定了具有法律效力的《信访条例》，其他信访子系统还缺乏法律规范；二是行政信访机构设置和人员配备的规模远远大于其他信访子系统；三是行政信访受理的信访案件、承担的实际功能也远远超过其他子系统；四是目前绝大部分信访问题都需要通过政府职能部门加以解决，因而行政信访在促进信访问题的解决方面具有更大的责任，也具有相对优势。

（2）政府专职信访机构与政府工作部门内设信访机构关系相对松散

目前，在我国的行政信访体制中，在中央层面，国家信访局与各部委信访机构间没有权力隶属关系，是一种近乎互不隶属、相互平行的关系；在地

方层面，主要是县级以下的基层政府专职信访机构与各职能部门信访工作机构之间的关系也相对松散。整体而言，无论在横向结构关系还是在纵向结构关系中，行政信访机构之间都不存在直接的权力隶属关系，而是一种相对松散的业务关系，不具有实质性的约束力。行政信访体制就如同一个用业务虚线（而非权力实线）将众多横向信访机构和纵向信访机构联系（而非联结）起来的体制结构。

（3）各级政府专职信访机构主要是一种协调性而非实权性行政机构

首先，就政府专职信访机构与同级政府职能部门的信访工作机构及下级政府专职信访机构之间关系而言，前者并非后两者的领导机关，只能在业务上对后两者提供指导、建议和缺乏实质约束力的督促。因此，政府专职信访机构与同级政府职能部门的信访工作机构及下级政府专职信访机构之间没有直接的权力隶属关系。其次，对于大部分信访事项，政府专职信访机构无权直接处理，只是受理、转交、交办，很多信访事项需要被转交给具有实质性权力的职能部门加以处理，同时，行政专职信访机构对信访事项处理的督办权、行政处分建议权的效力有限。因此，在缺乏实质性监督权的情况下，当前的政府专职信访机构主要是一种基于业务联系的协调性行政机构。

（4）行政信访机构之间形成了横向、纵向的关系体系

一方面，从横向结构看，政府专职信访机构与职能部门信访机构之间是平行并存、远程软约束的关系。在同一级政府当中设立了为数众多的工作机构——不仅有专职信访机构，而且有职能部门信访机构。政府专职信访机构与职能部门信访机构各自独立设置，互不隶属。一般而言，专职信访机构由同级政府办公厅（办公室）主管，向同级政府负责；职能部门信访机构则由各职能部门主管，向职能部门负责，不向同级政府专职信访机构负责，也不直接向同级政府负责。因此，专职信访机构对于职能部门内设信访机构仅具有间接约束力。这种约束力是专职信访机构借由同级政府（尤其是党政主要领导）制约职能部门及其信访工作机构而产生的，它是一种间接的、远程的约束力，不是与信访机构的设置相匹配的约束力。另一方面，从纵向结构看，行政信访机构的机构完备性和工作力量具有逐级递减的特点。虽然中央政府重视加强基层尤其是县级政府信访机构的建设，但实际上往往

是中央和省级政府信访机构得到了充实和强化，而基层政府信访机构的扩充和人员配备则因地而异，不少地方常常得不到有效落实，导致行政信访机构设置的完备性自上而下逐级递减，信访工作力量相对于同级信访工作职责也逐级减弱。

（二）当前信访制度的运行机制

"机制"可指社会有机体各部分之间的相互联系、相互作用的方式。① 信访的运行机制是以信访制度的体制结构为依托，包括信访的工作流程、工作原则、运作方式等。"信访制度的运行机制……是开展信访工作的基本支撑。"② 作为信访制度现实运行状态的动态体现，运行机制研究也日益得到学术界的关注。国务院《信访条例》明确了行政信访工作的法定程序，这构成信访制度运行机制③的基本组成。此外，信访制度运行过程中，还形成了一些保障、拓展性质的工作机制。

1. 信访的基础运行机制

信访的基础运行机制，是由国务院《信访条例》明确的行政信访日常业务工作的法定程序，即对于依法提出的信访事项，进行受理、办理、复查和复核的法定程序和方法，行政信访机构的工作也主要是围绕这些中心程序开展的。

（1）信访事项的提出

我国公民、法人或其他组织，可通过书面形式（包括书信、电子邮件、传真等）和口头形式（包括走访、电话），向县级以上人民政府专职信访机构、县级以上人民政府工作部门内设的信访机构提出信访请求。

（2）信访事项的处理、受理

各级政府专职信访机构、各级政府职能部门内设的信访机构的工作职能

---

① 根据商务印书馆《现代汉语词典》第 5 版的解释，"机制"一词有四种含义：一是机器的构造和工作原理，如计算机的机制；二是机体的构造功能和相互关系，如动脉硬化的机制；三是指某些自然现象的物理、化学规律，也称为机理，如优选法中优化对象的机制；四是泛指一个工作系统的组织或部分之间相互作用的过程和方式，如市场机制、竞争机制等。从社科领域理解"机制"这一概念，需注意把握两点：一是有机体各部分的存在是机制存在的前提；二是机制是以一定的运作方式把事物的各个部分联系起来，使它们协调运行而发挥作用的。

② 王学军：《中国当代信访工作制度》，人民出版社 2012 年版，第 120 页。

③ 由于国务院《信访条例》只规定了行政信访的运行机制，且行政信访在整个信访体制中处于核心地位。因此，本书中的信访制度运行机制特指行政信访的运行机制。实践中，行政信访的运行机制对于其他组织信访的运行机制具有参照性。

和权限存在差异。各级政府专职信访机构主要进行程序性处理，即主要解决某一信访诉求应由哪一层级的哪个行政机关解决的问题，不对信访人的实体权利进行处理，通过程序性转送协助信访人向有关行政机关提出信访诉求，通过程序性的交办督促有关行政机关依法、及时对信访事项涉及行政行为的合法性、适当性作出认定，最终达到行政机关纠正其违法、不适当行政行为和保护信访人合法权益的目的。各级政府职能部门内设的信访机构对信访事项进行实体性受理。不管是对信访人直接提出的信访诉求，还是对各级人民政府专职信访工作机构转送、交办的信访诉求，都是以该人民政府职能部门的名义受理、办理和答复办理结果，即受理本部门职权范围内的信访事项，依照有关法律、法规、规章及其他有关规定，分别作出处理，并书面答复信访人。

（3）信访事项的办理、复查与复核

办理是指有权处理的行政机关依据职权，对已经受理的信访事项进行研究论证或者调查核实后，依法作出决定、予以处理。复查，是指因信访人不服办理机关的信访处理意见而提出申请，依法由办理机关的上一级行政机关对该信访处理意见和有关情况进行审查并作出决定。复核，是指因信访人不服复查机关的信访复查意见而提出申请，依法由复查机关的上一级行政机关对该信访事项的办理、复查意见和有关情况进行审查并作出信访终局意见的行为。

目前，信访事项实行办理、复查、复核三级终结制，即同一信访事项，最多经过三级行政机关相应的办理、复查、复核程序并作出信访决定后，对该信访事项的处理即为终结，信访人仍以同一事实和理由提出投诉请求的，各级政府信访机构不再受理。

2. 信访的保障机制

2007年6月，中共中央、国务院联名下发《关于进一步加强新时期信访工作的意见》（以下简称《意见》），指出"要建立健全长效工作机制，努力提高信访工作效率和管理水平"，提出建立健全信访工作综合协调机制、信访问题排查化解机制、信访信息汇集分析机制、信访工作督查机制。[①] 由此，综

---

① 参见《关于进一步加强新时期信访工作的意见》（中发〔2007〕5号文件），《人民日报》2007年6月25日。

合协调机制、① 排查化解机制、② 信息分析机制、③ 工作督查机制④成为信访基础运行机制的保障和补充。

3. 信访的拓展机制

在行政信访机构的法定权力尚不完善的情况下，很多地方政府和信访部门创新和拓展了许多灵活有效的工作机制。目前，较有代表性的创新性信访机制包括：律师、心理咨询师参与信访工作机制，⑤ 信访听证机制⑥和信访矛盾分析研究机制⑦等。了解信访拓展机制，有利于把握信访工作的最新动向。

此外，实践中还存一些创新性的信访拓展机制，如重大决策信访风险评

---

① 联席会议是信访综合协调机制的核心。中央建立信访联席会议制度是在 2003 年下半年，信访问题高位运行的背景下建立的，联席会议的全称为"中央信访突出问题及群体性事件联席会议"。2015 年，"中央信访突出问题及群体性事件联席会议"更名为"中央信访工作联席会议"，不再具有协调群体性事件处理的职能。

② 2005 年《信访条例》明确要求建立信访排查机制。信访问题排查化解机制重点在于增强信访工作的前瞻性和主动性，把信访工作的重心从事后处理转移到事前排查化解上来，把更多的精力用于信访问题的事前防范。目前，全国已普遍建立了省（自治区、直辖市）、市、县（区）、乡镇（街道）、村（居）五级矛盾纠纷排除网络。

③ 信访信息汇集分析机制是指建立信访信息报送网络，综合开发利用信访信息资源，加强信访信息的综合分析和研判。信访信息汇集机制包括完善信访诉求表达方式，开通"绿色邮政"、专线电话、网上信访等多种渠道。信访信息报送责任制也是信访信息汇集分析机制的重要内容。目前，国家信访局与全国各省、自治区、直辖市的信访信息系统已经实现了互联互通，同时在全国范围内建立了国家投诉受理中心。

④ 信访督查工作机制是指信访工作机构按照法定职责对同级工作部门和下级党政机关落实有关信访工作决策部署、处理信访事项、执行信访处理意见等情况予以督促检查的机制。

⑤ 律师、心理咨询师参与信访工作机制是国务院《信访条例》的落实体现。就全国范围而言，由于涉法涉诉信访案件所占比例较重，律师参与信访已经成为信访工作的重要内容。此外，针对信访人特殊心理状态，很多地方的信访机构都建立了心理咨询师接待参与信访工作机制。

⑥ 信访听证机制是指各级人民政府、县级以上人民政府工作部门在处理信访事项过程中，采取听证会的形式，通过质询、辩论、评议、合议等方式，查明事实，分清责任，依法处理信访问题的程序。信访听证机制也是《信访条例》明确的信访工作机制。信访听证是行政听证在行政信访工作中的运用，是各地行政信访机构对信访案件终结的制度探索，是应对"法了民不了"或"案结事不了"信访难题的创新工作机制。根据《信访条例》的规定，信访听证适用于"重大、复杂、疑难的信访事项"，而重大、复杂和疑难的信访事项由信访主管部门作出认定。

⑦ 信访矛盾分析研究机制是信访工作创新发展的重要体现。目前，北京市等部分地区在这方面作出了有益探索。2009 年 11 月，北京市在全国率先成立"信访矛盾分析研究中心"，开创了全国信访系统成立专门机构分析研究信访矛盾和社会问题的先河。信访矛盾分析研究机制的创新，意味着信访工作正实现着"从表层汇总向深层剖析型转变，从实务操作型向理论研究型转变，从参与保障型向服务决策型转变"。同时，该机制的创新也打破了传统信访工作重实践、轻研究的经验主义倾向，推动信访工作的科学化、学科化、专业化、数字化。

估机制①、突发信访事件的应急联动机制②、联合接访机制③、信访代理机制④等。

4. 信访运行机制的特征分析

信访制度的工作机制的运行和创新，是中国治理民主的体现。分析我国信访机制运行现状，我们发现，其呈现如下特点：

（1）坚持党政一体的领导机制

党政一体的领导机制是信访制度领导体制特点，也是中国公共治理主体原则在行政信访运行机制上的微观体现。"中国公共治理主体的统一的党政主体，在国家治理中占据主导地位，在治理实践中具有领导和引领功能，是国家治理的中心。这就使得中国治理模式实际区别于所谓的多中心治理模式，由此形成的治理权力结构实际是一元主体主导、多种主体参与的共治模式。"⑤根据《关于进一步加强新时期信访工作的意见》，新时期信访工作的目标，就是构建"统一领导、部门协调，统筹兼顾、标本兼治，各负其责、齐抓共管的信访工作新格局"。其中，党委、政府的统一领导统领其他目标，是信访工作开展的前提和基础。

（2）政府主导信访机制的运行和创新

政府是信访运行机制的主导力量，这种主导作用主要表现在：首先，行政信访在整体信访体制中处于核心地位，行政信访机构和政府相关职能部门

---

① 重大决策信访风险评估机制，是指在涉及群众切身利益的重大政策实施前或者重大工程开工前，由决策单位牵头，成立由相关部门参加的信访风险评估小组，形成评估报告，促使决策最大限度地反映不同群体的要求，从源头上预防和减少信访问题的发生。从实践情况看，除非是本级政府的管辖的项目，信访机构并不能因为风险评估的结果否决该政策或项目。重大决策风险评估机制实际是信访机构为党委、政府决策提供信息的过程，同时也是前置信访处理机制，防范重大信访风险的制度设计和安排。

② 突发信访事件的应急联动机制，指行政信访机构与公安、维稳部门、联席办、下级政府、相关职能部门及时沟通，联合行动，及时化解群体性信访行为造成的集聚性、焦点性的恶劣影响

③ 联合接访机制，是指政府设立群众来访联合接待大厅，为信访事项较多的职能部门设立来访接待窗口，由职能部门派人驻厅接待，并由同级政府专职信访机构负责组织协调，在特定时间共同接待来访人、分工合作办理信访事项的信访工作运行机制。

④ 信访代理机制，指以村（社区）和各级信访机构为代理平台，以社区（村）居委会干部、法律从业者和各级政府职能部门工作人员为信访代理主体，按照自愿、依法、利民、高效的原则，由代理人与信访人就信访事项签订代理书，由代理人到有关部门反映情况诉求，提出意见建议，帮助信访当事人促成事情妥善解决。

⑤ 王浦劬：《论中国社会公共政治的形成与实现》，《国家行政学院学报》2010 年第 4 期。

是处理信访矛盾的主要力量；其次，运行机制的创新大多是由政府及其部门设计、安排、推动。实践中，在党委领导下，行政信访集中各方面资源，改革和创新行政信访组织结构和运行机制，从而促进实现社会良善治理。

（3）形成多主体、网络化的运行机制格局

信访实践中，信访工作强调党政系统的协同性和整体性，特别是作为信访体系核心的行政信访机制，构建了"横向到边、纵向到底"，上下互动、左右联动的网络化工作格局。以县级信访办为例，行政信访工作机制在纵向上必须接受县委、县政府的领导，接受市委、市政府信访办的指导，同时对乡镇政府信访部门进行业务上的指导，并为乡镇信访部门处理具体信访案件提供协调性帮助；此外，县委、县政府信访办又与市政府职能部门、村（居）委会保持着间接联系。在横向上，县委、县政府信访办会直接与职能部门、人大、法院、涉案社会单位及社会第三方主体，共同协调处理相关复杂疑难信访矛盾纠纷；与市政府职能部门、乡镇党委和政府保持间接联系。除此之外，信访工作网络化机制中，其他主体之间也同样保持着直接或间接联系。由此，条条与块块的结合，形成了网络化的工作格局。

（4）第三方社会主体是信访机制的重要实施者

第三方社会主体，是指信访工作中，在政府（包括行政信访机构、职能部门）、信访人之外的社会组织和重要人士。以北京市为例，《北京市信访条例》明确规定："国家机关可以聘请律师、心理咨询师、相关领域专家、社会志愿者，为信访人和国家机关提供法律和其他专业知识的咨询服务"。[①] 而在信访实践中，第三方主体的范畴更广，律师、心理咨询师、专家学者、志愿者、民间权威等社会主体及其组织，村（居）委会、工会等基层自治组织及其成员，人大代表、政协委员等民意表达机构成员等主体，在行政信访机构的引导下，都可以参与信访问题的解决，促进横向到边、纵向到底的"大信访"工作网络。

（5）实质正义是信访机制创新的价值目标

信访制度是中国特色的制度安排，信访的运行机制是以实质正义为价值导向，即信访工作的目标在于公众利益和诉求的实质性实现。实质正义的价

[①] 《北京市信访条例》第十三条。

值导向是对行政复议、行政诉讼和司法救济的程序性缺陷的弥补，也是信访应对转型社会发展的客观要求。目前，在行政信访工作机制中，信访部门是围绕"事要解决"推进工作机制的创新，从而使信访机制呈现受理范围广、注重思想疏导和教育、处理方式灵活、调解色彩浓厚、结果导向明确等特点。实质正义的价值导向，"事要解决"的结果导向型，促进了信访机构通过工作机制创新来实现信访事项的善治，使行政信访运行机制具有相应的灵活性。

综上，信访制度的运行机制在60多年的发展过程中，伴随着政治环境变化和社会发展需要而不断发展。在现行政治体制下，信访机制拓展和创新的方式维护和强化了信访这一公众参与和权利表达渠道，也丰富了信访制度的民主和法治意涵。

第二节　信访制度的法律定性、定位及功能分析

法律定性和定位问题是确立和认识特定法律和政治制度的基础和前提：法律定性是指从法律的角度探索法律事物的本质属性，即一个事物之所以是该事物的依据；而法律定位则是根据法律事物的本质属性确定这一事物在一国法律体系中处于何种地位、居于何种位置。定性与定位研究是把握法律和政治制度首先面对的问题，因为只有回答了特定法律现象的定性和定位问题，才能正确把握信访制度的结构和功能。换句话说，只有科学把握和确定信访"是什么"和"处于何位"，才能清楚认识信访"能够做什么"和"能够管什么"。因此，就对于信访制度的审视而言，其法律定性和定位问题是必须首要关注的理论问题。

一、信访制度的法律定性

对信访的定性研究，即信访的制度本质①属性的研究。一般来说，事物会

---

① 本质是事物存在的根据，是事物中常在的不变的形体，属于事物的根本性质。某类事物区别于其他事物的基本特质，指事物本身所固有的根本的属性。同义词为实质，反义词为现象、本体、实质、内部、内心、里面、实际、表面等。事物的本质可使人们脱离具体的形象进行创新活动。

有多方面属性，在事物的诸多属性中，有些属性是某个或某类事物所特有的，这些属性决定该事物的本质，使某一事物之所以成为它自己，并把这种事物与其他事物区别开来。这种属性就是这些事物的本质属性，也就是这些事物的本质规定性。从法律角度探索信访制度的属性，我们可以发觉信访制度如下的本质特征：

（一）信访基于公民对合法权威的认同，是体现"公民信赖"的制度

从整体角度而言，信访制度本质上是一个在既定制度框架内实现正义的过程。公民选择启动信访制度，首先需要满足三个基本的前提：一是对当前政权合法性的认同；二是对现实制度规范的认同；三是对受理组织正当性的认同。可以说，这三个认同前提构成了公民启动、运用信访制度的基本心态。实践中，公民在利益受损时往往会对党和政府为自己解决问题抱有坚定的信念，事实上，从公民信访行为就可以看出，党和政府在公民的心目的权威地位。因此，信访本身就体现了公民对合法权威的认同，这是信访制度为我国整体政治制度最大的贡献。

（二）信访具有民主性，是一种"动态民主"制度

信访是具有中国特色的民主政治制度，信访制度维护了公民合法权益，确保公民能够参与国家的政治生活，具有鲜明的民主性。具体而言，一是信访制度直接反映了民众的真实意愿。在我国，信访制度是公民直接表达民意诉求的法定渠道，"人民信访制度是密切联系群众的重要渠道和纽带，是人民直接参与制度的一个重要组成部分"①；二是信访制度维护了民众的合法权益。信访是公民批评、建议、申诉、控告和检举等基本权利的体现，信访制度是维护和实现我国公民基本权利的法定渠道；三是信访制度是公民政治参与的重要渠道。在当代中国，信访就是我国公民一种重要的自发式政治参与渠道。具体而言，公民可以通过信访制度参与国家政策、法律的制定过程，参与法律的执行过程，从而对政府决策和公共政策产生积极的影响。信访作为一种民主政治制度，具有一些特性，信访是一种"动态民主"制度。实践中，信访是由人民群众主动发起而激发的民主，这使得信访对民主具有一种改进和

---

① 浦兴祖：《中华人民共和国政治制度》，上海人民出版社2005年版，第491页。

修复的意义，成为具有不断建构功能的"动态民主"。作为政治与法律运行意义上的动态民主机制，信访具有立法、执法和司法都不具有的民主优势，是一种实实在在的人民民主机制。作为一种"动态民主"制度，信访透露出来的民主信息具有可见性、直接性和协商性。

（三）信访具有救济性，是简便高效的"人权救济"制度

在我国目前的法律体系当中，信访与行政复议、行政诉讼一样，是普通群众解决纠纷、维护权利的途径，而且，与行政复议、行政诉讼相比，信访涉及的领域更为宽泛，处理的机制更为灵活，因此，救济性也是信访制度重要的本质特征。实践中，依法及时为公民解决问题、救济权利和伸张正义，是信访制度承担的基本功能，信访的权利救济范围涵盖了包括行政纠纷、民事纠纷和刑事纠纷在内的几乎所有社会纠纷。信访部门承担了权利救济功能，处理了大量的权利救济类信访事项。总体而言，信访机构解决纠纷，对公民进行权利救济主要有以下几种表现形式：回答当事人的问题，提供一种权威性的咨询意见；直接作出处理；协调处理或转送其他机关处理；信访对涉法事项的帮助和法律救济等。① 通过这些方式，信访在维护群众权益方面发挥着重要的作用。

（四）信访具有监督性，是范围广泛的"权力监督"制度

信访是对公共权力的法定监督渠道，通过信访制度，公民可以直接向政府反映情况，提出批评建议，直接提出申诉、检举和控告。由于权力具有非自动实现的属性，需要通过代理人才能实施，确保代理人真实代表公共利益的意愿，需要制度的保障，使公民能够对权力的行使进行有效的监督。信访制度是我国公民参与国家政治生活、参与社会公共事务、监督公共权力的重要手段。实践中，信访反映的问题很多是"求决"性质的，公民通过信访渠道反映的问题涉及公、检、法、司等部门工作人员不作为问题，涉及基层干部、部门领导干部和企事业单位领导干部违规违纪问题，以及行政执法和司法审判部门裁决不公正、权钱交易、作风粗暴、办案进程慢、案件执行难等问题，对公权力依法运作起到重大的监督作用。与司法监督、行政监督和舆

---

① 参见范愉：《非诉讼纠纷解决机制研究》，中国人民大学出版社 2000 年版，第 570 页。

论监督等其他监督方式相比，信访制度具有监督范围广泛，监督方式灵活等特点，成为我国公共权力监督体系的重要组成部分。

二、信访制度的法律定位

法律定位则是根据法律事物的本质属性，确定这一事物在一国法律体系中处于何种地位、居于何种位置。法律定位研究既是认识法律现象的重要方法，只有深入了解法律定位问题，才能正确认识相关法律和政治制度的地位和功能。因此，跟法律属性问题一样，法律定位问题是认识特定法律和政治制度的基础和前提。信访法律定位的关键，就是理清信访制度在整个法律制度体系中居于什么样的位置。

（一）在宪法框架层面，信访是公民基本权利的重要制度保障

信访制度的宪法依据，是明确信访制度在宪法框架中地位的法定依据。《宪法》第四十一条是信访制度的宪法依据，该条规定："中华人民共和国公民对于任何国家机关和国家工作人员，有提出批评和建议的权利；对于任何国家机关和国家工作人员的违法失职行为，有向有关国家机关提出申诉、控告或者检举的权利，但是不得捏造或者歪曲事实进行诬告陷害。对于公民的申诉、控告或者检举，有关国家机关必须查清事实，负责处理。任何人不得压制和打击报复。由于国家机关和国家工作人员侵犯公民权利而受到损失的人，有依照法律规定取得赔偿的权利。"[1]

可见，根据我国宪法的规定，在我国法律制度体系中，国家机关和国家工作人员虽然掌握国家权力，拥有公务职能，但仍处于公民的批评和监督之下。信访人可以依法对国家机关和国家工作人员的行为提出批评和建议，信访制度是公民批评、建议、申诉、控告和检举等基本权利的实现，具有重要的制度地位。

（二）国家机构设置层面，信访机构在立法、执法和司法均有设置

就机构设置而言，从最高国家权力机关到最基层的政府机构，我国均设置了信访机构。具体而言，县市以上各级政府机构设立专职机关和专职工作

---

① 《中华人民共和国宪法》（1982）第四十一条。

人员，县市以下各级政府机关设立专职部门，但不设立专职工作人员，由兼职人员同时兼任信访工作人员。除此之外，我国的人大、政府、司法、军队、绝大多数的国有企事业单位、医院、学校和商业机构均设有专门的信访办事机构。事实上，除了外资企业和民营企业以外，信访几乎覆盖所有的单位。

在当前的信访模式中，我国立法、执法、司法三个权力机关各有各的信访，三家信访并未合一，即立法机关负责立法的信访，执法机关负责执法的信访，司法机关负责司法的信访，分别形成立法、执法、司法各自系统内的信访机构。

（三）权力内部结构层面，处于第二层权力空间

信访机关分布于国家的立法、执法和司法职能机关，信访的实际作用是监察和观测这三种国家权力机关里是否有不安全、不健康的因素，一经发现，则可以及时进行处理。从权力性质看，信访机关与立法、行政、司法三种权力的性质有所不同。立法、行政、司法权力在政治体制当中，属于第一层位的权力，而信访机关的权力则是属于第二层位的权力，不具有独立的法律地位。第一层位的权力能够正常发挥功能的时候，信访作为第二层位的权力，一般不发挥作用。只有当立法、行政、司法权力运行发生问题时，信访人提起信访诉求，信访权力才会被信访人正式启动。

具体而言，信访机关的权力有两种存在方式：一是内嵌于法律体系，表现为制度内的自省机制；二是外设于法律体系，表现为制度外的他律机制。作为第二层位的权力，信访机构的权力是以第一层位的权力的行使为基础、落实为归宿。

（四）法治实现过程层面，处于法的反思阶段

从价值、规范和事实的关系原理来看，法治的过程是一个不断由价值上升为规范、再用规范去指导事实、通过事实去反思价值的循环往复的过程。从法的三个基本界域来看，法治的过程可以看作是与此相对应的三个重要阶段：第一个阶段是立法阶段，第二个阶段是守法、执法及司法阶段，第三个阶段是法的反思阶段。[①] 在这三个阶段中，第一和第二阶段固然需要我们注

① 参见田文利、张筱薇：《法治实践中价值、规范与事实关系初探》，《法学论坛》2007年第5期。

重，第三个阶段从某种意义上则更为重要，因为没有反思，就不能发现法治体系中的漏洞和错误，不能提高法治建设的水平。

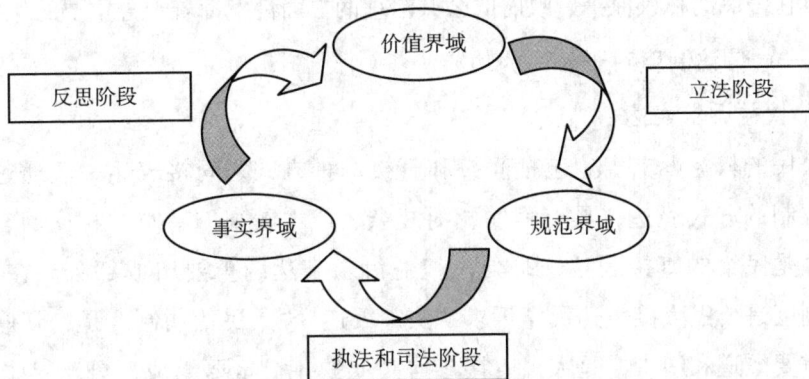

图1-1　法治是价值、规范和事实的动态统一示意图[①]

从法治过程层面，信访制度处于法治过程中反思阶段。信访机关分布于国家的立法、执法和司法职能机关，信访的实际作用是监察和观测这三种国家权力机关里是否有不安全、不健康的因素，一经发现，则可以及时进行相关处理。可见，信访制度是将已然的错误加以纠正和修改，使之转变为正确的纠错和调整过程。作为一种反思性质的制度设置，信访扮演着帮助政府发现政策、法律错误的特殊作用，在法治建设过程中扮演重要角色。

三、信访制度的功能分析

信访制度的功能研究是准确把握制度属性的重要切入点，也是推进信访制度完善发展的现实要求。对于信访制度功能讨论涉及两个层面的问题：一是实然层面的问题，即信访制度在现实运作中发挥了什么样的功能；二是应然层面的问题，即信访制度应该发挥什么样的功能。就这两个问题而言，理清信访制度实然层面的功能是前提，只有先理清信访制度的实然功能，才能深入探讨信访制度的应然功能。因此，本部分内容重点分析当前信访制度的实然功能。

2005年国务院《信访条例》第一条明确了条例的立法目的和宗旨，是

---

① 参见张宗林：《中国信访史研究》，中国民主法制出版社2012年版，第41页。

"为了保持各级人民政府同人民群众的密切联系，保护信访人的合法权益，维护信访秩序"，这一规定成为信访制度实然功能的法定基础。从信访实践看，信访制度在公民的私权保护、政府的公共治理两方面都发挥着十分重要的作用。

（一）信访制度对于公民的功能

1. 权益诉求表达

公民的权益诉求表达包括间接和直接两种方式，间接表达一般通过选举的代议制的方式表达，具有程序相对复杂、成本较高的特点。相比而言，直接民主是民意的直接表达，是公民权益诉求表达的重要组成部分。在我国，信访制度是公民直接表达民意诉求的法定渠道，"人民信访制度是密切联系群众的重要渠道和纽带，是人民直接参与制度的一个重要组成部分"。[1] 作为一种重要的直接民主方式，信访制度显得弥足珍贵。日常运作过程中，除传统的来信来访方式外，各级政府普遍建立党政领导阅批来信制度、定期接待来访制度、领导包案制度和领导下访制度，很多地方都开通了网上信访机制。这些信访工作方式极大地畅通了民意上达渠道，有利于信访人及时便利、低成本高效率地提出信访事项，表达意见和诉求。

2. 监督公权力

权力具有非自动实现的属性，需要通过代理人予以实施，确保代理人真实代表公共利益的意愿，需要制度的保障，使公民能够对权力的行使进行有效的监督。信访制度是我国公民参与国家政治生活、参与社会公共事务、监督公共权力的重要手段。通过信访制度，公民可以直接向政府反映情况，提出批评建议，直接提出申诉、检举和控告。从实践看，公民通过信访渠道反映的问题涉及公、检、法、司等部门工作人员不作为问题，涉及基层干部、部门领导干部和企事业单位领导干部违规违纪问题，以及行政执法和司法审判部门裁决不公正、权钱交易、作风粗暴、办案进程慢、案件执行难等问题，对公权力依法运作起到重大的监督作用。

3. 权利救济功能

对现代民主、法治国家而言，其根本目的在于保障人权，促进人的尊严

---

① 浦兴祖：《中华人民共和国政治制度》，上海人民出版社 2005 年版，第 491 页。

和个人价值的实现，如何为人们提供方便、高效、快捷的救济制度是国家理应承担的责任和义务。信访与行政复议、行政诉讼一样，是普通群众解决纠纷、维护权利的途径。而且，与行政复议、行政诉讼相比，信访涉及的领域更为宽泛，处理的机制更为灵活。多数情况下，行政信访部门是通过协调督促相关职能部门来履行权利救济职责的，因为相关职能部门才是作出利益补偿和权利救济的最终责任主体，但行政信访部门发挥的作用却不可或缺。总体来说，信访机构解决社会纠纷主要有几种表现形式：回答当事人的问题，提供一种权威性的咨询意见；直接作出处理；协调处理或转送其他机关处理；信访对涉法事项的帮助和法律救济等。[①] 通过这些方式，信访在维护群众权益方面发挥着重要的作用。

　　4. 政治参与功能

　　从政治学角度讲，公民对于公共事务的参与包括动员式政治参与（被动参与）和自发式政治参与（主动参与）两种，其中，动员式政治参与"是被诱发出来的试图影响政府的行为，行为者对自己行为会给政府造成什么影响不感兴趣或者甚至不一定意识到这一点。他们按照命令而行事，促使他们这么做的原因，很大程度上或完全是因为忠于、爱戴、顺从或害怕领导人，或者相信这么做领导人会给他们好处"[②]。相比而言，自发式政治参与更为积极主动，参与主体对自己行为拥有清晰的认识、明确的意图。因此，自发式参与对公共决策的意义重大。在当代中国，公民的自发式政治参与形式多样，信访就是其中重要的一种。

　　具体而言，首先，公民可以通过信访制度参与国家政策、法律的制定过程，信访条例明确规定有关行政机关认真研究论证并积极采纳公民的建议、意见，公民可以通过行使建议权参与国家的政治生活；其次，公民可以通过信访制度参与法律的执行过程。很多信访事项反映了行政机关执法过程中存在的问题，信访制度内含的批评、诉愿和建议机制产生的潜在压力，使得行政执法过程的合法性、公开性、公正性有了切实的制度保障。因此，政治参

---

　　① 参见范愉：《非诉讼纠纷解决机制研究》，中国人民大学出版社 2000 年版，第 570 页。

　　② ［美］塞缪尔·P. 亨廷顿、琼·纳尔逊：《难以抉择——发展中国家的政治参与》，华夏出版社 1989 年版，第 8—10 页。

与功能是信访制度的一项重要功能。

（二）信访制度对于国家的功能

1. 信息收集、发现社会问题

广泛收集信息、征集人民意见、听取群众批评是信访制度设立的初衷，信访是中国政府决策信息的补充来源。现代国家治理过程中，掌握真实而充分的信息对政府决策至关重要。一般而言，政府决策拥有两大信息来源：体制内官方信息渠道（如汇报与统计）和体制外市民社会的反馈（如新闻媒体和自治社团的反馈）。目前，政府的两大信息来源都存在一定障碍，体制内的官方信息存在"报喜不报忧"的失真问题，体制外的社会领域还不够成熟，各种媒体、社团受政府的严格管制，反馈信息的能力有限。在此背景下，信访的信息传达功能显得弥足珍贵，通过信访渠道，公民都可以向国家反映社会问题和政治问题，对国家法律政策提出批评和建议，公民反映的内容可以是对社会现象的评析和对策，可以是对国家机构及其官员的批评、投诉和控告，也可以是对私人困难提出求助请求等。

2. 协调权力机关之间的冲突

我国目前还没有协调公权力之间冲突的专门机构，现实中许多超越职权、滥用权力、管辖权冲突和权力不作为等现象还不能得到有效的抑制，制度之间的矛盾和冲突常常只能靠领导人的个人能力来加以协调。[①] 就制度整体而言，协调性制度的缺位不利于民主与法治建设。

根据《信访条例》的规定，信访制度实际承担的部门协调、权力监督功能的法定功能，弥补了我国权力冲突协调制度的缺憾。实践中，很多信访事项是由政府政策和相关职能部门的行政行为引发的，因此，这些信访事项的最终主体不是信访部门，而是各级政府和相关职能部门。信访部门需要协调相关职能部门处理重要信访事项，甚至引入第三方中介机构协助解决信访事项。一些职能部门承办信访事项时，可能没有依法妥善处理，信访部门还需对这些信访事项的办理进行督促检查。面对具体的信访事项，信访机关经常面临的问题是"哪个机关对此负有法定的职责"，这是具有公权力协调的部门

---

① 参见王浦劬：《以治理的民主实现社会民主》，北京大学出版社 2012 年版，第 212 页。

才能有资格进行判断的问题。在部门协调和督促检查的过程中，信访部门事实上扮演了协调权力冲突的重要角色。

3. 解决纠纷，化解社会矛盾

在现代社会，司法诉讼是解决纠纷最重要、最权威的途径。然而，由于诉讼本身存在的弊端以及社会纠纷的多样性和当事人需求的差异性，使诉讼不可能也不应该垄断所有的纠纷解决。因此，世界各国结合国情发展出非诉讼纠纷解决机制，如谈判、调解、仲裁等，用以解决特定的纠纷。在中国当前现实条件下，信访作为具有中国本土性的纠纷解决机制，发挥着十分重要的作用。"信访制度严格地说并不是一种特定的纠纷解决程序，然而，从实践中的作用和效果看来，信访制度却在我国的纠纷解决系统中具有不可替代的重要地位。"① 从制度设计看，《信访条例》不仅规定了信访机构受理和转办的程序，也规定了信访机构在特定情况下直接处理或参与协调处理问题的权力和职责。从现实情况看，通过信访渠道和信访机构，许多社会矛盾和权益纠纷常常可以直接或间接得到解决，而且在一些特定时期，信访制度解决纠纷的功能还尤为显著，如在历次政治运动和改革时期，信访成为平反冤假错案、落实政策、知青返城、农村土地承包、下岗职工再就业等各种社会问题的重要解决途径。当前的信访实践中，信访人提出的信访事项大都与自身利益息息相关。

4. 提供决策咨询、辅助政府决策

提供决策咨询、辅助政府决策是信访机构的法定功能，《信访条例》明确信访机构履行"研究、分析信访情况，开展调查研究，及时向本级人民政府提出完善政策和改进工作的建议"的职能，由此也明确了信访机构作为政府决策咨询机构的地位。信访机构提供决策咨询、辅助政府决策主要表现为两个方面：一方面，信访部门分析研判信访信息，发现社会问题，总结矛盾规律，为政府提供决策咨询，这体现为一种事后信息反馈功能；另一方面，信访部门直接向政府提出完善政策和改进工作的建议方案，这则是一种事前决策参与功能。

实践中，信访部门分别通过以下方式实现决策咨询、辅助政府决策的功

---

① 范愉：《非诉讼纠纷解决机制研究》，中国人民大学出版社 2000 年版，第 561 页。

能：一是定期总结分析信访信息，向党委、政府及时汇报信访和社会矛盾发展形势；二是成立专门的信访问题分析研究中心，从信访窗口研究社会矛盾的变化规律，预测社会矛盾发展趋势，支持领导决策；三是对政府政策进行信访风险评估，分析预测政策执行过程中可能引发的信访风险，提出预防信访问题的方法和政府政策的完善方案；四是围绕重大信访问题，协调有关职能部门和专家学者召开研讨会、工作协调会；五是委托专门研究机构分析迫切需要解决的信访问题等。综上，信访制度具有多元的制度功能，对于塑造"国家与公民之间的良性关系"意义重大，它使公民与国家各得其所。信访制度的目的在于建设一个民主的和服务的政府，一个能够不间断听取人民呼声、不断改进的政府，目的在于保障人民的自由和权利，实现社会的稳定与和谐。因此，我们可以说，信访制度是国家整体机制的重要组成部分，信访制度的有效运作，有利于确保国家整体制度的健康和稳定。

第三节　信访制度发展完善的时代背景
——建设"法治中国"

全面推进依法治国是我们新时期的重大战略，也是当前信访制度发展和完善的时代背景。法治是人类社会重要的制度文明，是现代国家治国理政的基础理念和方法。新中国成立以来，伴随着法制建设的推进、法治理念的更新，我国的法治建设取得巨大成就。尤其是改革开放30多年来，法治建设与发展取得了令世界瞩目的成就。2012年，党的十八大报告再一次表达了对法治的重视，指出法治是治国理政的基本方式，并将"依法治国"战略提升到新的历史高度。2014年，党的十八届四中全会更是提出"全面建设法治国家"的总目标。从长远而言，信访制度需要融入我国法治化的整体进程，发挥更为重要的作用。这就需要在领会"法治中国"内涵的基础上，积极回应并解决信访制度法治化建设与发展进程中的具体问题。

新中国成立至今，建设法治中国的进程坎坷，但一直在稳步推进中。依照党的十八大报告中提出的"党领导人民制定宪法和法律，党必须在宪法和法律的范围内活动。任何组织或者个人都不得有超越宪法和法律的特权，绝不允许以言代法、以权压法、徇私枉法"，法治思维下"法治中国"的愿景已渐清晰："法治兴则国兴，法治强则国强"，宪法法律至上，全体公民依法享有广泛权利和自由，是实现"法治中国"的基本要素。

一、宪法法律至上

（一）宪法法律至上是法治国家的最高体现

宪法法律至上是法治国家的最高体现，法治国家最直接的目标即是宪法法律具有极大的权威。这种权威必须牢牢扎根于人们的意识之内，明显体现于人们的行为之中，以宪法法律为社会治理的最高准则，不允许任何凌驾于宪法法律之上的权力存在。美国建国初期，潘恩曾指出，在法治国家里，法律是国王，而非国王是法律。[①] 这是世界各国历史经验的总结，也是人类共同创造的政治文明的结晶。

（二）宪法法律至上是法治秩序的重要保障

宪法法律至上是法治社会的必然要求，是现代法治秩序的实现路径与切实保障。宪法法律至上，实际上内含着宪法法律规则至上的要求，即社会成员遵守宪法法律规则、服从宪法法律规则，使自己的行为符合宪法法律规则的目的或意图。[②] 这不仅包括权力机关对宪法法律规则的遵守，即宪法法律对权力的约束与限制，也包括社会全体成员对宪法法律规则的遵守，即宪法法律对其权利的保障与行为的约束。只有在此规则之下，宪法法律才能将权利和义务、纪律与自由、民主与集中有机结合起来，创造和维护一种既有秩序又有活力，既社会统一又有个人自由的生动活泼的局面。[③]

（三）宪法法律至上是建设法治中国的重要保证

一是宪法法律至上是我国国家性质的重要体现与必然要求。宪法法律至上，是由我国人民代表大会的基本制度所决定的，是确认和保障人民意志和利益的必然要求。二是宪法法律至上是法治中国权力合理运行的必要前提。

---

① 参见王利明：《厘清"法治"的基本内涵》，求是网，http://www.qstheory.cn/zz/fzjs/201301/t20130128_208681.htm，2015 年 12 月 1 日访问。

② 参见李泽：《法律至上精神在我国法治秩序构建中的意义》，《社会科学家》2012 年第 3 期。

③ 参见孙国华、田聚英：《论宪法法律至上》，《人民论坛》2011 年总第 333 期。

法律支配权力是法治的根本，但离开了宪法至上，权力绝不会服从于法律。一方面，法律通过对国家权力的确认和维护以及合理建构的制度，有效维护国家权力的正常运行，充分发挥其积极作用；另一方面，法律监督和制约国家权力的行使，保证国家权力行使科学化、合理化、公正化、公开化，尽可能避免其消极作用。① 因此，只有坚持宪法法律至上，才能既有效运用国家权力，又监督和防止国家权力的滥用。三是宪法法律至上是法治中国实现公平正义、构建和谐社会的有效手段。公平正义是宪法与法律的核心价值，关键是每个社会成员都能够按照法律规定的方式公平地实现权利义务，并受到法律的保护。随着文明水平的提高，人民群众越来越对保护自身利益"很在乎"，在出现利益诉求多元化的同时，利益协调过程中遇到的情况日益复杂；而法是使矛盾得以协调、使对立得以统一、使争执纳入秩序、使对抗变为互促、使相反得以相成的精巧有效的手段。② 尤其是宪法与法律所提供的利益表达机制与矛盾冲突解决机制，在构建和谐社会的过程中发挥着不可或缺的重要作用。

二、公民依法享有广泛的权利和自由

（一）公民依法享有广泛的权利和自由是宪法追求的核心价值

一是公民依法享有广泛的权利和自由是法治国家的基本要求。所谓"民惟邦本，本固邦宁"，保障公民享有广泛的权利和自由乃是法治国家的基本要求。现代法治早期尤以尊重人的权利、保障人的自由为依归，因而以弘扬权利本位为基本要求。整个法律实施的过程，从立法、执法到司法，都以公民权利的实现为目标。现代法治的力量就在于充分调动和发挥作为社会主体及法律关系主体的广大人民群众的主动性、积极性和创造性，营造法治环境，维持法治秩序。二是公民依法享有广泛的权利和自由是宪法基本原则的重要体现。宪法的基本原则主要有人民主权原则、基本人权原则、权力分立与制衡原则以及民主与法治原则，这些共同构成了宪法内在精神的统一体，也蕴

---

① 参见孙国华、田聚英：《论宪法法律至上》，《人民论坛》2011 年第 20 期。
② 参见孙国华：《简论法的和谐价值》，载《孙国华自选集》，中国人民大学出版社 2007 年版，第 458 页。

含着对公民基本权利和自由特别是基本人权的关切。"宪法价值体系的核心在于赋予自由独立的个人不可侵犯的基本人权。"① 在宪法中的具体化就是公民的各项权利。

（二）公民依法享有广泛的权利与自由是法治中国的重要标志

社会大转型的中国，必须所有公共政策，都是基于全体公民的法定权益特别是对于公民基本权利的保护。因为权利摇晃的国度，决不可能基石稳固，也不会社会稳定。公民依法享有广泛的权利和自由，是法治中国最坚实的根基。公民是国家的主体，是社会的基因。法治国家区别于人治国家乃至专制国家的主要标志，就是全体公民是否在政治、经济、文化、社会生活等各个领域享有广泛的权利和自由。在法治中国，应当让权利公平、机会公平、规则公平成为全社会奉行的基本准则，让公民在法律面前一律平等得到严格落实，让人权受到切实尊重和保障，让每一个人都生活得很有体面和尊严。②

三、国家权力得到规范

所谓国家权力，是指公民通过特定的方式而组建起来的国家机关或组织凭借和利用对国家资源的控制，为实现国家职能而具有的国家主权与立法权、行政权、司法权的总称。③ 国家权力具有诱惑性、扩展性和腐蚀性等特点，表明权力如果不受限制与规范，绝对的权力必然导致绝对的腐化。④ 因此，法治中国必然是国家权力得以限制与规范的中国，必然是公权力井然有序运行的中国。

（一）规范国家权力是法治中国的应有之义

1. 规范国家权力是宪法本质的反映

作为现代民主国家根本法的宪法，是规范国家机关活动、实现公民权利的最高准则。它以国家的最高权威形成制约国家权力、保障公民权利的制度，

---

① 肖泽晟：《宪法学》，科学出版社 2003 年版，第 60—61 页。
② 参见袁曙宏：《奋力建设法治中国》，《"公法的基础理论与范式"学术研讨会论文集》，第 430 页。
③ 参见李文汇：《公民权利与国家权力关系之法理分析》，《社会主义研究》2000 年第 3 期。
④ 参见高山：《国家权力的制约监督》，河北人民出版社 2005 年版，第 11 页。

并通过宪法实施而得以实现。因此，国家权力与公民权利的关系是宪法永恒的命题，限制与规范国家权力进而切实、全面地保障公民基本权利是宪法精神的基本内核。

2. 规范国家权力是法治中国的内在要求

依法治国，实质就是以维护公民权利为宗旨，以限制和规范国家权力为要义的法治中国的建设。建设法治中国，宪法实施是关键，控权（力）是手段，维权（利）是目的。一方面及时发现、敢于正视矛盾，以法律规范尤其是宪法规范调整各方利益的关系，用制度化、法治化的方式解决各种矛盾；另一方面通过构建对话协商等各种机制，将无法彻底消弭的社会矛盾置于可容忍、可控制的范围。最终，以官（官员公仆化）民（草民公民化）和谐的示范表率作用，带动整个社会的全面和谐，才能完成法治中国建设的重大战略任务。①

3. 规范国家权力是法治中国的关键环节

法治中国建设的重点即以宪法法律规范国家权力，关键在于依法治权，有效规范约束公权力，防止其滥用和扩张，终极目的仍是保障公民的各项法定权益。因此，建立健全有序的相互制约又相互协调的权力结构和运行机制，才是建设法治中国的关键环节与核心内容，也是法治中国建设的基本特征与要求。

（二）规范国家权力所达致的法治目标

1. 国家权力实现合理配置

宪法权力的配置包括横向和纵向两方面，大方向上均为自上而下以国家权力保障公民权利，但前者着眼于国家政权基本组织的建构，探索立法、行政、司法等国家职权的分工制衡，而纵向上主要是中央国家权力和地方自治权的配置。就我国（大陆地区）所实行的人民代表大会的根本政治制度及单一制的国家结构形式，始终力图探寻规律确立某些原则，既能保证中央统一领导，又兼顾地方自主发展，实现中央与地方关系法治化。法治中国的国家权力需要实现横向与纵向两方面的配置。

---

① 参见肖北庚、黄鑫：《国家权力与公民权利的和谐之道——评陈雄〈国家权力与公民权利的规范理论〉一书》，《时代法学》2013 年第 1 期。

（1）横向权力合理配置——规范立法、行政、司法权力的行使

首先，以科学、民主立法为前提，规范立法权力行使。党的十八大报告中指出，推进政治建设和政治体制改革要抓好一系列重要任务，其中首要任务就是继续完善中国特色社会主义法律体系，加强重点领域立法，拓展人民有序参与立法途径。所以，法治中国的实现要求国家建立健全科学、民主的立法程序，推进与完善立法听证制度，扩大民众参与立法途径，形成科学、民主、公开的立法机制来规范立法权力的运行。其次，以依法行政为标准，改革行政执法体制，建设法治政府。行政权力是宪法和法律赋予国家行政机关管理政治、经济、文化和社会事务的最重要的国家权力。由于行政权具有管理领域广、自由裁量度大、以国家强制力保证行使等特点，决定了它既是与公民、法人切身利益最密切相关的一种国家权力，又是最动态、最容易违法或被滥用的一项国家权力。[1] 因此，行政机关能否严格执法、依法行政，是实现依法治国的关键。法治政府要求行政机关的行为必须有明确的法律依据，必须严格遵守法定程序，即行政要遵循"法律保留"与"法律优先"的原则，在法律的范围内活动。无论是被授权组织还是政府机关的行为都应当有完备而严格的法律、法规来规范，这是依法行政的基本要求。再次，以司法公正为目标，推进司法体制改革，从制度上保障依法治国的实施。法律的生命在于施行，司法的权威源于公正，司法是法律价值的显示器，法律的权威性在很大程度上是通过司法公正来体现的。要实现司法公正，必须从制度上保证司法机关依法独立行使审判权。总之，建设法治中国是一项综合性的系统工程，要更加重视推动科学立法、严格执法、公正司法、全民守法，更加重视通过微观法治推动宏观法治，通过具体法治实现整体法治，一步一个脚印描绘出一幅雄伟壮丽的中国法治画卷！[2]

（2）纵向权力规范配置——中央与地方关系法治化

要实现中央与地方关系的法治化，应遵循公平、公开、合理、高效的基本方针，原则上，凡是地方可以有效治理的事项，应该留给地方政府自行规

---

① 参见赵智奎、伍小华、徐文华：《我国现阶段权力制约监督体系研究》，http：//marxism.org.cn/blog/u/29/archives/2009/261.html，2013 年 4 月 9 日访问。

② 参见袁曙宏：《奋力建设法治中国》，《"公法的基础理论和范式"学术研讨会论文集》，第 430 页。

定；只有地方不能有效监管的领域，中央才直接干预。具体应解决以下问题：首先，要实现中央与地方立法关系的法治化，必须明确中央和地方权力存在着宪法意义上的最佳配置。法治中国的中央与地方立法关系法治化，必须要以法律的形式明确中央专有立法权、地方专有立法权和中央与地方共有立法权，即明确中央与地方事权关系的划分。其次，财税权是实现事权的保障，因而中央与地方事权的合理划分必然要求合理界定中央与地方的财政关系，实现中央与地方财政关系法治化。再次，中央和地方关系法治化的制度基础是地方民主自治，要实现中央与地方治权关系法治化，必须落实宪法和相关法律规定的地方人大选举机制，并逐步实现人大代表的职业化，在此基础上，进一步界定中央与地方的行政执法权限。最后，必须直面解决内部行政争议法治化，在中央与地方、地方之间不断发生争议的情况下，设计合理与切实可行的权限争议解决机制势在必行。

2. 建立对权力的制约与监督机制

权力必须受到监督，是一切法治社会遵循的一条重要原则，同样，法治中国的建设要形成主体多元、内容广泛、体制顺畅的权力制约与监督机制。

（1）以权力制约权力

美国独立战争后，制定了人类有史以来寿命最长的成文宪法，正式开辟了人类历史的宪政时代。[①] 其政治制度文明的启示是：建立以权力制约权力的法律制度，即不同的权力机构之间形成一种监督与被监督或相互监督的关系。法治中国的建设应当完善健全权力运行制约和监督体系。首先，要强化人大对"一府二院"的制约与监督，人大依法行使立法、监督、决定、任免等职权。随着改革的深化，逐步提上日程的是：加强立法工作组织协调，加强对政府预算决算的审查和监督；提高基层人大代表特别是一线工人、农民、知识分子代表比例，降低党政领导干部代表比例；在人大设立代表联络机构，完善代表联系群众制度；健全国家权力机关组织制度，优化常委会、专委会组成人员知识和年龄结构，提高专员比例，增强依法履职能力。其次，要强化行政系统内部的权力制约，强化行政监察部门的职能与完善行政复议制度。

---

① 参见刘军宁：《宪政是如何制约权力的？》，http://blog.sina.com.cn/s/blog_492d06fb0102e4ww.html，2013 年 4 月 15 日访问。

最后，要依法实施司法对行政权力的制约与监督。

（2）以权利制约权力

在现代法治国家建设中，公民权利与国家权力的制约机制的建立和完善是其必然的核心内容。法治中国，是全体公民享有广泛权利与自由的中国，是全体公民监督国家权力的权利得以落实的中国，国家的一切权力属于人民，人民是国家的主人，是权利的主体。法治中国建设首先要积极培育公民的民主精神和法治精神。其次要支持和保证人民通过人民代表大会行使国家权力。此外，人民还可以运用自己的民主权利对权力进行直接监督，全体公民的知情权、选举权、参与权、表达权、监督权均得以落实。

我们要建设政治清明、经济富强、文化繁荣、社会和谐、生态文明的法治中国，这是中华民族伟大复兴最重要的使命之一。法治兴则国家兴，法治强则国家强。[①] 法治中国的建设要使法治贯穿改革发展稳定全过程，覆盖国家治理和社会管理各领域，让人民民主更加充分和健全，让经济发展更加健康和有序，让社会运行更加稳定和和谐，让各方面制度更加成熟和定型。这样我们将看到：一个富强和谐的美丽中国与民主文明的法治中国相伴而行。

第四节　信访制度现实运行中的挑战及问题

在转型期的社会背景下，当前的社会矛盾呈现出多发的趋势。信访也成为各类社会矛盾的聚集地，这也使信访制度承受了前所未有的压力，在当代中国二元结构的法律文化背景下，信访制度在功能定位、法律依据、体制结构和运行机制等方面都面临着一系列的挑战，信访制度还有待进一步法治化、规范化。

一、信访制度运行的现实文化背景：当代中国的二元结构法律文化

法治是动态的历史过程，建设中国特色社会主义法治国家也不是一蹴而

---

① 参见袁曙宏：《奋力建设法治中国》，《"公法的基础理论和范式"学术研讨会论文集》，第430页。

就的，需要分阶段稳步推进。在走向法治中国的进程中，当代中国的制度建设不可避免地面对文化转型带来的阵痛，在法治化建设领域，集中体现为二元结构的中国法律文化。中国法律文化二元结构是指在我国当代法律文化整体结构中，存在着两种不相协调、相互冲突的文化现象和构成，即适应现代化社会的较为先进的制度性法律文化和以传统社会为根基的较为落后的观念性法律文化，这两种相互冲突的法律文化共融于当代中国法律文化的整体结构中，使得当代中国法律文化呈现出一种二重性特征。

法律文化二元结构是中国法治化进程的不可避免的阶段，并将长期存在。正如苏力教授指出的，"由于中国现代化的目标模式，中国当代国家制定法的基本框架以及许多细节，更多的是依据近代以来从西方输入进来的观念，更多的是借鉴了西方的法制模式；但在中国广大地区的社会经济结构以及受之制约的人们的行为方式却还是比较传统的，人们所惯以借助的民间法更多是传统的，尽管这种状况已经并仍在发生变化。这意味着当代中国的国家制定法和民间法之间在某些时候、某些问题上必定会发生冲突。但作为一种短期内无法消除的现实，这两者必定会在中国这块土地上同时存在"。①

如前所述，信访制度与中国古代的信访现象存在的本质区别，现代的法治、民主理念是信访制度诞生、发展的文化渊源。但是实践中，信访制度的运行脱离不了当代中国的二元结构法律文化，信访制度不可避免地受到传统法律文化的影响，具体如"无讼"法律心理的影响。中国人的传统心理是，打官司是丢面子的事情。在这种"无讼"心理的支配下，人们宁愿寻求行政领导权威主持公道也不愿打官司。费孝通先生在20世纪40年代分析中国的"无讼"心理时指出：在乡土社会的礼治秩序下，人们将诉讼同教化相联系。"子不教"成了"父之过"。儿子做了坏事情，父亲得受惩罚，甚至他的教师也不能辞其咎。教得认真，子弟不会有坏的行为。因而打官司成了可羞之事，表示教化不够。②"无讼"心理是乡土社会的产物，与安土重迁的农业生活方式相适应。现代中国是一个由农业文明向工业文明转型的国家，广大农村无讼心理依然相当普遍。实践中，此类传统法律文化客观地影响着包括信访制

---

① 苏力：《法治及其本土资源》，中国政法大学出版社1996年版，第64页。
② 参见费孝通：《乡土中国》，生活·读书·新知三联书店1985年版，第56页。

度在内的现行法律制度的运行。

二、信访制度的功能定位有待重新审视

信访制度作为中国特有的权利救济制度和民主政治制度，在实际运作中，承担着复杂多样的制度功能，在公民的私权保护、政府的公共治理等方面都发挥着十分重要的作用。但是，也正是这种功能承担的复杂性、模糊性、过渡性，使信访制度功能定位也成为一个有待深入探讨的理论问题。① 当前，信访制度的运行环境已经发生了深刻变化，信访制度的运行现状凸显了重新审视其功能定位的迫切性：

1. 刚性维稳压力导致信访功能异化

实践中，各级政府为了应对越来越复杂的社会矛盾，将社会生活中的大事小情（尤其是信访事项）都与社会稳定联系起来，维稳成为权衡利弊的重要政策取向。在维稳的压力下，个别地方干部寄希望于花钱"摆平"事情，甚至不惜采取各种手段压制问题。这种思路下的社会矛盾化解措施，忽视了维护群众权益的重要职责，使信访目标发生异化，背离了"维权才能维稳"的根本之策。刚性的维稳压力容易将民众的利益表达与社会稳定对立起来，将公民表达正当利益诉求的行为视为不稳定因素，引发一系列的问题。

2. 社会资本缺位导致民主参与功能不彰

社会资本是个人、群体等社会主体间紧密联系的状态及其特征，它存在于社会结构中，无形地通过人与人之间的合作提高解决社会问题的效率和社会整合度。信访制度在处理信访事项、解决社会矛盾的过程中，已经逐渐重视发挥律师、心理咨询师等社会精英的作用，同时也引入基层党组织、基层自治组织的参与，拓展了解决信访矛盾的民主渠道。但信访制度的主体仍然以行政信访机构和政府部门为主，律师、心理咨询师的作用基本限于维护信访秩序、畅通信访渠道、优化信访接待等方面，自治组织和群众代表一般只

---

① 目前，学界界普遍采用"主—辅结合"的方式来界定信访制度的功能定位，即认为信访制度是以某种特定的功能为主，辅以其他功能。具体主要包括四种观点：一是认为信访制度的功能定位应以解决纠纷、权利救济为主；二是认为应以权力监督为主；三是认为应以有序政治参与和沟通协调为主；四是综合功能说，认为应将信访制度纳入到整个民主政治建设的大背景中考量，通过信访推动我国民主政治建设。

是担任信访信息员角色，在信访预警、信访处置和信访研究的过程中较少涉及。社会资本具有自我增值性，前提是社会主体在信访机制中不仅扮演"服务员"的角色，而且要作为重要的主体参与到信访矛盾的预警、处理、分析和评估的全过程。① 但从当前信访的运行现状来看，社会资本并未完全嵌入其中，信访制度的民主参与功能难以充分彰显。

三、信访制度的立法规范存在不足

法律政策依据是信访制度运行的合法性来源和规范基础。目前，我国从中央到地方已经形成一个数量众多、规模庞大的信访法律体系，信访制度法制化水平大大提升。但是，信访制度的立法建设仍有待加强：

1. 信访法规位阶不高

目前，我国还没有专门调整信访的法律，规范信访行为的主要依据是2005年国务院制定的《信访条例》，该条例对信访主体、信访行为和信访事项受理等内容作出了明确界定，回应了现实工作中的一些迫切需要。但由于国务院《信访条例》属于行政法规，位阶较低，仅对行政机关的行为进行规范和约束。《信访条例》在我国法律体系中的地位和效力等级不仅与信访的宪法地位不相称，而且在现实中对人大、司法机构缺乏调控力，导致部分机关从事信访工作的权力来源无实证法支持。例如，全国人大、政协、最高人民法院受理信访事项的权力来源并无法律的明确规定，这些机构的权力范围和职能由专门组织法进行规范，扩张其权力范围，行使受理、办理信访事项的权力须有法律依据，国务院《信访条例》系行政法规的性质，无法对此提供法律支持。此外，《信访条例》的原则性较强，有些内容尚不完整，随着社会形势的变化和发展，对信访领域出现的一些新情况、新问题和新诉求，《信访条例》在实体规定和程序规定上没有适时作出调整，不利于信访制度的完善。

2. 各级信访法规之间存在冲突

在国务院《信访条例》的基础上，各省、自治区和直辖市人大相继制定了地方信访条例，这些规范性法规对国务院《信访条例》的具体落实和创新，

---

① 参见王浦劬：《以治理的民主实现社会民生——对于行政信访的在审视》，北京大学出版社2012年版，第174页。

具有较强针对性和可操作性。但是一些地方法规同《信访条例》存在不一致甚至相互冲突的内容，影响信访制度的功能充分发挥。[①] 具体表现为：一是有关信访事项受理主体与责任主体的规定不一致。《信访条例》属于行政法规，根据其规定，信访事项的受理机关包括各级人民政府、县级以上人民政府工作部门（即行政机关），但是许多地方性法规将信访机关定位为国家机关，即包括立法机关、行政机关、司法机关和监察机关等，甚至还将信访机关扩展至社会团体、企事业单位等。此外，《信访条例》有关信访工作责任主体的界定窄，原则性规定多，地方性法规和政策文件关于信访责任主体、责任追究等方面的规定同国务院《信访条例》也存在不衔接和不一致的问题。例如有些地方性法规将行政机关作为责任主体，将责任追究泛化为对行政机关的追究，规避了对个人责任的追究。这一方面给信访工作责任制的落实带来困难，另一方面也给责任主体逃避责任提供可乘之机。[②] 二是关于信访的规定不一致。《信访条例》将信访行为界定为"反映情况，提出建议、意见或者投诉请求"。有的地方性法规则对信访事项作了扩大性规定，如《深圳经济特区信访条例》（2011 年）第三条规定："本条例所称信访，是指个人或者组织（以下简称信访人）采用书信、电子邮件、传真、电话、手机短信、走访等形式向国家机关反映情况，提出批评、建议和意见，或者提出维护其合法权益的请求，依法由有关国家机关处理的活动。"其中"提出维护其合法权益的请求"在国务院《信访条例》以及各省、自治区、直辖市《信访条例》中未见规定。

实践中，国务院《信访条例》和地方《信访条例》就信访机构和信访受理事项的不一致容易导致部分信访功能难以实现，消解政府行为的严肃性和权威性。例如，国务院《信访条例》的效力仅限于行政机关，地方《信访条例》效力包括地方人民代表大会，按照信访复查复核的要求，对于信访人不服信访机构处理决定的，可向上一级机关提出复核请求。那么，如果信访人不服省级人民代表大会所作出的处理决定，该向谁提出复核请求呢？从我国

---

① 参见郑广森：《论制订统一信访法的必要性》，载北京市信访矛盾分析研究中心编：《信访与社会矛盾问题研究》第二辑，中国民主法制出版社 2013 年版，第 62 页。

② 参见史全增、查志刚：《本位的回归——对我国信访制度受理事项的重新认识》、《广西大学学报（哲学社会科学版）》2012 年第 3 期。

的立法体系来看，全国人民代表大会并非地方人大的上级机关，更不受地方信访条例的规范，因此，可能存在信访人的复核权利难以保障的情况。

四、信访制度的体制结构有待完善

我国信访制度的体制结构独具特色，党委、人大、行政、司法、政协和企事业单位的信访机构自成体系，共同构成我国整个信访体制。当前，我国社会政治生态的迅速变革，也对我国信访制度的体制结构形成挑战。具体而言，当前我国信访体制主要存在如下问题：

1. 信访机构设置分散，相互之间缺乏联系和协调

目前，从中央到地方，各级党委、权力机关、行政机关和司法机关等都设有信访机构。这种多元化的信访组织体系充分发挥了畅通公民诉求渠道的正面效应。但是，就整个信访体制而言，也存在缺乏整体设计、部门林立、机构臃肿、人员有限等问题。同时，在多元化的信访组织体系下，上下级信访机构、同级不同部门信访机构在处理信访事项的过程中基本处于"隔离"状态，彼此缺乏沟通、联系和协调，信息不对称，工作效率有待提高。正是这种多元设置和相对封闭的状况，使得重复信访、重复处理大量出现，浪费了信访公共资源。如果信访人在不同部门得到的答复不同，又容易引起部门之间的相互指责，不利于信访问题的处理。多元信访组织体系下，不仅系统内部的协调能力有限，也容易在落实受理和处理信访事项的责任方面相互推诿，使各种信访矛盾向上聚集，影响处理问题的实效性，扰乱信访程序和信访秩序。

2. 信访部门权责不统一，体制机构缺乏相应的权力配置

信访部门权责不一的问题是长期困扰我国行政信访体制结构的症结问题。时至今日，这一问题显得更加突出：首先，信访结构设置和人员配备相对不足，尤其在基层政府更是如此；其次，信访机构缺乏相应的权力配置，难以督促职能部门及时办理信访事项。实践中，如果职能部门对同级政府专职信访机构转交的信访事项相互推诿或置之不理，专职信访机构凭借自身的权力配置通常无能为力，因为它不仅在政府机构设置格局中相对处于劣势，而且缺乏明确的、具有法律效力的实质性监督权、督办权和处置权。由此，就形成了信访机制的运行悖论：没有实权的信访部门，需要去协调具有实权的职

能部门；缺乏解决问题所需资源的信访机构，需要解决必须用资源才能解决的信访问题。相关调研显示，一线信访工作者普遍认为，信访体制的最大问题是权责不对等，责重权轻甚至是有责无权。

五、信访制度的工作机制运行不畅

信访运行机制是信访制度特色的体现。信访制度通过运行机制的拓展创新，化解了大量社会矛盾纠纷，拓宽了民众政治表达和政治参与的渠道。但是，当前信访机制运行过程中也存在一些有待解决的问题，从某种意义而言，这些问题正是信访制度完善发展和机制拓展创新的关键。

1. 信访运行机制的规范性有待提高

同诉讼、仲裁等注重程序正义的特点相比，信访注重凸显实质正义的价值。实质正义的价值导向是对行政复议、行政诉讼和司法救济的程序性缺陷的弥补，也是信访应对转型社会发展的客观要求。但是，实质正义的价值导向，"事要解决"的结果导向，也使一些信访运行机制的规范性有待加强，最为典型的是缠访、闹访、越级上访、到敏感地区上访、拦截领导上访等"非正常上访"造成的非程序处理问题突出。以越级上访为例，现实中，越级上访被信访人大量地采用，对信访工作部门来说，越级上报不仅与"逐级上访"的程序要求相悖，还引起了许多现实的问题，如基层政府或信访部门迫于"上级登记"的压力，限制越级上访人；少数信访人利用信访部门的压力，提出不合理要求，以获取较高的利益。可见，信访非程序性问题是引致信访现实困境的重要原因。

2. 信访拓展运行机制缺乏系统化的顶层设计

信访运行机制的拓展创新既是这一机制不断丰富自身民主政治属性的过程，也推动信访制度的发展完善。但是，这种实践创新，是基层政府、信访机构基于现实背景的应对式创新，即"是以问题为中心的政治过程，能够适时变化，增强压力型机制的弹性，从而可纠正体制缺陷"。① 应对式创新的特点如下：一是机制创新是针对具体问题的被动式创新，而非是在统一的制度

---

① 秦小建：《压力型体制与基层信访的困境》，《经济社会体制比较》2011 年第 6 期。

设计理念指导下进行的系统化创新。在这些运行机制中，大多数机制创新都是针对某项具体信访难题而形成的，如信访听证机制针对信访终结难问题，律师接访机制针对涉法涉诉难题等；二是信访运行机制创新是基层政府处理信访矛盾的"事后创新"；三是运行机制创新的主导力量是基层政府和基层信访机构，带有较强的地域性和针对性，在区域性试点取得成效的基础上，只有部分机制得以向全国推广。应对式创新是政府治理回应性的体现，重视实现信访工作的时效性。但是，信访运行机制应对式创新带有针对性、零散性、局部性和滞后性特点，各项具体运行机制间的衔接和关联存在一定困难，往往各行其是、各自为战，不能形成合力，不利于形成信访工作全局一盘棋的合力。

第五节　信访法治化是信访制度发展完善的现实需求

面对信访制度现实运行中的存在的问题，党的十八大报告明确要求"完善信访制度"。在此基础上，党的十八届三中全会通过了《中共中央关于全面深化改革若干重大问题的决定》，党的十八届四中全会通过了《中共中央关于全面推进依法治国若干重大问题的决定》，作为贯彻落实党的十八大战略部署的姐妹篇纲领性文件，对信访法治化提出了具体的要求。党的十八届三中全会指出："改革信访工作制度，实行网上受理信访制度，健全及时就地解决群众合理诉求机制，把涉法涉诉信访纳入法治轨道解决，建立涉法涉诉信访依法终结制度。"党的十八届四中全会明确要求"把信访纳入法治化轨道，保障合法合理诉求依照法律规定和程序就能得到合理合法的结果"。在新的历史时期，推动信访制度的法治化、规范化，是信访制度未来发展完善的必然要求。

一、法治化的信访能够成为一种公开和可信赖的利益表达机制

（一）信访法治化增强了人们对纠纷解决的合理预期，从而理性对待信访

信访法治化的主要目标是使信访处理程序更加规范、公开和具有可操作性。规范的程序可以避免公权力机关及其工作人员在处理信访事项时的恣意

行为，使信访人能够通过程序的运行表达诉求，并在确定的程序范围内寻求解决实体问题的办法，减少偶然性因素对信访问题处理的干扰，增强对纠纷解决的合理预期。信访程序的公开、透明有利于信访人及广大公众对整个信访处理过程的监督，并通过这种监督知晓和了解该信访事项本身的是非曲直以及解决该问题的复杂程度，同时也亲眼目睹了信访机构以及主管机关为处理该信访事项所作出的努力，增强互信和理解，从而理性对待信访。程序具有可操作性可以为信访机构及主管部门提供明确的指引，避免推诿和无所适从，既减少了内耗，又为信访人提供了可明确的预期。程序不仅能够保证政府行为的形式合理性和正义性，而且还使当事人的选择更具理性。因为程序为当事人的活动提供了一定的空间、时限，为其提供了一定的行为范围，使程序与选择联系在一起。程序的本质是过程性和交涉性，能够促使当事人的选择有序化。①

需要特别注意的是，信访程序的规范化主要是为了增加交涉性和过程性，而不是将主管机关处理内部管理事务的程序外部化或繁杂化，或者说，程序的规范化应该是大大增加信访人的参与机会和增强其交涉能力，并且使整个过程尽可能公开、透明，同时还要简化有关环节，降低当事人参与的门槛，并通过信息公开以及其他便利条件的提供，保障信访人及其他参与人能够方便参与。总之，信访的法治化的主要目的在于能促使信访事项的处理更趋于理性、平和和可控。

（二）信访联席会议在公共政策优化方面通过保障当事人参与和公开举行，成为一种可信赖的利益表达机制

信访法治化的重要举措之一便是充分利用信访联席会议这个利益表达的平台，实现公共政策的优化。信访联席会议由党委牵头，涵盖了立法、行政、司法等部门，完全能够对复杂的信访案件进行统一协调处理。信访联席会议不应该成为公权力机关集体商讨如何对付信访人的平台，更不应该只是一种信访个案解决机制。信访联席会议要在公共政策优化方面发挥重要作用，就必须改变原有的闭门磋商的工作方式，应该在法治的保障下，按照确定的规则公开举行，使信访事项所涉及的各当事方以及利害关系人都能够有机会积

---

① 参见吴德星：《论宪政的实质内容和形式意义》，《天津社会科学》1997 年第 1 期。

极参与，并通过参与充分表达自己的意见。通过这种直接言辞的方式，能够发现公共政策制定和执行过程中所存在的问题，特别是其中被忽视的少数群体利益。

信访联席会议根据各方所提出的意见，对公共政策的优化提出建议。由于这种建议是建立在各方当事人充分参与和公开的基础上的，再加上联席会议本身的权威性，借助发达的电视和网络媒体的影响，往往会给公共政策的制定和执行主体造成较大的舆论压力，促使其解决公共政策中所存在的问题。这种充分参与和公开的机制同时也疏导了信访人及利害关系人所存在的怨气和不平心理，并会发挥法制和政策的教育功能，使相关当事人了解权利的行使界限和实现的客观条件，消除过高和不切实际的诉求期待，最大限度地减少"无理访"。信访联席会议的公开举行既约束主管机关及相关部门，又约束信访人及利害关系人，如果信访人及利害关系人的主张属于无理取闹或超出了其应有权利范围，通过公开的表达过程为社会公众所知晓，其主张必然得不到社会舆论的支持，在舆论的压力下，最终的结果可能就是信访人自动息访。因此，信访联席会议的公开带来公众对公共决策优化的广泛参与，通过新的博弈弥补原有决策的不足。这实际上是信访联席会议的一种新的工作机制，使联席会议从对公众保密的会议转变为一种公众可广泛参与的公开会议，其所作出的建议性决定虽然并不能对有关的主管机关产生直接的法律效力，不会越俎代庖破坏现有组织法的分工，但这种建议性的决定又会通过社会舆论的压力促使主管机关主动解决信访问题或促使"无理访"的当事人偃旗息鼓，从而摆脱了信访困境。这种新的工作机制在法治保障下将成为公民可信赖的一种利益表达机制。

二、信访法治化可以规范政府与公民之间的制度性负反馈沟通渠道，对多数决民主是有益的补充

（一）负反馈沟通渠道对维护社会稳定、巩固执政资源更为重要

负反馈是控制论中的一个概念，是指把系统输出信息的一部分返回到输入端，对系统的输入和再输出施加影响，使系统沿着减少目标差的方向实现

控制，克服环境扰动带来的不稳定性，使系统得到动态平衡。① 负反馈机制应用于决策科学，主要是依据民意反馈信息，对公共决策系统的输入和输出施加影响，从而实现高质量公共决策的输出过程。② 公共决策的形成往往采用多数决方式，体现的是多数人或者强势群体的意志，少数人及弱势群体的利益被忽略或没有得到足够重视，因此在执行过程中必然会造成该部分人的反弹。该部分民意应通过一种负反馈沟通渠道反映给决策制定主体，使决策制定主体了解这些人或群体的利益诉求，以纠正政策偏差。信访就是这样一种少数人及弱势群体与政府之间的制度性负反馈沟通渠道。受公共政策不利影响的人或群体的利益诉求通过信访得以有效表达，公共政策制定主体才能真实地了解该政策的具体偏差及偏差程度，从而通过调整政策，解决或者缓解这种显露出来的社会矛盾。如果缺乏这样一种沟通渠道或该渠道不通畅，那么就会使这些矛盾激化并直接影响社会稳定，或者由于失望使少数人的显性不满转为隐性不满累积起来，为社会不稳定埋下隐患。因此，信访这种负反馈沟通渠道的畅通对于维护社会稳定、巩固执政资源更为重要，是对多数决民主的有益补充。

（二）信访法治化规范与强化了社会运行的负反馈机制

信访这种负反馈沟通渠道要保持畅通和有效，必须通过法治化的途径加以保障。这是因为，受官僚体制惯性的影响，公共政策的制定和执行主体往往对该政策执行所带来的正反馈比较重视，从而本能地强化该政策的正当性和执行力度。负反馈往往被视为政策执行的阻力，因而受到公共政策制定和执行主体的本能排斥，或者是选择性接受。如果这种负反馈机制在实践中无法规范地运行，对公共政策制定和执行主体没有形成有效约束力，那么就难以发挥政策纠偏和提高政策质量的功能。事实上，信访这种负反馈沟通渠道对于公共政策的优化作用难以替代，因为这是长久以来所形成的被实践证明非常有效的正规的负反馈沟通方式，并且提供负反馈信息者完全是基于自身直接的利害关系。这既保证了反馈信息的相对真实性，避免了无病呻吟，也使决策制定和执行者较为全面地了解公共政策的执行效果及存在的问题。要

---

① 参见刘光生：《什么是正反馈和负反馈?》，《领导科学》1988 年第 10 期。

② 参见张蓉、郑克强：《民意调查与公共决策负反馈机制研究》，《人民论坛》2011 年第 33 期。

保持这种负反馈沟通渠道的畅通并使负反馈发挥作用，必须使负反馈信息及时、全面地传导到政策的制定及执行主体，并有一定的强制机制使政策的制定及执行主体能积极应对这些反馈以纠正偏差。这就必须促使负反馈沟通机制有序和规范运行。信访的法治化就是为这种负反馈机制的运行确立严格的规则，保证少数人及弱势群体的利益诉求能够进入到这个沟通渠道，并通过公开、参与等方式保障该渠道发挥应有的作用。负反馈沟通渠道的畅通，使公权力的运转时刻受到外界的监督，及时发现偏差并予以纠正，从而有效预防公权力的失控，进而促进政府与公民的相互信赖。这种规范化的负反馈沟通渠道具有较强的清除阻塞渠道畅通的人为因素的力量，使各种负反馈信息能够及时通达政策制定主体，从而强化了社会运行的负反馈机制，保证了该机制功能的有效发挥。

三、信访法治化进程中的重要理论、实践问题

在推进信访法治化进程中，有一些重要理论与实践问题亟待破解：

（一）信访的概念的界定、受理范围问题

信访立法的首要问题是对信访的概念进行明确的界分，划定信访的受理范围。传统上，信访有广义、狭义之分。广义的信访是指"人民群众向各级党委、政府、人大、公检法机关、人民政协、一些团体、新闻媒体等机构以各种方式反映情况，提出意见、建议、要求和申诉、控告或检举的活动"。广义的信访既包括行政信访，也包括人大信访、涉法涉诉信访等。狭义的信访是指根据国务院《信访条例》第二条第一款所规定："本条例所称信访，是指公民、法人或者其他组织采用书信、电子邮件、传真、电话、走访等形式，向各级人民政府、县级以上人民政府工作部门反映情况，提出建议、意见或者投诉请求，依法由有关行政机关处理的活动。"这种定义是一种形式上的概括，所有具有所规定形式的来信来访都被纳入信访。这样信访的受案范围就非常宽泛，既包括咨询类、批评建议类，也包括投诉类、求决类，不仅和行政复议、行政诉讼的受案范围有重叠，也和信息公开、行政监察以及《治安管理处罚法》有重叠，这必然会产生实践工作中法律适用的竞合。

当前，实践中比较突出的问题是：信访部门将信访事项转交给相关职能

部门，相关职能部门并未按照相关法律作出行政决定，而是按照《信访条例》的规定出具信访事项答复意见书，但信访答复意见书的法律效力缺少相关规定，这就导致了相关职能部门利用此种漏洞规避行政决定可能带来的被诉风险。这就容易产生作为下位法的《信访条例》调整上位法的实践困境。另外，关于信访事项、投诉请求以及受理、办理、处理等概念也处于模糊使用状态。信访事项和投诉请求的界定标准模糊，信访部门收到初信初访可以是受理，复查复核也是受理，转交给职能部门也可能是受理，这些受理的概念是否相同？同时，信访实践中涉及大量"举报"类的信访，对这类"举报"的概念是否也需要规范，以便与相关法律、行政法规对接。因此，我们必须重新考量"信访"这一基本概念的内涵和外延。

（二）信访的功能定位问题

事实上，信访到底是政党的功能还是政府的功能，在理论和实践中一直模糊不清，界定不明。因此，信访的政治和法律双重属性也就不足为奇。当一项制度具有多重属性时，就需要从国家体制、国家治理的高度着手建构、顶层设计，这样才能更巧妙地消解各种属性之间的内在张力。"把信访纳入法治化轨道"，在全面推进依法治国的背景下，国家已经开始从国家治理和顶层设计的角度审视信访制度，试图把信访制度纳入建设社会主义法治体系中。实践层面和理论研究层面都对信访制度的定位进行了大量的研究，但实践层面的研究更多偏重于解决实际问题，主要集中在"发扬民主、了解民情、联系群众、接受监督、维护权益、促进和谐"方面；理论研究偏重于逻辑推理，主要集中在信访制度功能定位上的模糊不清、信访部门归属地位上的从属辅助、争议处理中的办而无权、参与决策中的可有可无等，有关信访定位的研究始终缺少理论和实践的有机联系。我们认为，在信访法治化进程中，关于信访的定位可以集中在公众参与和补充救济这两个方面，然后围绕这两个方面进行法律设计，人民民主理念、社会动员理念和约束行为理念可以巧妙地融入公众参与当中，然后围绕补充救济就可以处理与行政复议、行政诉讼的关系，进而实现对信访的科学合理定位。

（三）信访法律与其他法律法规的衔接性问题

由于信访制度相较于其他法律法规而言，更具有开放性和关联性，信访问题的涉及面更广、成因更复杂，加之信访具有主体多方性、内容多样性、形式灵活性、效力直接性等特点，使得信访与相关法律法规在内容上多存在重合或断裂之处，造成信访制度在实际运行中备受诟病，有学者认为信访是对法治的干扰，有学者认为信访的制度设计造成很多矛盾和问题终而不结，因此，在信访立法过程中，尤其需要注意与其他相关法律法规的衔接性问题。

具体而言，未来信访立法一要注意与宪法的效力衔接，严格遵循下位法服从上位法的法律原则，落实宪法关于信访的相关规定；二要符合立法法的原则与规定；三要注意与行政复议法、行政诉讼法、仲裁法等的衔接，如在信访事项的受理范围、受理程序、信访事项处理意见的法律效力等方面，科学界定信访与其他法定渠道之间的界限；四要注意与治安管理处罚法、集会游行示威法等的衔接，对信访活动中非法行为的处理作出明确界定；五要注意与监察法等的衔接，使信访在社会监督方面的职能，通过立法得到保证。

（四）信访事项的范围、失效等实践难点问题

信访实践中，一些现实问题有待深入探讨，具体包括：

1. 信访制度的工作原则问题

现有信访制度的工作原则主要集中在《信访条例》第四条，即信访工作应当在各级人民政府领导下，坚持属地管理、分级负责，谁主管、谁负责，依法、及时、就地解决问题与疏导教育相结合的原则。因此，未来的信访法律需要探讨明确"属地管理"和"分级负责"各自"管理"和"负责"的范围；另一方面要协调好"属地管理"和"分级负责"的关系，让两者各负其责，而不是一味地将信访事项积压在基层。

2. 信访部门的机构设置、职责问题

在信访部门的机构设置上，信访立法应横向上理顺专职信访机构与同级政府职能部门信访机构以及由两者所组成的行政系统信访与立法、政协、军队、法院、检察院等信访系统的关系问题；纵向上要明晰从中央到地方，专职信访机构与下级政府专职信访机构之间的隶属关系。在信访部门的职责问题上，要解决职责不统一的问题，在强化协调权、督办权以及改进工作、完善政策和给予处分"三项建议权"的同时，根据信访事项实际，实行"谁主管、谁负责"，使信访部门在发挥其固有职能的基础上，富有效率地解决其权

责范围内的信访事项。

3. 信访受理事项的范围和时效问题

未来信访立法应明确信访事项的受理范围，采取逐条罗列和排除的方法明确受理事项和不受理事项，并根据信访事项的重要性和复杂性，明确初访的受理层级。不该管的坚决不要管，该剥离的一定要剥离。同时，信访的时效规定应在未来信访立法中予以补充，对信访的时效问题作出明确规定

4. 信访工作程序和终结制度问题

《信访条例》虽规定了信访事项受理、办理、转送、督办、答复等工作程序，但对各个工作环节如信访听证如何进行，信访督办如何发挥制度功效等，都欠缺明确的界定和可操作性的办法，未来信访法应着重加强对这一问题的完善。此外，现有的信访工作程序基本上都是针对权益型信访的，缺乏政治参与或民主监督类型信访的制度规定。因而，未来的信访立法应进行补充。

第二章

日本的类信访制度

　　现代日本国家制度与法律制度与中国存在着很大的差异，但由于日本在历史上受到中国文化的影响甚大，在法律文化特别是国民的法律意识等方面，日本与中国存在着相似之处。从传统的法律意识上来看，日本国民普遍存在"唯上"的情结，对于处于"上级"的行政机关的行政活动习惯于"逆来顺受"，即使心存不满也尽量配合。因此，国民一般对于这种"民告官"的行政诉讼以及行政复议等的态度并不积极。虽然随着社会的发展，日本国民的提起行政复议或行政诉讼的积极性也在提高，但传统法律意识在一定程度上仍存在着影响。也正是因为行政复议、行政诉讼等正式的救济渠道并不十分畅通，行政相谈等非正式的救济途径在日本较为发达。作为这种非正式救济途径的代表，包括由行政机关主导的行政相谈、行政相谈委员制度以及由议会主导的请愿制度。

　　《日本国宪法》第十六条规定了国民拥有请愿权，"任何人对损害的救济，公务员的罢免，法律、命令以及规章的制订、废止和修订以及其他事项，都拥有平稳请愿的权利，且任何人不因请愿而受到差别待遇"。在此基础上，日本于1947年制定了《请愿法》，由此设立了由议会解决纷争、救济权利的请愿制度。

　　自20世纪50年代起，日本逐渐设立了在总务省管辖之下的行政相谈制度，当国民对行政产生不满或有意见需要提出时，可以到作为总务省派出机构的管区行政评价局、行政评价事务所或者寻找附近由总务省委托的行政相谈委员进行行政相谈。管区行政评价局、行政评价事务所或者行政相谈委员接到国民提出的行政苦情后，介于苦情申诉人和作为相对方的行政机关之间，从公正、中立的立场出发，通过与该行政机关的联系、建议等方式促进苦情的解决。在此基础上，从个别的行政相谈事件中发现行政制度或者行政运行过程中的问题，并针对该问题提出改善意见或建议，从而从根本上改善造成苦情原因的行政制度或者行政运行。

为了促进国民有关行政的苦情、不满的解决，改善行政的民主性运行，日本在1966年制定了《行政相谈委员法》，由此设立了行政相谈委员制度。行政相谈委员由总务省的总务大臣从具有社会威望，而且能够理解并热心于改善行政运行的人进行委托，配置于全国各市町村，针对周边居民开展行政相谈事务，具体包括受理国民有关行政的苦情；向总务省或者相关行政机关通知苦情的情况；对于受理的国民有关行政的苦情进行必要的调查，并基于自己的判断向相关行政机关提出处理的意见或建议；作为行政苦情申诉人与相关行政机关之间的居中者进行协调；向行政申诉人转达相关行政机关的处理结果。在此基础上，通过对个别行政相谈事件的处理，发现现有行政制度或现实行政运行过程中存在的问题，向总务大臣汇报，并针对已经发现现有行政制度或现实行政运行过程中存在的问题，向总务大臣提出改善的意见或建议。该制度自实施以来，在受理并促进行政苦情的解决和对行政制度或行政运行提出改善意见等方面取得了巨大的成绩，但其功能定位、与相关行政机关之间的关系、与地区公共团体之间的关系等方面还存在着有待解决的课题。

第一节　日本请愿制度

请愿权制度作为现代民主社会中一项有效的法治监督和保障制度，长期以来在各国宪法中得以确认并实施。吸收先进国家的请愿权制度的先进经验，有助于促进我国早日实现国家治理体系和治理能力的现代化。日本的请愿权制度经历了跨越百年的发展，以下将从比较法的角度，就何为请愿权、日本请愿权的法理基础和学说加以分析，对请愿权的历史和意义以及其发展和展望做出梳理，并通过和我国信访、人大等制度的比较，试图找到对改进我国现行制度的借鉴意义。

一、日本近代请愿权的产生和发展

日本原始形态的请愿受古代中国影响，是儒教伦理和德治主义的产物。早在日本最古老的法典《大宝律令》（701 年）制定以前，据《日本书记》第二十五卷记载，大化元年（645 年）朝廷曾发布诏令，设撞钟供民众撞钟申冤——这被学者认为是日本请愿的雏形。① 在政治上的言论自由尚未确立的古代东方社会，请愿是当政者知晓民情的重要手段；而观察西方社会的历史，请愿权是在君主专制背景下，国民为争取自身权利而发展起来的。近代意义上的请愿权随着立宪政治的发展而确立，其源头可以追溯到立宪政治的母国英国。

受到全球立宪主义风潮的影响，日本在明治维新以后，民众参与国政和设立民选议院的热情空前高涨，政府于明治 15 年（1882 年）发布了《请愿规则》，并第一次使用"请愿"一词。1889 年日本"明治宪法"第三十条规定："日本臣民遵守相当之礼仪并遵照所定规程，得实行请愿"，第一次确立了请愿权这项权利。"明治宪法"第五十条规定："对于臣民呈交的请愿书，两议院必须受理"，受理请愿书成为议会和人民直接交涉的重要途径。除了上述的宪法规定涉及请愿制度外，1889 年《议院法》、1925 年《众议院规则》、1921 年《贵族院规则》、1917 年《请愿令》等构成了比较完整的请愿法律体系。两议院分别独立受理民众请愿，并各自拥有处置权，互不干涉。帝国议会内还设置有请愿委员会，同时依照旧众议院规则第 160 条的规定，还可以就法律的制定提交请愿并附上法律草案。据统计，第 1 次到第 92 次帝国议会期间，贵族院受理请愿件数为 42504 件，其中采纳件数为 11897 件；众议院受理请愿件数为 79927 件，采纳件数为 28935 件。② "明治宪法"下的请愿权在当时的历史背景下也被设置了重重限制，如请愿必须"遵守相当之礼仪"，不

---

① 参见［日］池田政章：《请愿权研究》，《立教法学》1992 年第 36 号。
② 参见［日］众议院、参议院编：《议会制度百年史资料篇》，日本评论社 1978 年版，第 235 页以下。

能使用对皇室、政府、议员不敬或侮辱性的词汇，涉及皇室典范、变更宪法以及司法和行政裁判的事项不得请愿等。

随着二战后日本言论自由逐渐得以保障，有学者开始指出请愿权似乎逐渐失去了原本的重要地位。[①] 然而即便反映民意的方式逐渐多元化，请愿制度特别是经由议会的请愿制度，仍然被包括日本在内的多个国家的宪法所保障，并存续至今。本书所涉及的日本"请愿"之概念，特指近代意义上的、幕府时代末期立宪主义思想传入日本之后的请愿。

不论是"明治宪法"还是二战后的现行宪法，都是继受近代立宪主义思想的产物。但是二战后的《日本国宪法》与"明治宪法"相比，实现了从天皇主权向国民主权的质的转变，请愿权也不再是至尊至上的天皇给予臣民的恩惠。现行《日本国宪法》第十六条规定："任何人对损害的救济，公务员的罢免，法律、命令以及规章的制订、废止和修订以及其他事项，都拥有平稳请愿的权利，且任何人不因请愿而受到差别待遇。"从字面上来看，删掉了旧宪法"遵照所定章程"的字样，对请愿对象也不再加以限制，只要求形式上需"平稳"进行。参照清宫四郎的观点，请愿一般是指国民就国务事项向国家机关陈述希望。[②] 依照现行宪法、法令和现实经验，请愿一般是指民众拥有的、通过议会向国家和地方公共团体机关就其职务相关事项陈述意见或希望的权利。随着二战后现行宪法的颁布，日本于 1947 年紧接着制定了《请愿法》，以将请愿权具体落实。《请愿法》是关于请愿权的一般性法规，共 6 条，主要规定了：适用范围（第一条）、书面和实名制原则（第二条）、请愿书的提交对象（第三条）、提交对象错误时的处理措施（第四条）、及时受理和诚实处理原则（第五条）以及排除歧视原则（第六条）。

二、国会请愿制度

依照请愿提出对象的不同，可以分为国会请愿和地方议会请愿。一般的请愿除适用于请愿法外，《国会法》第 9 章就对国会各议院的请愿设立了专门

---

① 参见 ［日］ 宫泽俊义：《宪法Ⅱ新版》，有斐阁 1974 年版，第 445 页以下。

② 参见 ［日］ 清宫四郎：《请愿法》，载蜡山政道编：《新宪法附属法讲座第 1 卷》，政治教育协会 1948 年版，第 63 页。

规定,《众议院规则》第 11 章和《参议院规则》第 11 章也规定了具体条款。依照日本国会众议院的公开信息,以众议院为例,国会请愿程序大致如下。

(一)请愿的提出与受理

《日本国宪法》第十六条保障国民直接向国会陈述对国政希望等的请愿权,不论国籍、年龄。因此住在日本境内的外国人和未成人也同样拥有请愿权。日本国会分参、众两院,参议院和众议院分别独立受理各自的请愿,并互不干扰。

请愿书的提出须经过议员的介绍和署名,因而实际中具体手续由议员本人或者其秘书来办理。同一请愿人在同一会期内不得就同一问题重复提交请愿书,即便通过不同的议员介绍也不被允许。同时由于在一次国会中提出的请愿议题并不延续至下期国会,因此请愿人在国会不同的会期中可以就同一议题提交请愿。一般来讲,请愿自国会开会后的召集日开始受理,受理截止到该次会期结束的前七日。会期极短的国会也有不受理请愿的情况。

请愿书的提交对象为众议院议长,并且撰写有固定格式。封面标题应为"就某某事项的请愿",并在末尾附有众议院议员的签名、请愿人的住所和亲笔签名。请愿人为多个人时还要注明除了代表以外的请愿人数。请愿书正文分为请愿要旨和请愿事项,联名请愿还可以附上联名签名单。请愿书提出之后将制作请愿文书表分发给各名议员,依照请愿内容,请愿事项将被委托给同该事项相对应的常任委员会或特别委员会来负责。

(二)请愿的审查与处理

请愿书提交后,由委员会对请愿进行初步审查,按照是否需要呈交议院会议分为两类,呈交议院会议的请愿将在议院会议最终决定是否被采纳。委员会认为需要递交内阁的请愿,还应特别注明并向议院报告。被采纳的请愿如没有在委员会审查中注明需递交内阁,则由众议院来处理。审查结果在国会闭会之后通知到介绍请愿的议员。内阁对接收到的请愿进行处理,并需将处理经过向国会报告。

同旧宪法时代的请愿制度相比,现行请愿制度中不再设立请愿委员会,而是由具体的委员会对请愿加以审查。原因在于《国会法》确立的"委员会中心主义"以及国会的常任委员会处理相应请愿的专业性和权威性。此外,国会中对请愿对象也不再加以限制。依照《国会法》第 81 条，内阁还负有向议院报告请愿处理经过的义务。

三、地方议会制度

《地方自治法》和各地方议会的会议规则还针对提交给地方议会的请愿规定了相应的具体处理办法和程序。

1. 地方议会请愿的程序

日本各地方议会的请愿程序与国会请愿程序在形式上基本相同。以爱知县犬山市为例：① 请愿的主体包含未成年人、居住在日本境内的外国人、法人、各类团体（如 PTA 即教师家长联合会、妇女联合会），甚至在本市内无住所的人也可以提出请愿。请愿人数从一个人到多个人不限，可以联名。请愿事项一般限定在以下范围：①和本市议会的议决内容有关、或②牵涉本市的工作或公益、或③向国家提出意见并寻求解决的公益事项。请愿书需要简明记载请愿事项的经纬、现状以及具体的愿望或要求。犬山市议会也规定提交请愿书必须有议员署名，但是因特殊原因没有获得议员署名的请愿也会被临时受理并加以审查，并在一定期限内（一般是议会例会开始约 5 日后的质询日当日午前）获得签名之后正式受理。

犬山市议会为保障民众请愿权的落实，严格规定了请愿书的受理和审查程序，如递交议会事务局的请愿书只要形式和记载事项完备，议长必须受理；请愿书的提交不设时间限制，随时受理，审议时间为自受理起最近的当次议会会期（每年 3、6、9、12 月）。为推进市民积极参加市政，完善议会审查，请愿者还可以在请愿审查时申请请愿主旨说明会。说明会时间一般在请愿审查开始时召开，内容包含请愿主旨说明和向审查委员答疑。基于信息公开原则，说明会原则上公开进行，但请愿者有事先选择公开或非公开的权利。

2. 请愿书提交后的处理

议会事务局受理请愿书后，与议会运营委员会共同决定由哪个委员会审查，然后将审查工作正式交付给该委员会。委员会向议会报告审查结果，结

---

① 参照犬山市议会 2012 年公开发行的《请愿与陈情向导》。犬山市，位于爱知县境内最北端，北邻岐阜县，面积 74.9 平方公里，人口约 7.4 万人，距爱知县首府名古屋市车程约 25 分钟。

果一般分为"采纳、不采纳、部分采纳、主旨采纳、继续审查"共 5 种①。议会听取审查报告，并对结果拥有最终决定权。议会会期结束后将有书面通知送达给请愿者。

3. 陈情的处理

陈情书提交后的处理流程和请愿基本一致。由于在形式上不需要经过议员的同意和署名，一般来讲，陈情的提出较请愿在程序上更为便捷、宽松。也正因为此，犬山市议会也就陈情的内容作出了限制，以下情况的陈情将不被通过审查：①有违法令和公共秩序，如限制营业自由、限制所有权和信教自由等；②诽谤中伤个人或法人或毁损名誉；③涉及正在审理中的司法案件或审查中的行政复议案件，如对涉及司法案件的事项进行审查或判断将有悖司法独立；④涉及公务员的任命、惩戒和分级的，议会不参与审查；⑤陈情的主旨、请求等模糊不清，要求补正后不加以修正的。另外，除上述 5 种情形之外，议长在和议会运营委员会商讨后，也有权判定该陈情不被通过审查。

犬山市议会将陈情的审查结果分为三种：接受、拜听、听取。"听取"是指只在程序上听取了陈情的内容和主旨，但不表明观点和主张；"拜听"是指听取了陈情的内容和主旨并表示一定的理解；"接受"是指听取了陈情的内容和主旨，并对其积极响应。

4. 审查后的处理。

审查结果以邮寄的形式通知请愿或陈情的提出者。审查结果为"采纳"的请愿事项，议会会向市长等行政执行机关转交请愿书，以实现或解决请愿诉求。如果是请愿的诉求涉及本市以外的政府机关，如国家、县等，并且请愿人要求将意见书送达该机关时，议会对意见书审议后转交给该外部机关。审查结果为"部分采纳"时，议会仅就采纳的部分向行政执行机关转交请愿书。审查结果为"主旨采纳"时，议会也会转交请愿书，但是没有实质约束力。

---

① "采纳、不采纳、部分采纳"见字知义；依照犬山市议会《请愿与陈情向导》第 7 页的说明，"主旨采纳"（日文「趣旨採択」）是指对请愿的内容和主旨表示理解，但因为当前财政状况或其他客观原因致使无法立即采纳并实施，只会在适当的机会依照情况反映给行政部门；"继续审查"是指议会会期之内难下定论，需要在闭会之后继续就请愿事项进行调查研究。此外，审查结果还有特殊情况的"撤回、审议未了"两种："撤回"是指提出请愿之后随着社会形势的变化请愿事项自行消灭，或者请愿者主动提出撤回；"审议未了"是指议员任期结束等特殊情况下，议会会期终了仍未得出审查结论，也没及时下达继续审查的决定。

四、日本请愿制度的问题与展望

（一）请愿权的权利属性问题

长期以来，日本学界就请愿权这一权利的本质属性一直存有争论。学界大致可以划分为"受益权（国务请求权）说"和"能动权（政治人权）说"两类。"受益权（国务请求权）说"认为，依照传统观点，受益权是指向国家请求保护个人权利的权利，一般包括诉讼请求权（《日本国宪法》第三十二条）、刑事审判国家赔偿请求权（《日本国宪法》第四十条，特指刑事审判的无罪判决）、国家赔偿请求权（《日本国宪法》第十七条，特指公务员的不法行为）和请愿权（《日本国宪法》第十六条）。"能动权（政治人权）说"认为，和国务请求权中的参政权（即《日本国宪法》第十五条的选举权）一样，请愿权也具有实质确保人权的重要功能。

在"明治宪法"时代，请愿权的实质是请求议会受理请愿的权利，但是并没有在法理上承认对请愿事项的实质性保障，因而更接近于受益权。但是，受益权说和能动权说在当下请愿制度实施现实中的区分已经变得模糊，或者换一种表达来讲，在参政权制度、司法诉讼制度、行政复议制度、苦情处理制度、行政监察制度等等权利保障途径多样化的今天，有关请愿权两种学说的对立似乎已经变得不再那么重要。

（二）请愿事项范围和地方议会请愿的采纳标准问题

依照《日本国宪法》第十六条规定，任何人对"损害救济""公务员罢免""法令规章的制定、废止和修订"以及"其他事项"，都拥有平稳请愿的权利。因为有"其他事项"这一兜底条款，请愿事项的范围在宪法中并没有受到严格限制。《请愿法》也并没有明文规定对请愿对象的限制条款，《地方自治法》并没有明确规定地方议会请愿的采纳标准，请愿事项的范围是否应存在限制自然成为了学术和实务中的重要问题。学界分为"无限制说"和"限制说"两种观点。"无限制说"认为，涉及国家和地方公共团体的一切事项都可以纳入请愿范围。"限制说"又分为两种立场，第一种主张干涉司法判决的请愿违背司法权独立，不应列入请愿范围；另一种认为请愿事项范围不应超过相应机关权限。实践中较为偏向于限制说，一般涉及更改司法判决的请愿多不被采纳，超越职能权限的请愿也较为罕见。

（三）其他问题

此外，请愿书的提交必须由议员介绍和署名，给请愿设置了一定的限制，有学者提出应废止这一规定。但是考虑到议员的民意代表职能和请愿书提交程序的规范化，长期之内这一规定仍将保留。

议会请愿居于日本请愿制度中的主体地位，但除议会请愿之外还有权对行政机关提出请愿。对行政机关的请愿基于事后处理原则，实践中往往由行政机关内部做出判断，且不负有调查和提交处理报告的义务，因而《请愿法》第五条规定的"诚实处理"原则在多大程度上得以落实，仍存在疑问。有学者主张应在制度上规定行政机关就请愿内容审查和结果报告的义务。①

此外，常和请愿相提并论的还有"陈情"，陈情是指向公共机关就一定事项诉诸实情并期望其采取相应对策。陈情本质上是一种事实行为，和宪法明文规定并保障的请愿权不同，它并非是一种法律明文保障的权利，法律也没有规定其具体形式。但在现实操作中，陈情书和请愿书的提出程序基本相同，区别一般只在于请愿程序上需要经过议员介绍，而陈情则不需要。二战后初期国会两议会规则中曾规定将陈情和请愿同样处理并审议，但现在陈情书只在委员会审议中作为参考。

第二节　日本行政相谈制度

为了救济国民的权利并监督行政活动的合法行使，日本建立了由总务省主管的专门处理国民对于行政的苦情、不满、意见、建议等的行政相谈制度。行政相谈制度是指以总务省作为反映国民对于行政机关及其官员的苦情、不满、意见、希望、咨询等的窗口，在与相关行政机关取得联系后谋求解决问题的制度。总务省的任务之一是调查、评价、监督国家行政运行的状况，并促进该状况的改善。自1955年起，总务省（当时称为"行政管理厅"）开始

---

① 参见［日］野中俊彦等：《宪法Ⅰ第4版》，有斐阁2006年版，第519页。

直接受理国民对国家行政的不满、希望等，在促进其解决的同时，通过这些申诉来把握行政上的问题，发挥了行政评价、监督的功能。其后，有关苦情的申诉逐年增加，其业绩获得了国会等各方面的高度评价。1960 年，"对有关各行政机关等的苦情申诉进行必要的斡旋"的行政相谈事务在法律上成为了总务省的法定事务，并延续至今。

一、日本行政相谈制度的历史沿革

日本行政相谈制度的历史沿革最早可以追溯到大化改新（645 年）时期仿照中国与朝鲜设立的"钟匮制"，但正式确立却是在 20 世纪 50 年代之后。

（一）行政相谈制度的法制化

在开设行政相谈窗口之后，随着国民对当时的行政苦情相谈制度的认识，行政苦情相谈的数量逐渐增加。例如，1955 年（2 月至 12 月）受理了 737 件，1957 年受理了 3070 件，1959 年受理了 6062 件；仅从管辖东京都的关东管区行政监察局的受理情况来看，1955 年（2 月至 12 月）受理了 6 件，1957 年受理了 66 件，1959 年受理了 141 件。虽然行政苦情相谈被认为并非行政机关的法律行为，但即使作为不具有法律意义的事实行为，行政相谈活动在推进行政的民主化、效率化等方面被普遍认为发挥着重要的作用，因此，认为应当将该制度法制化的呼声日益高涨。在 1960 年提出修改《行政管理厅设置法》的草案时，当时日本的自民党等主要政党也认为有必要在法律制度上规范有关行政苦情的相谈制度，共同提议在该法律修正案中增加规定由行政管理厅负责有关行政苦情的斡旋事务的条款，该修正案在国会得到了一致的赞同，最终于 1960 年 5 月 20 日通过了《行政管理厅设置法》的修正案。该法律中行政管理厅在事实上已经在处理的行政相谈事务正式在法律上规定为行政管理厅的法定管辖事务。原本的行政苦情斡旋事务属于行政管理厅的事实行为，因此相关行政关机对于管区行政监察局以及地方行政监察局的斡旋以及提出的意见等是否协助是任意的，即相关行政机关可以不予理睬。但在行政苦情相谈事务被法定化后，相关行政机关必须接受管区行政监察局以及地方行政监察局的斡旋，对于其提出的意见也必须予以答复，由此进一步提高了行政相谈的效果。

（二）行政相谈委员制度的法制化

受理并处理行政相谈事务的管区行政监察局和地方行政监察局在各都道府县（相当于中国的省级地方）都只有一处，这对于居住在偏远地区的民众而言行政相谈并不方便。因此，为了进一步方便各地区的国民进行行政相谈，1961 年 4 月 15 日，当时的行政管理厅制定了《行政苦情相谈协力委员规则》（行政管理厅训令第 1 号），由此确立了行政相谈委员制度。根据该规定，自 1936 年 7 月开始，全国共 882 名"行政苦情相谈协力委员"受行政管理厅厅长的委托，被配置在全国各主要的市町村（日本实行两级地方自治制度，市町村是都道府县之下的一级地方）。1962 年 9 月，"行政苦情相谈协力委员"的名称被正式更改为"行政相谈委员"，理由是人们对于"苦情"这一用语有不好的印象，而且相谈的内容也不局限于苦情，还包括一般的咨询、建议等，因此，直接使用"行政相谈委员"的概念被认为更能扩大行政相谈的范围，同时便于人们接受。

至 1964 年，原则上在全国所有的市町村都配置了行政相谈委员。行政相谈委员积极地受理并处理国民有关行政的苦情，1961 年受理了 9149 件，1963 年受理了 31149 件，1965 年受理了 54868 件，受理的行政相谈事件逐年增加。但是，当时的行政相谈委员制度是通过训令（相当于中国的部门规章）设置的，与民生委员、人权保护委员等由法律设置的委员虽然在名称上相类似，但在立法依据的级别上有所差距，这也反映了对行政相谈委员事务的重要性认识的不足。因此，随着行政相谈委员在受理并处理行政相谈事件上的作用日益增强，为了进一步提高外界对于行政相谈委员的法律地位及其事务重要性的认识，社会各界对于有关行政相谈委员立法的呼声逐渐高涨。提议立法的理由在于：一是如果上升为法律上的制度，可以提高行政相谈委员的社会地位和权威性；二是为了行政相谈事务的顺利、有效进行，有必要赋予行政相谈委员在法律上的权限；三是民生委员、人权保护委员等类似性质的委员职务都一开始就由法律赋予的，只有行政相谈委员不是法律上规定的委员是不合理的。但是，当时对于由训令来规定行政相谈委员对于其事务的履行是否真正造成了障碍、地方公共团体的国家委任事务是否属于行政相谈委员的事务范围等问题的认识并不一致，而且有关的行政机关对于行政相谈委员法的制定也存在着争议，因此，该立法遇到了阻碍。后经相关省厅的调整，最终行政相谈委员法的草案于1966年4月在第51次国会上被提起，分别在同年5月27日的参议院会议和6月25日的众议院会议上表决通过，并于同年7月1日起正式实施。

(三) 行政苦情救济推进会议的召开

在以法律的形式正式设置了行政相谈委员制度之后，行政相谈委员制度得到了进一步的发展，通过各地的行政相谈委员受理并解决的行政苦情也越来越多。当然，在行政相谈制度的实践过程中，也出现了不少的问题。为了进一步完善行政相谈制度，促进行政相谈的正确且有效的处理，总务省决定听取民间有关人员对于行政相谈制度的意见，于1987年设置了行政苦情救济推进会议。1987年12月17日，行政苦情救济推进会议举行了第一次会议。至2014年12月15日，行政苦情救济推进会议已经举行了96次会议。每次会议主要讨论总务省行政评价局咨询的行政相谈事例，通过各成员的审议，形成统一的意见，报总务省行政评价局供其参考。在总务省的主页网站上公开了行政苦情救济推进会议每次会议召开的时间、地点、参加者、会议讨论的主题、各会议成员的主张以及最终形成的意见等信息，任何人都可以通过浏览网页知晓行政苦情救济推进会议的活动及其对行政相谈事例的意见等。该会议的成员包括了日本著名大学的行政学与行政法学的教授、律师、政府官员以及行政相谈委员的代表等，除了向总务省提出有关行政相谈制度修改的建议外，该会议还接受总务省行政评价局的咨询，对总务省行政评价局处理的行政相谈事件提供咨询意见。

二、行政相谈的受理体制

为了便于国民进行行政相谈，如图2-1所示，总务省设置了各种受理行政相谈的窗口。当国民对行政产生不满或有意见需要提出时，不仅可以到作为总务省派出机构的管区行政评价局、行政评价事务所进行行政相谈，而且可以寻找附近由总务省委托的行政相谈委员进行相谈。此外，还可以利用综合行政相谈所、地区综合窗口、行政相谈周等机会进行行政相谈。

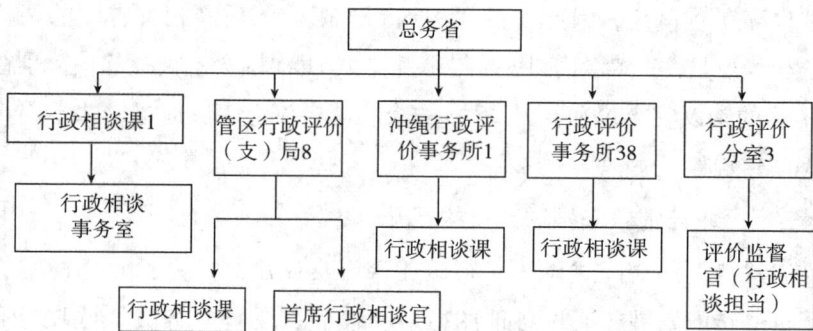

注：图中的数字表示行政机关的数量，没有标明的表示行政机关数量为 1 个。

图 2 - 1　总务省行政相谈事务实施体制

（一）管区行政评价局、行政评价事务所

总务省在全国共 50 处的管区行政评价局、行政评价事务所（包括派出机构）设置了行政相谈窗口，全国的管区行政评价局、行政评价事务所中负责行政相谈事务的职员大约有 200 人。相谈者除了直接去管区行政评价局、行政评价事务所进行相谈外，也可以拨打全国统一电话号码 0570—090110（被称为"行政苦情 110"），通过电话或传真的方式受理行政相谈。该全国统一的电话号码与打电话者附近的管区行政评价局、行政评价事务所相连接。为了正确把握行政相谈的内容，电话相谈时，进行全程录音。在工作日的夜间以及周末、法定节假日，可以电话留言。

（二）行政相谈委员

由总务大臣委托民间的有识之士担任，在全国的各市町村配置了大约 5000 名的行政相谈委员。为了方便国民在其住所附近就能进行行政相谈，在全国的市町村内，每个市町村至少配置 1 名行政相谈委员。

（三）综合行政相谈所

为了便于城市居民利用行政相谈，在大都市的百货商店等人流量大的地方，全国共设置了 22 处综合行政相谈所，在相关行政机关的参与下，每天或者定期开设的行政相谈所。综合行政相谈所除了行政相谈委员外，还有相关行政机关、各种团体等参与、协助，因此，能够应对范围广泛的行政相谈事务。

（四）地区综合窗口

采取在全国各主要地区巡回的方式，由管区行政评价局、行政评价事务所与国家、都道府县或市町村的职员等一起，接受与国家或地方公共团体等的事务相关的行政相谈，以达到"一站式"① 解决的目的。

（五）行政相谈周、"一日合同行政相谈所"、特设相谈所、行政相谈恳谈会等

为了加深普通国民的对行政相谈制度的理解和认识，促进行政相谈制度作用的发挥，总务省在各地方公共团体的协助下，在每年的春季（一般是 5 月份）和秋季（一般是 10 月份）各设一周的时间作为行政相谈周。② 行政相谈周期间，为了普及、宣传行政相谈制度的知识，管区行政评价局、行政评价事务所以及行政相谈委员在人口密集处张贴关于行政相谈制度的宣传画，组织向过往行人发放有关行政相谈制度的宣传手册、传单等，并举行优秀行政相谈委员的表彰活动，以此来扩大行政相谈制度的影响。而且，在行政相谈周期间，管区行政评价局、行政评价事务所以及行政相谈委员聚集在一起开设行政相谈所，并与各相关行政机关等汇聚一堂，开设联合办公的"一日合同行政相谈所"或特设行政相谈所。此外，还可以召开由地区居民、各团体的代表组成的行政相谈恳谈会，听取其对改善行政制度或行政运行的意见。

（六）特别行政相谈活动

总务省在发生大规模的灾害或者对地区居民的生活造成重大影响的事态时，在行政相谈委员、相关行政机关等的协助下，根据需要可以开设特别综合行政相谈所，举行"特别行政相谈活动"，并通过在管区行政评价局、行政评价事务所设置"特别行政相谈窗口"，国家行政机关、政府系列的金融机构、都道府县、市町村或行政相谈委员等广泛参加，开设与一站式相谈相对

---

① 行政相谈机关或委员在受理行政相谈后，只能在相谈者与相关行政机关之间进行斡旋，向相关行政机关提出意见或建议，而最终苦情的处理必须由相关行政机关来进行。因此，在一般情况下，行政相谈都不能当场解决问题。但在相关行政机关的职员也一起参与的情况下，有时可以实现当场解决的目的，这种行政相谈方式被称为"一站式"行政相谈。

② 在《行政相谈委员法》制定的第二年，即 1967 年 10 月，总务省举行了第一次"行政相谈周"活动。之后，"行政相谈周"的这种活动形式一直持续至今。在此基础上，为了进一步宣传行政相谈制度，自 1980 年开始，在每年的 5 月份增设了"春季行政相谈强调周"。

应的"特别行政相谈所"，应对受灾者的相谈、咨询。例如，东日本大震灾时的特别行政相谈活动。在 2011 年 3 月，东日本大震灾发生后，作为对受灾者进行支援的措施之一，以受灾的东北地方的管区行政评价局、行政评价事务所为中心，开设了由国家行政机关、政府系列的金融机构、县、市町村、学识经验者、行政相谈委员等广泛参与的特别行政相谈所。此外，在受灾县之外，在避难者较多的府或县也开设了相谈所，解决受灾各方的相谈、咨询。

（七）上网、电话、邮寄信件等方式受理行政相谈

在总务省的网站上设置了自动接收、回复行政相谈邮件的网页，允许相谈者匿名发送邮件进行相谈。总务省在其主页网站上也公开了各地的管区行政评价局、行政评价事务所的邮寄地址、电话号码、传真号码，相谈者可以通过给这些管区行政评价局、行政评价事务所邮寄信件或者打电话、发传真的方式进行行政相谈。此外，邮局还专门设置了"请使用信件方式进行行政困难的相谈"的制度，在全国各地的邮局备有行政相谈专用的信纸和信封，供行政相谈者使用。

三、行政相谈的处理程序

1999 年 7 月 16 日制定的《总务省设置法》第四条规定："总务省为了实现前款所规定的任务，主管以下事务：……（21）对于有关各行政机关的事务、第 19 项规定的事务以及第 20 项规定的地方公共团体的事务的苦情申诉，进行必要的斡旋；（22）有关行政相谈委员的事项……"其中的第 21 项规定的就是总务省的行政相谈事务，从该规定来看，所谓的行政相谈是指行政相谈机关或委员对于与行政机关等的事务相关的苦情申诉，从公正、中立的立场出发与相关机关进行斡旋，以促进苦情解决的活动。可见，行政相谈的核心在于"斡旋"，所谓的"斡旋"是指行政相谈机关或委员介于苦情申诉人和作为相对方的行政机关之间，通过与该行政机关的联系、建议等方式促进苦情解决的行为。如图 2 - 2 所示，在斡旋时，行政相谈机关或委员不仅仅是把相关的苦情传达给有关行政机关，而且必须在受理苦情申诉人的申诉的基础上，确认苦情申诉人与相关行政机关各自的主张以及相关的事实情况，并

基于自己的判断提出必要的意见或建议。如果认为苦情申诉人的申诉意见合理的话，可以以苦情申诉人的申诉意见作为行政相谈机关或委员的斡旋方案向相关行政机关提出。如果认为苦情申诉人的申诉意见不合理或者需要补充的话，行政相谈机关或委员也可以基于自己确认的情况实施斡旋并提出自己的意见或建议。

行政相谈的具体处理程序详见图 2 - 2：

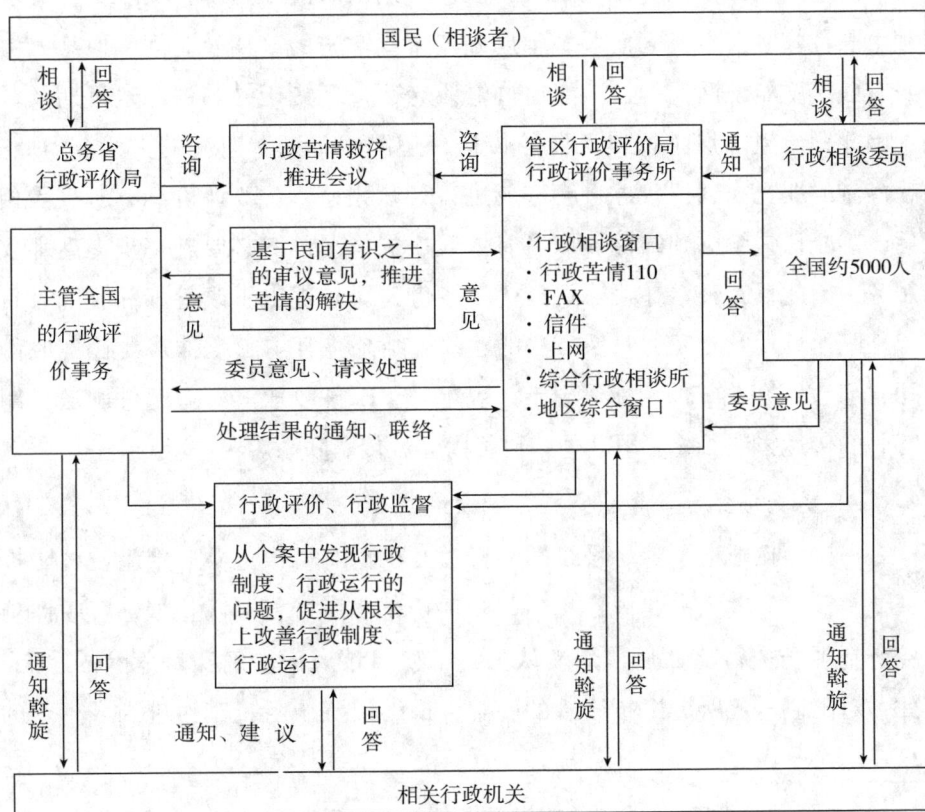

国民（相谈者）

相谈　回答

总务省行政评价局　咨询　行政苦情救济推进会议　咨询　管区行政评价局行政评价事务所　通知　行政相谈委员

主管全国的行政评价事务

基于民间有识之士的审议意见，推进苦情的解决　意见

意见

·行政相谈窗口
·行政苦情110
·FAX
·信件
·上网
·综合行政相谈所
·地区综合窗口

回答

全国约5000人

委员意见、请求处理

处理结果的通知、联络

委员意见

行政评价、行政监督

从个案中发现行政制度、行政运行的问题，促进从根本上改善行政制度、行政运行

通知斡旋　回答

通知、建议　回答

通知斡旋　回答

通知斡旋　回答

相关行政机关

图 2 - 2　行政相谈的处理程序

四、行政相谈的解决事例

行政相谈机关或委员受理并处理的行政相谈事例涉及国民生活的各个方面，以下试举几例进行说明。

（一）邮件收取人希望邮件配送日期及时间的联络方式的改善

日本邮局提供按照邮件收取人希望的日期及时间配送邮件的服务，要求必须由邮件收取人本人电话联系邮局确定希望配送的日期及时间。但某人由于身有残疾不能说话，本人不能通过电话传达自己希望的邮件配送日期及时间，因此，希望邮局采取自己能够传达希望配送日期及时间的方法。为此，该残疾者的朋友找到行政评价事务所进行行政相谈，行政评价事务所接受相谈后，判断认为考虑到邮件收取者身体残疾的情况，有必要进一步提高邮政的服务，因此，对日本邮政株式会社（股份公司）提出了改善邮件收取人希望邮件配送日期及时间的联系方法的建议。结果是日本邮政株式会社（股份公司）修改了有关邮件的配送规定，规定对于邮件收取人希望邮件配送日期及时间的传达方法，除了电话外，也可以通过传真联系。

（二）人行道禁止车辆进入栏杆的设置

有人认为在国道第 180 号线的人行道开机动车辆很危险，希望设置防护栏，使车辆不能进入。为此，找到行政评价事务所进行行政相谈，行政评价事务所到现场进行确认后，判断认为，正如申请所说，确实是危险的状态。因此，对国道事务所提出了改善的要求，最终设置了阻止车辆进入人行道的栏杆。

（三）简易保险期满通知中文字颜色的改善

简易保险期满通知中的文字是蓝色的，通知的背景颜色也是蓝色系的颜色，因此，对于高龄者而言阅读困难。为此，有人找到行政相谈委员进行行政相谈，行政相谈委员与行政评价事务所进行了联系，行政评价事务所经过确认，认为确实如申请所说，因此向简保生命保险株式会社（股份公司）提出了印刷字体颜色变更的要求。简保生命保险株式会社（股份公司）接受该要求变更了印刷字体的颜色，从 2011 年 1 月开始向全国配发新样式的通知。

（四）国有土地上的枯木的砍伐

神社参拜道路两旁有很大的树木已经枯死，树干腐烂，遇到强风时有可能被吹倒，为了防止危险，有人向行政相谈委员提出砍伐枯木的请求。行政相谈委员与行政评价事务所进行了联系，行政评价事务所经过确认，查明该枯木所在地属于国有土地（由财务局管辖），因此向财务局提出了改善要求。财务局接受该要求，在台风到来之前砍伐了该枯木。

（五）养老金申请书中添付的金融机构证明书的简便化

在提交养老金申请书时，必须要求提供记载有接收养老金的金融机构的名称、账户号等信息而且盖有金融机构证明印章的证明书，从减轻负担的观点出发，有人找到行政评价局，提出了希望以添付银行存折复印件来代替金融机构证明书的愿望。行政评价局收到该申请后，咨询了行政苦情救济推进会议，向厚生劳动省提出了改正规定必须提交金融机构证明书的实施规则的要求。厚生劳动省接受了该要求，修改了《国民年金法实施规则》的省令（相当于中国国务院部委制定的部门规章），规定可以提供银行存折的复印件来代替原来要求的金融机构证明书。并且，发布通告，要求日本年金机构理事长以及地方厚生局长、支局长等，将该省令的修改内容通知到各市町村。

（六）受灾证明书的开具

自 2014 年 4 月 1 日开始，日本的消费税税率提高至 8%，为了减轻 2011 年日本大地震受灾者重建或修复住宅的消费税负担，日本政府决定对这些受灾者在重建或修复住宅时支付一定的"复兴给付金"，但申请该给付金时要求必须提供由申请者居所地市町村开具的受灾证明书。由于大地震已经过去了 3 年多，很多的市町村以与地震灾害的因果关系不明确为由终止了有关受灾证明书的开具工作，因此，部分受灾者因为没有受灾证明书而不能获得"复兴给付金"，由此向茨城行政评价事务所提出行政相谈，茨城行政评价事务所受理后转交给总务省行政评价局，总务省行政评价局由此向行政苦情救济推进会议咨询。行政苦情救济推进会议经过研究，向总务省行政评价局提出了意见，认为"既然为了救济大地震受灾的制度至今仍然存在，那么，市町村机械地终止有关受灾证明书的开具工作是不合理的"。总务省行政评价局基于该意见，于 2014 年 12 月 12 日与复兴厅进行斡旋，要求复兴厅采取以下措施：

一是对于终止开具受灾证明书的市町村，要求其再次启动受灾证明书的开具工作；二是在相关市町村再次启动受灾证明书开具工作之前，采取即使没有提交受灾证明书也可以申请"复兴给付金"的措施。最终，复兴厅接受了总务省行政评价局的斡旋意见，采取了必要的措施使得不能提供受灾证明书的受灾者也能获得"复兴给付金"。①

五、日本行政相谈制度的特征

总务省的行政相谈立足于相谈者与行政机关之间，从公正、中立的立场出发进行斡旋，以达到解决苦情的目的。从整体的行政救济制度体系来看，日本的行政救济制度主要是由行政诉讼与行政不服审查（相当于中国的行政复议）制度构成的，随着行政相谈制度的法制化，行政相谈制度也成为了行政救济的一种方式。与行政诉讼、行政不服审查（行政复议）等救济制度相比较，日本的行政相谈制度具有以下特点：

（一）受理范围广泛

从受理范围来看，行政相谈制度对应于所有有关行政机关等的事务的苦情。其中的"行政机关等的事务"具体包括国家行政机关的事务、独立行政法人或特殊法人的事务、地方公共团体②中属于法定的受托事务以及接受国家的委任或补助而进行的事务等，涉及广泛的行政事务。而且，即使行政活动的所属行政机关不明确或者存在着复数的行政机关等情况下也可以受理。对于涉及复数行政机关的问题，行政相谈机关或委员可以发挥其综合调整功能，对苦情进行跨部门的、有效的调整。

（二）受理方便

行政相谈的受理窗口众多，由管区行政评价局、行政评价事务所、行政相谈委员、综合行政相谈所等构成了全国性的行政相谈网络，在全国各处都可以受理并处理。首先，总务省在全国的各都道府县都设置了管区行政评价局或行政评价事务所；其次，在全国的各市町村，总务省至少委托了1名行

---

① 参见日本总务省网站，http://www.soumu.go.jp/main_content/000326685.pdf。
② 由于日本实行地方自治制度，地方的自治组织一般被称为"地方公共团体"（不称"地方政府"），以此与中央级别的政府相区分。

政相谈委员。这些在全国形成网络的管区行政评价局或行政评价事务所、行政相谈委员等都可以受理并处理行政相谈。而且，行政相谈实行一体化受理机制，即行政相谈不受地域管辖的限制，无论针对何处地域行政机关的问题，国民可以到全国任意地方的行政相谈窗口去相谈，行政相谈机关或委员受理之后，进行一体化的处理。因此，对于苦情申诉人而言较为便利。

（三）功能多样

行政相谈不仅仅是为了解决个别的与行政相关的苦情问题，而且还在此基础上可以改善行政制度或者行政运行。对于有关基本的行政制度或者行政运行的行政相谈，通常的斡旋方式难以解决时，可以交由民间人士所构成的行政苦情救济推进会议进行咨询，或者对于相同或者类似的苦情有可能再次发生的问题，灵活运用行政评价、行政监督的功能，从个别的行政相谈事件中发现行政制度或者行政运行过程中的问题，并针对该问题提出改善意见或建议，从而从根本上改善成为苦情原因的行政制度或者行政运行。

现代日本国民的社会生活或者企业的商业活动都与行政之间存在着密切的关联，在行政日益复杂化、多样化的过程中，为了确保公正的、透明的、可信赖的行政的确立，解决国民有关行政的苦情，向行政反映国民的心声，行政苦情救济制度是必不可少的。正式基于这种考虑，日本自 20 世纪 50 年代开始设立了行政相谈制度。该制度在解决国民对于行政的苦情、救济国民的权益、监督行政的运行、反映行政制度及其运行状况中存在的问题并提出改善意见等方面取得了诸多的成绩。

第三节 日本行政相谈委员制度

一、行政相谈委员制度的法制化

日本自 1955 年起，总务省（当时称为"行政管理厅"）开始直接受理国民对国家行政的不满、希望等，在促进其解决的同时，通过这些申诉来把握行政上的问题，发挥了行政评价、监督的功能。其后，有关苦情的申诉逐年增加，其业绩获得了国会等各方面的高度评价。1960 年，"对有关各行政机关等的苦情申诉进行必要的斡旋"的行政相谈事务在法律上成为了总务省的法定事务，并延续至今。但是，受理并处理行政相谈事务的管区行政监察局和地方行政监察局在各都道府县（相当于中国的省级地方）都只有一处，这对于居住在偏远地区的民众而言行政相谈并不方便。因此，为了进一步方便各地区的国民进行行政相谈，1961 年 4 月 15 日，当时的行政管理厅制定了《行政苦情相谈协力委员规则》（行政管理厅训令第 1 号），由此确立了行政相谈委员制度。根据该规定，自 1936 年 7 月开始，全国共 882 名"行政苦情相谈协力委员"受行政管理厅厅长的委托，被配置在全国各主要的市町村（日本实行两级地方自治制度，市町村是都道府县之下的一级地方）。1962 年 9 月，"行政苦情相谈协力委员"的名称被正式更改为"行政相谈委员"，理由是人们对于"苦情"这一用语有不好的印象，而且相谈的内容也不局限于苦情，还包括一般的咨询、建议等，因此，直接使用"行政相谈委员"的概念被认为更能扩大行政相谈的范围，同时便于人们接受。

至 1964 年，原则上在全国所有的市町村都配置了行政相谈委员。行政相谈委员积极地受理并处理国民有关行政的苦情，1961 年受理了 9149 件，1963 年受理了 31149 件，1965 年受理了 54868 件，受理的行政相谈事件逐年增加。但是，当时的行政相谈委员制度是通过训令（相当于中国的部门规章）设置的，与民生委员、人权保护委员等由法律设置的委员虽然在名称上相类似，但在立法依据的级别上有所差距，这也反映了对行政相谈委员事务的重要性认识的不足。因此，随着行政相谈委员在受理并处理行政相谈事件上的作用日益增强，为了进一步提高外界对于行政相谈委员的法律地位及其事务重要性的认识，社会各界对于有关行政相谈委员立法的呼声逐渐高涨。提议立法的理由在于：一是如果上升为法律上的制度，可以提高行政相谈委员的社会地位和权威性；二是为了行政相谈事务的顺利、有效进行，有必要赋予行政相谈委员在法律上的权限；三是民生委员、人权保护委员等类似性质的委员职务都一开始就由法律赋予的，只有行政相谈委员不是法律上规定的委员是不合理的。但是，当时对于由训令来规定行政相谈委员对于其事务的履行是否真正造成了障碍、地方公共团体的国家委任事务是否属于行政相谈委员的事务范围等问题的认识并不一致，而且有关的行政机关对于行政相谈委员法的制定也存在着争议，因此，该立法遇到了阻碍。后经相关省厅的调整，最终行政相谈委员法的草案于1966年4月在第51次国会上被提起，分别在同年5月27日的参议院会议和6月25日的众议院会议上表决通过，并于同年7月1日起正式实施，由此正式确立了解决行政苦情的行政相谈委员制度。

二、行政相谈委员的委托与配置

行政相谈委员由总务省的总务大臣委托，总务大臣对于具有社会威望而且能够理解并热心于改善行政运行的人，可以委托其开展行政相谈事务（《行政相谈委员法》第二条第一款）。在对行政相谈委员进行委托的同时，必须规定准备委托者承担的市（包括特别区）町村区域，而且委托期间限定在两年之内（《行政相谈委员法》第二条第二款）。

（一）行政相谈委员的名额与配置

根据1984年7月1日当时的总务厅发布的《有关行政相谈委员法实施的训令》（训令第22号）的规定，对于行政相谈委员的数量，由行政评价局局长根据每个管区行政评价局（包括四国行政评价局以及冲绳行政评价事务所）以及行政评价所所管辖的区域，考虑其管辖的市（包括特别区）町村的数量、人口、交通以及其他情况，依据《行政相谈委员法》第二条第一款的规定，确定委托行政相谈委员的数量（《有关行政相谈委员法实施的训令》第一条）。

为了方便国民在其住所附近就能进行行政相谈，行政相谈委员的配置原则是在全国的市町村内，每个市町村至少配置1名行政相谈委员。具体根据市町村的人口数量来决定行政相谈委员的配置数量，市町村人口5000人的，配置1名行政相谈委员；市町村人口5000至3万人的，配置2名行政相谈委员；市町村人口3万至10万人的，配置3名行政相谈委员；市町村人口未满10万人以上的，配置4名行政相谈委员。在此基础上，市町村人口每超过5万人的，增加配置1名行政相谈委员。由此计算，全国共有5011名行政相谈委员的配额（见表2-1）。

表 2 - 1　行政相谈委员的名额

年度	1961	1962	1963	1964—1971	1972	1973—1980	1981—1990	1991—2007	2007 年至今
名额	882	1755	2690	3605	3660	4576	4789	5046	5011

（二）行政相谈委员的委托程序

行政相谈委员的委托首先必须经过委员候补者的选考，管区行政评价局局长（包括四国行政评价局局长以及冲绳行政评价事务所所长）以及行政评价事务所所长在前条所确定的委员人数的范围内，从管辖区域内选考委员候补者，将其姓名及其预定负责的区域上报给行政评价局局长。行政评价事务所所长的上报，必须经由管区行政评价局局长。管区行政评价局局长以及行政评价事务所所长在进行选考时，应当听取相关市町村长的意见（《有关行政相谈委员法实施的训令》第二条）。

（三）行政相谈委员的委托期间

根据该法第二条第二款的规定委托的委员事务委托期间为两年。但是，由于委员死亡、委托的辞退或者解除时新委员的委托期间是前委员的剩余期间。除此之外缺员的补充或者按照第一条的规定增加委员的数量时新委员的委托期间由行政评价局局长来决定（《有关行政相谈委员法实施的训令》第三条）。

（四）行政相谈委员身份的丧失

《行政相谈委员法》第六条规定了三种解除行政相谈委员委托的情形，即总务大臣在认为委员具有下列情形之一时，可以依法解除委托。一是由于心身障碍，而妨碍或者不能胜任事务的履行时；二是怠于履行事务或者违反前条的规定时；三是存在着不适合担当委员的违法行为时，例如行政相谈委员在受委托期间违法犯罪的，则不再适合担当行政相谈委员。

（五）行政相谈委员的组织

为了加强行政相谈委员之间的联系、增加行政相谈委员之间的经验交流、整合行政相谈委员的力量，在全国的各层次整理了有关行政相谈委员的组织。

1. 都道府县行政相谈委员协议会（简称：地相协）

为了实现行政相谈委员之间的联合、协助并充实委员的活动，由各都道府县内的行政相谈委员自主地组织该都道府县的行政相谈委员协议会。全国共有 50 个都道府县行政相谈委员协议会。

2. 各地区的行政相谈委员联合协议会（简称：广相协）

由管区行政评价局或支局所管辖范围内的都道府县的行政相谈委员协议会（即地相协）联合组成，以增强各都道府县之间的联系，并实施行政相谈委员的研修等事务。全国共有 8 个地区行政相谈委员联合协议会，分别是东北、关东、北陆、中部、近畿、中国（是指日本西部的鸟取县、岛根县、冈山县、广岛县、山口县等地）、四国、九州八个地区。

3. 全国行政相谈委员联合协议会（简称：全相协）

全国行政相谈委员联合协议会由全国各都道府县的行政相谈委员协议会联合组织而成，最初于 1969 年 3 月设立在东京。全国约 5000 人的行政相谈委员是其构成人员，全国 50 个都道府县行政相谈委员协议会是其会员单位。从该组织的性质上来看，1978 年 6 月，全国行政相谈委员联合协议会被认定为"社团法人"，并在 2013 年 4 月，转变为总务省管辖的公益社团法人。该组织成立的目的在于充实行政相谈委员的活动，加深国民对于行政相谈业务的理解，以此来推动行政相谈制度的发展。为实现该目的，全国行政相谈委员联合协议会主要从事以下事务：一是联系并指导行政相谈委员的工作；二是制作行政相谈事务相关的参考资料、图书，以此来支持行政相谈委员的活动；三是为加深国民对于行政相谈制度的了解，普及有关行政相谈制度的教育，制作并发放相关的宣传资料；四是实施有关行政相谈制度及现状的调查研究等；五是促进有关行政相谈制度的国际交流。通过这些事项的实施，在加深国民对于行政相谈制度的理解的同时，促进行政相谈制度的发展。

三、行政相谈委员的职责

如图 2 - 3 所示，《行政相谈委员法》第二条至第四条规定了行政相谈委员的职责，主要包括以下三个方面：

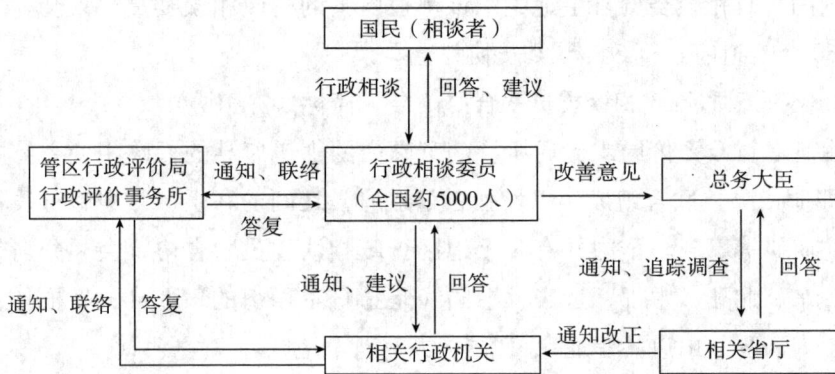

图 2 - 3　行政相谈委员的职责

（一）受理、处理行政相谈事件

《行政相谈委员法》第二条规定："总务大臣对于具有社会威望而且能够理解并热心于改善行政运行的人，可以委托其开展以下所列的事务。（一）根据与行政机关等（包括内阁府，宫内厅，《内阁府设置法》（1999年法律第89号）第四十九条第一款、第二款规定的机关，《国家行政组织法》（1948年法律第120号）第三条第二款规定的机关，《总务省设置法》（1999年法律第91号）第四条第十九项第一至第三款规定的由政令设定的法人。以下相同）的事务相关的苦情相谈的需要，依据总务大臣的规定，对申诉人进行必要的帮助性建议以及向总务省或者该相关的行政机关等通知该苦情；（二）对于依据前项的规定进行通知的苦情，依据行政机关等的答复以及在认为有必要时，向申诉人通知该行政机关等作出的处理结果。"

（二）宣传并引导行政相谈制度

《行政相谈委员法》第三条第二款规定："委员对于其事务，应当进行引导和宣传。"行政相谈委员有义务向周边的国民宣传行政相谈制度，并引导周边国民在遇到针对行政的苦情、不满时要积极地进行行政相谈，由此促进行政相谈制度作用的发挥。

（三）对行政制度或行政运行的改善提出意见

《行政相谈委员法》第四条规定："委员对于总务大臣，可以陈述其通过事务的履行而获得的有关行政运行改善的意见。"行政相谈委员在处理具体的行政苦情事例中发现有关基本的行政制度或者行政运行过程中存在着问题时，可以向总务大臣汇报，并针对该问题提出改善意见。总务大臣收到报告以及改善意见后，经过审议认为意见合理时，应当将行政相谈委员的改善意见通知给相关的省厅（相当于中国国务院的部委），相关的省厅经过研讨、审议后将是否改善、如何改善的结果答复给总务省。如果相关省厅经过审议后确定改善的，则通知相关行政机关按照省厅的决定进行改善。对于该相关省厅审议结果的作出以及实施情况，总务省也应当进行跟踪调查。

四、行政相谈委员的活动

行政相谈委员受总务大臣的委托，介于国民与相关行政机关之间中立地位进行公正的斡旋，以推动行政苦情的解决，并促进行政制度、行政运行的改善。

（一）行政相谈委员的活动原则

当国民遇到与行政相关的困难时，就可以找行政相谈委员商谈。这种行政相谈制度的优点在于：一是手续简便，不需要履行复杂的手续就可以商谈；二是所有的商谈都不收费；三是行政相谈委员会严守相谈者的秘密，无须担心商谈时相关的个人隐私会泄露。为了保护国民在行政相谈过程中的合法权益，行政相谈委员必须依法进行行政相谈活动，在其进行行政相谈时，应当遵守保密、政治中立、公平公正、无偿等原则。

1. 保密原则

《行政相谈委员法》第五条第一款规定："委员不得泄露其在履行事务时知晓的秘密。其不再担任委员之后也同样。"

2. 政治中立原则

《行政相谈委员法》第五条第二款规定："委员不得为了政党或者政治目的而利用其地位。"

3. 公平公正原则

《行政相谈委员法》第五条第三款规定："委员必须公平而且确切地履行其事务。"行政相谈委员必须介于作为相谈者的国民与相关行政机关之间，站在公平、中立的第三者立场上进行斡旋。从行政苦情相谈的事务性质来看，原本由管区行政评价局或行政评价事务所负责受理与行政机关的活动相关的苦情,虽然管区行政评价局或行政评价事务所也是站在苦情申诉人与相关行政机关之间的中立地位进行公正的斡旋,但毕竟管区行政评价局或行政评价事务所本身也是总务省所属的行政机关。而行政相谈委员是在总务省组织之外的、在普通国民住所附近居住的、民间的有识之士,不仅能够方便国民进行行政相谈,而且与管区行政评价局或行政评价事务所相比,更容易获得国民的信赖和尊敬,更能够中立于国民与行政机关之间进行公正的斡旋。

4. 无偿原则

行政相谈委员都是民间的志愿者,行政相谈委员对于其事务,不得从国家获取报酬。但委员在预算的范围内,可以获得为了履行其职务所必需的费用(《行政相谈委员法》第七条)。具体而言,《有关行政相谈委员法实施的训令》(训令第22号)第四条规定:"根据法第八条第二款的规定支付给委员的费用如下:(一)为了进行事务而开销的通信费、文具费以及交通费等各种经费;(二)出差时的出差费。"根据总务省的统计,如表2−2所示,每年支付给行政相谈委员的实费返还金有3亿日元左右。

表2−2　有关行政相谈的预算与支付给行政相谈委员的实费返还金

(单位:千日元)

年　　度	2005 年	2006 年	2007 年	2008 年
有关行政相谈的预算额	636919	566351	531666	542707
其中支付给行政相谈委员的实费返还金	336576	302502	300575	300575

(二)行政相谈委员有关行政苦情相谈的受理体制

行政相谈委员可以在自己的住所挂上"行政相谈委员"的牌子,在自己家受理行政相谈。此外,行政相谈委员可以利用各种区域团体的会议等机会受理行政相谈。行政相谈委员每年的活动日程安排都会在年初向外界公布,附近居民可以按照该日程安排到指定的地点寻找行政相谈委员进行相谈。具体而言,行政相谈委员可以利用以下机会受理行政相谈。

1. 开设定期相谈所

行政相谈委员可以在市役所(市政府)或区役所(市政府)、公民馆(周边居民的活动场馆)、集会所等公共设施内定期地开设相谈所。

2. 开设巡回相谈所

为了给边远地区居住的居民提供便利，行政相谈委员可以在边远地区的市町村或者交通不便之处设置各地巡回的相谈所。

3. 举行行政相谈恳谈会

以区域的町内会（基层地方的自治组织）、妇女会等各种团体的代表为对象，举行行政相谈恳谈会，在向民众宣传行政相谈制度的同时，听取民众对于行政相谈制度以及行政制度的苦情、意见或建议。

4. 参与综合行政相谈所等

可以参加由管区行政评价局、行政评价事务所开设的综合行政相谈所、"一日合同行政相谈所"等。

（三）行政相谈委员有关行政苦情相谈的处理

《行政相谈委员法》第二条规定，行政相谈委员对于"与行政机关等的事务相关的苦情相谈"进行必要的联系、通知和帮助性的建议，其中的"行政机关等"包括内阁府，宫内厅，《内阁府设置法》（1999 年法律第 89 号）第四十九条第一款、第二款规定的机关，《国家行政组织法》（1948 年法律第 120 号）第三条第二款规定的机关，《总务省设置法》（1999 年法律第 91 号）第四条第十九项第一至第三款规定的由政令设定的法人，即行政相谈委员在实践中遇到与国家行政机关事务相关的苦情时，有权将该苦情"通知"给相关的国家行政机关。但这种法定的"通知"权限仅限于国家行政关机的层次，而在地方层次上，由于日本实行地方自治制度，地方的都道府县和市町村都不属于国家行政机关，而是较为独立的地方公共团体。而行政相谈委员是由内阁总务省的大臣委托的，因此只能受理并处理与国家行政机关的事务相关的苦情。而对于都道府县或市町村的直属机关或派出机构事务相关的苦情，行政相谈委员在法律上并无处理的权限，但在事实上，当行政相谈委员遇到与地方的都道府县或市町村相关的苦情时，也可以"联络"相关的都道府县或市町村。与法定的"通知"国家行政机关的行为相比，"联络"相关的都道府县或市町村并非行政相谈委员的法定事务或法定职权，因此，这种"联络"行为并非法律行为，而是事实行为。

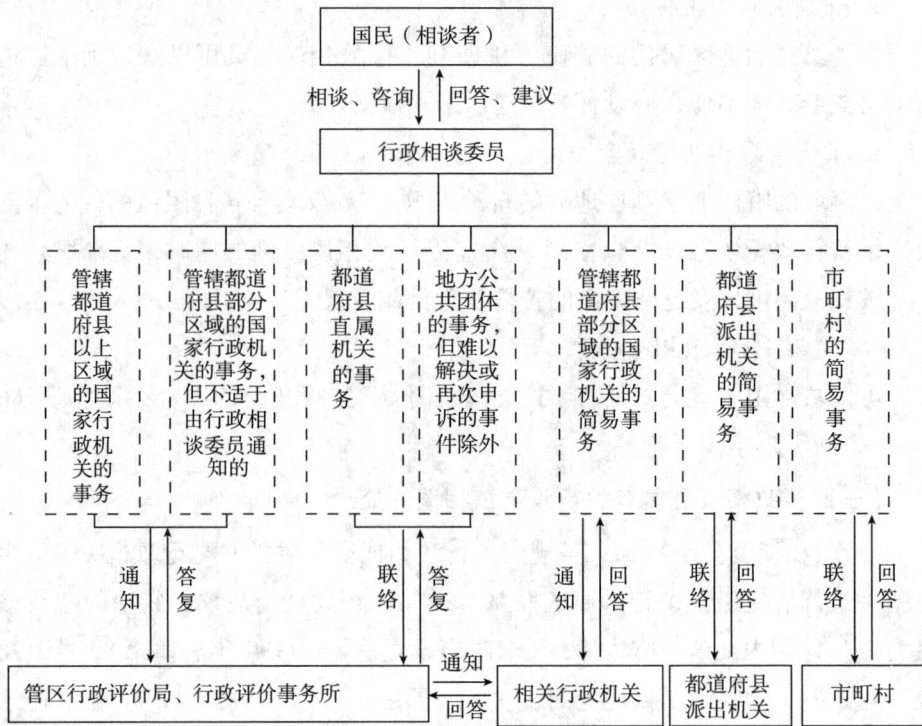

图 2-4 行政相谈委员的活动

五、行政相谈委员的解决事例

行政相谈委员受理并处理的行政相谈事例涉及国民生活的各个方面，以下试举几例进行说明。

（一）人行道障碍的撤除

国道附近的居民在人行道上堆放纸箱等杂物，路人认为对人行道的通行构成了阻碍，因此，与行政相谈委员相谈。行政相谈委员受理后，在进行现场确认的基础上，与管理国道的国道事务所进行了联系，国道事务所对该堆放杂物的居民进行指导，最终使其撤除了放置在人行道上的纸箱等杂物。

（二）国道边住宅振动的消除

京都府舞鹤市市内的国道周边居住的居民，因为近年来该国道交通流量增加，即使在夜间也有较多数量大型卡车通过，大型卡车通过时使得位于国道旁边的房屋产生剧烈的振动而难以入眠，因此，与行政相谈委员相谈，希望尽早改建道路。行政相谈委员受理后，对现场进行了确认，认为在大型车辆通过时房屋确实振动剧烈，因此与管理国道的国道事务所进行联系，但国道事务所答复说由于预算的关系要解决该问题还有待时日。之后，行政相谈委员与相关居民一起，再次将受影响的现状以及早日改建道路的要求提出，最终促成了该道路的全面修缮工程的开工，房屋振动消除了。

（三）大学校门夜间的关闭

熊本市某区域发生了多起以老年人为对象的抢夺财物的事件，抢夺者往往从 24 小时全天开放的大学校内逃跑。当地居民由此与行政相谈委员相谈。行政相谈委员受理后，与大学方面进行联系，要求大学校门在夜间关闭，但大学方面回答说当地居民要求能够在大学校园内自由通行所以才不关闭大学校门。之后，行政相谈委员组织当地的自治会与大学进行重新商议，最终决定了大学校门夜间一定时间段关闭。

（四）蓄水池的疏通、除草

居民住所附近的蓄水池到了夏天杂草丛生，蚊虫成堆，严重扰乱了居民的生活。因此，居民与行政相谈委员相谈，行政相谈委员受理后进行了现场确认，经过调查得知该蓄水池由县以及市的土木事务所管辖，因此与这两个机关联系，最终由这两个机关进行了蓄水池的疏通和除草工作。

第四节　日本类信访制度法治化
建设进程中的经验与教训

一、日本类信访制度法治化建设的历程进程

日本在大化改新（645 年）时，曾仿照当时中国与朝鲜的制度，设立了救济国民权益、抒发国民苦情（不满情绪）的"钟匮制"。国民如果有针对国家的苦情（不满、怨言等）时，可以将其写成文书投到当时朝廷设置的

"匦"中进行申诉。如果国民对官员的行为不满时，可以敲撞由当时朝廷设置的"钟"，这类似于中国古代的登闻鼓制度。

明治维新之后，日本逐步导入了德国的"法治国"思想，在制度上，仿照德国"普鲁士宪法"制定了宣扬"天皇主权"的"明治宪法"（即1889年制定的《大日本帝国宪法》），并在"明治宪法"之下初步构建了日本近代法律体系，由此在法律制度上确立了近代意义上的法治主义。为了对行政权进行必要的控制以及在国民受到行政行为不法侵害时进行必要的救济，日本在"明治宪法"之下制定了《行政裁判所法》和《诉愿法》，由此确立了日本近代的行政裁判与诉愿制度。

二战后，日本在以美国为首的占领军的强压下被迫进行了美国式的民主化改造，在废除"明治宪法"的基础上，制定了深受美国宪法影响的新的《日本国宪法》（1946年）。在新宪法之下，日本废除了原来的《行政裁判所法》和《诉愿法》，在此基础基础之上，相继制定了现行的《行政事件诉讼法》和《行政不服审查法》，由此确立了日本现代的行政诉讼与行政不服审查（相当于中国的行政复议）制度。

但是，由于日本国民普遍存在"民不与官斗"的思想，现实中较少运用行政复议或者行政诉讼这种与行政机关对抗比较激烈的方式解决纠纷，因此，行政复议或行政诉讼这些正式的救济方式并没有充分发挥其应有的作用。对此，日本在正式的行政不服审查（行政复议）和行政诉讼制度之外，设置了请愿、行政相谈等非正式的救济制度。

1946年制定的《日本国宪法》第十六条规定："任何人对损害的救济，公务员的罢免，法律、命令以及规章的制订、废止和修订以及其他事项，都拥有平稳请愿的权利，且任何人不因请愿而受到差别待遇。"基于该规定，日本于1947年制定了《请愿法》，由此设立了由议会解决纷争、救济权利的请愿制度。

在此基础上，20世纪50年代，当时作为行政管理厅①（原总务厅的前

---

① 1984年7月1日，行政管理厅与原总理府的一部分业务并合并为总务厅。随着2001年1月6日《总务省设置法》的实施，总务厅与自治省、邮政省进行合并，成为现在的总务省（《总务省设置法》第二条）。

身）派出机构的管区行政监察局（现改为管区行政评价局）与地方行政监察局①（现改为行政评价事务所）在进行行政监察②活动时，收到许多国民提出的有关行政的苦情，当时的行政管理厅（现改为总务省）从促进行政改善的立场出发，认为有必要受理并正确处理这些国民所提出的有关行政的苦情，因此，于1955年2月制定了《苦情相谈暂定处理要领》。以此作为依据，为了听取国民有关行政的苦情、不满等并促进其解决，在当时作为行政管理厅派出机构的管区行政监察局与地方行政监察局开设了行政相谈窗口，受理并处理国民有关行政的苦情或不满，由此被认为是日本行政相谈制度的前身。

该制度产生当初，仅仅在当时的管区行政监察局与一部分的地方行政监察局试验性地开设了与监察事务相关的行政苦情的受理窗口。但从这些窗口受理行政苦情的情况来看，发现当时国民有关行政的苦情、不满等数量极多，而且随着行政苦情相谈制度被国民逐渐所知晓并熟悉，当时的行政苦情受理数量逐年增加。因此，1958年8月，在所有的管区行政监察局以及所有的地方行政监察局开设了行政相谈窗口，作为其所掌管的监察事务的一部分，受理、解决了许多行政苦情事件。

二、日本类信访制度法治化建设的现状分析

自1947年日本制定《请愿法》以来，在国家议会的层次，从1947年的第1次国会到1990年的第118次国会之间，众议院共受理请愿件数324998件，采纳101844件（含部分采纳331件）；参议院受理请愿件数计251148件，采纳件数73235件。③ 总数虽然不少，但从平均每年的受理件数和采纳件数来看，每年大约数千件，并不算多。

---

① 管区行政监察局于1999年7月16日随着《总务省设置法》的实施，被改编为管区行政评价局（《总务省设置法》第二十四条第一款）。地方行政监察局于1984年10月1日被改编为行政监察事务所，并于2001年1月6日随着《总务省设置法》的实施，被改编为行政评价事务所（《总务省设置法》第二十四条第二款）。

② 行政监察是指通过有关行政制度或者行政运行状况等的调查、分析，并向相关行政机关提出改善建议的一种行政机关内部的监督、改善机制。2001年1月6日，随着《总务省设置法》的实施，原行政管理厅的行政监察职务被修改成为总务省的"行政评价、监督"功能（《总务省设置法》第四条第十八项）。

③ 参见［日］众议院、参议院编：《议会制度百年史 资料篇》，日本评论社1978年版，第239页以下。

行政相谈制度自设立以来，受理并处理了大量的行政苦情、不满等，并对于行政制度与行政运行提出了诸多的改善意见。根据日本总务省的统计，2013 年度的行政相谈处理件数是 168076 件。从处理的窗口来看，总务省行政评价局、管区行政评价局以及行政评价事务所处理了 76072 件（占总处理数的 45.3%），行政相谈委员处理了 92004 件（占总处理数的 54.7%）。从相谈的内容来看，与国家行政机关等的事务相关的苦情或陈情处理了 20689 件（占总处理数的 12.3%），制度或窗口的确认处理了 33122 件（占总处理数的 19.7%），与地方公共团体的事务相关的苦情或陈情处理了 62197 件（占总处理数的 37.0%），民事相关的苦情或陈情处理了 52068 件（占总处理数的 31.0%）。从行政领域的分类来看，在与国家行政机关等的事务相关的苦情或陈情中，占据上位的行政领域分别是：道路行政相关的有 2021 件，保险、养老金相关的有 1779 件，社会福祉相关的有 1610 件，雇佣、劳动相关的有 1520 件，运输相关的有 964 件。[①]

行政相谈委员制度自设立以来，受理并处理了大量的行政苦情、不满等，并对于行政制度与行政运行提出了诸多的改善意见。如表 2 - 3 所示，根据日本总务省的统计，行政相谈委员每年处理的行政相谈事例有 10 万多件。2013 年度的行政相谈处理了 168076 件，其中，行政相谈委员处理了 92004 件，约占总处理数的 54.7%。[②]

表 2 - 3　行政相谈委员处理行政相谈事例数量

年度	2003	2004	2005	2006	2007
总件数	120872	119379	112708	110972	103793
每位委员平均处理件数	24.0	23.7	22.3	22.0	20.7

注：2003 年至 2006 年行政相谈委员的人数是 5046 人，2007 年是 5011 人。

行政相谈委员在处理具体的行政相谈事例中，发现相关的行政制度或行政运行存在着普遍性的问题时，可以向总务大臣汇报其发现的问题，并对于

---

① 以上统计数据参见日本总务省网站，http://www.soumu.go.jp/main_ sosiki/hyouka/soudan_ n/jituseki.html，2015 年 9 月 30 日访问。

② 以上统计数据参见日本总务省网站，http://www.soumu.go.jp/main_ sosiki/hyouka/soudan_ n/jituseki.html，2015 年 9 月 30 日访问。

今后行政制度或行政运行的改善提出意见。根据总务省的统计，如表2-4所示，由行政相谈委员提出的改善意见每年在200件左右。就具体事例而言，例如，行政机关的职员在进入国民住所进行实地调查或者人口普查等统计调查时，依法向居民出示的身份证明并没有贴照片，因此有冒充行政机关职员进行调查的事件发生，随着国民个人隐私保护意识的提高，要求行政机关采取措施加强对国民个人隐私的保护。有国民寻找行政相谈委员进行相谈，行政相谈委员对此进行了全面的调查，向总务大臣提出了要求在实施调查的行政机关职员身份证明上粘贴照片的改善意见。最终，总务省、法务省、财务省等10个省接受了该意见，进行了行政制度的改善。

表2-4　行政相谈委员提出行政改善意见的件数

年度	2003	2004	2005	2006	2007
提出件数	278	216	207	198	171
其中针对总务省的件数	92	64	44	40	22

三、日本类信访制度在整个国家社会矛盾纠纷解决机制中的位置

日本的请愿制度、行政相谈制度等类信访制度都是解决社会矛盾、对国民权益进行公权力救济的方式之一。在日本，由国家进行的公权力救济是指在国民认为行政机关或者其他国家机关违法行使职权侵害或者将要侵害自己的合法权益而向有权国家机关提出申请，有权国家机关通过制止或纠正该违法或不当的公权力行为，排除侵害并填补因公权力行为所造成的损害或损失而对国民的合法权益进行救济的行为。其中，对于由行政机关的行政行为而引起的纷争的解决以及相对人权益的救济又被称为"行政救济"。根据救济的国家机关的性质的不同，可以将行政救济分为权力机关进行的救济、行政机关进行的内部救济、司法机关的救济三种方式。其中，请愿制度属于由权力机关（议会）进行的救济；行政诉讼属于司法机关的救济；而行政不服审查（行政复议）以及行政相谈等属于行政机关的内部救济，所谓行政机关的内部救济是指相对人在受到行政机关违法行为的侵害时请求特定行政机关给予救济的方式，由于侵犯相对人权益的主体与对相对人权益进行救济的主体都属

于行政系统，因此行政机关的救济具有内部救济的性质。

在上述公权力救济体系中，行政诉讼是最为正式也是最重要的救济方式，但从有关行政诉讼的统计数据来看，在日本，行政诉讼的现状并不"理想"，甚至被批判为"存在危机的"或"处于绝望状态的行政诉讼"。这种"绝望的状态"主要表现为行政诉讼起诉率低、审理期间过长、认可原告诉讼请求的原告胜诉判决比例低、原告撤诉率高、上诉率高、诉讼过程中缺乏救济措施等问题。从行政诉讼的案件数量来看，全国所有地方法院一年所接收的行政案件的起诉件数未足4000件，各级法院作为第一审法院新接收的行政诉讼案件的合计不过4000件左右，而同样的地方法院所收到的民事案件却每年都维持在100万件左右，与民事诉讼的案件数相比，行政诉讼的案件数不及其千分之四，由此可见在日本行政诉讼案件数量之少。从数量上来看，日本请愿事件较少，据统计，从第1次国会（1947年）到第118次国会（1990年）之间，众议院共受理请愿件数324998件，采纳101844件（含部分采纳331件）；参议院受理请愿件数计251148件，采纳件数73235件。① 与此相对，行政相谈件数较多。如上所述，2013年度的行政相谈处理件数是168076件，远远超过了行政诉讼、行政不服审查（行政复议）的数量。其原因在于，行政相谈与行政诉讼、行政不服审查（行政复议）等其他的行政救济制度相比较而言，具有程序简易方便、作为救济对象的行为以及可以提起申诉的期限等不受限制、处理迅速、解决方式多样、不收取费用等特征，对于国民权利利益的救济而言具有重要的意义。

四、日本相关制度法治化进程面临的挑战

（一）请愿制度今后的课题

在对行政权的监督方面，二战以后，日本强调的是由议会对行政的监督。但二战后，日本实行福利国家的路线，行政的职能无论在质的方面还是在量的方面都逐年增大化、复杂化、专业化，但议会对于行政的监督却没有随之而加强。在日本，议会对于行政的监督功能并没有充分发挥。其原因在于：

---

① 参见［日］众议院、参议院编：《议会制度百年史》，日本评论社1978年版，第239页以下。

首先，随着行政服务数量的增加，应当由议会进行监督的对象也随之增加，但议会并没有扩大对行政进行监督的范围，并非所有的行政服务都纳入到了议会监督的范围之内；其次，随着行政服务的专业化、复杂化，对于行政的监督要求有高度的专业性，而议会的议员或政治家一般并不具备有关行政活动的专业知识，因此，议会对于行政活动的监督在专业性方面受到了限制；再次，日本议会监督功能本身存在着制度上的缺陷。

如前所述，请愿权作为传统宪法学概念，起源于立宪主义的母国英国，但是随着社会政治环境的演变，请愿权似乎逐渐失去了原本的重要地位。日本学界就请愿权的未来发展呈现"消极说"和"积极说"两种截然相反的态度。消极说的代表如宫泽俊义认为，《日本国宪法》第十六条所规定的请愿权是仿照国外的权利宣言而设立的；该制度在政治上的言论自由尚未确立的时代是为政者知晓民情的重要手段，因而各国的权利宣言都将其作为自由权的一种而作出规定，但随着政治上的言论自由的确立，请愿权的重要性也逐渐丧失。① 伊藤正己认为，在保障言论自由、存在完备的司法制度和行政复议制度的当下，特别是随着行政苦情处理制度和行政监察制度（ombudsman）等有效制度的逐渐设立，有必要重新审视请愿权的意义。②

积极说的代表如樋口阳一认为，请愿使得作为主权者的国民的民情能直接转达给政府和国会，作为选举制度以外另一将民意反映到国政中的制度，至今仍未失去它的意义。③ 永井宪一认为，基于"为政者和被治者的自同性"这一民主主义的基本原理，请愿权是一种必然到来的国民的能动权，即作为一项国民权利，使国民能动地参与到国家意思的形成活动中去。④ 桥本公亘主张，为避免代表民主制度下代表者无视民意，通过请愿权的实施可以将民意传达给国家机关，间接地使得民众参与到国家政策的形成过程中。⑤

---

① 参见［日］宫泽俊义：《全订日本国宪法》，第 228 页。转引自［日］粕谷友介：《关于宪法第 16 条（请愿权）》，《上智法学论集》1985 年第 28 卷，第 156 页。

② ［日］伊藤正己：《宪法》，第 376 页。转引自［日］粕谷友介：《关于宪法第 16 条（请愿权）》，《上智法学论集》1985 年第 28 卷，第 156 页。

③ 参见［日］樋口阳一等：《注释日本国宪法》（上卷），第 357 页。

④ 参见［日］永井宪一：《请愿权的现代意义》，《立正大学经济学季报》第 10 卷第 2 号，第 31 页以下。

⑤ 参见［日］桥本公亘：《行使请愿权》，《基本人权》，第 85 页以下。

无论是积极说还是消极说，都在某种程度上承认了请愿权在当代已经失去了历史上的光辉，这是全球民主和政治文明发展的必然。然而即便是消极说，也并没有直接主张废止这一制度，而是呼吁探明请愿权在当代的存在意义，在新的社会背景下找到更为广阔的出路。

（二）行政相谈制度今后的课题

从1966年制定《行政相谈委员法》至今，日本的行政相谈委员制度实施了半个世纪。从行政相谈委员受理并处理行政相谈事例的实际情况来看，取得了巨大的成绩。但在该制度的实施过程中，也发现了诸多的问题。

1. 行政相谈委员的活动与地区之间的关系问题

行政相谈委员通过受理附近居民有关行政的苦情，并通过与相关行政机关的联系、建议等方式达到简便、迅速地解决苦情的目的。但是，苦情的最终解决并非由行政相谈委员自身决定的，而需要相关行政机关的配合。如果得不到相关行政机关的配合，那么即使行政相谈委员的建议多么合理，苦情都得不到最终的解决。因此，今后行政相谈委员制度的发展最关键的问题在于处理处理行政相谈委员与相关行政机关的关系。目前，部分地区实行由行政相谈委员与相关行政机关的职员一起参加的行政相谈活动，以谋求行政相谈委员与相关行政机关的职员的合作与协助，达到苦情"一站式"解决的目的。

2. 行政相谈委员活动的功能定位问题

从现行的《行政相谈委员法》以及现实的行政相谈委员活动情况来看，行政相谈委员发挥着以下功能：

（1）受理并促进行政苦情的解决。具体包括：一是受理国民有关行政的苦情；二是向总务省或者相关行政机关通知苦情的情况；三是对于受理的国民有关行政的苦情进行必要的调查，并基于自己的判断向相关行政机关提出处理的意见或建议；四是作为行政苦情申诉人与相关行政机关之间的居中者进行协调；五是向行政申诉人转达相关行政机关的处理结果。

（2）对行政制度或行政运行提出改善意见。具体包括：一是通过对个别行政相谈事件的处理，发现现有行政制度或现实行政运行过程中存在的问题，向总务大臣汇报；二是针对已经发现的现有行政制度或现实行政运行过程中存在的问题，向总务大臣提出改善的意见或建议。

可以说，目前日本的行政相谈委员制度在事实上发挥着上述两种功能，但从处理的行政相谈事例的数量来看，行政相谈委员的主要任务还是受理并处理行政苦情，而对行政制度或行政运行提出改善意见则仅仅是辅助性的工作。对于国民权益的救济，在法律制度上已经存在着更为正式的行政诉讼与行政不服审查制度，因此，行政相谈制度仅仅是辅助性的行政救济制度。而且，对于整个国家的行政制度或行政运行而言，可能提出改善意见更具有意义，因此，今后应当加强行政相谈委员在对行政制度或行政运行提出改善意见发挥作用。

3. 其他问题

行政相谈委员的规模目前是 5000 人左右，这种人数设定是否适当，有没有必要增加？行政相谈委员是否应当受到地域的限制？对于行政相谈委员是否应当设置专业领域、资格等限制，以增强其专业性？行政相谈委员与其他行政相谈员之间的关系如何处理？行政相谈委员与其所在的市町村之间的关系如何处理？委托行政相谈委员时是否应当受到市町村的限制？行政相谈委员的委托期间目前是两年，是否合适？行政相谈委员目前由总务省委托民间的有识之士担当，是否应当有资格、条件等要求？行政相谈委员目前并无报酬，属于民间的志愿者，是否应当支付报酬？是否应当赋予其一定的法律地位和法定身份？行政相谈委员的称呼有无必要修改？行政相谈委员制度如何宣传？如何让更广泛的民众知晓？对于这些问题，日本的学者们也在结合行政相谈委员制度的运行情况进行积极的探讨，而对于这些问题的探讨，必将进一步完善日本的行政相谈委员制度。

从比较的角度来看，行政相谈委员与国外的监察专员制度具有一定的相似性，但其实两者之间存在着本质上的差异。行政相谈委员并非国家机关，并不具有国家权力，因此解决问题时是"赤手空拳"的。并不具有任何国家权力的行政相谈委员本身就是普通国民中的一员，因此与同为国民的行政苦情申诉人之间更具有亲近感。其次，行政相谈委员不从国家获取报酬，在性质上是民间的志愿者。可见，行政相谈委员制度具有一定的日本特色，而这种特色可能正是日本行政相谈委员制度取得成功的关键之所在。但也正是因为这种特色，日本行政相谈委员制度存在着与生俱来的缺陷，即非国家机关的行政相谈委员在解决行政苦情时，必须相关行政机关的配合，如果相关行政机关不配合，那么即使行政相谈委员提出的意见再合理，对于行政苦情的解决也起不到实际的帮助。此外，行政相谈委员提出的有关行政制度或行政运行的改善建议，也需要相关行政机关采纳后才能付诸实施。可见，日本行政相谈委员制度今后最大的课题在于处理好这两方面的平衡，在保持行政相谈委员普通国民身份和中立地位的同时，进一步加强行政相谈委员在解决行政苦情和改善行政制度或行政运行方面的作用。

第五节　日本类信访制度与我国信访制度的比较

与国外的相关制度相比较，日本的行政相谈制度与瑞典等国家的监察专员制度相类似，由此也经常被称为"日本型的监察专员"制度，但事实上与监察专员制度存在着很大的差异。另外，该制度与中国的信访制度也具有相似性，因此，阐述该制度的主要内容、实际运行状况以及存在着的问题等对于我国信访制度的完善具有一定的借鉴意义。

一、日本请愿制度与我国信访制度的比较

如前所述，日本从"明治宪法"时代开始就已经基本确立了近代型的请愿制度，现行宪法下又在其基础上得到新的发展和演变，最终建立了较为完善的现代宪政请愿制度，前后历史已经超越百年。

然而请愿本并不是日本的专利。提到"请愿"，我们很容易联想到我国古代封建社会比比皆是的请愿事例——如商鞅变法后遭到秦国旧贵族的仇恨而被抓捕及车裂行刑时，就有不少在变法中获利的平民为之请愿；再如东汉时期阉党横行外戚相争的背景下，以刘陶为首的太学生等数千人，因冀州刺史朱穆打击横行州郡的宦官横行霸道而被治罪，于是上书汉桓帝为其请愿。近代最为人熟知的就是康有为、梁启超的"公车上书"。民国时期军阀割据、内忧外患的混乱形势下，民众请愿亦是数不胜数。鲁迅《华盖集·忽然想到（九）》里面曾写道："报上有一则新闻，大意是学生要到执政府去请愿"，讲

的就是 1925 年 5 月 9 日，北京各校学生为了援救因纪念"五七"国耻被捕的学生，前往段祺瑞执政府请愿，要求释放被捕者，罢免教育总长章士钊、京师警察总监朱深。可见我国历史上民众请愿的事例为数众多。

但是必须指出的是，我国古代封建社会和近代时期的请愿，与真正近代意义上的请愿权并不是同一概念。在封建时代，请愿所扮演的角色更多是君主制度下臣民的一项被帝王将相恩赐的恩德，是儒教伦理和德治主义的产物。随着新中国成立之后宪法中游行示威权、批评建议权等的规定，以及信访制度的逐渐发展和确立，近代意义上的请愿权制度一直没有在我国确立。我国宪法并没有规定请愿权条款，请愿在现行部门法体系中也并不是一个明确的法律概念，故而我们现今对请愿的理解较为宽泛，一般是指人民向国家机关或其工作人员提出意见或有所诉求。近年来，随着司法制度特别是行政诉讼制度以及行政复议制度的建立和完善，加上信访等各类矛盾纠纷处理制度的成长和发展，请愿一词似乎越来越淡出了我国民众的视线。

但是在学术界对于建立请愿权制度的呼吁一直没有停止，如杜钢建教授在比较各国请愿权制度的基础上，就曾提出以下几点主张：[①] ①在宪法上明确规定保障公民的请愿权，或根据现行宪法有关公民建议权、批评权等权利的原则性规定，先行制定请愿法，使公民请愿权制度法制化；②在各级人大常委会和各级政府建立专门的请愿受理机构，将现行信访机构按请愿权保障原则进行组织、程序、人员、职权等方面的改革，使之成为符合现代请愿权制度所要求的请愿受理机构；③改善实施请愿权的政治行政环境，将请愿权保障机制同直接民主特别是县市级地方民主的发展结合起来。

考虑到我国实际国情，笔者并不急于主张将国外的请愿制度搬到中国来，因而短期之内是否在宪法中设立请愿权条款也不是问题关键。理由在于：①日本请愿制度是近代立宪主义和代议制民主高度发展下的产物，相对而言，我国现行体制下政府中党政近乎合一、各级人大代表制度尚未发挥足够效能的背景下，尚不存在现代请愿制度发展壮大的根基和土壤。②长期以来，我国现行的诉讼制度和信访制度发展至今的重要特点之一，就在于除了拥有实质的权利救济功能之外，同日本相比，更侧重于维护社会稳定和纠纷矛盾化

---

① 参见杜钢建：《请愿权理论和制度比较研究》，《百年》1999 年 9 月号。

解功能，更满足执政者的统治需要。这一趋势长期内仍将延续下去。③民众普遍参政议政的意识尚未觉醒，目前的纠纷化解机制，已经在理论上能够基本满足他们谋求损害救济或权益维护的需求，类似日本的"公务员罢免""法令规章的制定废止和修订"等政治诉求并没有真正走入普通民众的视野。不论是国务请求权说，还是能动权说，都还不能被当前中国各个阶层所普遍接纳。

退一步讲，即便是当前的权利救济和纠纷解决机制，仍具有相当大的改进空间。如就当前新行政诉讼法修订后的行政复议制度，赵德光指出①：当前法治国家建设问题多，复议、诉讼与信访之间关系地位含混不清，复议未来走向有待观察；复议机关形式上相当于法院，法国行政法院实质是复议。当前复议案件呈现倒三角形，数量大，人手负担重；复议人员一岗多职，面临今天复议明天应对出庭的风险，疲于应付，压力山大。复议跟法院的互动问题是全国普遍性问题，行政权、行政行为本是效率导向，又在审理中被当作准司法，如征收决定中的第三人遗留问题的解决中，复议机关往往被当成为下级法院来对待。实践中法院尚未依诉讼法严格做到直接送达，却责成行政机关达成、给复议定规矩等等。此外毋庸讳言的是，司法制度改革以及信访制度的职能定位问题，在长期内仍有很大探讨的空间。如何调整各个机制之间的关系地位，是中日两国未来的法治建设共同面临的问题。

二、日本行政相谈制度与我国信访制度的比较

日本行政相谈以及行政相谈委员制度与我国的信访制度相类似，都是行政机关内部的监督和纷争解决机制，而且与行政诉讼、行政复议等正式的救济途径相比较，都属于非正式的救济方式。当然，日本行政相谈以及行政相谈委员制度与我国的信访制度并不完全相同，也存在着一定的差异。

（一）日本行政相谈制度与我国信访制度的相同之处

具体而言，两者在以下方面存在着相同之处：

1. 受案范围广泛

行政诉讼由于涉及行政机关与司法机关的关系，司法机关必须尊重行政

---

① 参见赵德光：《新〈行政诉讼法〉实施后行政复议机关的应对》，在华东政法大学的讲座，2015年11月26日。

机关的行为（行政行为具有公定力），不得过度地干预行政机关在职权范围之内的决定，因此，行政诉讼的受案范围受到了较大的限制。行政复议由于是行政机关的内部性监督和救济方式，因此其受案范围比行政诉讼更为广泛，但也仅仅局限于对行政机关所作出的具有法律意义的行政行为才可以申请行政复议。而日本的行政相谈以及我国的信访制度的受案范围并不受到"具有法律意义的行政行为"的局限，原则上，只要对于行政机关以及工作人员的行为不满的，就可以提起。例如，相对人申请行政机关的许可，行政机关虽然依法作出了许可决定，但相对人认为行政机关的工作人员在许可过程中态度不够亲切，使自己感觉不舒服，这种损害并不能构成法律意义上的权益损害，因此，相对人不得对此提起行政诉讼或行政复议，但却可以进行行政相谈或信访，在寻求救济的同时，促进行政机关服务方式的改变。可见，与行政诉讼、行政复议等正式的救济途径相比较，行政相谈或信访制度的受案范围更为广泛。

2. 提起及受理方式便利

有关行政诉讼或行政复议的受理，由法律明确的规定，必须在法定的期限内，由具有法律上的利害关系者到特定的机关（法院或行政复议机关）按照特定方式（原则上书面方式，而且对于书面格式有严格的要求）提起。而行政相谈或信访的提起方式较为自由，可以书面也可以口头提出，在以书面方式提出时，对于书面格式并无严格的要求。此外，在受理机关以及受理方式方面，行政相谈或信访也更为便利。

3. 审查方式灵活

行政诉讼与行政复议的审理方式受到法律的严格限制，特别是行政诉讼，原则上必须按照严格的庭审模式进行辩论等。与此相对，行政相谈或信访的审查方式或程序较为灵活，处理机关或人员可以按照案件实际情况的不同，选择适用合理的审查方式。而且，行政相谈或信访的处理机关或人员并不直接对案件作出具有法律效力的决定或判决，而是从公正、中立的立场出发，在国民与行政机关之间进行斡旋、协调，对案件的处理提出意见或建议，起到中介者的作用。

4. 解决方式多样

作为行政诉讼或行政复议的最终结果，法律明确规定了各种行政诉讼判决或行政复议决定的类型，各种类型的判决或决定具有法律上的效力。而行政相谈或信访的解决方式在法律上并没有明确的规定和严格的限制，原则上由处理机关或人员可以按照案件实际情况的不同选择不同的方式进行解决。而且，处理机关或人员所作出的处理结果往往并不具有法律上的效力，往往仅具有建议性质。

（二）日本行政相谈制度与我国信访制度的不同之处

如上所述，日本行政相谈制度与我国信访制度都属于非正式的行政救济方式，具有许多相似之处。但毕竟两国的国情不同，两种制度之间也存在着诸多的差异。

1. 受理案件的侧重点不同

从信访受理案件的实际情况来看，我国信访受理的案件以土地征收、房屋拆迁、福利待遇等涉及公民重大权利利益的案件为主，大多数涉及公民法律上的权利，可以通过行政复议或行政诉讼等正式的救济渠道进行救济。而从行政相谈或信访的实际情况来看，日本的行政相谈主要受理并解决的是不构成法律上的权利利益侵害的案件，例如，希望邮局提供按照邮件收取人希望的日期及时间配送邮件的服务、要求国道事务所在人行道上设置栏杆、为了便于阅读要求改善通知书中的文字颜色、为了防止危险要求财务局砍伐国有土地上的枯木、建议养老金申请手续的简便化、建议受灾证明书开具手续的简便化、要求撤销人行道上的障碍物、要求夜间关闭大学校门、要求公共用地除草等，这些案件所涉及的都不构成相谈者的法律上的权利或利益，不属于行政不服审查（行政复议）或行政诉讼的受案范围，因此，并不能通过提起行政不服审查（行政复议）或行政诉讼等正式的救济渠道而解决，即都不属于"涉法""涉诉"的案件。

2. 受理体制的不同

有关信访机构的受理机制，我国《信访条例》第二条规定，信访人可以"采用书信、电子邮件、传真、电话、走访等形式"开展信访活动，但在现实中，由于担心以书信、电子邮件、传真、电话等方式提出信访可能会造成"石沉大海"的结果，所以一般都现实中选择以走访方式上访，甚至出现了集体上访、暴力上访等提出信访要求的方式。在信访机构级别的选择上，信访人更倾向于选择更高级别的国家机关进行上访，由此出现了越级上访的问题，为北京等地的社会秩序造成了一定的损害。此外，我国《信访条例》第四条规定："信访工作应当在各级人民政府领导下，坚持属地管理、分级负责，谁主管、谁负责，依法、及时、就地解决问题与疏导教育相结合的原则。"2014年4月23日，国家信访局印发了《关于进一步规范信访事项受理办理程序引导来访人依法逐级走访的办法》，明确分级受理，强调责任追究，并明确了相关配套要求。可见，我国目前的信访制度实行明确的分级受理，严格限制越级上访。

与此相对，日本行政相谈的受理体制更为灵活，不受区域以及级别的限制。当国民对行政产生不满或有意见需要提出时，不仅可以到作为总务省派出机构的管区行政评价局、行政评价事务所进行行政相谈，而且可以寻找附近由总务省委托的行政相谈委员进行相谈。此外，还可以利用综合行政相谈所、地区综合窗口、行政相谈周等机会进行行政相谈。

3. 处理机关的性质不同

我国《信访条例》第二条规定："本条例所称信访，是指公民、法人或者其他组织采用书信、电子邮件、传真、电话、走访等形式，向各级人民政府、县级以上人民政府工作部门反映情况，提出建议、意见或者投诉请求，依法由有关行政机关处理的活动。"可见，我国信访的处理机关是"各级人民政府、县级以上人民政府工作部门"，都属于行政机关，因此，信访机构所进行的信访处理行为在本质上也是一种行政活动。

而日本的行政相谈既可以由属于行政机关的管区行政评价局、行政评价事务所受理并负责处理，也可以由行政相谈委员进行受理并负责处理。而行政相谈委员并非行政机关或行政机关工作人员，而是受到总务省总务大臣委托的民间人士。即行政相谈委员并非公务员，具有志愿者的性质，其从事行政相谈事务并不能从国家获得工资或报酬（为了履行职务所必需的费用除外）。

三、日本类信访制度对我国信访制度法治化建设的启示

（一）日本请愿制度对我国信访制度法治化建设的启示

如上所述，日本的请愿制度、行政苦情处理制度并不像信访在我国有那

么大的关注度。究其根本原因，还在于较为公正透明的行政运作本身和有效的司法诉讼机制。虽如此，日本请愿制度于我国仍有众多值得借鉴之处：

（1）如前所述，议会是请愿制度中处理和审议请愿书最关键和最重要的机关。党的十八届四中全会报告明确提出：强化对行政权力的制约和监督；健全宪法实施和监督制度，完善全国人大及其常委会宪法监督制度。现行信访制度中，人大机关内的信访部门的权责匹配远远弱于行政机关内部的信访部门，这有悖于四中全会的精神。这要求进一步强化人大职权，确立人大作为立法和权力机关切实代表民意并传达给行政机关，监督行政活动的实质性权力。

（2）日本的请愿制度的顶层设计具有较大的宽容度，如请愿事项范围限制较小，"法令规章的制定、废止和修订"也被纳入请愿事项。党的十八届四中全会提出，健全立法机关主导、社会各方有序参与立法的途径和方式，拓宽公民有序参与立法途径。保障公民的立法参与权，请愿权的实施自然是值得借鉴的一项重要途径。

（3）日本请愿制度的落实得到程序保障。如前所述，除宪法和一般法保障之外，国会法、国会规则、地方自治法共同构成了请愿权制度的法律体系。请愿书的提交流程和审议流程都较为公开透明，审议结果还会书面通知请愿者，部分地方议会还规定请愿者有权申请召开请愿事项说明会，被采纳的请愿事项将及时提交给行政机关，行政机关有义务做出处理并及时报告，等等，这都为切实保障请愿权的实施提供了程序保障。这些制度设计都值得我国信访制度借鉴。

（二）日本行政相谈制度对我国信访制度法治化建设的启示

1. 信访功能的转变

我国的信访制度是中国特色社会主义民主政治制度的重要组成部分，但该制度自其创立以来，随着社会形势的变化，功能作用不断发生变化。在现阶段，信访制度主要发挥着政治参与功能、权力监督功能和权利救济功能等三大功能。但由于正常民意表达渠道不畅通、司法救济渠道不完善，信访因其成本较小，而且能够直达领导的"优势"，成为了群众寻求权利救济的主渠道。一方面，实践中大量的社会矛盾涌入信访部门，占用了信访部门的绝大部分的资源。而另一方面，信访的政治参与和权力监督功能出现了萎缩现象。

从功能上来看，日本的行政相谈制度在事实上也发挥着解决国民对于行政的苦情、救济国民的权益、监督行政的运行、反映行政制度及其运行状况中存在的问题并提出改善意见等功能。但是，在这些功能中，行政相谈最主要的功能是为了反映行政制度及其运行状况中存在的问题，也正是因为这个原因，所以行政相谈由管区行政评价局、行政评价事务所等行政评价机构负责，由日本总务省主管。

借鉴日本行政相谈制度的功能定位，结合我国目前信访制度在功能定位方面的问题，今后应当对信访制度的功能进行调整或转变，具体而言，应当更多地发挥政治参与和权力监督的功能，作为党和政府密切联系群众的桥梁和纽带，听取群众的意见建议、接受群众监督，权利救济只是其辅助性功能。

2. 对于我国信访受案范围限定的启示

我们目前信访的受案范围，《信访条例》第十四、二十一条虽然规定了信访的受理范围，对属于信访应当受理的事项进行了限定，但从实际运行状况来看，信访机构所受理和处理的事项几乎是无所不包，几乎所有社会问题、社会冲突都可以诉诸信访部门。信访制度承载了整个社会变革转型及社会稳定的重任，由此导致信访总量连年高位运行，信访案件大量积压，由此也影响了信访处理的时限和效率等问题。

借鉴日本行政相谈制度在受案范围方面的经验，结合我们目前信访受案范围过于宽泛的问题，今后应当进一步明确信访受案范围，实行诉讼与信访分离，把涉及民商事、行政、刑事等诉讼权利救济的信访事项从普通信访体制中分离出来，由司法机关依法处理，把解决涉法涉诉信访问题纳入法治轨道。

3. 信访体制的完善

我国的信访体制仍有些不完善。长期以来，我国的信访机构庞大而分散，整个系统缺乏统一协调的机制。对此，国家层面不断完善信访制度：一是建立全国信访信息系统，鼓励以电子邮件等书面方式的申诉，以数码技术等新型通信手段来疏通信访渠道；二是在一定程度上赋予各级信访机构以解决问题的实权，并建立相应的责任制，完善办理和督办程序。但从目前的信访实践来看，这两项措施仍有待深入贯彻落实。在信访机构的设置方面，目前，从中央到地方，各级政府及其职能工作部门都有信访机构，但是各信访机构之间并没有严格意义上的隶属关系。由于缺少权威性的统一归口管理及领导机构，信访机构之间缺少横向的联系与制约以及纵向的命令与服从。

而日本的行政相谈，无论是国民到作为总务省派出机构的管区行政评价局、行政评价事务所进行行政相谈，还是寻找附近由总务省委托的行政相谈委员进行相谈，都是由总务省主管，即形成了由总务省统一主管的行政相谈受理、处理体制。而且，在行政相谈委员、管区行政评价局、行政评价事务所之间形成了良好的互动，构成了统一的网络系统。借鉴日本的这种经验，应当对我国目前的信访受理、处理体制进行调整，具体而言，应当继续保持设置在行政系统内部，在此前提下对信访机构进行整合，统一信访机构，分清各部门职责，同时要建立起各部门之间沟通协调和联动机制，高效、及时地处理信访问题。

|第三章|

韩国苦衷民愿处理制度

在韩国，信访被称为"民愿"，是指个人、法人或者团体向行政机关要求处分等特定行为的事务。韩国自 1948 年建立以来，经历了李承晚、朴正熙等独裁政权或者军事政权时代，经济虽在 20 世纪 70 年代后开始有了很大提高，但政治体制尤其是人权保障未能得到有效改善。1993 年金泳三总统上台，是韩国 60 年代初以来第一个选举出的总统，正式终结了军事政权在韩国的统治，标志政治民主制度的初步确立。[①] 随着政治转型的基本完成，韩国开始重视公民的权益保护。因此，在 1994 年 4 月，韩国设立了国民苦衷处理委员会，负责调查处理民众的苦衷民愿申请。该国民苦衷处理委员会制度设计目的是，让这样一个组织机构站在第三方的角度，以简单、快速的方式对那些因法律和制度漏洞以及行政权力滥用而造成对公民不便、抱怨、负担、痛苦以及权益的侵害的事件进行调查和审议。如果这些民愿诉求是正当的，韩国国民苦衷处理委员会有权建议相关行政部门进行更正，有权向有关部门提出法律、制度以及政策的修改和完善意见，以此保护人民的权益和促进法治廉政建设。[②] 由于信访处理与反腐败的天然联系，加上军事政权时期韩国人民对官员腐败的深恶痛绝，2001 年 6 月，金大中总统时期韩国通过了《腐败防止法》，系统建立了为根除社会公共部门的腐败并制造反腐清廉文化的全国性反

---

① 参见马占稳：《韩国反腐败中的制度建设（下）》，《北京行政学院学报》2013 年第 4 期。
② 同上。

腐败体系。卢武铉总统时期 2005 年总统下的腐败防止委员会改组成立了国家清廉委员会。2008 年 2 月 29 日，李明博总统上台后整合了总统下的国家清廉委员会、国务总理下的国民苦衷处理委员会和行政审判委员会等三个机构，在国会通过了《关于腐败防止与国民权益委员会设立运营法》，在国务总理下成立了国民权益委员会。民愿制度建立的初衷是保护公民的基本权益（事实上，保护公民的基本权益与反腐败有着内在的联系），但是，从法律制度本身立足于反腐败的制度建设来看，韩国国民苦衷处理委员会制度的功能主要有三项：一是它自身的设计和存在，对反腐制度建设具有的功能和意义；二是对有关违法和不合理的行政行为提出改正措施和表达意见；三是对不合理的法律和制度体制提出制度改进建议和表达意见。①

韩国颁布了《关于民愿事务处理的法律》，要求所有行政机关和地方自治团体都设置民愿室以迅速处理民愿事务向申请人提供指导、咨询等便利，并要求指定民愿事务审查官来专门负责。民愿又分为苦衷民愿和其他民愿。其中苦衷民愿特指因行政机关的违法、不当或者消极的处分（包括事实行为和不作为），以及因不合理的行政制度导致的侵害国民权益或者给国民带来不便、负担等事项的民愿。苦衷民愿权益救济主要特征有：是韩国代表性的一般个人权利救济（ombudsman）模式、是迅速简便的柔性权益救济、是以国民视角而非官僚视角来解决问题、是政府内的最终信访处理机关，能够实现对政府政策和业务的修改，通过改正劝告和表明意见实现对行政的间接制约。②

韩国于 1994 年 4 月在国务总理下设立了国民苦衷处理委员会，负责调查处理民众的苦衷民愿申请。2008 年 2 月 29 日，李明博总统上台后整合了总统下的国家清廉委员会、国务总理下的国民苦衷处理委员会和行政审判委员会等三个机构，在国务总理下成立了国民权益委员会，以迅速地对国民权益进

---

① 参见马占稳：《韩国反腐败中的制度建设（下）》，《北京行政学院学报》2013 年第 4 期。
② ［韩］国民权益委员会：《2013 国民权益白皮书》，http://www.acrc.go.kr/acrc/board.do?command = searchDetail&menuId = 05060101&method = searchDetailViewInc&boardNum = 37479&currPageNo = 1&confId = 47&conConfId = 47&conTabId = 0&conSearchCol = BOARD_ TITLE&conSearchSort = A. BOARD _ REG_ DATE + DESC%2C + BOARD_ NUM + DESC，2015 年 1 月 26 日访问。

行救济。[①] 为了规定苦衷民愿处理的相关事项，韩国颁布了《关于腐败防止与国民权益委员会设立运营法》及相关总统令等法规。

根据《关于腐败防止与国民权益委员会设立运营法》第十二条的规定，国民权益委员会的具体功能包括有：制定和实施有关国民的权利保护、权益救济以及防止腐败的政策；调查和处理苦衷民愿，以及就此提出改正劝告或表明意见；认为引起苦衷民愿的相关行政制度及该制度的运行需要进行改善时，对此提出劝告或表明意见；对国民权益委员会处理苦衷民愿的结果及行政制度的改善进行实况调查和评价；制定或者劝告公共机关制定防止腐败的政策及制度改善事项，并对公共机关进行实况调查；对公共机关防止腐败政策的推进情况进行实况调查和评价；制定、施行防止腐败及救济权益的教育、宣传计划；协助和支持与国民权益委员会活动相关的个人、法人或团体，包括支持非营利民间团体的防止腐败活动；开展与国民权益委员会活动相关的国际合作；腐败行为举报指南、咨询及受理等；保护和补偿举报者；检验法令等腐败诱发因素；收集、管理和分析防止腐败及权益救济的相关资料；实施、运行公职人员行为守则，受理、处理对其违反行为的举报，以及保护举报人；关于民愿事项的指南、咨询，以及确认、指导民愿事项实际处理情况；统一运营管理国民参与门户网站、国民申闻鼓网站设置、运行政府民愿指南电话中心（110 电话热线）；提供与市民苦衷处理委员会的活动相关的合作、支持及教育；仲裁、调解多数人纠纷事项，以及为解除企业困境而调查、处理企业的苦衷民愿；与《行政审判法》规定的中央行政审判委员会之运行有关的事项；根据其他法令规定的国民权益委员会负责管理的事项；其他为提高国民权益而由国务总理提交国民权益委员会讨论的事项。

在国民权益委员会成立之初，其主要职责是原三个机构分别负责的事务：原国家清廉委员会负责的反腐败、原行政审判委员会负责的行政复议、原国民苦衷处理委员会负责的处理苦衷民愿事务。2013 年在国民权益委员会下又成立了权益改善政策局，专门负责政策和制度改善事务。国民权益委员会的核心功能现在增加为四个，分别是处理苦衷民愿事务、反腐败、行政复议、

---

① 参见［韩］韩相敦：《韩国反腐败法述评》，《环球法律评论》2013 年第 2 期。

制度改善等。这被韩国称为具体体现了韩国型的权益保护模式。"韩国型权益保护模式"不同于个别的事后的传统申诉专员（ombudsman）形态，而是有机地把权益救济功能相互联系起来，实现综合的、事前的国民权益保护的系统化。即，不仅有个别权益救济功能，还有建立、促进、改善权益保护政策和制度、反腐败等功能，乃至具有构建政府和国民间桥梁的主权衍生功能，实现整体功能式（package）的集合。① 下面重点介绍韩国的苦衷民愿处理体制。

第一节　韩国苦衷民愿的处理机构

从层级来看，韩国的苦衷民愿处理机构包括中央层次的国民权益委员会和地方层次的市民苦衷处理委员会。

一、民愿处理的中央机构——国民权益委员会

国民权益委员会作为中央行政机关，共设 15 名委员（委员长 1 人、副委员长 3 人、常任委员 3 人、非常任委员 8 人），其中委员长是部长级别公务员，副委员长是次长级公务员。委员长由国务总理提名总统任命，副委员长由委员长提名总统任命。非常任委员由总统委任（其中国会推荐 3 人、大法院院长推荐 3 人）。任期为 3 年，可连任一次。

内设机构有 1 室 4 局 4 官 1 发言人 39 课，共有 464 人。所属机关有清廉研究院，定员 16 人。机构现状见图 3 - 1：②

---

① 参见［韩］国民权益委员会：《2013 国民权益白皮书》，http://www.acrc.go.kr/acrc/board.do? command = searchDetail&menuId = 05060101&method = searchDetailViewInc&boardNum = 37479&currPageNo = 1&confId = 47&conConfId = 47&conTabId = 0&conSearchCol = BOARD _ TITLE&conSearchSort = A. BOARD_ REG_ DATE + DESC%2C + BOARD_ NUM + DESC，2015 年 1 月 26 日访问。

② 参见［韩］国民权益委员会网站，http://www.acrc.go.kr/acrc/introorgan/H_ OrgGuide.do? command = move&menuId =050704，2015 年 2 月 6 日访问。

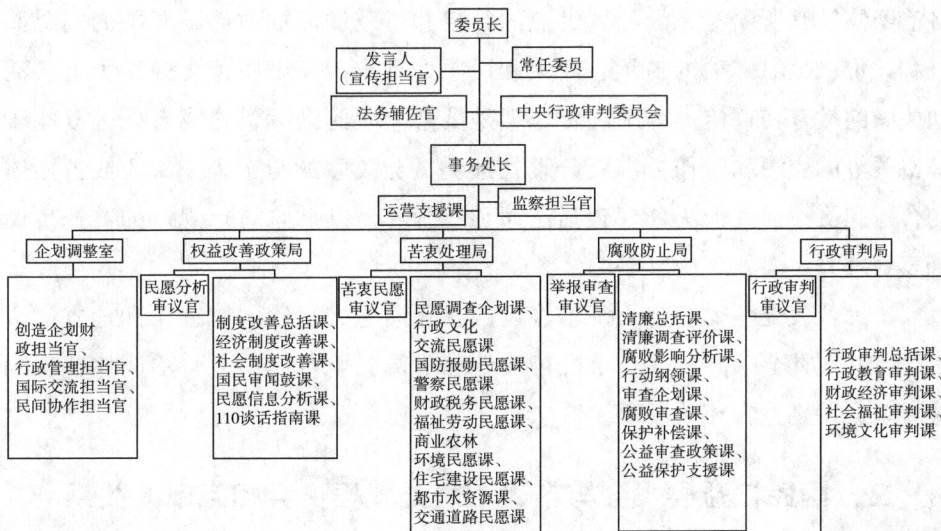

图 3 – 1 国民权益委员会机构图

为了加快苦衷民愿事务处理的效率，国民权益委员会还成立了小委员会来处理非重大事项，即除了改正劝告、制度改善劝告、请求监察以及其他小委员会或委员长认定需要由国民权益委员会来处理之外的事项。小委员会由15 名委员中的 3 人组成，共有 5 个小委员会。按照行政领域的不同区分各自业务。如第一小委员会负责行政、教育、文化、福祉、劳动、交通、道路等一般事务，第二小委员会负责税务、农林、水产、环境、财政等经济关联事务，第三小委员会负责住宅、建筑、城市规划等建设关联领域，第四小委员会、负责国防、军队、勋章相关事务，第五小委员会负责警察机构（含海洋警察机关）的处分、调查等的警察领域苦衷民愿事务。议决须由 3 名委员全员出席和全员赞成才能决定。

二、民愿处理的地方机构——市民苦衷处理委员会

韩国的所有地方自治团体及其所属机关都成立了市民苦衷处理委员会，负责处理以下事务：地方自治团体及其所属机关的苦衷民愿的调查和处理；苦衷民愿关联的改正劝告或者表明意见；在处理苦衷民愿过程中，如果认定

有必要对行政制度及其运营的改善的，可以提出相关劝告和表明意见；地方自治团体及其所属机关的苦衷民愿的结果和行政制度的改善，相关的实况调查和评价；民愿事项的告示、商谈和民愿处理支援；市民苦衷处理委员会活动关联的教育和宣传；市民苦衷处理委员会关联的国际机构或者外国权益救济机关等的交流和合作；市民苦衷处理委员会关联的与个人、法人或者团体的合作和支援；其他法令（包括法律和总统令，以下亦同）规定的委托市民苦衷处理委员会处理的事项。

市民苦衷处理委员会须每年将运营状况向地方自治团体首长和地方议会报告，并向社会公开发表。市民苦衷处理委员会也可向地方自治团体首长和地方议会特别报告相关事项。

三、国民权益委员会与市民苦衷处理委员会相互间的关系

中央层次的国民权益委员会和地方层次的各市民苦衷委员会之间相互独立、相互合作。一方面，国民权益委员会与市民苦衷处理委员会各自独立地履行各自业务；另一方面，也要求国民权益委员会与市民苦衷处理委员会必须相互合作，无正当理由，在收到协作或者支援要求时必须相互协作。国民权益委员会应积极支援市民苦衷委员会的活动。

第二节　韩国苦衷民愿案件的处理方式

国民权益委员会和市民苦衷处理委员会在处理民众苦衷民愿事项时，可以采取下列方式和手段。

一、调解

国民权益委员会和市民苦衷处理委员会认定涉及多数人利益或者会产生社会效果的情况时，可以根据当事人的申请或者依职权进行调解。当事人在调解书上就达成合意并签名盖印，国民权益委员会和市民苦衷处理委员会对此进行确认后，调解成立。国民权益委员会和市民苦衷处理委员会确认的调

解与民法上的和解同等效力。2013 年在所有苦衷民愿案件中调解和和解率占到了 14.2%，达到了历史最高。①

二、提出制度改善的劝告和表明意见

国民权益委员会、市民苦衷处理委员会在调查、处理苦衷民愿的过程中，认定法令及之外的制度、政策等存在改善必要时，可以向相关行政机关等的首长提出合理的改善劝告或者表明意见。

国民权益委员会、市民苦衷处理委员会向相关行政机关等的首长提出改正或者制度改善的劝告之前，应给予该行政机关、申请人或者利害关系人的提出意见的机会。相关行政机关等的职员、申请人或者利害关系人，可以在国民权益委员会和市民苦衷处理委员会召开的会议上出席并发表自己的意见或者提供相关材料。

国民权益委员会、市民苦衷处理委员会须立即将提出制度改善的劝告和表明意见的决定内容通知申请人和相关行政机关等的首长。

相关行政机关等的首长应尊重国民权益委员会或市民苦衷处理委员会提出的劝告或者意见，并在收到之日起 30 日内将处理结果通报给国民权益委员会或市民苦衷处理委员会。如不认可劝告内容的，相关行政机关等的首长可以将其处理理由通报给国民权益委员会或市民苦衷处理委员会。国民权益委员会或市民苦衷处理委员会收到上文提到的处理结果和不履行理由的通报后，应立即将其内容通知给申请人。最近五年间提出的 2026 件改正劝告中 91.2%（1847 件）的案件被中央行政机关、地方自治团体、公共机构或者公共团体所采纳。②

国民权益委员会、市民苦衷处理委员会可在事后确认和检查其之前提出的劝告和意见履行情况。

---

① 参见［韩］国民权益委员会:《2013 国民权益白皮书》，http://www.acrc.go.kr/acrc/board.do?command = searchDetail&menuId = 05060101&method = searchDetailViewInc&boardNum = 37479&currPageNo = 1&confId = 47&conConfId = 47&conTabId = 0&conSearchCol = BOARD_ TITLE&conSearchSort = A.BOARD_ REG_ DATE + DESC%2C + BOARD_ NUM + DESC，2015 年 1 月 26 日访问。

② 同上。

三、请求监察介入

国民权益委员会、市民苦衷处理委员会在调查、处理苦衷民愿的过程中，认定相关行政机关等的职员存在故意或者重大过失而发生违法、不当处理业务时，可将其发现事实向监察院（市民苦衷委员会向当地地方自治团体的监察机关）移送举报，请求监察机关介入。

四、向社会公开发表

除其他法律明确规定的限制或者存在可能侵害个人的私生活外，国民权益委员会、市民苦衷处理委员会可以向社会公开发表下列事项：提出改正劝告或者意见的内容、相关行政机关对国民权益委员会、市民苦衷处理委员会的劝告或者意见的处理结果、相关行政机关对国民权益委员会、市民苦衷处理委员会的劝告内容不履行的事由。

五、驳回或者移送其他机关

对于下列情形的民愿，国民权益委员会、市民苦衷处理委员会可以驳回申请或者移送其他行政机关：

需要高度政治判断或者国家秘密、公务秘密的相关事项；国会、法院、宪法裁判所、选举管理委员会、监察院、地方议会相关事项；侦查、刑罚执行等由主管机关处理更为正当的事项，或者监察院监察开始着手的事项；行政复议、行政诉讼、宪法裁判所的审查或者监察院的审查请求等其他法律规定的不服救济程序进行中的事项；法令规定的和解、斡旋、调解、仲裁等当事者之间调解利害关系为目的的程序进行中的事项；判决、决定、裁决、和解、调解、仲裁等确定的权益相关的事项，或者要求监察院处分的事项；私人间的权利关系或者个人私生活事项；行政机关等人事行政上的行为事项。

国民权益委员会、市民苦衷处理委员会在驳回申请或者移送其他行政机关时应立即告知申请人，并明确告知理由。必要时可告知申请人权利救济的程序和措施。如果相关行政机关等首长在知道国民权益委员会、市民苦衷处理委员会开始着手调查的事项属于上述应予驳回或者应予移送其他机关的情形后，应立即通知给国民权益委员会、市民苦衷处理委员会。

六、调查

除了下列情形不得调查外，国民权益委员会、市民苦衷处理委员会可以就苦衷民愿内容相关进行必要调查：上述应予驳回或者移送其他机关的情形；苦衷民愿事项被认定属于伪造或者没有正当事由的；其他不适合调查的事项。

调查可以采取下列措施：要求相关行政机关进行说明或者提供相关资料、文件；要求相关行政机关等的职员、申请人、利害关系人或者证人出席并陈述意见；对认定与调查事项有关联的场所、设施等进行实况调查；请求鉴定。

调查开始后，发现属于上述不得调查事项后不能继续调查时，可以中止或者中断调查。当调查中止、中断时，应立即将事由告诉申请人。

七、向立法机构提出制度改善的意见和建议等

国民权益委员会在处理民愿事务过程中，发现不合理的制度或者认定有制度改善必要的，可以向总统和国会提出意见。

国民权益委员会或者市民苦衷委员会，在处理民愿事务过程中，发现关联法令或者条例存在有显著不合理情形时，可以向国会或者地方议会提出该法律或者条例的修改或者废止等的建议。

八、其他事项

国民权益委员会或者市民苦衷委员会以及相关行政机关等在处理苦衷民愿事务时有保护相关信息的义务，必须努力保护申请人和利害关系人的信息，避免流出侵害其权益。

国民权益委员会或者市民苦衷委员会以及相关行政机关等应当提供各种便利，方便民众提出苦衷民愿申请，并利于相关承办职员能直接确认资料，获得相关行政机关等的协助。

行政机关负有国民权益委员会或者市民苦衷委员会的法定协助义务。国民权益委员会或者市民苦衷委员会认定必要时，可以要求相关行政机关等的协助。收到协助要求后，相关行政机关等无正当理由应诚实积极地协助。

韩国法律上还明确要求在学校、公务员教育训练中加入对苦衷民愿实现的教育和培训。

第三节　韩国苦衷民愿处理的便民系统和设施

韩国为了方便广大人民群众提出申请，在网络上设置了国民申闻鼓网站，并设置了 110 电话热线等便民设施。

一、国民申闻鼓系统

国民申闻鼓，其名称来源于朝鲜时代的"申闻鼓"制度。"申闻鼓"制度是朝鲜太宗时代设置的百姓直诉国王制度，仿自我国的"登闻鼓"制度。[①]为了实现"国民细微的声音也要放大地倾听"的口号，强化国民和政府间的沟通窗口作用，韩国整合了所有行政机构运营中的民愿、提案、政策讨论等系统，成立了国民申闻鼓系统（www. epeople. go. kr），作为对国民的网上窗口而存在。

2005 年 8 月，韩国整合了 7 个中央行政机关的民愿处理系统后成立并开始运作国民申闻鼓系统。后来又陆续整合了所有中央行政机关及其所属机关、主要公共企业，并连接了地方自治团体民愿处理系统，2011 年还整合了各机关的预算浪费举报中心，实现了对国民的一站式服务。随之而来的是处理案件数增加迅猛，2006 年 402442 件，2008 年 623434 件，2010 年 798570 件，2013 年已经达到了 1523787 件。[②] 一站式服务的作用在于：一是消除了人民产生民愿时前往行政机关咨询的麻烦，保证了由最适合的机关来处理民愿申请事项，且避免了之前的不同机关针对同一问题的重复劳动，既保证了统一答

---

① 参见［韩］金宰贤：《韩国"国民申闻鼓"的启示》，http：//blog. ifeng. com/article/10330014. html，2015 年 1 月 26 日访问。

② 参见［韩］国民权益委员会：《2013 国民权益白皮书》，http：//www. acrc. go. kr/acrc/board. do? command = searchDetail&menuId = 05060101&method = searchDetailViewInc&boardNum = 37479&currPageNo = 1&confId =47&conConfId =47&conTabId =0&conSearchCol = BOARD_ TITLE&conSearchSort = A. BOARD_ REG_ DATE + DESC%2C + BOARD_ NUM + DESC，2015 年 1 月 26 日访问。

复也保证了行政机关的信赖度；二是提高了处理民愿的效率。简单民愿处理时间从 2005 年平均需要 12 天减少到 2013 年的 6.4 天，复杂民愿处理时间从 2005 年平均需要 36.1 天减少到 2013 年 7.3 天；三是通过民愿处理实时评价对民愿处理实现了分析和管理。针对那些不满意的民愿答复，还可要求 3 次以内的追加答复，并通过实时的评价来提高民愿服务的品质；四是由于导入了上级机关、监察机关等，避免了民愿处理机关的逃避。①

在国民申闻鼓系统中，针对民愿处理的各个阶段都会以电子邮件、短信实时的给申请人发送相关信息。随着近年来智能手机的迅速普及，还实现了国民申闻鼓的移动服务，研发了国民申闻鼓 APP 移动软件，该软件可以发送各种视频和图片。在国民申闻鼓网站上，还大力提高了国际化水平，设有英文、中文在内的 12 国语言，方便外国人提出苦衷民愿申请。②

国民申闻鼓系统取得了很大的成功。在国内大大提高了服务的满意率。从 2005 年只有 30% 的满意率提高到了 2013 年的 63.9% 的满意率；在国际上也是获得了很高的国际评价。在全世界最为权威的公共行政领域评价报告——《联合国电子政务调查报告》（UN Public Service Awards）的"电子政务指数"部分，韩国以此系统实现了 2010 年、2012 年、2014 年连续 3 次评价的三连冠。而与之相比的是，中国虽大力提高了电子政务水平，同期仅分别是国际上第 72、78、70 位。③ 2012 年韩国甚至还与突尼斯政府签订了谅解备忘录（MOU），向突尼斯输出国民申闻鼓系统。

二、110 电话热线

韩国政府还设置了 110 电话热线提供民众电话咨询等服务。110 电话热线，全称是"政府民愿指南电话中心"，设置了单一号码"110"，方便国民

---

① 参见［韩］国民权益委员会：《2013 国民权益白皮书》，http：//www. acrc. go. kr/acrc/board. do? command = searchDetail&menuId = 05060101&method = searchDetailViewInc&boardNum = 37479&currPageNo = 1&confId = 47&conConfId = 47&conTabId = 0&conSearchCol = BOARD_ TITLE&conSearchSort = A. BOARD_ REG_ DATE + DESC%2C + BOARD_ NUM + DESC，2015 年 1 月 26 日访问。

② 参考韩国国民申闻鼓网站，http：//www. epeople. go. kr/jsp/user/UserMain. jsp，2015 年 2 月 6 日访问。

③ 资料来源于联合国公共行政全球网络网站，http：//www. unpan. org，2015 年 2 月 4 日访问。

就政府业务咨询、举报和建议等，并作为向民愿人咨询、指导以及连接相关主管行政机关的中介。2007 年 5 月 10 日开始提供全国范围的服务，共有 134 名人员（管理者 14 名，电话员 120 名）。运营时间是平日上午 8 点到下午 9 点，星期六上午 9 点到下午 1 点。（星期日和公休日修改，电话自动应答系统启动，待下个上班日上午回电）热线处理方式是：如果是单纯询问的，电话咨询后自动终结；如果是其他专门事项则转给主管机关业务担当者处理或者由该机关给国民回电话的方式来处理。① 呼叫中心的优点是接听电话的都是服务工作人员而不是自动回复系统来回应电话咨询人。"简单的事情都是由服务工作人员亲自接听并负责处理全过程。而复杂的事情如包括税收、劳工和福利等问题被引导到由专门呼叫中心或专门处理苦衷民愿的相关机构负责接待处理。当苦衷民愿申请人连接到相关部门，申请问题细节已由电话转过去了，申请人不必就此事再重复述说。另外假如申请的问题不是十分迫切或有些问题一时无法立即回复，电话申请人不必担心，因为引入了电话回访系统，一旦有了空闲和事情处理有了结果，这个系统可以方便工作人员立即电话回访申请人。"② 2013 年处理 2153942 件，日均电话 8446 个。

三、相谈委员与相谈中心

为了方便没有法律知识的或者经济困难等底层民众，能够直接访问并获得专门知识的咨询，韩国还在中央和部分地方设有专门相谈委员（律师、税务师等）和名誉民愿相谈官（有丰富行政经验的退职公务员）进行专门解答。在首尔的国民权益委员会办公楼设立了综合民愿相谈中心，在地方上也分别成立了 10 个地方相谈中心。③

---

① 参见 ［韩］国民权益委员会：《2013 国民权益白皮书》，http：//www. acrc. go. kr/acrc/board. do?command = searchDetail&menuId = 05060101&method = searchDetailViewInc&boardNum = 37479&currPageNo = 1&confId =47&conConfId = 47&conTabId = 0&conSearchCol = BOARD＿ TITLE&conSearchSort = A. BOARD＿ REG＿ DATE + DESC%2C + BOARD＿ NUM + DESC，2015 年 1 月 26 日访问。

② 马占稳：《韩国反腐败中的制度建设（下）》，《北京行政学院学报》2013 年第 4 期。

③ 参见 ［韩］国民权益委员会：《2013 国民权益白皮书》，http：//www. acrc. go. kr/acrc/board. do?command = searchDetail&menuId = 05060101&method = searchDetailViewInc&boardNum = 37479&currPageNo = 1&confId =47&conConfId = 47&conTabId = 0&conSearchCol = BOARD＿ TITLE&conSearchSort = A. BOARD＿ REG＿ DATE + DESC%2C + BOARD＿ NUM + DESC，2015 年 1 月 26 日访问。

四、各系统的综合性数据分析

为了集合国民申闻鼓、110 电话热线等的民愿事项，国民权益委员会还进行相关的综合性数据分析，形成体系化的分析总结报告，如《国民声音周间动向》《国民声音月间动向》的报告书，向总统秘书室、国务总理室、中央行政机关、地方自治团体等 288 个机关提供，方便相关部门把握民间动向，并作出相关处理应对。

第四节　韩国苦衷民愿处理制度法治化进程中的经验与教训

一、韩国苦衷民愿处理制度法治化建设的历史进程分析

韩国苦衷民愿处理制度法治化建设与其韩国政治的民主化密切相关。在独裁体制和军事政权时代，韩国并未出台专门的民愿处理相关法律。直到金泳三总统作为 20 世纪 60 年代初以来第一个民选出来的总统，正式终结了军事政权在韩国的统治，韩国的政治民主化有了根本性的确立后，才在 1994 年正式成立了民愿处理相关专门机构，专门负责处理韩国信访事务。

另外韩国的民愿处理体制与韩国重视反腐败工作密切相关。由于信访处理与反腐败的天然联系，加上军事政权时期韩国人民对官员腐败的深恶痛绝，1994 年来历任民选总统都对反腐败事务机构进行了强化和变更。2001 年 6 月，金大中总统时期韩国通过了《腐败防止法》，系统建立了为根除社会公共部门的腐败并制造反腐清廉文化的全国性反腐败体系。卢武铉总统时期 2005 年总统下的腐败防止委员会改组成立了国家清廉委员会。由于在实践操作中，国民权利救济及权益保护的功能分散在国民投诉处理委员会、国家清廉委员会和行政审判委员会等不同机关给国民带来了混乱和不便，为更加迅速地对国民权益进行救济，在李明博总统时期韩国制定了《关于腐败防止与国民权益委员会设立运营法》，同时废止了《腐败防止法》，将总统下的国家清廉委

员会、国务总理下的国民苦衷处理委员会和行政审判委员会等三个机构，在国务总理下成立了国民权益委员会。

二、韩国苦衷民愿处理制度法治化建设的现状

2013 年，韩国共新收案件 31681 件案件，其中 50.4% 共 15980 件来自于国民申闻鼓系统，来自于总统秘书室移转的有 22.4% 共 7084 件，16% 共 5062 件来自于书信方式，其他还有有直接访问和传真等接收渠道。2013 年韩国共处理了 32737 件案件，其中 12396 件不属于苦衷民愿事项（如单纯建议、事项内容不清楚不明确、单纯对某个案例的个人见解等），剩下的 20341 件苦衷民愿案件中共有 3667 件采取了相关措施（其中改正劝告 277 件、表明意见 467 件、和解或者调解案件 2923 件），苦衷民愿的认同率达到了 18%。具体案件领域中超过 5% 的领域有：都市类（城市规划作业和设施等）10.1%，保健、福祉类（社会福祉、健康保险等）占 8.9%，道路类（道路行政等）占 7.8%，警察（搜查等）7.2%，税务 6.7%，财政 5.5%，住宅 5.3%，劳动 5%。①

三、韩国苦衷民愿处理制度法治化建设的特点

如上所述，韩国的苦衷民愿处理制度在其法治化建设的过程中，呈现出以下特征：

（一）由专门机构处理苦衷民愿

韩国设立了专门机构负责处理信访事务。在中央级别上，韩国设立有国民权益委员会，在地方级别上则设置有市民苦衷处理委员会，国民权益委员会和市民苦衷处理委员会都是负责处理类信访事务的专门机关。

（二）专门机构的处理权力有限

韩国的专门机构有调解、提出制度改善的劝告等权力，但并无实体处理

---

① 参见［韩］国民权益委员会：《2013 国民权益白皮书》，http://www.acrc.go.kr/acrc/board.do? command = searchDetail&menuId = 05060101&method = searchDetailViewInc&boardNum = 37479&currPageNo = 1&confId = 47&conConfId = 47&conTabId = 0&conSearchCol = BOARD_ TITLE&conSearchSort = A. BOARD_ REG_ DATE + DESC%2C + BOARD_ NUM + DESC，2015 年 1 月 26 日访问。

权力。韩国的国民权益委员会和市民苦衷处理委员会对其受理的类信访事务可以进行调解、提出制度改善的劝告和表明意见、请求监察介入、驳回或者移送其他机关等，但其不能直接对纠纷涉及的法律关系进行处理。

（三）苦衷民愿处理制度的双重功能

韩国苦衷民愿处理制度不仅有权利救济、纠纷解决功能，还有制度改善和民意表达功能。韩国的国民权益委员会和市民苦衷处理委员会对其受理的类信访事务可以提出制度改善的劝告和表明意见，就行政机关运行制度中出现的问题提出建议或者表明自己的意见，以供行政机关改善制度做参考，而且实践中行政机关的采纳率非常高。韩国的国民权益委员会和市民苦衷处理委员会在处理具体的个案纠纷的同时，将民众的意见予以吸纳，注意对民众意见进行舆情分析和归纳研究，并使之成为公共决策的重要参考。

四、韩国苦衷民愿处理制度在整个国家社会矛盾纠纷解决机制中的位置

韩国在反腐败、行政复议、信访处理等专门机构整合后成立了统一的国民权益委员会。与其他国家相比，国民权益委员会具有独特的组织结构和职能。在组织层面，国民权益委员会的形态是由三个不同机构整合的"混合型委员会"。在职能层面，超出了过去"腐败""国民苦衷""行政审判"的个别工作范畴，而拓展至追求"国民的权利与利益"这一新的价值。[①]

在韩国信访处理机构与其他权利救济制度的关系上，韩国的国民权益委员会和市民苦衷处理委员会与韩国司法体制等制度上是并列的关系，韩国苦衷民愿处理制度与其他权利救济途径相互独立，针对不同事项，当事人可以寻求不同程序予以解决。韩国的国民权益委员会和市民苦衷处理委员会的处理并不会影响到其他救济程序的运作。

韩国苦衷民愿处理制度还在国家社会矛盾纠纷解决中有其独立的地位。韩国的国民权益委员会和市民苦衷处理委员会是专门设置用以处理类信访事务的机构，作为独立的第三方而存在，其职权依据《关于腐败防止与国民权

---

① 参见孙汉基：《韩国反腐败法律体系的构建及启示》，《法制时报》2014 年 10 月 15 日。

益委员会设立运营法》具有专职性，并有其法定的特殊程序制度。

五、韩国苦衷民愿处理制度法治化进程面临的挑战、经验和教训

韩国苦衷民愿处理制度目前运行中也有不少批评。如将国民权益委员会从总统直属委员会变更为国务总理下属委员会旨在提高效率，但实际上弱化了国民权益委员会的地位和权限。为了充分保障国民权益委员会的独立与中立，未来有必要将其从立法、行政、司法权力结构中分离出来，成为独立的第四权力机构。再如，从国民权益委员会和市民苦衷处理委员会的法定权限来看，目前国民权益委员会和市民苦衷处理委员会的权限仅限于对公共机构进行劝告，而无法对公共部门采取强制措施。因此，除了劝告权限以外，还有必要通过法律赋予其强制实施权。此外，鉴于最近民间领域的腐败问题越来越严重，有必要修改现行法律，将国民权益委员会和市民苦衷处理委员会的反腐败管辖范围扩大到民间腐败领域。①

第五节　韩国民愿处理制度与我国信访制度之比较

与我国的信访制度相比，韩国的民愿处理制度存在着法定性、综合性、全局性、电子化等特征，这些方面对于我国信访制度的完善具有借鉴意义。

一、法定性特征

与我国的信访体制相比，韩国的民愿处理体制具有法定性的特点。我国的国家信访局等部门目前只有国务院的行政法规等层级较低的法规规定，其地位和权力与韩国相比显得缺乏法定性，信访处理方式和手段较为缺乏。而韩国的民愿处理体制尤其是针对行政机关的苦衷民愿处理体制，有《民愿事务处理相关法律》和《关于腐败防止与国民权益委员会设立运营法》等基本法律的明确规定，其从中央到地方的民愿处理机构的地位和处理方式和手段

---

① 参见孙汉基：《韩国反腐败法律体系的构建及启示》，《法制日报》2014 年 10 月 15 日。

有法律的明确授权。与我国的信访处理部门没有调查权相比，韩国的相关处理机构具有法定的调查权，而且其他机关具有配合的法定义务。

二、综合性和全局性特征

与我国的信访体制相比，韩国的民愿处理体制还具有综合性和全局性的特点。我国的信访虽然可以针对社会生活的各方面，但是集中于个体权利的救济。而韩国的民愿处理体制则视野更为开阔。其中央主管机构即国民权益委员会集合了原有的信访处理、反腐败和行政复议三大功能，后又增加了制度改善甚至预防的功能。其不仅仅是对个别人或者事件的主观权利救济，更具有制度改善的法定权力，可以表明自己对于民愿事项的意见乃至直接对相关机关提出建议的劝告。从韩国的民愿处理结果可以看出，其既有对个人权利进行救济的调解和和解，也有对相关行政制度提出意见的劝告和表明意见，且对应机关的采纳率也很高。

三、电子化特征

韩国的民愿处理的电子化系统值得我国学习。韩国整合了从中央到地方各个部门和系统的民愿处理系统后成立了国民申闻鼓系统，实现了对国民的一站式服务。国民只用在网上向某一机关提出了民愿事项，整个系统就实现了对民众信访的了解。不需像我国目前这样需要层层信访甚至越级信访乃至进京访。既方便了群众与政府的沟通和交流，也节约了大量的社会成本。既避免了之前不同机关针对同一问题的重复劳动，又保证了统一答复确保了行政机关的权威。而且该系统由于导入了群众的评价、上级机关监督和监察机关监督等，使得对信访的答复能够保证透明和追踪，使得责任也就无法逃脱。这都客观上保证了电子化系统的便民性和有效性。该系统能够部分解决目前我国信访现状中多处信访、进京访以及基层处理信访事项不得力等诸多问题，值得我国认真学习和研究。

四、韩国民愿处理体制对我国信访法治化进程的启示意义

韩国民愿处理体制对我国信访法治化进程具有一定的启示意义。韩国在

民愿处理的受理上未对民愿的定义进行严密区分,因此实践中只要对公共机构如行政机关或者地方自治团体有意见即可通过民愿系统提交。韩国还设置了如网络、电话等诸多便民系统方便民众提出意见,具有便民简捷的特点,以实现迅速解决民众需求,实现政治民主化和民主国家的目的。另外,韩国的民愿处理体制在韩国反腐败相关法律制度中设立,针对的是韩国自封建时代存在的官员腐败历史传统,要斩断政府与企业等的腐败因素,就需要民众的安全与畅通无阻的参与和努力以及具有充分权能的独立与中立的专门反腐败机构。值得注意的还有韩国国民权益委员会和市民苦衷处理委员会可以直接通过公开发表公报等方式直接诉诸公开,这也能进一步消除信访处理阻力,公民组织可以直接通过网络、手机 APP 等方式直接把握民愿处理进程,也进一步消除民众的不满。韩国类信访处理体制直接畅通了公民与国家之间的沟通、参与渠道,实现了良性互动,还将可以司法程序解决的案件(如行政审判或行政诉讼、宪法裁判所的审判、宪法申诉或者监察院的监察请求以及其他救济程序等正在依法进行的事项)排除于信访制度的受案范围之外,保证了司法渠道解决纠纷的权威和有效,值得我国学习。

|第四章|

新加坡的民情联系组

  新加坡作为一个人口稀少和资源匮乏的东南亚小国，自 1965 年从马来西亚独立以来，逐渐发展成为新兴的发达国家，并因此被誉为"亚洲四小龙"之一。作为一个存在多元种族、多元宗教、多元语言和多元文化群体的移民国家，促进种族和谐和政局稳定是新加坡政府治国的核心政策。在人民行动党（以下简称"行动党"）长期执政条件下，新加坡形成了所谓的"好政府"模式，这一模式强调政府与社会的紧密结合，保持政府和民众之间有效的沟通和互动。新加坡通过建立民情联系组制度、议员定期接待选民制度、诉讼外纠纷解决制度等机制在开展社情民意调查、响应公众诉求等方面进行了卓有成效的探索，建立起比较完善的民意表达机制和矛盾纠纷化解机制。在社会治理方面特别是在社情民意吸纳和反馈方面、政府廉政建设方面，新加坡取得了举世瞩目的成就，从而也成为邻边多个国家学习和借鉴的对象。例如，我国国家信访局就曾派代表团赴新加坡考察公民申诉工作，学习新加坡在完善民意诉求表达机制上的有益经验。

  新加坡通过建立自上而下的"民意输出"渠道和自下而上的"民意输入"渠道相结合的双轨模式，在政府和民众之间架起了沟通的桥梁，拉近政府与人民之间的距离。这种多向度、上下互动的过程，使民意的诉求能够通过多种渠道传送到政府，同时也使政府的政策、政令能够下达到基层。在这一过程之中，通过引导民众参与政治治理，不仅解决了民众的实际问题，也使民众的认同感和主人翁意识得到增强，减少了对政府权力的阻抗与反感。

这种多元化、双向的民意输出机制在民主与权威、自由与秩序、管制与开放之间求得了最佳的契合点。

和新加坡的多元利益表达机制相比，我国的民意表达机制暴露出一定的缺陷和不完善，从而构成我国出现"信访洪峰"和"信访异化"的重要诱因。在借鉴新加坡利益诉求表达有益经验的基础上，我国应该建立和完善畅通的民意吸纳和反馈机制。

第一节　新加坡民意诉求表达机制的多元化

在"好政府"的治国理念下，新加坡政府在社会治理模式上积极展开对社情民意的调查，响应公众诉求，听取民众心声。通过设立民情联系小组、咨询委员会、居民委员会等组织建立起了畅通的民意表达渠道，并且通过社区调解等替代性纠纷解决制度满足民众诉求，有效化解民众纠纷。

一、民情联系组制度

新加坡人民行动党自 1959 年以来长期执政，在 20 世纪 80 年代以前的几次大选中均获得 70% 以上的得票率。在 80 年代以后的四次大选中虽然得到大多数选民的拥护继续执政，但是得票率却呈现不断下降的趋势。根据行动党自己的分析，他们认为这一现象主要归结于人民群众对执政党执政方式的不满，人民群众更倾向于通过协商式民主来治理国家。在吴作栋任新加坡总理期间，新加坡政府在各地设立了民意小组和准备邀请相关部长或者国会委员会主席出席对话会，现有的民意小组已经不少于 27 个，并且也积极在海外增设民意组。[1] 民意处理组的设立是吴作栋政府加强与民众沟通、解释政策、聆听看法的一大努力。到 2006 年 10 月，民意处理组正式改名为"民情联系

---

[1] 参见吕元礼等：《鱼尾狮的政治学——新加坡执政党的治国之道》，江西人民出版社 2007 年版，第 93 页。

组"。① 通过成立民情联系组这一机构，新加坡架起了一座政府了解民情、与民众沟通的桥梁，开通了一条可供民众提出申诉、发表意见和了解政府的渠道。

民情联系组作为连接政府和民众的纽带，它将自下而上的渠道延伸到政府内部，促使政府官员在政策制定过程中耐心倾听民众的心声，听取人民或组织对社会问题或国家政策的意见或建议，这样一来政府能够及时全面地了解民情和社会动态，而且对收集上来的意见和建议进行加工和整理，做出及时和正面的回应，对相关的问题也尽量加以解决。

二、议员定期接待选民制度

在新加坡的国会议员中，90% 的议员都是民选议员，国会议员定期接待选民制度，保证了民选议员能够"从群众中来，到群众中去"，了解选区情况、听取选民心声。

议员接待选民一般都在社区举行，由当地的基层社区组织协助进行。工作人员对来访者反映的问题予以详细记录，并把问题记录装入印有"人民行动党"标志的专用信封移交给议员。议员对来访者的问题和提交的材料进行审阅，并通过与来访者面对面的交谈进一步核实情况，并且在听取来访者的看法后提出处理意见。对于来访者反映的问题，如果议员能够当场回答并解决的，则直接给来访者作出答复；如果议员当场不能给予答复的，则就需要把来访者没有解决的问题整理成正式材料，统一打印并由议员签署名字，交由有权的政府部门或有关机构来处理。对于有悖于法律或者政策规定的不合理的诉求，议员要当场对来访者作出必要解释，耐心说服劝导，做好思想教育工作；对于议员在接待当场不能答复的问题，其可以请示有关部门或机构答复，有关部门或者机构在收到请示之后，应当在规定的时间内回复当事人，如果当事人对答复的结果不满意，可以继续向议员反映。对于民众反映问题的最终处理结果，不仅要告知本人，而且还要记录存档，所有处理意见的反

① 胡月星：《新加坡、韩国在创建完善公民利益诉求机制上的探索》，《行政管理改革（比较与研究)》2014 年第 8 期。

馈均应形成书面材料，以便有据可查。① 新加坡实行的国会议员定期接待选民制度，在很大程度上使政府能够近距离了解民众诉求，听取民意，成为社会矛盾、纠纷的调解"利器"。

三、政社互动机制

为了在政府和民众之间开通多元化的利益表达渠道，新加坡健全各级基层组织，把社会公众吸收到政治体制中参与管理，增进政府和民众之间的共识和互动。其中最为著名的是人民协会建立的"三会一院"，即公民咨询委员会、民众联络所管理委员会、居民委员会和国家社区领袖学院。② 公民咨询委员会分别设立于每一个选区，主要职责是向政府传递民众的需求和问题，向民众告知政府的活动和政策，并向政府反映居民对政府政策或者措施的意见；民众联络所管理委员会主要负责组织当地人民进行各种社会活动，增加民众之间的相互交流，消除不同种族之间的矛盾与隔阂，构建和谐的种群关系；居民委员会在每个组屋区建立，主要负责挨户访问、同楼共往联欢会等活动，促进指定分区居民间的睦邻友好关系和提升社会凝聚力；国家社区领袖学院是人民协会的培训机构，开设实用性很强的课程，如如何处理人与人之间的冲突。新加坡通过建立基层组织这种政社互动机制，一方面拉近了官民之间的距离，加强官民之间的了解和沟通，减少官民矛盾，另一方面使民众之间、不同种族之间加强交流，减少社会矛盾发生的概率，有助于形成友好和谐的民风氛围。

四、替代性纠纷解决机制

"替代性纠纷解决机制"，是 Alternative Dispute Resolution（ADR）的翻译用语，该概念源于美国，是诉讼外纠纷解决机制的总称。这一概念既可以根据字面意义译为"替代性（或代替性、选择性）纠纷解决方式"，亦可根据其实质意义译为"审判外（诉讼外或判决外）纠纷解决方式"或"非诉讼纠

---

① 参见王群：《新加坡议员接待选民制度及其启示》，《人大研究》2011 年第 10 期。
② 参见毕世鸿：《新加坡概论》，世界图书出版公司 2012 年版，第 196 页。

纷解决程序"“法院外纠纷解决方式”等。① 在 20 世纪 80 年代新加坡政府也开始着手建立当地的替代性纠纷解决机制（ADR），形成了包括谈判、仲裁和调解在内的多元化纠纷化解机制。在新加坡建立的多元化的纠纷解决机制中，社区调解在多元化种族和多元化宗教的矛盾纠纷解决中扮演着重要的角色，成为一种有效的定纷息争的手段。到目前为止，新加坡已经建立了 4 个地方性社区调解中心和 7 个卫星调解区，在调解过程中往往吸取影响力巨大的传统社区领导人（如印度社区理事会的长老会、马来部落的头人、中国宗族组织中的长老）担当调解社区冲突的角色，形成了亚洲特色的纠纷调解机制。② 同时，新加坡的司法机关对这一“法院外的纠纷解决方”也提供充足的发展空间，《法庭规则》中就允许诉讼人或者他们的诉讼代理人可以向法庭申请将事件以调解方式处理，也可以直接向新加坡调解中心申请，这就提供了充足的机会让 ADR 介入，甚至在诉讼程序启动后介入。③ 新加坡替代性纠纷解决机制的建立，为民众利益诉求的表达和解决拓宽了一条渠道，并且和司法解决路径相比，体现出了更大的灵活性。

第二节　新加坡多元化表达机制的法治化现状与特点
——关注民情联系组

　　新加坡建立的多元民意反馈机制，维护了新加坡长期稳定发展的局面，特别是通过成立民情联系组这一机构，建立一条政府了解民情、与民众沟通的纽带，让公民拥有一个提出申诉、发表意见和了解政策的渠道。民情联系组制度为促进新加坡的繁荣稳定起到了重要作用。

---

① 参见范愉：《非诉讼纠纷解决机制（ADR）与法治的可持续发展——纠纷解决与 ADR 研究的方法与理念》，《法治现代化研究》2004 年第 9 卷。
② 参见谢青霞：《法治与民主——新加坡法律制度分析》，中国政法大学出版社 2011 年版，第 3 页。
③ 参见吕元礼等：《鱼尾狮的政治学——新加坡执政党的治国之道》，江西人民出版社 2007 年版，第 93 页。

一、新加坡民情联系组的运行机制

(一) 民情联系组的管辖范围

民情联系组设主席 1 人，通过选举在国会议员中产生。民情联系下设一个监察委员会，监察委员会由 25 名国会议员组成，每届任期两年。民情联系组的主要职责是收集和听取民意，对所有公共行政机构实行监督，并有权处理部分涉及诉讼程序的投诉，但不得破坏法官的独立地位和干涉法官办案。

(二) 民意团的职权

民情联系组主要采取成立民意团的方式，如负责社会发展的民意团、负责政策研究的民意团、负责环境保护的民意团等。每个民意团有 12 名成员，由民情联系组主席委任，并拥有以下职权：①建议权。民情联系组收集听取民声民情，发现法律缺失或政策不完善，有权向议会或政府反映；可建议有权机关对官员给予纪律处分，解除、暂停公职；在公共机构措施不当或错误时，有权提出意见。②调查权。民情联系组有权要求任何公共机关回答与民众投诉有关的一切问题，有权调阅任何与投诉相关的文件，并可要求受调查机关提交书面报告；③检查权。民情联系组可以对任何公共机构实施检查，对被检查机构的组织、运作状况等进行评价，并向政府提交书面报告。

(三) 对公民投诉的处理

在处理公民投诉方面，民情联系组对投诉主体的资格没有严格限制。任何人，包括外国人，无论与被投诉事项有无关系，都可以以书面形式或通过其官方网站进行投诉。在投诉方式的选择上，也赋予投诉主体可供选择的权利，可以署名投诉，也可以写匿名信，对于匿名的投诉，民情联系组也会主动展开调查。为了保证不干扰其他部门行使权力的独立性，对正在处理和涉及专门技术的案件，直接驳回。对于受理的投诉或主动确定的事项，民情联系组将开展调查，包括向所涉法院或公共机构搜集有关记录，索要资料、文件和陈述。调查结束后，民情联系组将作出裁决，虽不具法律约束力，但通常情况下，公共行政机关都会接受并遵从。①

二、民情联系组在吸纳民意、化解矛盾方面的效能

新加坡的民情联系组正是政府为促进政治系统的良好运行，促进官民良好互动的典型例子。政府通过民情联系组这一组织，鼓励公民参与公共政治生活，在每项政策或法规的推出前后，主动对公民的反映和意见进行调查了解，拓宽公民的"输入性参与"渠道，又通过论证政策实施的民意反馈，吸纳公民意见，加强公民"输出性参与"的影响，提高了政府决策科学性。

（一）民意的输入——鼓励和扩大公民参与

举办民众对话会是民情处理小组传统的工作方式，对话会旨在调动公民积极性，提高公民参与公共生活的意识和热情。对话会的种类众多，有根据国家时政举办的，如2007年在组屋邻里举办五场对话会，国务资政吴作栋亲自与公众和基层领袖对话，讨论当年的财政预算案；也有针对特定社群的，如联合活跃老龄理事会，邀请长者参加对话会，讨论如何积极生活的话题；等等。随着信息网络的快速发展，网络成为政府和民众交流互动的重要平台。2007年，民情联系组主席许连碹和财政部兼交通部政务部长陈惠华首次通过网站举办"网上民众大会"，与民众针对当年财政预算案进行交流、网上民众大会因其便利性与实时性开始大受欢迎，逐渐成为民情联系组举办民众大会的主要方式，不论是在国内或海外的新加坡公民，只要通过民情联系组的官方网站进行登记，就可以自由参与讨论。

（二）民意的吸纳——收集和评估民情民意

民情联系组在2006年改组后很好地继承了前身民意处理组的基本工作，即每两年，民情联系组会在全国范围进行一次全面调查，了解民情、反映民意，主要通过电话访问、手机投票、网络调查等方式，了解国民对于一些重大性的公共事件、政府政策和法规、国家前景的看法，调查内容的范围包括经济与就业、医药保健、交通、住屋、教育、联系家庭、社区与国家建设、

---

① 参见戴柏炜：《新加坡民情联系组制度与我国信访制度的比较及启示》，《今日新昌》2013年12月30日。

保安与外交、公共服务素质及人民对政府的信心等。

（三）民意的反馈——协助政府制定公共政策

在协助政府制定公共政策方面，民情联系组的前身民意处理组主要采取成立民意团的方式，针对不同课题设立专门的民意团，如负责卫生课题的民意团、负责政治发展的民意团等。政策研究小组在成立后的 3 年多来，针对人口老龄化与保健、经济与就业、教育与人力资源培训、人口与社会融合以及环境课题进行深入研讨，并向政府提出了很多建议，如延长雇佣补贴计划、降低学前教育年限、设立永久居民和新公民网站、持续培训计划等，受到有关专业机构的好评。① 这些建议都促进了政府制定公共政策的科学化和民主化。

第三节　新加坡多元利益表达机制的特点分析

新加坡建立的多元化的民意表达机制和官民互动模式，有效地保证了新加坡政局和社会的稳定，多元化民意表达机制的设立与运行成为新加坡社会管理的成功经验。在我国，也建立了政治协商、信访制度等多种民意表达机制，但是随着"信访洪峰"和"信访异化"等问题的出现，我国信访制度暴露出严重的缺陷。

上述新加坡的多元利益表达机制存在以下特点：

一、政府"积极主动"角色的定位

1984 年新加坡大选后成立了民情处理组，但是由于民众参与政治的热情不是很高，民情处理小组在征集民意方面并没有取得积极效果，对此，2006年民情处理小组改为"民意联系小组"。② 这样一来，就发生了由民意的"被

① 参见张键、吕元礼：《新加坡政府民意吸纳与反馈机制——以民情联系组为例》，《学习月刊》2010 年第 12 期。

② 胡月星：《新加坡、韩国在创建完善公民利益诉求机制上的探索》，《行政管理改革（比较与研究）》2014 年第 8 期。

动处理"到民意的"主动联系"的转变。新加坡政府通过民情联系组这一组织，鼓励公民参与公共政治生活，在每项政策或法规的推出前后，主动对公民的反映和意见进行调查了解。并且新加坡民情联系组通过构建电子化平台了解民众对于政府制定的政策和法规、一些重大性的公共事件、国家前景的看法。在议员定期接待选民的制度中，每个议员都必须对本选区的选民负责，要求每一个议员都要在自己的选区接访选民，加强与基层选民、群众的互动和沟通，保持与基层群众的密切联系。新加坡这种由政府主动展开对民意的调查和主动下访民众的做法，从而保证了民众诉求表达的渠道更加畅通，也使新加坡出现只有政府"下访"没有民众"上访"。

二、自上而下和自下而上的双轨模式

通过民情联系组制度、议员定期接待选民制度，政府主动下访听取民众的心声，建立了自上而下的"民意输出"轨道。同时，新加坡通过建立公民咨询委员会、民众联络所管理委员会、居民委员会等社区组织收集、吸纳基层民众的意见，并将这些意见及时传达给内阁部长、国会议员和总理，建立了自下而上的"民意输入"轨道。这种自上而下和自下而上的双轨模式设计，一方面使新加坡政府与政党也有了自己牢固的群众基础，能够切实了解民众所需，倾听民众所愿，缓解官民矛盾；另一个方面民众也通过各类基层组织和公共活动，将自己对政策的看法和意见传递给政府。政府针对民众意见和建议，及时作出回应，调整政策的执行方式，从而能够提高政府决策的科学性和民主性，减少政策贯彻和落实的阻力，提高民众对政府社会治理的满意度。

三、多元化的民意表达机制平衡发展

在"好政府"的理念下，新加坡政府注重征集民意、倾听民众的意愿和诉求，在民意表达机制上注重多元化的设计，建立了包括民情联系组制度、议员定期接待选民制度等民意反馈机制以及社区调解制度、司法审判制度等保障民众诉求实现的机制，而且在实际操作上也保证了各种机制之间能够平衡发展，各种机制都得到程序化的运作，没有出现一种机制"被堵塞"另一种机制"被闲置",并且多元化的机制之间相互独立,互不干扰,政府不会给法院施加压力,法院也充分尊重议员对民众纠纷的处理决定。

四、淡化"官本位"色彩

无论是民情联系组制度,还是议员定期接待选民制度,新加坡的民意表达机制一个比较显著的特点是抓住了民意表达机制的根本——以民意为本。整个制度的设计给我们呈现的是一种官民和谐互动、融洽沟通的氛围。民情联系小组主动建立电子化的平台为民众开通利益表达渠道,议员也放下"官架子"面对面地倾听民众诉求,这种民本情怀拉近了政府与民众的距离,消除官民之间的隔阂,打破民众对政府的"敌对"观念,也使民众能够更加信任政府。

第四节 新加坡经验对我国信访制度的借鉴和启示

在区分新加坡民意表达机制与我国信访制度的异同点的基础上,可以发现在以下方面新加坡的经验对于完善我国民意表达机制具有借鉴意义。

一、激活信访的民意表达功能

从新加坡的经验来看,新加坡在民意表达机制方面一个显著的特征就是能够保证民意表达渠道的多元化,包括民情调查组制度、议员定期接待选民制度、社区调解制度以及司法审查制度等在内的制度构成了一整套的民意表达、申诉体系,并且这些制度在实际中没有偏废其一,都得到良好的运作。尤为重要的是新加坡的民情调查组制度、议员定期接待选民制度首先是民主制度的组成部分,其同时兼具纠纷解决的功能,这使之具有类似我国信访制度的属性。我国虽然也建立了包括人民代表大会制度、政治协商会议制度等民意表达机制,但人民代表大会制度和政治协商会议制度一般仅讨论国家和地方层面的重大事项,与公民日常生活紧密相关的事务则难以进入到人大和政协的议程中。而信访制度则是以公民权利受到直接影响为面向的,公民一般只有在其权利受到直接影响的情况下方进行信访，信访中的民意表达即可以弥补人大制度和政协制度的不足，全面地吸纳和反映公民诉求。因此，完善我国信访制度不仅需要实现信访制度在信访的范围、信访的程序和信访的依据等方面法治化，而且要重新定位信访功能，激活其民意表达机制，使民意得以通过信访而影响国家机关决策。

二、改变信访的工作方式

众多民意表达与利益诉求都有一个厚积薄发的过程。无论是新加坡的民情联系组制度，还是议员定期接待选民制度，都凸显出政府方在了解社情民意方面的主动性特征，从而也保证了新加坡"只有议员下访，没有群众上访"。从新加坡的经验我们看到，如果政府部门及工作人员如果能及时积极主动联系群众——发现问题——反映民意——解决问题，就会使很多问题解决在萌芽状态。借鉴新加坡的议员定期接待选民制度，我们不妨在我们国家的基层社区建立人大代表的联系点或者工作站，开展县、乡人大代表深入选区定期接待选民的活动，建立代表与选民联系沟通机制，变上访为下访，变"被动访"为"主动访"，如此才能更多地发挥信访的纠纷解决功能。

三、对接信访中的民意表达与法律监督功能

新加坡的民情联系组制度和议员定期接待选民制度等首先是作为民意表达机制而存在的，其主要功能在于传达公众对公共机构和公共决策的意见。难能可贵的是，新加坡的民情联系组制度在传达民意的同时，也发挥一定的法律监督功能。换言之，在民情联系组制度中，公众意见的提出同时可能具有启动法律监督机制的效力，民情联系组在接到公民投诉之后，可以据此启动调查程序，从而实现了民意表达与法律监督的对接。具体而言，如上所述，在新加坡，不管是本国公民还是外国人，无论与被投诉事项的联系是否紧密，都可以以书面形式或通过其官方网站进行投诉。在投诉方式的选择上，也赋予投诉主体可供选择的权利，可以署名投诉，也可以写匿名信，对于匿名的投诉，民情联系组也会主动展开调查。对于受理的投诉或主动确定的事项，民情联系组将开展调查。调查结束后，民情联系组将作出裁决，虽不具有法

律约束力，但通常情况下，公共行政机关都会接受并遵从。民情联系组的调查和裁决，本身即是一种法律监督机制，其在查清法律事实的基础上作出裁决，尽管该裁决并不具备约束行政机关的效力，但其足以对行政机关造成强大的压力，从而达成法律监督的效果。

反观我国，信访机关一方面没有法律监督的权力，其在案件处理的过程中没有进行调查的权力，并不能构成对下级机关或者具有主管权限的机关的监督。另一方面，近年来，信访机关的民意表达功能进一步被纠纷解决功能遮蔽，将民意汇合并予以合理考虑和纳入决策过程的制度机制仍有待健全完善。民意表达功能在信访制度中得不到充分发挥，这不利于民意表达与法律监督的对接。实际上，将民意表达与法律监督予以对接具有很大的优势，可以将公民对公共机构和公共决策的投诉直接转化为启动法律监督的事由，从而可以增强法律监督的针对性。为此，我国信访制度改革一方面需要激活信访制度的民意表达功能，另一方面更需要实现对民意的充分利用，强化信访机制和法律监督职能，使民意得以进入法律监督程序而增强法律监督的针对性，这实际上也有利于信访制度之纠纷解决功能的全面发挥。

四、新加坡民情联系组法治化进程对我国信访制度的启示

我国的信访制度最初设计的本意就是为了能够反映社情民意，充当民意表达的渠道，但是在实际的演变过程中，信访制度的政治参与和表达沟通功能逐渐萎缩，权利救济功能明显强化，甚至信访被视为超越其他救济方式的特殊权利，使其原本的反映情况、表达民意、提出建议的功能产生异化。

新加坡的民情联系组制度，与其历史传统、宪政体制密切相关。我国幅员辽阔、人口众多，处于发展黄金期、矛盾凸显期，信访制度存在着独特的文化基因、历史使命和制度功能。结合我们国家的国情和借鉴新加坡的有益经验，我国信访制度应该在发展中不断完善：还原信访制度本身民情反映的功能，强化信访作为公民政治参与的制度化渠道，特别是要将属于司法管辖范围的涉法涉诉信访事项转入司法领域，有效缓解信访制度的沉重负荷。

综上，现代民主化的进程、和谐社会的建立需要构建多元化的利益表达机制，以便真实、及时地汇集和反映公民社会日益复杂的诉求。新加坡建立

的自上而下和自下而上的双轨模式，拉近政府与人民之间的距离，全面照顾民众需求，可以说是新加坡人民行动党连续数十几次赢得大选、维持 50 多年年长期执政的一个主要原因，也是新加坡政府维持政局稳定和社会繁荣的可靠保证。借鉴新加坡的成功经验，我们国家应该反躬自省，民意诉求的实现决不能仅仅依靠信访，而应当在进一步完善信访制度的基础之上，建立健全我国的多元利益表达机制。

第五章

印度的类信访制度研究

印度由于存在漫长的殖民历史，所以在殖民期间及其独立后的很长一段时间，都采用的是英国对抗式个性化的纠纷解决方式。但这种方式规则烦琐、严格，随着印度独立以后经济社会的发展，大量案件积压在法院，法院的人力和物力已经无法承担，普通民众寻求司法公正的愿望已然不能实现，特别是对于居住在偏僻地区的、生活困难的普通民众更是异常艰难。这一状况制约印度社会的发展和稳定，所以普通民众都希望通过司法以外的方式来解决纠纷，维护自己的合法权益，这样具有印度特色的"人民法庭"制度和申诉官制度就应运而生了。多元化的纠纷解决方式的存在，使得普通的印度民众在纠纷发生以后，既可以选择通过诉讼的方式解决纠纷，也可以通过"人民法庭"和"申诉官"这样具有类信访特征的方式来解决纠纷。这样不仅很大程度上缓解了印度司法资源紧张的情况，对于日益增加的社会矛盾的解决也起到了重要的作用。

当然印度除了司法以外的解决纠纷的方式，不仅包括"人民法庭"和"申诉官"。因为这两个制度在功能上与我国的信访制度存在很多相似之处，所以称之为"类信访制度"，也是本书将要重点介绍的内容。印度 ADR 下的"人民法庭"的建立，有着其深刻的传统因素的影响。"人民法庭"有着不同于普通诉讼解纷方式的性质定位，也经历过了从无到有的漫长的发展过程，呈现出了其独有的特点。虽然现在暴露出一些问题，但是其根植于传统文化发展出的解决纠纷的方式，对我国 ADR 的发展，尤其是信访制度的完善，也会有一定的启发作用。此外，设立于 20 世纪 90 年代的印度申诉官制度，与同样作为亚洲国家的中国的信访制度，在功能上有异曲同工之处。申诉官的设置，申诉的主体和事项范围，对申诉的处理机制以及申诉监督，都体现了印度作为一个人口大国的特点。作为曾经的英属殖民地，印度的申诉官制度与西方国家的申诉专员制度，有许多相似之处。同时虽然在功能上申诉官制度与我国的信访制度有相通之处，但是由于两国不同的政治体制，所以也存在许多不同之处。如何在不同之中取其精华，弃其糟粕，需要结合正在进行的信访制度改革进行深入分析。

第一节　印度"人民法庭"制度

基于多元化需求，世界各国都在寻求建立诉讼外的多元化的纠纷解决机制（Alternative Dispute Resolution，ADR）。这项新制度，由于其没有复杂的程序，且不伤害当事人之间的合作关系，但是最终却能解决当事人之间的纠纷，而被很多西方国家所采用。但是由于各个国家和民族的文化、政治、经济和其他因素的影响，ADR 在世界各国的纠纷解决的方式中的重要程度也有所不同。目前，从世界范围来看，主要存在三种形态：一是裁判中心主义，即强调以裁判为中心的司法体系，对于诉讼外的纠纷解决机制实行消极的法政策，如德国；二是裁判与 ADR 并行的协动主义，即重视裁判与 ADR 共同协作的法政策，如日本；三是介入二者之间的方式，如美国。① 而在印度，由于受到民族和宗教文化的影响，以及印度国内司法效率低下的现实的影响，一种兴起于 20 世纪 80 年代的非诉讼解纷的方式"Lok Adalat"，也引起了国内外许多学者的关注。

"Lok Adalat"中的"Lok"在印地语中代表"人民"，"Adalat"是法庭的意思，② 因此合起来该项制度就称为"人民法庭"。虽然名称上和我国的人民

---

① 参见梁平：《协动主义：诉讼与诉讼外纠纷解决机制关系定位》，《河北法学》2010 年第 9 期。
② See Marc Galanter & Jayanth K. Krishnan, "Bread for the Poor: Access to Justice and the Rights of the Needy in India", University of California, Hastings College of Law, Hastings, *Law Journal*, March, 2004, 55 Hastings L. J., p. 791.

法院相同，但是二者是完全不同的。印度的"人民法庭"虽然翻译上是法院的意思，但是其实际上是独立于本国司法系统的解决纠纷的方式。

一、ADR 性质定位下的"人民法庭"

虽然印度政府认为其已经形成了良好的司法秩序，因为有积极能动、富有创造性、精通法律的法官主持审判，有庞大的律师精英队伍，但是普通民众却因为法院案件的大量积压、漫长的审理期限以及高昂的费用，而回避去法院解决纠纷。因此，要求进行司法改革的呼声异常高涨。同时在制度层面，印度《宪法》第三十二条规定的公民的基本权利保障与救济，意味着应当提供一个途径，使不同阶层、不同种族、不同经济状况和社会地位的人同样地获得宪法的保护；印度《宪法》第三十九条规定了司法平等与免费给予法律帮助的国家义务。这一规定也要求国家应确保法制的实施，以伸张正义为己任，以机会均等为基础，尤其应通过适当的立法、计划或其他方式免费提供法律帮助，确保公民不因经济或其他方面能力不足而失去伸张正义之机会。虽然有上述实践和制度层面的双层需求，但是要在短期内推动庞大的司法系统的改革，确实是一件困难重重的事情，因此印度政府进行司法改革的主要议题是非正式的调解和替代性机制，而不是在主流的司法机构中通过对抗性程序体现的权利维护。正如"人民法庭"这项制度的字面意思所展示的一样，它是借助于本土和传统的形式，类似于印度 20 世纪 50 年代的印度的乡村长老会议，[①] 同时其结案快、不收费等特点有利于充分发挥人民的参与度，其就是在这样的特点下而建立起来的纠纷解决方式。

二、"人民法庭"的设立过程

在"人民法庭"之前，印度也出现了非诉讼形式的解决纠纷的方式，比如传统的乡村五人长老会议（也称为乡村法庭）。在 20 世纪 50 年代的后半期，乡村长老会议作为地方政府自治政策的一部分被建立起来。但实践证明，

[①] See Dr. R. Kushawaha, "Working of Nyaya Panchayats in India: A Case Study of Varanasi District", Dr. L. M. Singhri ed., 1977, pp. 31 – 63.

其建立只是作为一种情感方面象征意义上的支持，只是印度为表明其已经脱离了英国的殖民统治的一声呐喊。在乡村五人长老会议的运行过程中，它适应的是成文法而不是传统的地方习俗和规范，缺乏把正式的官方法律和乡村法庭政策的灵活性结合起来的应用能力，因此其在建立后的十年中逐渐萎缩下来，它给人们呈现出了一种注重形式而又难以理解的纠纷解决方式。

之后印度又进行了公益诉讼的有益探索，公益诉讼的继任者支持并推动了"人民法庭"的建立和发展。1982 年 3 月，在古吉拉特省建立起了第一个"人民法庭"，在该"法庭"中，普通老百姓会公开讨论问题并要求损害他们利益的其他社会成员补偿他们的损失，甚至在这里可以表达他们对政府的不满，直至可以和平友好地解决矛盾。该种形式和传统正规的法院是不同的，法院的调解程序性和例行公事性的各种要求都被摈弃了，解决纠纷的灵活性和友好性代替了法院的僵化和对抗。为什么印度要恢复这样一种解决纠纷的形式？因为印度自从被英国殖民后，原来的具有调解性质的司法制度被英国对抗式个性化的纠纷解决方式所替代。对抗式的方式程序严格、耗时长，导致大量的案件被堆积。有人曾戏谑式地说，印度现在堆积的案件，再用 300 年时间也审理不完。虽然其真实性有待考察，但其中所反映的印度司法现状却是事实。正是由于对抗式的模式存在上述问题，还有民族独立意识的影响，以程序简便性和灵活性为特征的"人民法庭"便迅速地在印度发展起来。①

在上述原因的推动下，1986 年一个相当现代模式的"人民法庭"在金奈形成。而之后，印度国会又颁布了《法律服务机构组织法》，该法第六章规定了"人民法庭"的组织机构、组成人员的资格认定、法庭的权限范围和裁决程序，对"人民法庭"的规范化和推广都起到了重要的作用。

在 2002 年，印度国会修改了 1987 年《法律服务机构组织法》，要求建立为公用服务事业机构解决争议的"固定法庭"。其实"固定法庭"就是"人民法庭"的一个特例，它受理凡是与公用服务事业有争议的任何案件。其中，公用服务事业机构是指航空、公路和水路的旅客或货物运输、邮政、电信、保险、医疗服务、电力和用水供应以及公共卫生服务和公共管理机构等。但

---

① See Anuran K. Agawal, "Rtole of Alternative Dispute Resolution Metliods in Development of Society: Lok Adalat in lndian", Research and Publica – tions, 2005, p. 6.

是在向"固定法庭"提起诉讼的时候，要注意的一个规则是：向"固定法庭"提出申请的当事人将丧失就同一争议向法院提出诉讼的权利。

三、"人民法庭"的制度内涵

（一）"人民法庭"受案范围

（1）对起诉到法院但还没有判决的案件有管辖权；

（2）组织某"人民法庭"的法院对某案件有管辖权，如果该案件没有起诉到该法院，那么由该法院组织的"人民法庭"对此案件有管辖权。

在"人民法庭"建立初期，受理的案件主要是交通事故赔偿案件、家事案件、财产争议案件，主要是一些较小的非对抗性的案件，目的是要满足社会弱势群体的需要，适合穷人、受压迫者或妇女等。因其免费和便利，有的人不是把"人民法庭"看作为法院的改革，而是把它看作为一种法律援助。由于"人民法庭"解决纠纷取得的成功，鼓励和促使"人民法庭"扩大了其受案范围，包括婚姻家庭案件、土地转让、劳动保护、工业争议、银行案件和较小的侵权刑事案件，以及"固定法庭"的公用服务事业的案件等。

当然对于上述案件是否可以由"人民法庭"审理，还有一个重要的因素是双方的意愿，"人民法庭"不能受理有任何一方不同意将其提交给"人民法庭"审理的案件。除了争议双方主动要求"人民法庭"审理案件之外，法院也可以将其受理的案件进行筛选，根据案情评估一下哪些案件具有调解解决的可能性，并告知双方是否有通过"人民法庭"解决争议的意愿，如果有，则可以将其交给"人民法庭"来审理。

（二）"人民法庭"的设置

1．"人民法庭"的分布

最高法院法律服务委员会、高等法院法律服务委员会、省法律服务机构、地区法律服务机构和镇法律服务委员会负责在自己辖区范围内组织"人民法庭"，并在其认为合适的间隔周期和地点开庭处理案件。

2．"人民法庭"的组成人员

各地方组织的"人民法庭"成员应该由在职的或者已退休的法律官员和所辖地区的律师或社会工作者等其他人员（或者叫法律援助队成员）组成。

这些其他人员由组织该"人民法庭"的机构任命和指定。最高法院法律服务委员会组织的"人民法庭",它的组成人员中的其他人员的资格和经验要求由中央政府和最高法院的首席法官协商规定。其他"人民法庭"成员中的其他人员的资格和经验由省政府机构和高等法院的首席法官协商确定。法庭成员的数量由组织法庭的机构决定,一般不能少于三人。

3. "人民法庭"的资金来源

中央法律服务机构及其组建"人民法庭"的行政管理费用都由中央政府的财政统一资金支付。省级和区级的法律服务机构及组织"人民法庭"的行政管理经费都由省级财政统一资金支付。区级法律服务机构,负责镇级法律服务机构的行政管理费用。"人民法庭"的大部分的经费主要来自于中央和省级政府"人民法庭"的专项资金。[①]

(三)"人民法庭"的审理程序

1. 开庭

一般开庭时间会选定在周末,地点由双方提前确定,可能被选定的地点或者是一个村庄中的一片空地、一个学校或者是借用法院的房间。

2. 审理

"人民法庭"除了法官在审理案件之外,还有法律援助组会协助法官。一般先是由援助组的成员先接触争议双方,他们接触的目的就是要找到争议双方可接受的妥协点。一般通过接触双方当事人,向他们讲述案件的利弊,法律援助组成员一般都年纪较大、威望高、富有服务精神并擅长引导和说服,所以他们通过听取双方的意见,能大概推断出争议双方都可以接受的协商调解范围。在得出上述结论后,援助组成员会依据调解结果形成一个书面协议,并要求当事人签字。当事人签完字后,由"人民法庭"的法官审查该协议的真实性和公平性。如果未达成协议,"人民法庭"的法官会建议当事人选择相关法院寻求帮助。

---

① 参见张静宇:《印度流动法庭断案快》,《政府法制》2004 年第 6 期。

3. 裁决

根据 1987 年的《法律服务机构组织法》的规定，"人民法庭"所作的每一个裁决都是终局性的，对争议双方都具有约束力，而且该裁决是不能向法院提起上诉的。

四、"人民法庭"的发展困境

"人民法庭"制度在建立的初期，得到了基层民众的热烈追捧，但是随着运行的深入，其也渐渐暴露出了一些问题。

（一）物资供应不足

任何机构的运转，都离不开必要的物资供应。虽然"人民法庭"的资金来源，法律上已经作出了明文规定。但实际情况中，发放不及时、贪腐等现象都制约了"人民法庭"的正常运转。由于物资的匮乏，"人民法庭"组织开庭的次数也在慢慢减少，相应地其影响力也会慢慢减弱。[①]

（二）法庭气氛紧张

"人民法庭"区别于普通法院的一个重要特点是，其摈弃了对抗式的模式，采取的是协商机制。但是随着实践的发展，法官和律师（争议双方也可以聘请律师）的态度逐渐恶化，关系日渐紧张，加之"人民法庭"审理的程序中引入了一些正式诉讼的内容，当事人已经渐渐感觉不到"人民法庭"的非正式性带给自己的轻松与便捷。

（三）传统考量缺失

虽然对法庭组成人员的选择上，一般都会选择德高望重、了解传统的人，但是由于印度国内有多种宗教、多种族群、多种语言，即使是邻近村庄的人，也有可能不了解邻村的习俗，所以调解的成功率逐渐下降。

---

① 参见文华良：《援助与纠纷解决：印度人民法庭制度的考察》，《河北法学》2012 年第 11 期。

第二节　印度申诉官制度

申诉制度，作为一种新型的非诉讼救济机制，如果说司法诉讼制度作为现代体制的重要特征，那么作为非诉讼救济机制重要组成部分的申诉制度，就可以作为当代社会治理及司法改革的重要课题。当代各国的申诉机制，呈现出了不同的形态，例如 1973 年法国建立的行政协调专员制度、1989 年中国香港设立的申诉专员公署制度，20 世纪 90 年代印度确立的申诉官制度。[①] 虽然在具体操作上会有所不同，但是它们都拥有一些共性。例如申诉的范围主要是针对国家机关的违法或不当行为，但是实际上涉及大量的利益诉求，处理依据多种多样，既包括一般性的法律文件，也包括行业标准、习惯、情理等社会规范，处理结果既包括撤销或纠正不当行政行为，也包括监督、指导行政行为。救济方式相比较诉讼形式，多采用柔性方式，如协商等综合平衡的方式。就发挥的功能来说，从最早设立时的监督功能为主，转向了现在的监督和救济并重的模式。我国的信访制度，从功能角度来说，也属于这种申诉机制的范畴。本书试图从同样作为亚洲国家，并与我国国情有许多相似之处的印度的申诉官制度出发，以期能为我国正在进行的信访制度的深入改革获取灵感。

一、印度申诉官制度的基本内涵

印度的申诉官制度，在印度行政管理体制中占有重要地位。为了理清该制度，有必要对印度的国家体制有个初步的了解。印度是议会共和制的联邦制的国家，印度总统的权力是象征性的，国家行政权力主要由以总理为首的部长会议（即印度的内阁）行使。印度共有 28 个邦，7 个中央直辖区，印度的联邦政府和邦政府实行分权制，但是联邦政府为消除地方主义影响，一直在加强联邦政府的权力。印度的中央政府机构主要包括首脑办事机构（25

---

① See Marc Galanter & Jayanth K. Krishnan, "Bread for the Poor: Access to Justice and the Rights of the Needy in India", Hastings L. J., 2004, pp. 791 – 792.

个）和内阁部门（51 个）。各个邦政府也由和中央部门相对应的部门组成，同时地方政府又分为邦、县、乡、村四级政府。

申诉官的设置，中央政府中的人事部下有三个司，即公共申诉司、人事培训司、行政改革司，每个司下属五个处，每个处 3—5 人。在公共申诉司下属的处中，有专门负责申诉事务的官员。人事部还设有人事仲裁厅，由公共申诉司及相关部门的申诉主任担纲，直接受理来自各方的棘手申诉。除去人事部，其他中央各个部门也都设有主任职务的官员负责申诉事务，各个部门的申诉主任由联秘（在印度中央机关公务员职务序列依次是由部长、秘书长即副部长、辅秘、联秘、处长、副秘、下秘、科长、股长、文秘、办事员组成担任）担任。在各个邦政府也均有专门的机构承担申诉工作，并配置有专门的官员。

申诉的主体和事项范围，不论是普通公民，抑或是政府官员，都可以申诉。普通公民可以对政府部门的工作，甚至是对个人工作和待遇不满的话，都可以申诉。政府官员如果认为秘密报告是不公正时，也可以向申诉部门提出申诉，如果申诉部门认为是无理申诉时，可以拒绝受理，之后该申诉人可以向行政法院上诉。行政法院一般会采取两种做法：一是如果法院认为结论有误时，依照法定程序适度更改结论，并通知本人，这样整个申诉过程宣告结束；二是当上诉情节较轻时，行政法院经合议，认为不需要自己作出决定，可以要求政府部门重新研究秘密报告并宣布复审结果。[①] 这里有必要对印度政府考察官员的秘密报告制度做一个介绍。秘密报告制度，是印度政府作为考核官员业绩的一种制度，一般由上级主管给自己的隶属下级写一个评价报告，评定其工作绩效和综合表现，并装入个人档案，作为考核、提拔使用的依据之一。一般评价分为三种：突出、满意、不行。一般评价结果是不告知被考核者的，除非被考核者确实表现不佳，这时候需要上级主管通知本人，以督促下级能及时改进。为确保秘密报告准确、可靠，防止掺杂着个人的感情，在上级为下级写秘密报告时，不仅要对下级负责，并且还要对担负监督任务的监督官员负责，监督官员由写秘密报告的官员的上级主管兼任，这样，从

---

① 参见杨亲辉：《行政监察专员制度比较研究——兼论我国行政监督救济体系的完善》，《河南科技大学学报（社会科学版）》2007 年第 6 期。

制度上既约束了每个公职人员的行为规范，又监督着秘密报告制定者是否客观公正地考核人员。每一级的官员既是秘密报告的制定者又是被监督者，建立了秘密报告制度的保障机制。

申诉的处理机制，中央各个部门将收集到的申诉案件进行分类、筛选、分析、整合，并针对申诉案件的属性、轻重缓急、申诉倾向进行个案研究，提交所属的专业部门并按照程序上报人事部的行政改革司，研究对策。中央政府每年都会将各部门的申诉主任集中起来举行一次全国性例会，专门研究申诉问题，通报情况。为了更好地解决申诉中涌现的问题，还建立了信息库和检索目录，将收集到的申诉问题，实行计算机管理，并进行分门别类的整理、归类、建档，同时，分析各种不满的致成因素、属性，为对症处理提供可行性研究和第一手资料。[①] 对涉及铁道、民航、民政发展等综合交叉问题，由相关的部门共同研究，协商达成共识后由综合部门牵头解决。在上述各种政策的支持下，普通公民申诉的问题反映到申诉部门，其中5%的问题直接由中央申诉部门亲自解决，其余的问题由相关各部门协调解决各自的问题。对于公务员，如果其因为上级主管给的秘密报告有失公正时，而向申诉部门申诉，对于拒绝受理申诉申请书的情形，可以向行政法院提起上诉。

申诉官的监督。中央政府和地方邦政府具体承担各自管辖内的申诉问题，中央政府专设办公室负责检查申诉官员的工作，如果申诉问题没能得到解决，可以逐级反映到上一级的部门，由基层直接反映上来的问题，各部门出面责成所管辖的部门解决。如果越级反映问题，处理问题要按照程序办事，逐级解决。专设机构的设立使申诉工作有了督促和保障机制。[②]

二、印度申诉官制度与其他国家申诉制度的共性

在印度，申诉制度都已经成为化解社会矛盾，为公民提供救济途径不可或缺的部分。相比之下，印度的申诉官制度和其他国家的申诉制度都有一些共性。

---

① 参见吴天昊：《议会行政监察专员制度的新发展》，《上海行政学院学报》2008 年第 6 期。
② 参见于静：《印度文官制的申诉制度》，《环球瞭望》2008 年第 2 期。

（一）独立性

申诉官由于其职能的特殊性，一般都被赋予独立的职权和地位，有权对公民申诉的各类事项进行调查、分析、处理，这种独立性也是发挥其解决纠纷作用不可或缺的。一般情况下，申诉官要通过与申诉事项相关的部门来解决问题，但是在一些国家，申诉官还被赋予行政处罚权等具有强制性的权力。但是，申诉官无权直接变更相关机关已经作出的行政决定，只能在调查的基础上给出合理化的建议，由于被申诉部门害怕因为申诉而影响自己部门的业绩与形象，一般对于申诉部门提出的意见都会非常重视并予以接受。[①] 上述解决纠纷的模式虽然表面上没有什么强制力，都是通过协商解决，但是由于受到政治评价体制的影响，其对政府部门的影响是非常大的。由于申诉官的独立性、专业性，为当事人之间矛盾的解决起到了重要的作用，所以也赢得了公众的一致好评。

（二）综合性

这里的综合性指的是申诉官的职能和功能。通过上述对印度申诉事项范围的介绍，我们可以得出申诉官的职能并不是单一的，而是集一般性巡视监察与个案的调查、处理和救济，乃至促进政策、规则和制度的改革为一体。在现代行政分工更为专业化的今天，看上去颇具逆反色彩。但这是由于其职能的特性决定的，即社会矛盾的多样性。[②] 在司法程序难以兼顾法律与情理的时候，很多情理方面的问题需要通过这种柔性的方式解决，我们的司法程序并不是万能的，其解决纠纷的效果也并非是最好的。尤其是在我国，在改革日益深入的今天，正是各种利益、矛盾交织的时刻，民众的诉求更是愈来愈多，也愈复杂，但是我国的司法制度又明显没有达到可以解决所有社会问题的程度，所以非常需要这种综合性机制来进行矛盾的处理，社会导向的引导。除了职能的综合性，还有功能的综合性。在申诉官制度设立的最初，其主要目的是为了监督行政机关依法行政，但是许多矛盾的产生并非都是行政机关违法或不当行政引起的，有些是由于法律制度本身存在问题。对于这些问题，

---

① 参见郑琦：《监察专员制度比较研究——兼论合并信访制度、建立人人监察专员制度》，http://www.chinalawedu.com/，2015 年 3 月 9 日访问。

② 参见范愉：《申诉机制的救济功能与信访制度改革》，《中国法学》2014 年第 4 期。

如果申诉官仅仅具有监督功能，是不能有效解决社会矛盾的。所以随着社会实践的发展，申诉官的职能逐渐发展到监督与救济双重职能。作为一般公民，其向申诉官申诉，最主要的期望就是能解决自己的问题，至于是通过什么样的途径，对当事人来说显得并不是那么重要。除了监督和救济功能，申诉官在推进规则和公共政策的形成方面，也起到了重要的作用。正如印度的信息化制度，将出现的申诉问题进行分门别类，分析各种不满的致成因素、属性，为对症处理提供可行性研究和第一手资料，这样的系统也为政策的制定和改变提供依据，申诉官们也可以据此对法律法规或社会规范提供意见，所以说申诉官的功能是综合性的。

（三）灵活性和开放性

这里主要指受理申诉事项的范围在不断扩大，这体现在三个方面。首先，受理申诉事项的范围在不断扩大。从最初受理对国家机关工作人员行政行为不服提出的申诉，到后来不断扩展到社会各个领域，例如印度的金融督察服务。其次，机构多元化、社会化。申诉官最初只是作为行政机关为公众提供救济的，后来很多公共领域和行业的申诉官是由行业监管机构和行业协会共同选任的，具有独立调查处理案件和纠纷的权力。[1] 最后，处理方式的多样性。正如上文所说，很多被提起申诉的事项，并非都是由于行政机关违法或不当的行为，有些是由于制度本身存在缺陷。所以在这种情况下，不可能通过简单的撤销或确认违法就可以解决，很多时候道歉、物质补偿救助以及任何当事人能够接受的结果，都能够作为解决纠纷的方式存在。这也是现代ADR 的基本理念，即要打破非此即彼的零和思维。

（四）专业性和全面性

这里主要指申诉官的调查报告具有很强的专业性，同时对行政行为的审查具有全面性。大多数国家对申诉专员在任职资格方面有严格的专业要求，一般要求有专业的法律教育背景和丰富的司法从业经验。据了解，在我国香港地区，协助申诉专员工作的调查员几乎全部有律师工作经验或法律专业背景。在全面性方面，主要是各国为了倡导保障公正和人权、遵从法治、实现

---

① 参见邢会强：《金融督察服务（FOS）比较研究》，《法治研究》2011 年第 2 期。

民主公开和可依赖的政府治理等基本理念，几乎所有设有申诉官制度的国家都规定申诉官均可不受限制地对行政行为进行全面监督。例如有国家的申诉法就规定，在行政机关出现以下行为时，申诉专员均有权建议行政机关矫正、改变或撤销行政行为：行政违法；行政行为不合理、不正当，具有压制性或歧视性；符合法律、条例、惯例，但该法律、条例、惯例是或可能不合理、不正当，具有压制性或歧视性；部分或完全基于适用法律、认识事实错误；在任何情况下都是错误的；基于不当目的或无关理由行使行政自由裁量权；在行使或拒绝行使行政自由裁量权并作出决定的过程中，考虑了无关因素，或未考虑相关因素；投诉人未被告知决定行使或拒绝行使自由裁量权所考虑的具体因素。① 从上述条款的规定我们可以看出，申诉官对行政行为的审查是全面的、彻底的。

（五）多样性

这里的多样性是指申诉官对涉案官员的处理模式多样，主要包括三种模式。首先，"建议追究责任"模式。即申诉官在处理申诉案件的过程中如果发现有不当行政、违法行政的行为，通过"特别报告"的形式建议相关部门的负责人追究相关人员的法律责任，但是申诉官本身对调查结果无权干涉。采用申诉官制度的国家，大多数都是采用这种模式；其次，"责令追究责任"模式。即申诉官在处理申诉案件的过程中如果发现有不当行政、违法行政的行为，可指令相关机关追究相关人员的法律责任，并有权对处理结果进行监督；再次，"直接起诉"模式，即申诉官发现行政机关工作人员履职不当，已经涉嫌构成刑事犯罪时，申诉官可以以"特别检察官"的身份提起诉讼，要求法院予以刑事处罚。泰国和菲律宾都采用的是这种模式；最后，"公众追究责任"模式。即申诉官如果发现行政不当行为，但是其过错程度比较轻微，不足以追究行政、刑事责任时，申诉官可以通过新闻媒体等途径来对行政行为进行批评，以期通过舆论的监督督促行政机关依法行政。在很多国家，申诉官也拥有对行政行为自由评价、谴责的权利。这样依托于大众的、新闻媒体的监督，对督促依法行政起到了强大的震慑作用。

---

① 参见赵豪：《行政信访中申诉专员制度引进的商榷》，《广西政法管理干部学院学报》2014 年第 1 期。

三、印度申诉官制度与我国信访制度的比较

上述从印度申诉官制度所延伸出的世界各国的申诉官制度的共性，对于我国信访制度的借鉴意义也是很大的。因为从功能角度来说，我国的信访和印度的申诉官都是作为现代社会区别司法程序的解决纠纷的方式。但是由于两国的国情不同，采用的政治体制也不同，所以在制度的运作过程中，其发挥作用的空间也是有所不同的，理清楚二者的不同，对于正确理解两种制度也是大有益处的。两者的不同之处在于：

（一）政治土壤不同

印度的申诉官制度是"三权分立"制度下议会和行政机关平等地位的副产物，只有这样申诉官才具有独立的地位，才能对行政机关进行监督。申诉官在调查之后需将处理结果或意见提交，都要依赖于"三权分立"的制度。但是我国的政体是人民代表大会制度，通俗来说我国的政治体制与"三权分立"政治体制下立法、行政、司法机关相互制约的体制有着本质的区别。

（二）申诉官的地位不同

在印度，申诉官具有独立的地位，承担申诉具体工作的都是各个部门中的联秘，在本部门中具有较高的权威。无论是在任命上，还是在经济地位上，都有一定的独立基础支撑。我国信访工作的开展很大程度上要依赖行政机关，信访部门本身并不具备独立处理申诉案件的能力。

（三）最初的功能定位有所不同

印度的申诉官虽然并非议会选举产生，但是其每年会举办一次申诉官的大会，在这个会议上要通报本年的申诉情况，对于申诉案件进行监督，即对行政机关等公务机关的变相监督，这也体现了"三权分立"体制下立法、行政、司法机关互相监督、互相制约。在我国，信访制度最初设计时功能定位于民意沟通、政治参与、民主监督、解决纠纷，但是从多年的实践来看，其解决纠纷的功能最为突出。

第三节　印度类信访制度法治化进程现状及特点分析

一、印度类信访制度法治化建设的历史进程

印度的类信访制度的发展，也是一个不断法治化的过程。印度《宪法》第三十二条规定的公民的基本权利保障与救济，意味着应当提供一个途径，使不同阶层、不同种族、不同经济状况和社会地位的人同样地获得宪法的保护；印度《宪法》第三十九条规定了司法平等与免费给予法律帮助的国家义务。这一规定也要求国家应确保法制的实施，以伸张正义为己任，以机会均等为基础，尤其应通过适当的立法、计划或其他方式免费提供法律帮助，确保公民不因经济或其他方面能力不足而失去伸张正义之机会。公民权利保障与救济的宪法化，也推动了人民法庭制度和申诉官制度的发展。

人民法庭制度，从最初的乡村五人长老会议，缺乏把正式的官方法律和乡村法庭政策的灵活性结合起来的应用能力，因此逐渐萎缩下来。1982 年在古吉拉特邦建立起了第一个"人民法庭"，1986 年一个相当现代模式的"人民法庭"的成立之后，印度国会颁布了《法律服务机构组织法》，该法第六章规定了"人民法庭"的组织机构、组成人员的资格认定、法庭的权限范围和裁决程序，对"人民法庭"的规范化和推广都起到了重要的作用。2002 年，印度国会修改了 1987 年《法律服务机构组织法》，要求建立为公用服务事业机构解决争议的"固定法庭"。

申诉官制度的建立，与印度文官制度的发展紧密相连，主要历经了三个阶段。第一个阶段是 1947 年 8 月 15 日独立前至 20 世纪 50 年代初期，作为"英联邦成员国"的印度文官制度基本上是英国文官制度在印度的全息缩影；第二阶段是 60—80 年代，文官范围不断拓展，机构设置和人员编制增加，公务员人数也随之增加，政府机关中民主的气氛逐渐增强，当时文官制度的主要工作宗旨就是要解决人们的就业问题，以此加强印度联邦各民族之间的团结协作。那时，许多工厂、公司的领导都属文职官员，众多的银行、企业实

行了国有化；第三阶段是80—90年代初，由于以往的机构扩编并没有给国家和个人带来实际的效益，经济没能从中获得发展，同时，暴露出公务员工资待遇等一系列问题，政府为此着手减员，缓解庞大财政开支和机构臃肿带来的压力。印度申诉官制度在历经文官制度的不断演变进程中，也慢慢形成了自己逐渐规范化的设置。中央政府人事部下的公共申诉司、人事仲裁厅承担大部分的申诉处理工作，除此之外，中央其他各个部门也都设有主任职务的官员负责申诉事务。随着申诉机构的不断完善，申诉的主体、事项范围、处理机制，以及对申诉官的监督也都逐渐发展规范起来，法治化进程不断加快。

二、印度类信访制度法治化建设的现状和地位

根据2013年印度国家法律服务局的数据显示，印度"人民法庭"当天共有3510390个案件成功审结，同时这些案件不会再进入上诉程序，而其中大多数案件为偷窃、交通事故、家庭纠纷、劳务冲突等轻型案件，一些省邦还解决了多起土地纠纷，但是当时印度仍积压了3000万个案件。"人民法庭"受案范围广，假设每天都能解决300万个案件，那对于积压的3000万个案件，在10天内就能全部解决。这样的结案速度，便捷而又简单的程序，不但迅速减少了法院的诉讼案件，而且通过协商的方式解决案件也有助于维持争议双方良好的关系，所以在印度整个纠纷解决机制中占有重要的地位。

除了人民法庭制度，印度申诉官制度在行政管理中占有重要地位，其具有天然的独立地位，在经费和薪金方面也都有专项资金支持，申诉人员素质也不断提升，中央政府每年都会将各部门的申诉主任集合起来召开一次全国性的例会，用来研究申诉问题。同时还利用现代信息技术进行专业管理，虽然暂时没有相关数据来显示申诉案件的数量等，但通过申诉官在中央国家机关中的设置，以及发展的现代化进程来看，其在印度纠纷解决方式中的地位日渐提升。

三、印度类信访制度法治化发展进程中的经验和教训

每一个制度从其成立之初到逐渐走向成熟总会出现各种问题，印度的人民法庭制度和申诉官制度也不例外。印度的人民法庭制度，在发展的过程中

遇到了三个主要的问题：一是物资供应不足，虽然"人民法庭"的资金来源，法律上已经作出了明文规定。但实际情况中，发放不及时，贪腐等现象都制约了"人民法庭"的正常运转。二是"法庭"气氛紧张，虽然"法庭"上采取的协商解决问题的方式，但是随着实践的发展，法官和律师（争议双方也可以聘请律师）的态度逐渐恶化，关系日渐紧张，加之"人民法庭"审理的程序中引入了一些正式诉讼的内容，当事人已经渐渐感觉不到"人民法庭"的非正式性带给自己的轻松与便捷。三是传统因素逐渐缺失，虽然对法庭组成人员的选择上，一般都会选择德高望重、了解传统的人，但是由于印度国内有多种宗教、多种族群、多种语言，即使是邻近村庄的人，也有可能不了解邻村的习俗，所以纠纷解决的成功率逐渐下降。

印度申诉官制度在发展的过程中也遇到了很多困难，例如申诉官的独立性逐渐丧失，逐渐与行政体制融为一体。解决纠纷的方式逐渐固化，变得烦琐、复杂、死板。由于受案范围的过于广泛，专业性有所丧失，这些都制约着申诉官制度的发展。

不论是人民法庭制度，抑或是申诉官制度，上述在发展中遇到的问题都需要我国在信访发展中予以重视。要注意保持专项资金专项运用，要保障人员的独立性，同时要不断提高相关人员的专业性，还要不断创新通过运用现代信息技术简化纠纷解决的步骤，在各种社会矛盾凸显的今天，高效、专业地解决社会纠纷。

第四节 印度类信访制度对我国信访制度的启示

一、"人民法庭"制度对我国信访制度发展的启发

印度的"人民法庭"制度，其实就是将"封建家长制"的内涵进行了现代化的演进，充分发挥一个小社会中长者的作用。"人民法庭"运行的过程，就是将印度本地的文化传统和现代社会发展状况进行结合的一个产物。虽然在其实际运行过程中，出现了很多问题，但是并不能否认印度社会在寻求现

代司法诉讼制度以外的解决纠纷方式的过程中所作出的努力。同样地，作为和印度一样的，有着古老文明的中国，是否可以探索出带有我国文化传统特点的解决纠纷的方式，同样是一个值得思考的问题。

（一）理顺信访途径与诉讼程序之间的关系

从印度"人民法庭"制度设计及其运行的基本情况中可以看出，印度人民法庭与诉讼程序之间实现了较好的衔接，主要表现在两个方面：其一是案件受理上的对接。如上所述，"人民法庭"在对起诉到法院但还没有判决的案件有管辖权，而对案件有管辖权的法院所组织的人民法庭也享有管辖权。当然，"人民法庭"实质行使管辖权还需要当事人的同意，"人民法庭"不能受理有任何一方不同意将其提交给"人民法庭"审理的案件。而在诉讼进行过程中，法院也可以将其受理的案件进行筛选，根据案情评估一下哪些案件具有调解解决的可能性，并告知双方是否有通过"人民法庭"解决争议的意愿，如果有，则可以将其交给"人民法庭"来审理。其二是案件处理上的对接。在印度，当事人选择人民法庭作为纠纷解决的裁决机构之后，"人民法庭"即获得了对该案进行终局处理的权力。根据1987年的《法律服务机构组织法》的规定，"人民法庭"所作的每一个裁决都是终局性的，对争议双方都具有约束力，而且该裁决是不能向法院提起上诉的。通过受案范围和处理决定的设计，"人民法庭"与诉讼程序之间即不存在管辖冲突，"人民法庭"与诉讼程序之间的关系即得以理顺，亦即对于交通事故赔偿案件、家事案件、财产争议案件等案件，当事人可以自由选择"人民法庭"抑或法院进行处理，当事人一旦选择"人民法庭"之后，"人民法庭"即可以做出终局性裁决，该裁决具有排除司法审查的效力。

反观我国，信访途径和诉讼程序之间的关系则未得以明确化。一方面，就其受案范围而言，信访的受案范围与三大诉讼的受案范围纠缠不清。尽管《信访条例》第十四条规定，对依法应当通过诉讼、仲裁、行政复议等法定途径解决的投诉请求，信访人应当依照有关法律、行政法规规定的程序向有关机关提出，将可通过诉讼、仲裁、复议等形式寻求救济的案件排除于信访程序之外，然而，在实践中，信访机关对"应当通过诉讼、仲裁、行政复议等法定途径解决的投诉请求"的认识存在分歧，导致了许多本该通过诉讼解决的案件最后也进入了信访的受案范围内。另一方面，由于信访与诉讼在处理结果方面的关系未得以理顺，诉讼案件经终审之后当事人进行信访的情况时有发生。为此，我国应借鉴印度的人民法庭制度，进一步理顺信访与诉讼之间的关系，对于应由诉讼程序解决的案件，信访机关应建议当事人向法院寻求救济；经诉讼未决的纠纷，则不能接访。

（二）发挥民间力量在信访案件处理中的作用

印度的"人民法庭"制度体现了对乡村长老会议的继承，印度由于具有殖民历史，英国的一些民主政治传统在印度得到了发展。实际上，信访中所体现的矛盾，正是整个中国社会在转型的过程中所必不可少的各方利益冲突的产物。目前，中国社会的矛盾主要集中在教育、就业、社会保障、医疗、住房、生态环境、食品药品安全、安全生产、社会治安、执法司法等领域。相对应地，信访事项也大多都与转型时期的社会矛盾联系在一起。根据相关学者的调研报告，我国基层信访事项主要集中在：土地征收和征用、房屋拆迁安置类；工资拖欠以及企业职工的"三金"问题；家庭内部矛盾类；检举揭发类，主要是针对村、乡镇和街道办事处的行政违法行为；法律、法规及相关政策的解释和适用问题。[①] 其中土地征收和征用和我国的城镇化、工业化进程加快有关，职工的工资问题是在企业改制的过程中凸显出来的，家族内部矛盾主要是由于社会转型时期各种价值"失范"的结果，检举揭发类主要是和社会转型中产生的腐败问题相联系的，法律法规的适用问题也主要是由于社会转型过程中各种法律规范的变化过快、衔接不力的问题。

上述五类事项都是主要集中在基层的，这些案件的解决都可以发挥基层权威在其中的作用。以土地征收、征用为例，虽然擅自卖地、侵吞土地补偿款的村支书等事件层出不穷，但是作为相当大比例的村委会在土地征用中还是发挥着重要的作用。根据我国《物权法》的规定，属于集体所有的土地和其他财产等都是由村委会代表集体行使所有权，在农村的自治体系中，除去村委会，还有村民小组、村民大会和村民代表大会共同发挥农村自治的作用。村民自治组织在土地征收和征用过程中的主体地位主要表现在：代表被征地

---

① 参考张永和、张炜：《临潼信访：中国基层信访问题研究报告》，人民出版社 2009 年版，第 79 页。

农民行使土地所有者的权力，维护集体和农民的土地利益；沟通征收、征用方与农民的联系，由村民自治组织和征收、征用方参与征地价格的谈判，传达征收信息，减少因信息不透明、意见不统一等原因而产生的阻挠地活动正常开展的事情的发生；维护被征地农民的合法权益，在农民和征收、征用方因为价格等其他因素产生矛盾的时候，代表农民进行谈判，最大限度阻止损害农民利益的事情发生，积极抵制地方政府的滥征行为，同时对农民的集体行动提供精神和物质上帮助。基于基层群众自治组织在基层社会治理和纠纷解决当中所具有的强大影响力，信访机关在处理争议时，则可将基层群众自治组织和其他民间力量予以吸纳，邀请其辅助信访机关开展工作；必要时甚至可以通过行政任务委外的方式委托基层群众自治组织和其他民间力量先行对纠纷进行调解，据此既可以提升纠纷解决的效率，也可增强当事人对处理结果的信服度。

对于印度"人民法庭"的介绍，主要是要挖掘其中可以为我国信访所用的因素。印度"人民法庭"对传统乡土权威的继承，对于同样具有深厚乡土情结和传统文化的中国而言，具有很大的借鉴作用。如何发挥基层自治组织中的"乡土权威"的作用，让信访联络室的功能发挥到最大，还需要进一步的努力。

二、印度申诉官制度对于我国信访制度发展的启示

通过上述分析，我国信访制度与印度申诉官制度的相同点和不同点已经清晰可见，那我国信访制度改革的出路究竟在哪里，印度的申诉官制度对我国信访有哪些启发，需要进一步的分析。

（一）完善信访联席会议制度

按照一站式接待、一条龙办理、一揽子解决的要求，在市、县两级全部实行联合接访，减少群众信访成本，提高工作效率。加强对进驻联合接访场所责任部门的动态管理，做到信访问题突出的责任部门及时进驻，信访问题明显减少的责任部门有序退出；推行律师参与接访、心理咨询疏导和专业社会工作服务等第三方介入的方法，促进问题解决。强化各级信访联席会议综合协调、组织推动、督导落实等职能作用，形成整合资源、解决信访突出问

题的工作合力。根据实际需要，及时调整成员单位组成和专项工作小组设置，进一步明确各自职责任务，建立健全相关工作制度，特别注重从政策层面研究解决带有倾向性、普遍性和合理性的突出问题。①

在印度的申诉官制度中，中央政府每年会将各部门的申诉主任集中起来举行一次全国性例会，通报申诉案件的基本状况，作出基本决策。相比之下，我国的联席会议制度更具有体系化效果。在申诉的最初环节，就进行市、县两级的联合接访，比印度的年度会议制度更能高效、合理地解决纠纷，这也是在各种利益冲突比较激化的中国所迫切需要的。但是对于全国性的信访会议制度，可以参照印度确立。例如，在每年两会时期，可以在其前后组织召开全国一年一度的信访会议制度，对于会议的过程可以进行电视直播，使信访这一之前比较隐秘的话题呈现在广大的民众之前，也使得民众能够了解社会的矛盾冲突点，这样也有助于塑造服务为民的法治政府形象。

（二）严格实行诉讼与信访分离

按照涉法涉诉信访工作机制改革的总体要求，严格实行诉讼与信访分离，把涉法涉诉信访纳入法治轨道解决，建立涉法涉诉信访依法终结制度。各级政府信访部门对涉法涉诉事项不予受理，引导信访人依照规定程序向有关政法机关提出，或者及时转同级政法机关依法办理。完善法院、检察院、公安、司法行政机关信访事项受理办理制度，落实便民利民措施，为群众提供便捷高效热情服务。完善诉讼、仲裁、行政复议等法定诉求表达方式，使合理合法诉求通过法律程序得到解决。加强司法能力建设，不断满足人民群众日益增长的司法需求，让人民群众在每一个司法案件中都感受到公平正义。②

在印度的申诉制度中，只有公务人员认为上级主管所做的涉己秘密报告是消极评价，有失公正时，有权向申诉部门提出申诉，但如果政府认为不符合受理条件，即为无理申诉时，可以拒绝接受申诉申请书，这样，申诉人可以到行政法院上诉，一般分有两种情况：其一，由申诉人向行政法院提交申诉申请，行政法院经研究认为结论有误时，依照法定程序适度更改定论，并通告本人，申诉完毕；其二，当情节较轻时，行政法院经合议，要求政府部

① 参见吉林省委党校课题组：《创新信访制度的理性构想》，《行政与法》2010 年第 10 期。
② 参见陈奎、梁平：《论纠纷解决视野下信访制度的现代转型》，《河北法学》2010 年第 6 期。

门重新研究秘密报告并宣布复审结果。在我国的信访制度中，并不包括公务人员的利益诉求，公务人员按照《公务员法》有自己的一套申诉体系。印度所确立的公务人员的申诉与诉讼的衔接机制，在我国是有所变化的。我国是在案件的源头就对是涉法还是涉访案件进行区分，使其进入不同的解决纠纷的轨道。而印度是将诉讼作为申诉不能的救济机制，在我国不具有借鉴意义。因为我国本身个案解决所需的司法程序时间很长，如果再允许先申诉再诉讼，对于当事人来说可以说是进一步增加了诉累，所以在借鉴的时候要有所区分。

三、印度类信访制度法治化建设进程对信访制度的启示

目前我国信访制度在实践中作用凸显，同时也存在一些有待解决的问题：首先是信访的概念界定存在争议，受理范围不明晰；其次是信访的功能定位亟须确定，刚性维稳压力容易导致个别干部将民众的利益与社会稳定对立起来，激化社会矛盾；再次是信访领域的《信访条例》位阶不高，各级地方政府制定的信访规定存在冲突，最后是信访机构设置分散，相互之间缺乏联系和协调。信访部门权责不统一，体制机构缺乏相应的权力配置，信访运行机制的规范性不高，缺乏系统化的顶层设计等。信访的终结制度缺失，处理结果缺乏权威性。上文中对印度人民法庭制度和申诉官制度对我国的启发，再结合我国信访中出现的问题，主要的启示如下：

（一）理顺信访与诉讼程序之间的关系

我国的信访途径和诉讼程序之间的关系则未得以明确化：一方面，就其受案范围而言，信访的受案范围与三大诉讼的受案范围纠缠不清；另一方面，由于信访与诉讼在处理结果方面的关系未得以理顺，诉讼案件经终审之后当事人进行信访的情况时有发生，这无疑严重损害了司法判决的严肃性和权威性。为此，我国应借鉴印度的人民法庭制度，进一步理顺信访与诉讼之间的关系，对于应由诉讼程序解决的案件，信访机关应建议当事人向法院寻求救济；经诉讼未决的纠纷，则不能接访。

（二）针对信访运行机制的规范性不高，缺乏系统化的顶层设计问题，我国可借鉴印度申诉官中的层级管辖权设置

在印度，申诉官对案件的处理有严格的层级管辖权限制，具体表现为，

印度中央政府和地方邦政府具体承担各自管辖内的申诉问题，中央政府专设办公室负责检查申诉官员的工作，如果申诉问题没能得到解决，可以逐级反映到上一级的部门，由基层直接反映上来的问题，各部门出面责成所管辖的部门解决。如果越级反映问题，处理问题要按照程序办事，逐级解决。早在20世纪90年代，印度就确立了禁止越级上访和属地管辖的原则，积极引导群众以理性合法方式逐级表达诉求，不支持、不受理越级上访。当然，在此基础上，信访机关的实体处理权限也应予以强化，从而才能提升基层信访部门解决案件纠纷的能力，努力地把教育化解在基层。

四、结　语

中国和印度，这两个同样地处亚洲的人口大国，在国情上有诸多相似之处，所以两国之间的互相借鉴显得格外重要。在中国各界呼唤"信访法"出台的前期，对印度申诉官制度的研究，对于推动我国信访制度的改革会有借鉴作用。当然在研究的过程中，要立足我国信访改革的实际以及我国特有的社会发展阶段与背景，取其精华弃其糟粕，开出我国信访改革之花。

|第六章|

以色列监察专员制度

以色列的监察专员制度与我国的信访制度具有一定的相似性，本书通过介绍以色列监察专员制度的内容包括监察专员机构的设置、监察专员的产生、受理申诉的范围、不予受理的范围以及监察专员处理申诉程序的过程及结果等各方面，与我国信访制度比较异同点，试图从中借鉴到有益经验。从理论上探讨改革信访制度，加强信访机构的地位，希冀改变信访机构无力应付"汹涌而来"的信访案件的状况，从而走出我国信访制度现阶段的困境。

第一节　以色列监察专员制度的起源

以色列的监察专员制度滥觞于以色列建国之初。发展在 20 世纪五六十年代，正式成立于 1971 年，这一年以色列议会决定设立监察专员机构，并授权国家审计官兼任行使监察专员的职能。

以色列的监察专员制度的设置是伴随着审计制度的建立而逐步发展起来的，其作用并不是单独发挥出来的。1950 年，以色列建立审计制度。为了促进审计工作的开展，首任国家审计官允许受理来自广大民众的申诉。随着政府机构的膨胀，尤其是在现代福利国家，政府权力渗透到个人日常生活的方方面面。从行政机关获得广泛公共服务且不断增长的市民需求，也增加了许多政府机关与市民之间的摩擦。这种情况使得越发有必要建立一个客观中立的机构帮助公民个人找到走出官僚迷宫，保护公民免受政府当局的非法侵害。① 但是各方对监察专员机构如何设置有着激烈的争论，有人就提出在议会设立独立的监察专员制度，也有人提议通过立法赋予议会审计官受理申诉的职能。为此以色列议会在 1965 年成立一个专门委员会专门讨论监察专员机构设置的问题。专门委员会讨论的结果是最终采纳了后一种。因为这时以色列的国家审计官已经像瑞典监察专员那样，成功地将申诉受理、效率监察和对行政行为监督改进有机地结合起来了。② 已经没有单独再列个监察专员制度的必要。因此，在 1971 年以色列议会决定设立监察专员机构，并授权国家审计官兼任行使监察专员的职能。就此以色列正式确立监察专员制度。由此可见，以色列实行的是审计与监察合一的模式。

第二节　以色列监察专员的任命及组织机构的设置

以色列的监察专员（英文 ombudsman，也称为"申诉专员""议会行政专员""巡视官"等）是由国家审计官兼任，国家审计官和监察专员通过监察专员机构行使他作为监察专员的职能。

一、以色列监察专员的任命

以色列监察专员由议会委员会推荐、总统任命，任期 5 年。其罢免需经议会三分之二多数。监察专员只对议会负责，而不用向内阁负责，每年监察专员须向议会提交一年的工作报告。

负责以色列监察专员机构的是监察专员机构的总干事，总干事由监察专员推荐并由议会国家审计事务委员会任命。总干事隶属于监察专员并向其负责。

---

① 参见以色列监察专员官方网站，http://old.mevaker.gov.il/serve/site/english/eombuds - intro.asp，2015 年 5 月 9 日访问。
② 参见陈宏彩：《行政监察专员制度比较研究》，学林出版社 2009 年版，第 116 页。

二、以色列监察专员机构的设置

以色列监察专员机构在耶路撒冷、特拉维夫、海法、拿撒勒、上拿撒勒、贝尔谢巴、罗得地区分别设有民众申诉接待处。民众申诉接待处在全国都有分布，主要是为了便于民众申诉及对申诉状况进行调查和权益的救济，尤其是当申诉事项关于当地政府不良行政行为或者申诉人的调查需要附近一个民众申诉接待处就近进行调查时。例如，关于安全隐患的申诉、环境公害的申诉、建筑物故障维修的申诉等等诸如此类的申诉。

现在有 75 名律师和一名社会工作者在民众申诉接待处工作。他们不仅调查申诉也负责接待民众。其中差不多有百分之十的雇员是阿拉伯裔，有几个讲俄语，还有两个雇员是讲阿姆哈拉语（埃塞俄比亚官方语言），雇佣讲阿拉伯语，俄语还有阿姆哈拉语的工作人员是因为在以色列地区存在这些讲这些语言的少数族裔和移民。为满足他们的需求，以色列监察专员机构专门雇佣了会讲这些语种的雇员。雇佣的人员都是律师和社会工作者，是由于这些具有法律专业知识和心理学知识的专门人员加强了对申诉事项进行调查的能力，有利于调查工作的开展及对政府行为的监督。

三、以色列监察专员机构的组织形式

以色列监察专员机构共有九个部门：一个部门负责登记进来的申诉，然后根据法律规定的调查申诉的标准进行分门别类，还有负责调查一些紧急的申诉。被标记的其他申诉案件由其他八个部门负责调查。其他八个部门每个部门都负责调查某些特定的被申诉机构。这样的职责分工有利于调查工作的高效开展。如果一个申诉涉及的主体不止一个，那么就由适当的部门共同调查。

四、以色列监察专员机构的职责

以色列监察专员机构的职责包括以下方面：调查纠正政府部门及其官员对公民的伤害；预防类似不良行为的重复发生；提高国家官员的责任心；改

革行政弊端和不良做法；教育公民认知政府运作。①

第三节　以色列监察专员制度的受理范围

一、监察专员机构受理的申诉范围

监察专员机构被授权调查对于政府部门、当地政府以及其他市政机构的申诉。例如，城际协会、污水处理企业、国有企业或机构以及法律规定的其他公共团体。监察专员也可以调查关于这些公共团体中的官员和普通雇员的申诉。

假如收到的申诉不属于监察专员的受理范围之内，监察专员机构会告知申诉人该机构没有权限受理他的申诉。可能的话；监察专员机构会告知申诉人他的诉求是属于哪些机构的受理范围，哪些机构可以受理他的诉求。

二、提出申诉主体及申诉的对象

一般而言，监察专员机构会对关于直接侵害申诉人或直接从申诉人处保留受益的行为（这里的行为包括疏忽或迟延履行义务的行为）进行调查。另外，该行为必须是违反法律或没有合法性、违背善治、涉及极度僵化或极度不公正的。

提出申诉的主体不限，任何人都可以向监察专员申诉。议会成员也有权提出关于影响他人的危害行为的申诉。向监察专员机构申诉是完全免费的。申诉人需要将姓名和地址附在申诉信息里，否则匿名的申诉信息将不会被受理。代理申诉的行为也被法律所允许的，是否属于代理申诉的行为性质还是要靠监察专员的判断。

---

① 参见孔祥仁：《国际反腐败随笔》，中国方正出版社 2007 年版，第 43 页。

三、不予受理的范围

法律规定有一些主体的行为是不会被调查的。例如，对总统、议会以及议会委员会、议员的申诉是绝对不会被受理的。对政府、政府委员会、作为政府部门成员的部长履职行为和以色列银行行长的申诉也是不被受理的。

监察专员没有权力调查有关士兵、警察和监狱管理人员的服务程序、服务条款或纪律事项方面的申诉；也不能调查针对国家工作人员和其他审计机构雇员相关服务事项的申诉，除非被申诉行为涉嫌违反任何法律、法规、公务员事务条例等。此规则的例外情况被规定在国家审计官法的 45A—45E 部分，当审计机构因为揭露腐败行为和对内部审计员职务行为的申诉而导致审计机构的权利被侵犯时，将会涉及审计机构的员工的申诉调查。

监察专员不得调查下列申诉：关于已经作出处理决定的事项的申诉；申诉针对司法行为、准司法行为或申诉是针对法院或法庭上悬而未决的事项或法院或法庭已作出实质决定的事项；被诉行为发生或者申诉人知道该行为已逾一年而提起的申诉，除非有特殊理由证明这样的调查是合法的。

第四节　以色列监察专员制度的提起和调查程序

一、提出申诉的程序和方式

申诉人可以用自己的语言文字写申诉信息，申诉信息并不需要专业的法律知识和法学背景，当然如果申诉信息写得比较专业会让监察专员更加容易判断问题及展开调查。申诉人也不必一定要用希伯来语来写申诉信息。如果申诉信息是用其他语言写成的，那么申诉内容会被翻译成以色列本国的官方语言。

为了高效的调查，申诉人需要提供他们的身份证号码以及准确的书信送达地址。提交佐证的材料最好是文件资料的副件而不要把文件原件附在申诉信息里给监察专员。

提出申诉的方式有很多种：可以经由位于民众申诉接待处特殊的申诉箱、邮箱、传真、电子邮件、直接口头表述、直接在监察专员的官方网站登记申诉等方式。但是不可以通过打电话的方式向监察专员提出申诉。如果不知道怎么填写申诉信息，可以登录监察专员的官方网站查询。

二、申诉调查程序

监察专员机构对收到的申诉一般都会展开调查，除非申诉内容不符合国家审计官法所规定的条件或者是非常琐碎、没有合理依据的申诉，抑或者监察专员认为他自己不是适格的受理主体。有下列情形之一的，监察专员会停止调查程序：被申诉的事情或行为已经被纠正的；申诉人撤回申诉请求的；申诉人没有对监察专员的对他的请求进行回应的；被申诉的情况是合理的。

监察专员机构被赋予可以以任何一种适当的方式对申诉进行调查，不受程序规则和证据规则的约束。调查方式是由监察专员启动的审问制，这不同于诉讼时原告提供事实和证据的对抗制司法程序。调查过程中监察专员必须让被申诉的个人或组织了解申诉的情况并且给他们适合的机会辩解。监察专员机构可以接触任何人只要有利于调查，还可以要求任何组织和个人回答有关于申诉相关的问题，可以要求任何组织和个人提供相关的文件资料及信息。相关组织和个人有义务协助监察专员机构对申诉展开的调查。

三、申诉调查的结果

申诉调查的结果有两种：一是监察专员认为申诉是正当的，他会通知申诉人和被申诉人，告知双方调查结果以及作出调查结果的原因。监察专员会依据调查结果向对被申诉机构指出被申诉机构需要改正的地方，他会在调查报告中指定改正的方式以及改正的期限。随后被申诉机构必须告知监察专员改正的进度。二是假如申诉是不正当的，监察专员机构也会告知申诉人和被申诉人调查结果以及原因。

监察专员作出的任何有关特定的申诉决定和裁决，并不意味着同意授予该申诉人或其他人在任何法院拥有他们之前并不拥有的权利，且该决定和裁决并不妨碍他们被赋予的行使任何权利或者申请任何救济的权利。对于监察专员作出的关于申诉的决定或裁定也不能被上诉到任何法院或向高等法院申请救济。①

第五节　以色列监察专员制度法治化建设的现状、特点

一、以色列监察专员制度法治化建设的现状

以色列是一个名副其实的移民国家，其公民来自世界70多个国家，他们大多是二战后陆陆续续从世界各国移民到犹太教发源的地方，以色列曾经在历史上也是犹太民族生生不息的地方。这里有金发碧眼的欧洲犹太人，黑头发黄皮肤的亚洲犹太人，也有黑皮肤的非洲犹太人。以色列是世界上唯一一个以犹太人为主体的国家。由于当地人口的多元性以及生活环境的缘故，许多以色列人都会讲好几种语言，这也是为什么以色列监察机构要求招收会几种不同语言雇员的重要原因。以色列在建国之初其就是一个典型的资本主义国家，但是又有很多不同于一般资本主义国家的特点。引人注意的是，以色列国内公有制经济的成分占了不低的比重。以色列的自然资源属于国有，在20世纪50年代通过一系列立法将所有的自然资源收为国有，例如1952年通过的《石油法》、1953年的《海底区域法》、1959年的《水资源法》。规定矿产资源由政府拥有，由政府投资和开发，一切水资源权力授予国家，并授权农业部下属专门机构负责在用户之间分配水资源，负责发放水资源利用许可证和征税。由于这些机构都是由政府直接设立或间接参与的，加强对其经济的审计和权力的监督就显得尤为重要和突出，这就不难理解为什么以色列是先有审计制度而后才有监察制度。

---

① 参见以色列监察专员2010—2011年度报告，http：//old. mevaker. gov. il/serve/contentTree. asp? bookid = 632&id = 74&contentid = &parentcid = undefined&sw = 1024&hw = 698，2015年5月12日访问。

二、以色列监察专员制度的整体特点

（一）独立性

以色列监察专员机构最为明显的特征是地位高、独立性强。监察专员虽然是议会产生但又独立于议会，更不是政府机关的组成部门。使得监察专员有着先天的独立性。除此之外监察专员的独立性还受其他条件保障：首先，即使是监察专员的产生机构议会也不能对监察专员的工作进行干预。其次，监察专员一般享有监察专员机构人事任免权建议权，为监察专员机构的独立运作提供人员保障。再次，监察专员的决定原则上具有不可诉性，这从一定程度上又强化了监察专员相对独立超脱的中立地位。

（二）权力性

以色列监察专员拥有强制性和非强制性相结合的权力。监察专员的权力主要是调查权、建议权。其中调查权是一种法律赋予的一定强制性的权力，而建议权是一种非强制性权力。强制性权力与非强制性权力相结合的特点，使得监察专员既能有效地履行调查申诉案件的职责，又尊重了行政机关对行政权的独立行使。具有法律保障的强制性调查权是最能体现监察专员的地位和权威的权力。监察专员也只有在自己的职责范围内开展强制性的调查活动，才能真正地了解真相，对申诉案件作出准确的分析和判断。调查活动可以依据公民的申诉而展开，也可以依职权展开。

以色列监察专员的建议权是一种不具有强制执行效力的"软权力"。监察专员并不能改变更不能推翻行政机关的决定，只能在申诉处理中提出参考性建议。监察专员虽然没有直接执行权，但这并不影响监察专员制度的高效运行。一是监察专员一般具有较高的威信，且价值立场相对中立。二是即使执行遇到阻力，监察专员可以向议会报告，借助议会施加影响，或者向新闻媒体公开有关情况，争取舆论的支持。这样监察专员的建议只要既合法有合理，最终都能得到落实。三是监察专员的主要目标是监督公权力更加公平合理的行使，维护当事人的合法权益。但这并不等于实现这个目标就必须赋予监察专员取代政府机关行行使它本来职权的权力。这相当于又设立了一个政府，这与设立的初衷背道而驰。四是从权力的性质和监察专员职责的特点来看，监察专员没有强制执行权符合现代国家民主法治的精神。任何权力都容易被滥用，因而必须受到有效的制约。如果赋予监察专员强制执行的权力，监察专员对每件申诉的处理就应该受到司法审查，而其授权也应该得到立法机关的详细而具体的规定。而现实中监察专员的行为并不需要接受司法审查，立法机关也不对具体的申诉案件进行干预，这些特点与监察专员的申诉处理决定只具有建议性质完全一致。监察专员无论在申诉处理过程中还是发现法律法规有瑕疵时都只是提出建议，这就尊重和维护了立法、司法、行政权的独立性与完整性，有利于政治体制的健康运行。①

由于以色列监察专员制度的设立迎合了以色列社会的需要，又在一定程度上弥补了司法救济、行政机关内部救济的不足，所以几十年间，以色列逐渐增加监察专员的数量，而且扩大了地区监察专员机构的设置范围，除了耶路撒冷、特拉维夫、海法、拿撒勒、上拿撒勒、贝尔谢巴、罗得这六个地区以外，目前以色列还打算在以色列北部一座城市再设置一个监察专员机构。它们每年受理申诉3000多件，多数案件在一个月内处理完毕，半数以上申诉得到证实，具有较高的办案效率和办案质量。

第六节 以色列监察专员制度与我国信访制度的比较与借鉴

一、以色列监察专员制度与我国信访制度比较分析

比较以色列监察专员制度和我国信访制度，可以发现两者存在着以下的异同点。

（一）以色列监察专员制度与我国信访制度的共同点

以色列监察专员制度与我国信访制度的共同点在于以下方面：

1. 以色列监察专员与我国信访机构都不具有执行权

以色列监察专员和我国信访机构一样都具有建议权，都不具备执行权。

---

① 参见陈宏彩：《行政监察专员制度比较研究》，学林出版社2009年版，第2—4页。

监察专员的设立是为了弥补公民权利救济系统的漏洞以及对政府不良行政行为、政府机关工作人员不法行为的监督。设立的初衷就是不含有执行权的意思。监察专员只能是针对公民申诉的案件以及政府的不良行政行为进行调查，把调查结果反馈给双方，如果政府机关对监察专员的处理结果不予理睬的话。监察专员不能直接要求政府执行或纠正。但是监察专员可以把调查结果公布于众，用舆论监督的方式，让舆论给政府施加压力，迫使政府接受合理的调查结果，纠正不良的行政行为。监察专员还可以将调查结果向议会报告，让议会监督政府的行为。

2. 以色列监察专员制度和我国信访制度都是补充性救济方式

以色列的监察专员制度和我国的信访制度都是常规权利救济途径之外的补充救济方式。瑞典前首席议会监察专员 Ulf Lundvik 曾说过："即使在管理得很完善的国家里，从最好方面讲，或由于当局对事业的过分热心，或由于其他较低级的动机，如滥用职权、侵犯人民的权益等，总是可能发生的。在现代化的社会里，行政权的扩张确实存在一种现实的危险。在日益增多的机关工作人员中，无能的、过分热心的、办事不公道、不老实的大有人在。因而，如何控制当局和官员的活动，如何监督他们守法和公道地办事，就成了一个十分迫切的现实问题。"即使是以色列这样的发达国家也存在通过行政机关内部救济方式、司法救济方式等也救济不到公民利益、监督公权力的方面，监察专员制度的设立使得民众可以向监察专员寻求救济。我国的信访机构也是起到类似的作用，信访在理论上并不是取代司法救济，而是作为司法救济、行政机关内部救济的补充，弥补这种救济方式存在的缺陷而设立的。

（二）以色列监察专员制度与我国信访制度的不同点

以色列监察专员制度与我国信访制度相比较，不同点在于以下方面：

1. 以色列监察专员机构的地位高且独立性强

以色列监察专员由议会推荐产生、独立于政府机关，只向议会负责并报告工作，罢免监察专员的法定程序要经过议会三分之二以上多数才能进行。产生后的监察专员独立行使法定职权，不受产生机构即议会的命令干扰，更不受来自政府机关的干涉。因而监察专员能够毫无顾虑地对政府机关的不良行政行为、政府工作人员的不法行为进行有效的监督和处理。监察专员是一种独立的监察，既不维护行政机关的特权，也不刻意偏袒申诉方的诉愿。监察专员只以居中调停和裁决者的身份，了解行政争议的事实真相，根据法律的规定和精神以及自然公正原则等作出客观、公正、合理的评判。监察专员超脱党派之争，不受立法、司法、行政机关以及其他任何组织和个人的干扰，其独立性受到法律的保障。因此，其对行政争议的评判更能体现公正性，更能得到公众的认可和接受。① 而我国的信访机构地位普遍不高，且一般"寄生"在政府机关内部，使得信访机构处理公民申诉和行政不法行为对公民救济的独立性远远不够。达不到现代民主法治国家的权利救济机构须符合中立超然的要求。民众对信访机构的处理能力及处理的公正性存在较大的疑虑。况且我国信访机构基本上不具备处理公民申诉案件的能力，很大程度上只是民意的传达机构以及事务转处理机构。

2. 以色列监察专员的法律意识与职业操守较高

以色列监察专员一般是从事法律行业的佼佼者，具有较高的法律意识与职业操守，在民众和政府机关中的威信较高。而我国信访机构中的工作人员队伍犹如我们各行业都普遍存在的行业人员素质参差不齐的状况。信访工作人员的资格资质法律没有明文的规定和要求，很多工作人员没有较强的法律意识和处理申诉案件所必须具备的法律知识。

3. 以色列监察专员的调查权较强

在权力方面，虽然监察专员和信访机构都不具备强制执行权，但是以色列监察专员拥有较强的调查权。监察专员可以以任何一种不违背法律规定并且是他认为恰当的方式进行调查，调查过程中其他机关、个人和组织有义务进行配合。这种较强的调查权使得监察专员能够及时有效地调查申诉的事实真相。提高了案件的处理效率。而信访机构不具备独立的调查权，只有协助主管机关处理信访事项以及研究、分析信访情况，对此展开调查研究，及时向本级人民政府提出完善政策和改进工作的建议权。这点是监察专员能够赢得包括以色列在内的世界绝大多数国家信赖并纷纷建立监察专员制度的重要原因。信访机构因为机构的设置以及人事、财务等都不独立，

---

① 参见陈宏彩：《行政监察专员制度：权利救济机制的创新——与其他救济机制的比较分析》，《中共天津市委党校学报》2011年第4期。

也直接导致了信访机构没有单独的调查权。信访机构的这种"弱势"地位无力应付汹涌而来的信访案件，更无力救济公民在其他正规法律救济途径救济不了的权利。

4. 以色列监察专员调查程序比较透明

虽然监察专员启动调查程序的是审问制，调查的方式也是采用他认为的适当方式，而且不受程序规则和证据规则的约束。但这并不意味着监察专员可以任性地行使调查权。监察专员都是具有丰富法律知识和实务经验的专职人员，他们都比较注意程序的公平、透明。在调查过程中会给申诉方和被申诉方提供充分的陈述和辩解的机会。

5. 监察专员的处理决定具有终局性

监察专员的处理决定不具有可诉性，不能被起诉到任何地区的法院。信访机构一般是政府机关的内设机构，对外的处理决定一般也不具有可诉性，但是如果信访机构对外作出影响公民实体权利义务的行政行为，该行为就具有可诉性。这点跟以色列监察专员的行为还是有点不同。

二、以色列监察专员制度对我国信访制度的借鉴意义

他山之石，可以攻玉。借鉴他国的有益经验，可以不断完善信访制度，增强信访制度在法治建设中的地位，规范信访工作的程序，发挥信访制度本身的优势，以更好地保护公民权益，监督公权力的谨慎行使。

（一）推动信访制度的法治化建设

从以色列监察制度的发展和机构设置中可以得出，要想推动信访制度的法治化，建设最重要的也是最为紧要的是要"因地制宜"根据我国特殊国情和特点逐步建设和发展。以色列的监察制度是伴随着审计制度的建立而发展起来的，更是基于其经济结构的特点而进行相应的机构设置，更为重要的是以色列监察制度有立法的依据，在法律位阶上有法律的效力。反观我们国家现在的《信访条例》，只有行政法规的效力，在法律效力上本身就不强，难以继续推动信访制度法治化的继续建设。因而，推动信访制度的法治化建设的重要议程是应适时推动信访法律的出台，使得信访制度真正做到有法可依。

（二）赋予信访机构调查的权限

如果信访机构没有相应调查的权限，不能够了解信访案件的事实真相，对"公说公有理婆说婆有理"的局面难以作出正确的判断，也不能对信访案件作出实质的解决。这样的信访机构只能是信访资料的中转站，往往容易造成信访程序的"空转"，不仅不能解决信访人的实际问题，反而加深了本来就已经尖锐的矛盾。信访机构不仅要有调查权，而且信访机构调查权要独立行使，不受其他机关、组织个人的干涉，必要时可以要求其他机关、组织和个人予以协助。只有拥有独立行使的调查权才能真正了解信访案件的真相，真正让信访机构作为补充救济的方式救济民众利益。

（三）加强信访队伍建设

应当提高信访机构工作人员的法律素养，增加进入信访机构的法律资质条件，提高信访机构的准入门槛。最好是能从此律师、法官队伍中遴选优秀的资深律师或法官担任信访工作的负责人，提高信访机构的整体法律素质。以色列监察专员的威信对于处理申诉案件的重要作用不言而喻，而监察专员的威信来自多方面的因素，这其中很大的因素就是监察专员本身就具有良好的法律或会计职业素养以及职业操守。这也是民众和政府机关一般能够信赖监察专员会公平、公正地调查申诉案件，并一般都能够接受监察专员处理结果的重要原因。

（四）提高信访工作的透明度

信访机构要提高工作程序的透明度。调查信访案件要让当事人双方参与其中，听取双方的意见和辩解，这对于事实真相的查明以及对于当事人的观感具有重要的作用。犹如一句法谚所言："正义不仅应当实现，而且应当以看得见的方式实现"。处理信访案件的过程的透明可以减轻信访人本来就怨恨的心理，缓和矛盾。公平、透明地处理信访案件过程，这样作出的处理结果即使不能完全满足信访人的要求，信访人也没有再提出申诉的正当理由。

第七章

我国港澳台地区的类信访制度

第一节　我国台湾地区陈情制度

　　陈情，实际上就是人民向国家表达意愿，陈述情况，是上情下达、下情上达的一种途径。在古代设有类似的制度，以表示皇帝体察民情，了解民间疾苦。民国时期，根据《临时约法》第八条规定"人民有陈诉于行政官署之权"，第十条规定"人民对于官吏违法损害其权利之行为，有陈诉于平政院之权"，制定了《请愿法》《诉愿法》《行政诉讼法》等一系列行政救济法，形成了相对比较完整的救济机制。但由于以上救济方式在实践中的缺漏，台湾地区又在立法上明确地规定了陈情制度。①

　　我国台湾地区在 2000 年通过的行政程序相关法律规定专列出一章规定了"陈情制度"。我国治湾行政程序相关法律规定第七章第一百六十八条规定："人民对于行政兴革之建议、行政法令之查询、行政违失之举发或行政上权益之维护，得向主管机关陈情。"事实上陈情不仅限于对行政机关的行政行为，还包括了行政机关在内的各级国家机关的各类政府行为。"所谓'陈情'，凡

---

　　① 参见徐东：《台湾地区陈情制度介评暨其与大陆信访制度之比较》，（台湾）《台湾法研究学刊》2002 年。

人民对于各项权益之维护，有向国家机关表达意见，请求国家机关为一定作为或不作为之意思表示均属之。"① 这就是说陈情是人民与政府之间的一项重要沟通工具，当民众权利受到国家机关及其工作人员的侵害的时候可以以陈情方式向国家请求救济。尽管我国台湾地区也有请愿、诉愿等其他民意表达渠道，但是从最后的补充救济功能上看，陈情制度与我们大陆地区的信访制度最为接近。因而笔者选择我国台湾地区的陈情制度与大陆地区的信访制度作比较研究，试图从中借鉴到有益经验以期促进信访制度的完善，使其作为法治"兜底救济"的手段更好地救济民众权利，监督公权力的行使。

一、我国台湾地区陈情制度的主要内容

我国台湾地区和大陆地区本是同文同种，文化相近，历史相似，因而陈情制度的历史渊源和信访制度颇为近似。陈情和信访都发端于我国古代"登闻鼓""邀车驾""进京告御状"等形式。作用在于民情上达，救济陷于冤情的民众，让民众的冤情有最后抒发的管道。现代信访制度滥觞于土地革命时期，正式确立于政务院（国务院前身）在1951年颁布的《关于处理人民来信和接见人民工作的决定》。而陈情制度则产生于民国时代，发展在我国台湾地区。两者正式分隔于内战结束之后，但各自又都在不同程度上延续了古代"上访"的作用和功能。

虽然我国台湾地区在2000年通过了关于"陈情制度"的相关法律规定，但是我国台湾法学界对于陈情的法律性质的认识并不一致，有学者认为陈情系不外迁就行政作业上之现实情况，并非一种行政作用之方式。② 有学者则认为陈情是一项程序性的基本权利。他山之石，可以攻玉，讨论界定陈情的性质可以更好地认识信访性质，笔者认为宜将信访视为一种程序性的权利，理由是信访不是简单的表达权，民众并不是简单地用信访走访这一行为表达心中的不满，而是要通过表达这一客观行为救济其权利维护其利益，这才是民众信访的真正目的所在。所以信访"与其他具有监督性质的权利如申请行政复议、申请再审的权利一样，信访权不是一种实体的权利，只是维护和救济实体权

---

① 吕丁旺：《论人民陈情权》，（台湾）中正大学法律学研究所硕士学位论文，2004年。
② 参见吴庚：《行政法之理论与实用》，（台湾）三民书局2003年版，第522页。

利的一种方式，信访制度并不直接解决法律上的是非问题，它只是使是非问题获得解决的引导、跟踪和推动机制"。[①]

陈情在学理上有多种分类方式。依据陈情机关的不同可分为：行政陈情、立法陈情与司法陈情；依据方式的不同可分为：口头陈情与书面陈情；依人数的多少可分为：个人陈情和集体陈情。行政陈情是指陈情人向行政机关提出的陈情案件要求行政机关予以解决。行政陈情是三种机关陈情案件中数量最多的一种。立法陈情则是要求立法机关解决陈情案件，立法机关包括立法主管机构和监察主管机构。司法陈情是指向司法主管机构陈情。司法陈情案件的数量在台湾也有不少。[②]

根据行政程序相关法律规定以及行政主管机构及所属各机关处理人民陈情案件要点的规定，提起陈情的方式有书面和口头两种方式：一是书面形式，包括电子邮件及传真等在内，内容应记载陈述事项、真实姓名及联络方式；二是以口头方式表达的，受理机关应作记录，载明陈述事项、真实姓名及联系方式，并向陈情人朗读或由其阅览，请其签名或盖章后，据以办理。

陈情案件的受理范围比较广泛。民众陈情可以向立法主管机构、检察主管机构、行政主管机构等提出，还可以向供水厂等事业单位提出，这点与大陆信访类似，但是涉及公务人员违法失职行为的陈情案件只能向监察主管机构提出。

虽然陈情案件受理的范围很广泛，但也不是无所不包，受理机关对于前来陈情的案件也不是一概予以受理。我国台湾地区行政程序相关法律规定第七章第一百七十三条明确规定，有三种人民陈情案件不予处理：无具体内容或未具真实姓名或地址者；同一事由，经适当处理，并已明确答复后，仍一再陈情者；非主管陈情内容之机关，接获陈情人以同一事由分向个机关陈情者。可见我国台湾地区行政程序相关法律规定对于陈情案件贯彻的是一事不再理的行政法原则，这一原则不因陈情制度是最后补充救济的手段而有所变更。这对大陆地区常见的重访、缠访现象有重要的借鉴意义。我们《信访条

---

① 朱征夫：《公民的权利》，法律出版社 2006 年版，第 253 页。

② 据柯进雄、张学琪、王增华、吴人宽在 1999 年编写的《日本、新加坡人民陈情制度考察报告》的数据统计：监察主管机构接受有关司法类的陈情案件，历年来平均占所有陈情案件的 25% 左右，高居各类案件之首。

例》中也有规定相关不予受理的事项（例如《信访条例》第十六、二十一条部分条款规定信访事项已经受理或者正在办理的，信访人在规定期限内向受理、办理机关的上级机关再提出同一信访事项的，该上级机关不予受理。对已经或者依法应当通过诉讼、仲裁、行政复议等法定途径解决的，不予受理）但这些规定的"闸门"在实践运作中基本无助于阻挡汹涌而来的信访问题，到最后还是将本应解决在诉讼途径的案件纳入到信访渠道中。大陆地区的信访制度在理论上有三种功能：政治参与、权利救济和权力监督，但是立法上并没有给予明确和定位（现行《信访条例》第一条只是规定了信访的宗旨，即为了保持各级人民政府同人民群众的密切联系，保护信访人的合法权益，维护信访秩序），加之政府部门内部信访考核指标的刚性束缚和压力，使得信访制度在现实运作过程中有些异化。有些偏执的信访群众抓住这些"漏洞"经常会一而再再而三地进行信访，甚至成为"信访专业户"，就是为了获得他们口中所谓的实质正义。但正义是什么呢？博登海默曾经说过："正义犹如一张普罗透斯似的脸，变化莫测、随时可呈现不同形状并具有极不相同的面貌，当我们仔细查看这张脸并试图解开其表面背后的秘密时，我们往往会深感困惑。"如果民众全然不顾程序正义而一味追求实质正义甚至是超过合理诉求的私欲而不断诉诸信访，毫无疑问会对司法判决的终局性和权威性造成巨大的冲击。众所周知，公民的权利是神圣不可侵犯的，但一个真正成熟的权利社会，是应该能够在"权利意识"和"责任意识"之间形成一种平衡的。权利的表达行为并不应当是毫无限制的，而应在法律许可的一定范围内进行，不得损害国家、社会、集体的利益和其他公民的合法权利。[①] 公民之所谓公民，因为其是拥有权利意识和责任意识的个体，而不是纯粹为了满足个人私欲不顾公共利益的私民。

为执行行政程序相关法律规定中规定的陈情制度内容，我国台湾地区行政主管部门专门制定了《"行政院"及所属各机关处理人民陈情案件要点》对行政机关处理陈情案件的处理原则、期限等作了可操作的具体化规定。例如，各机关对人民陈情案件，应遵循合法、合理、迅速、确实办结的原则，

---

① 参见张永和、赵树坤、骆军等：《常县涉诉信访：中国基层法院涉诉信访研究报告》，人民出版社 2009 年版，第 348 页。

审慎处理。人民陈情案件由陈情事项的主管机关受理，不属于职权范围内的陈情案件，应移交有权的主管机关处理，并告知陈情人。涉及两个以上有权处理机关的，由其共同之上级机关处理。各机关处理人民陈情案件应予登记、分类、统计及列入管制，并视业务性质分别订定处理期限，各种处理期限不得超过30日（我国台湾地区并不是所有机关都适用不超过30日的规定，因为具体的机关有可能对具体的陈情案件规定了更为具体的办案期限。例如，2013年9月23日我国台湾地区内政主管部门新修正的《"内政部"各类人民陈情案件处理时限表》显示：本部各单位设置之主管处理信箱等民意信箱之信件的期限为3天；民政机关处理对于民政业务兴革之建议的处理期限为10天，对于主管民政法令之查询则为5天，对于个人权益维护之陈情处理期限为25天）；陈情案件如有未能在规定期限内办结者，应依分层负责签请核准延长，并将延长理由以书面告知陈情人。人民对依法得提起诉愿、诉讼、请求国家赔偿或其他法定程序之事项提出陈情时，收文机关应告知陈情人，或直接移送主管机关并告知陈情人。人民陈情案件经主管机关处理后，陈情人如有不同意见再向其上级机关陈情时，该上级机关应视案情内容，依权责直接予以处理，或指示处理原则后函转原机关处理，并由原机关将处理情形以书面陈报该上级机关。

二、我国台湾地区陈情制度与其他法律救济方式的衔接

民众并非专业法律人士，对于能够救济自身权利的渠道知之甚少，或是对于法律救济途径的经济成本、时间成本、执行率等因素的担忧，往往会选择以离自身最接近、最熟悉的方式提起陈情要求保障自身权益。尽管有时这种保障自身救济的方式本属于诉讼方式救济的范畴。所以这里就会产生陈情与其他法律救济方式衔接的问题。有法律明确为其他救济方式救济的必须依照法律规定。常见的衔接途径有：①诉愿。依照诉愿相关法律规定第一条第一项的规定"人民对于中央或地方机关之行政处分，认为违法或不当，致损害其权利或利益者，得依本法提起诉愿"。故对于诉愿案件而提起陈情的，陈情人应依据诉愿法相关法律规定提起诉愿而非陈情；②行政诉讼。属于行政诉讼受案范围的，人民若提起陈情，受理陈情机关应告知陈情人，应通过提

起行政诉讼的方式解决纠纷；③国家赔偿。依照政府赔偿相关法律规定请求损害赔偿时，应先以书面方式向赔偿义务机关请求，人民向赔偿义务机关以外的机关请求时，受理机关应告知陈情人向有关赔偿义务机关请求；④请愿。依照请愿相关法律规定第二条规定："人民对国家政策、公共利益或权益之维护，得向职权所属之民意机关或主管行政机关请愿"。同法第四条又规定，应提起诉讼或诉愿的事项，不得请愿。①

三、我国台湾地区陈情制度的法治化建设的特点分析

我国台湾地区陈情制度的法治化过程来看，该制度具有以下几个特点：

（一）陈情功能的多样性

根据我国台湾地区"行政程序法"对于陈情的定义，陈情事项既包括人民对行政兴革之建议、行政法令之查询，也包括行政违法的检举控告以及公民行政上权益之维护。从中可以看出陈情的功能包含了监督行政权力、改善行政服务、救济公民权利等功能。

（二）陈情形式以及提起陈情条件的灵活性

陈情作为一种非形式化的救济方式，提起陈情的方式可以是书面也是可以口头，陈情不受期间限制、次数限制也不受管辖的等级限制。

（三）陈情事项的广泛性与处理制度的高效性

陈情制度作为行政程序的一种，其精髓很大程度上表现在处理案件的高效性，为有效受理、处理及应对广泛的陈情案件，立法上不予规定统一的程序，对于陈情事项往往由各级行政机关酌情订立各自部门的作业规定，采取适当措施并指派人员迅速、确实处理。

四、我国台湾地区陈情制度的重要意义

陈情一方面是人民与行政机关互动最为直接的方式，人民对于行政机关的信任，往往取决于行政机关对于陈情的处理态度。另一方面，行政机关往往能借此探知其施政的盲点，有助于整体行政效能的提升。因此，我国台湾

---

① 参见吕丁旺：《论人民陈情权》，（台湾）中正大学法律学研究所硕士学位论文，2004年。

地区行政程序相关法律规定特就程序方面加以规定，让目前充斥于各级行政机关中各式各样的陈情处理程序得以制度化，使各级行政机关有可遵循的模式，并可以降低民众寻求制度外抗争的"诱因"。① 可以看出，陈情制度的存在意义与信访制度有着惊人的相似之处，作为"兜底救济"手段存在的信访制度也并非主流法律救济途径的一种，其存在的意义也是让穷尽法律救济途径的民众能够有一种廉价方便快捷的方式看到最后"伸张正义"的希望。不至于民众动辄以暴力抗争。

由于陈情的受理机关众多，而且民众提起陈情的方式多样，时限不定，无管辖限制，这使得陈情作为一项程序性权利没办法像其他实体性权利一样被法律规定成一套救济方式来救济，但又不能让陈情作为一种权利而被"放任自流"，所以立法机关只能从程序方面对陈情制度加以约束，以保障最后之救济管道的畅通，不至于被民众所滥用，进而对主流法律秩序造成冲击。但是立法条文的简单以及囿于立法本身功能所限，在实际操作过程中仍需各国家机关及工作人员以积极柔和的态度化解民怨。尤其是在应对民众的非理性陈情行为方面是我国台湾地区和大陆地区所面临的共同课题。为此，我国台湾地区监察主管部门特意编译了《非理性陈情行为处理手册》一书分发给公务员努力学习处理应对民众的非理性陈情行为。该书要求公平、尊重对待所有陈情人。若无充分理由，所有陈情人都有权得到公共服务。机关投入资源的程度是以陈情案件的实质内容而定，而非陈情人的要求或行为。值得注意的是，手册的目的并非提供任何规范。因为管理非理性陈情行为，没有一套一成不变的方法，手册中的建议也并非能达到百分之百的成效。

我国台湾地区的陈情部门，大部分是自己直接处理陈情案件，② 但有些转请给相关权责机关处理的陈情案件也能得到较好的答复，这是基于法律的规定和陈情部门的威信。批转给有关部门处理的陈情案件有关部门必须在限期

---

① 朱瓯：《两岸行政程序法制之比较研究》，中国人民大学出版社 2008 年版，第 323 页。

② 我国台湾地区各机关人民陈情案件的处理情形可分为三大类：转请权责机关处理、自行回复（包括书面及口头回复）、不予受理。据我国台湾行政主管部门研究发展考核委员会出具的《"行政院"及所属各部会与地方政府 100 年度人民陈情案件处理情形调查分析报告》的数据统计显示，我国台湾当局于 2011 年 1 月至 12 月间共受理 190272 件陈情案件，其中自行回复 112251 件（59.0%）、转请权责机关者 53121 件（27.9%）、不予处理者为 24900 件（13.1%）；地方政府共受理 785254 件，自行回复 709286 件（90.3%）、转请权责机关处理为 53935 件（6.9%）、不予受理为 22033 件（2.8%）。

内予以处理，否则有关部门和行政机关人员会视情节轻重受到相应的惩戒。相关负责处理陈情案件的部门要依据法律的规定，以简明、肯定、亲切、易懂的文字迅速答复陈情人。反观信访制度，信访案件很多都是可以通过正常的诉讼途径解决，但是信访人就是愿意选择信访途径解决。

五、我国台湾地区陈情制度与大陆信访制度的比较

我国台湾地区的陈情制度与大陆的信访制度相比较，存在着以下各方面的差异。

（一）概念、适用范围之比较

在一般意义上，陈情同信访基本无异，都是一种沟通民意、救济权利的方式。无论是陈情还是信访，都可以向国家机关、政党、社团作出，狭义概念上的陈情与信访，主要指依法向有关国家机关所作的一种申诉、建议、控告、查询的活动。

（二）基本理念与法律位阶之比较

我国古代已存在与陈情、信访相似的制度，其与现代的陈情信访制度之最大差异就在理念上、在古代，其理念是"官民不平等""王权至上"，臣民的申诉、建议权利来自于开明统治者的恩赐而非固有，民众之申诉不能对抗公权力。而现代的陈情信访制度从根本上皆是立于国民主权的宪政理念之上，不仅对社会权利的维护提供进一步的保护，更注重给予一般民众参与国家管理、行使监督权利的机会，给予国家机关了解民情、改进国家管理的机会，以实现私益与公益的全面保护。① 在法律位阶上，陈情制度是规定在我国台湾行政程序相关法律规定上，具有法律效力；而信访制度则规定在国务院的《信访条例》中，只具备行政法规的效力，很显然信访的位阶及法律效力都不够强。

（三）功能与实效之比较在功能方面

无论是陈情还是信访制度，都不是一种单纯的救济工具，而是具有多重

---

① 参见徐东：《台湾地区陈情制度介评暨其与大陆信访制度之比较》，（台湾）《台湾法研究学刊》2002 年。

功能。从其工具价值意义上来说，二者首先都是一种民意沟通、下情上达的手段。沟通是其首要、基本的功能。二者虽然在功能范围上基本相同，但在立法中其功能价值取向还是略有差异的。陈情制度侧重于民主参与、改善行政的功能，而信访制度侧重于联系沟通与秩序保障的功能，强调维护信访秩序，保障社会稳定。

信访在大陆地区的作用笔者认为要大于陈情在我国台湾地区所起的作用。因为我国台湾地区是已逐步实现民主法治化，法治较为完善，权利都能得到主流法律途径得到救济，权利的救济途径较为多元，民怨能被化解在各个渠道之中，民众的利益可以得到较好的维护，同时"五权分立"的政治制度使权力能够受到很好的监督和制约，而且我国台湾地区的民众平均受教育程度更高，法治意识也更为强烈。因而陈情的使用频率及强烈程度较大陆地区均要低得多。大陆地区正处于经济转轨社会转型和走向法治的道路过程中，这使得民众在权利受到侵害或权益受不到应有的保障时，往往会以信访的方式向国家机关提出要求。但信访与陈情有些不同的是，大陆地区的信访状况要比我国台湾地区复杂，由于各种历史遗留问题以及相关政策的制定没有配套的措施以及法治的不健全等因素，产生了各种现行法律无法解决的难题，比如20世纪70年代就开始实行的计划生育政策，这项政策制定的时候只考虑到了限制人口的增长而没有考虑到如果独生子女中途不幸去世后那些失独家庭的困境如何救济的问题。这些问题是如此的现实而又复杂，以至于法律都束手无策，只能靠信访制度来救济。

（四）制度背后的体制差异

大陆地区与我国台湾地区在经济社会以及体制等方面的差异，导致信访制度和陈情制度有所差异。我国台湾地区实行的是西方式的权力分立制度（"五权"分立），强调"国家权力"的分立与制衡。大陆的信访制度是建立于人民代表大会制度的基础上。

六、我国台湾地区陈情制度对大陆信访制度的启示

基于上述比较，我国台湾地区陈情制度在以下方面对于大陆信访制度的发展具有启示意义。

（一）树立正确的信访观念

帮助信访人树立现代法治理念。因此没有穷尽所有可能的法律救济途径，信访人不可轻易通过信访这种看似廉价、方便的方式向政府机关要求解决问题。信访机构也要正确对待信访。处理信访案件既要坚持原则守住法律的底线，不能害怕非理性信访人缠访闹访而为了息事宁人不顾法律权威，无原则满足信访人的要求，也不能因为大多数信访人诉求是合理的而忽视那些具有偏执性信访人潜在的危害性而麻木大意。

（二）改革信访绩效考核制度

对信访绩效考核制度加以适当的改革。我国台湾陈情案件受理机关并没有像我们各级信访部门这样的信访绩效考核压力，因为在处理陈情案件上，很大程度上不会受制于非理性陈情民众的压力。由于我国大陆和我国台湾的信访情况有着各自的特点和区别，笔者不认为废除信访考核制度是一种最优的选择，考虑到现阶段的信访情况，建议对信访绩效考核制度加以适当的改革。不要让信访考核异化为单纯的数字绩效考核。

（三）加强信访工作的透明度和信息化建设

我国台湾地区电子政务已成为政府处理政务的重要组成部门，这极大的提高了政府办事效率，同时更促进了政府办公的民主化和提升了政府公务的透明度。信访政务信息化有利于让焦急等待事务处理结果的众多信访人有明确的心理预期，可以足不出户就能通过上网查询到涉及自己信访事项的处理进程以及处理结果，同时还可以大大减轻信访部门疲于应对众多信访人登门上访的压力，信访部门的工作人员可以拥有更多的时间集中处理信访事务。现在我国台湾地区各机关普遍都建立了陈情确认信机制、案件追踪查询机制、陈情案件满意度调查机制等这些都值得信访部门借鉴。

（四）加强信访过程的释法说理

我国台湾地区陈情受理机关在处理陈情的过程中十分注意考虑民众的情绪，会跟民众比较详细地解释作出政府行为的理由和依据。这点反映到我们信访工作中就是要加强信访过程的释法说理。信访的提起很多时候都是信访人为了"讨说法"。这要求信访部门工作人员在处理信访事务的时候要有理有据，既有法律依据也要有事实依据。不属于本部门管理的，应充分告知信访人有权处理事项的机关以及其他应知事项，属于本部门受理的应告知信访人需要处理的时间、进程以及可能的后果。例如向信访人说明哪些要求可以解决、哪些要求无法解决，可以解决的，解决效果如何？无法解决的，原因是什么？这些都应事无巨细地告知，做到以理服人。在作出最后信访决定的时候，在决定书中更应充分说明作出信访的法律依据和事实依据。

（五）提高信访工作人员的专业化水平

我国台湾地区行政主管部门制定的《"行政院"及所属各机关处理人民陈情案件要点》要求办理陈情案件应本合法、合理、迅速、确实办结原则，审慎处理。迅速意味着要快速有效地回应民众提起的陈情案件，否则极有可能引发一系列的群体事件。这时候懂得民众心理的工作人员对于陈情民众情绪的安抚非常重要。而且从我国台湾地区监察主管部门编译的《非理性陈情处理操作手册》也可以看出我国台湾地区对于提高政府机关工作人员的素质以处理陈情案件的重视。启示我们处理信访事项需要一批高素质、专业化的工作人员，因为信访处理不仅要熟悉国家法律法规和政策，而且还涉及心理学、社会学等方面的知识，这就要求受理机关的工作人员需要具备上述学科的基本知识，同时拥有高超的调解技巧和说服的艺术才可能妥善处理信访事项，让信访人罢访息诉。具体可以从招聘信访工作人员的资格条件入手，准入门槛是具有法学、心理学、社会学等专业毕业的本科及以上学历的毕业生才能报考信访部门。再次要对在职的信访工作人员进行不定期的法学、心理学、社会学等相关知识培训以提高信访工作人员的专业化水平。

（六）完善并畅通行政诉讼和行政复议等其他救济途径

解决信访困境的真正方法是在信访之外，即信访仅仅是作为一种"兜底"的救济制度存在，不能本末倒置，把信访当作一种主流的救济方式。之所以会出现"信访洪峰"很大程度上是主流法律途径的不畅通或说是不完善造成了民众表达权利途径的堵塞，转而大量本应由主流法律途径消化掉的信访案件流入信访渠道，导致信访部门的不堪重负。只有畅通行政诉讼和行政复议的救济途径才能与信访程序较好地衔接起来，这样即使有行政案件流入信访渠道也能马上得到程序的转换。具体而言，应扩大行政诉讼和行政复议的救济范围，加强行政诉讼判决的执行力度，增加行政复议机关的独立性和透明度，完善行政复议的听证程序等。

（七）制止缠访、闹访等违法信访行为

对民众采取积极柔和的态度处理民众的信访案件并不是意味着对民众滥用信访行为的退让。如果民众滥用权利，试图胁迫政府退让从而得到利益的话，政府机关应坚持立场，拒绝无原则的妥协，否则政府机关的行为在该民众看来是一个软弱的表现，这会助长民众无止境地向政府施加压力，获取本不属于他们的利益。民众滥用信访形成的缠访、闹访现象恐怕还跟当前大陆地区信访机构中的信访绩效考核机制有一定关联。

七、结语

建设法治的道路任重而道远，路漫漫其修远兮，吾辈将上下而求索。信访作为一个民情上达的民意沟通渠道和非诉讼纠纷解决机制的存在是国家法治建设必不可少的组成部分。只有不断地完善信访制度才能让这一古老的制度适应法治时代的要求，使其作为法治"兜底救济"的手段更好地救济民众权利，监督公权力的行使。

第二节　我国台湾地区请愿制度

广义上的请愿曾普遍地存在于古代的东方社会和西方社会中。从这个意义上讲，我国台湾地区的请愿制度产生和发展具有深厚的文化根源。在我国古代的政治统治思想中，人民的意见向来是统治者所需要考虑的重要内容。《尚书》有云，"天视自我民视，天听自我民听"。① 统治者也十分注重建议一种与民众的沟通机制以了解社情民意、宣泄社会矛盾，缓解统治压力。根据有学者研究，这种机制早在先秦时期就已经存在，周代就已经正式成为国家的政治制度的组成部分，② 并在之后演化出路鼓、肺石、登闻鼓等制度。尽管

---

① 瞿同祖：《中国封建社会》，上海世纪出版集团 2005 年版，第 172 页。
② 参见张福刚：《传统权利的现代解读——请愿权理论和规范研究》，中国政法大学出版社 2013 年版，第 98 页。

如此，古代的请愿制度与现代请愿制度具有本质上的区别。正如学者所言，在专制或帝制时代，请愿基本理念乃建立在"官民不平等"之思想上，即使准许请愿，亦只是恩惠，而非具有拘束力之请求，更非具有严格具有对抗公权力之意义。① 换言之，古代请愿之设置目的是为了维护统治特权的绝对权威，并非是基于权利本位的价值追求，难以与现代请愿进行直接对接。

直至20世纪初，尽管请愿尚未在我国宪法法律文本中体现，但是民众的权利意识已经觉醒，轰轰烈烈的请愿浪潮在全国各地展开。这不仅推动了当时社会政治实践的发展，而且还使得现代意义上的请愿制度逐渐深入人心。民国时代的立法精神主要是演习德国和日本的大陆法系，而大陆法系国家大多在宪法文本中规定了请愿权。立法者在比较中外宪政实践的同时开始意识到民众请愿作为一种自下而上表达意见和诉求的渠道是一种必不可少的权利，有必要以立法的形式予以确认。由此，在我国之后的宪法文本中基本上都规定了民众的请愿权，这一立法模式沿袭至我国台湾地区。

目前，请愿已经成为现代法治国家普遍采用的保障权利的制度，并以请愿权在宪法上予以明确规定。一般而言，请愿权是指公民为了维护自身权益或团体、公共利益就特定事项向有关国家机关表达意见，要求其为或不为一定行为的权利。② 据统计，在1976年继续有效的142部宪法中，就有75部宪法对请愿权作了规定。③ 而20世纪八九十年代以来，西班牙、葡萄牙、俄罗斯等数十个国家的宪法又相继对公民请愿权予以确认。在我国的宪法史上，请愿权也曾作为公民的一项基本权利写入宪法，并在我国台湾地区得以法律化、制度化，成为公民权利救济的重要途径之一。

一、我国台湾地区请愿制度的宪法流变

我国台湾地区宪法意义上的请愿制度，最早要追溯至1912年的《中华民国临时约法》。该法采取了将请愿与诉愿、诉讼等权利并列设置的立法模式。

---

① 参见蔡志方：《行政救济法新论》，（台湾）元照出版有限公司2007年版，第13页。
② 参见杨海坤、章志远：《公民请愿权基本问题研究》，《现代法学》2004年第4期。
③ 参见［荷］亨利·范·马尔赛文、格尔·范·德·唐：《成文宪法的比较研究》，陈云生译，华夏出版社1987年版，第151页。

其中，第七条规定："人民有请愿于议会之权"；第八条规定："人民有陈述于行政官署之权"；第九条规定："人民有诉讼于法院，受其审判之权"；第十条规定："人民对于官吏违法损害权利之行为，有陈述于平政院之权"。这种立法模式既反映了《约法》制定者们对请愿权价值的高度认同，也体现了对请愿制度功能定位的认识，对后续宪法请愿权的设置产生了很大影响。

自此以后，尽管政治环境不断变化，宪法几经更迭，但请愿权在历部宪法中均有明确规定，即使在几部价值扭曲、处境尴尬的宪法文本中也予以保留，足见请愿权的强大生命力。1913 年的《天坛宪草》第十四条规定："人民依法律有请愿及陈诉之权。"1914 年的《中华民国约法》第六条规定："人民依法律所定，有请愿于立法院之权。"第八条规定："人民依法律所定，有请愿于行政官署及陈述于平政院之权。"1923 年《中华民国宪法》（即"贿选宪法"）第十六条也规定："中华民国人民依法律有请愿及陈诉之权"。尽管宪法文本对请愿权进行了明确规定，但无论是《中华民国约法》还是《中华民国宪法》，都因为当时动荡复杂的国内局势以及立宪本身的权宜之计或欺骗性而使得请愿权仅仅停留在纸面上规定，丝毫没有任何社会实践价值。[1]

南京国民政府统治时期，1931 年出台的《中华民国训政时期约法》第二十条明确规定："人民有请愿之权。"1947 年的《中华民国宪法》第十六条规定："人民有请愿、诉愿及诉讼之权。"这是民国宪法中第一次将请愿、诉愿和诉讼权放在同一条款进行规定，充分体现了立法者对请愿权权利救济功能的认同。该宪法是 1949 年之后我国台湾地区请愿制度建立的宪法依据，直接影响了我国台湾地区请愿制度的价值趋向和功能定位。

尽管民国以后的宪法大都规定了请愿权的内容，但是列明的条款比较笼统，加之没有较为详细的立法，使请愿成为一种缺乏明确制度规范的活动，在请愿者和被请愿机关之间缺乏沟通机制。1954 年，我国台湾地区制定了请愿相关法律，首次以立法的形式对请愿权的行使进行了具体规定，建立起了相对系统的请愿制度。

---

① 参见张福刚：《传统权利的现代解读——请愿权理论和规范研究》，中国政法大学出版社 2013 年版，第 104 页。

二、我国台湾地区请愿相关法律的制定与修订

(一)我国台湾地区请愿法相关法律的制定

1947年，南京国民政府制定的《中华民国宪法》公布之后，就已经开始考虑研究制定相关请愿法律法规。因为在当时的社会形势下，学生或有关团体集体请愿活动市场发生，他们经常以请愿形式向政府提出各种要求。为此，南京国民政府不得不研究出台相关办法，以此规制民众的请愿行为，防止民众的请愿行为妨害公务、扰乱社会秩序。也正是出于这样的立法背景，相关立法规定并不是出于对民众请愿权的保障，而主要是对民众行使请愿权进行限制。比如，1947年5月5日，南京国民政府出台《维持秩序临时办法》，这部只有6条的规定，涉及请愿的有2条。可以说，这个办法的主要内容就是对民众的请愿行为进行规制。其第一条规定，"凡人民团体或学校学生如向政府有所请愿，应向当地主管机关呈请，主管机关不能解决时，应俟主管机关向其上级机关呈请核办，不得越级请愿"；第二条规定，"凡人民团体或学校学生请愿时，应派代表向主管机关陈述意见，其代表人数以十人为限，不得聚众胁迫，违者以刑法第一百四十九条之规定，予以解散"。① 这两条规定，一方面明确要求民众要逐级请愿，不得越级，另一方面明确了请愿的人数限制。除了上述《维持秩序临时办法》之外，行政院还曾以民众缺乏行使基本权利的训练，需要制定规范意见辅导民众行使请愿权为由，拟定了《请愿法原则》。该原则上报国民政府后被修改为《请愿程序》。但是该法遭到了司法院的强烈反对，认为无制定专门请愿法的必要，② 《请愿程序》的立法因此而终止。

尽管行政主管部门提出的制定《请愿程序》未获成功，但民众的请愿仍然不断，特别是向我国台湾立法主管部门请愿呈现逐渐增加的态势。此时的我国台湾地区立法主管部门并没有一部专门的法律法规处理人民请愿。1948

---

① 吴万得：《立法院人民请愿案之研究》，(台湾)经世书局1985年版，第29页。
② 我国台湾地区司法主管部门主要理由有四：一是在宪法未颁布之前，尚无请愿法的规定，在行宪之后更无特加防范示人之理；二是人民之基本权利，政府应随时予以启示，不可专从官厅一方面着想，予以限制；三是请愿而有影响秩序情事，有违警罪即妨害秩序罪各发条可以适用，毋庸另订专法；四是请愿权规定于宪法，不应另有限制。

年，我国台湾地区立法主管部门在自身议事规则中，规定对人民请愿的案件的处理，也仅仅有一条，即"人民请愿书经审查后得成为议案"，① 对人民请愿书的提出、办理，以及成为议案后的处理程序，则没有做任何规定，导致请愿者与受理者均无所适从。为此，我国台湾地区立法院主管部门将研究制定请愿法纳入议程。

但在当时，我国台湾地区立法主管部门在程序委员会上提出制定人民请愿案办理程序时均认为很有必要。但对是否需要制定请愿法则有不同意见。一种意见认为，因为人民请愿不一定是向立法主管部门请愿，也可向行政主管部门等请愿，应制定统一的请愿法进行规范。第二种意见认为，目前我国台湾地区立法主管部门接收的人民请愿案非常多，应先制定立法主管部门处理人民请愿案的具体办法。至于制定统一的请愿法，视国家法治进程再定。第三种意见认为，请愿法与立法主管部门人民请愿处理办法应分别制定，并行不悖。② 最终，立法主管部门采纳了第三种意见，先由立法主管部门制定相关法律规定立法主管部门人民请愿案处理办法，同时明确由立法主管部门法制委员会研究起草统一的请愿法。

由于请愿相关法律在我国台湾地区是首次制定，之前并无成例。因此请愿相关法律规定的立法过程非常之审慎。正如前文所述，请愿法相关法律草案事实上是由立法主管部门法制委员会起草的。但是，法制委员会事实上是没有立法动议权的，最终不得不请另徐汉豪等 31 人提出请愿相关法律规定的立法动议。请愿相关法律规定草案提交后，立法主管部门会决议再次由法制委员会进行审查，法制委员会在经过广泛征求意见之后，交由 7 人组成的小组审查委员会审查，并再次拟定了请愿法审查修正案，向院会提出审查报告。立法主管部门院会在审查时仍然感到修正案未臻完善，因此再次交法制委员会审查，同时一并将院会讨论意见和发言交由民刑商法委员会做审查参考。最终，两个委员会在第十四会期第二十次会议提出了重新审查后修正案，经立法主管部门院会三读通过，于 1954 年 12 月 8 日公布施行，请愿相关法律规定全文共计 11 条。

---

① 我国台湾地区立法主管部门第一会期第二次会议所通过的议事规则第十八条条文。
② 参见吴万得：《立法院人民请愿案之研究》，（台湾）经世书局 1985 年版，第 33—34 页。

（二）请愿相关法律规定的修订

请愿相关法律规定的修订是由行政主管部门所提出的。1969年，行政主管部门提出请愿相关法律规定部分条文不适应社会形势需要应当进行修订。同时，行政主管部门还约请了内政主管部门、国防主管部门、司法行政主管部门以及我国台湾当局、台北市政府等有关机关代表一起提出意见。行政部门部门汇总参考了各机关意见后，于当年2月27日向立法主管部门正式提出请愿相关法律规定修正案。修正案主要涉及5个方面内容：一是依法应诉愿之事项不得请愿；二是明定请愿应以书面方式行之；三是禁止不当手段之请愿；四是限制请愿或其代表人数（修改为5人）；五是受理请愿机关得不将结果通知请愿人；六是取消地方民意机关代表人民请愿之规定。从行政主管部门提出修正案的原因来看，主要有两个方面，一是为了解决一般行政机关处理人民请愿案件所面临的困扰，二是为了防止不当请愿的发生，维护社会秩序。但从内容来看，修正案更多的是限制人民请愿的权利，减少人民请愿对于行政机关的掣肘。

立法主管部门将行政院提出的修正案交由法制委员会进行审查。法制委员会对行政院提出的修正案进行了反复讨论。最终接受的只有两条：一是人民对依法应当提起诉愿之事项，不得请愿；二是人民请愿不得聚众胁迫、妨害只需或妨害公务。其余四项因限制请愿人权利等原因均被否定。修订后的请愿相关法律即为现行请愿相关法律规定，于1969年12月18日公布实施，共计12条。

三、我国台湾地区请愿相关法律规定主要内容

（一）请愿权的主体

请愿权的主体包括权利主体和义务主体。请愿权的权利主体是指何人具有行使请愿权的资格；请愿权的义务主体，是指何机关具有受理人民请愿之义务。

1. 请愿权的权利主体

作为一项宪法上的基本权利，对权利主体是否设有制，决定了请愿权的适用范围。请愿相关法律规定第一条规定，人民请愿，依本法之规定。根据请愿相关法律规定第五条规定，请愿权的主体包括自然人和团体。由此可见，

我国台湾地区的类似宪法性文件和请愿相关法规定均未对行使请愿权主体资格做出任何限制。但在请愿制度的实践中，有以下几个方面值得特别注意：一是就自然人而言，对于限制行为能力的人有限制。立法主管部门曾明确"未婚之限制行为能力人请愿时，应通知补具法定代理人，始得请愿"。[①] 二是团体请愿没有限制，不仅法人团体可以请愿，非法人团体也可以请愿。三是地方民意机关可代表人民向有关民意机关请愿，这是我国台湾地区十分有特色之规定。从该规定的来源看，主要因为是地方民意机关经常向立法主管部门提出建议，但立法主管部门对此没有专门的程序办理，于是将其视作请愿案件按照请愿程序进行处理。四是外国人请愿的主体资格受限。对此问题在我国台湾地区直存在争论，有观点认为外国人可以请愿，立法院程序委员会为此曾作出原则决定："外国法人的请愿依法可以受理，外国人（自然人）的请愿，则碍难受理。"[②] 根据该条款规定，外国法人在台请愿可以受理，但对于自然人则不予受理。

从其他国家对请愿权的主体资格来看，最大限度地减少对请愿权利主体的资格限制是大势所趋。有的国家对于请愿权的权利主体没有任何限制，任何人都可以单独或集体向国家机关提出请愿。比如《日本国宪法》第十六条规定"任何人""都有和平请愿的权利"。对请愿人之资格并未设任何限制，不仅日本本国国民可以请愿，外国人也可以请愿。不仅自然人可以，法人请愿也被认可。《德国基本法》第十七条规定，"任何人都有权单独的或与他人联名向相应的机构和议会提出书面申请"。这里的任何人，不仅指成年人、未成年人，也包括在监狱中之犯人，而且并未排除外国人。

2. 请愿的义务主体

请愿之义务主体，即根据请愿权利主体的要求而接受请愿并予以处理的国家机关。在立法、司法、行政权力分立的理论模式下，请愿权主要是针对在立法和行政两个环节，而其义务主体也相应的主要是行政机关和立法机关。[③] 当然，也有学者认为，司法机关也应作为请愿之义务主体，国民对于司

---

① 吴万得：《立法院人民请愿案之研究》，（台湾）经世书局1985年版，第64页。
② 同上注。
③ 参见张福刚：《传统权利的现代解读——请愿权理论和规范研究》，中国政法大学出版社2013年版，第24页。

法机关审判工作不满或有其他要求同样有权向司法机关请愿。[①]

根据请愿相关法律规定的规定，人民请愿得向职权所属之民意机关或主管行政机关。该条之规定是从 1954 年请愿相关法律规定修改而来的。1954 年请愿相关法律规定对于请愿义务主体的规定是，"得按其性质向民意机关或主管行政机关请愿"。从内容上来看，基本上是文字上的修改，内容区别不大。但是需要注意的是，对于该条规定的"行政机关"，"乃指实质意义上之行政机关，如'司法院'作为我国台湾地区最高之司法行政机关，对于其执掌事项之应兴应革（尤其是司法制度之人性化、民主化与完善化方面），均得向该院请求改善，总统府亦属之"。[②] 从具体请愿实践来看，请愿相关法律规定对于受理机关之规定过于宽泛，不够明确，影响人民请愿事项的处理。比如人民对于国家政策事项提出请愿，属于中央机关受理事项，但是这事项既可能涉及立法机关，也可能涉及行政机关，但应该由谁来受理不够明确，导致请愿人无所适从。

（二）请愿权的范围

请愿的范围，就是人民对于何种事项可以行使请愿权。请愿相关法律规定第二条规定，即"人民对国家政策、公共利害或其权益之维护，得向职权所属之民意机关或主管行政机关请愿"。第三条和第四条又规定了不可提出请愿之事项，即"请愿事项，不得抵触宪法或干预审判；对于依法应提起诉讼或诉愿之事项，不得请愿"。

从请愿相关法律规定的规定看，请愿范围立法采取的是混合模式，即以概括肯定式为主，兼采列举排除式。此问题在请愿法制定时也曾有争论，但考虑到人民请愿事项范围很广，难以将所有事项均一一列举在法律之中。而且，采取列举式的规定容易形成事实上的限制。为了避免挂一漏万，请愿相关法律规定采取了概括式规定，同时列举排除不可提出请愿的事项。请愿相关法律规定第二条概况规定了人民请愿的事项主要有三种：一是国家政策，指人民对于国家政策之实施和施行后之事项，均可以请愿的方式表达意见；

---

① 参见杜刚建：《请愿权理论和制度比较研究》，载刘海年等主编：《人权与宪政：中国——瑞士宪法国际研讨会文集》，中国法制出版社 1999 年版，第 56 页。

② 蔡志方：《行政救济法新论》，（台湾）元照出版有限公司 2007 年版，第 17 页。

二是公共利害，指涉及多数人之利害关系之事项；三是个人权益之维护，即涉及个人权利和利益事项。在概况规定请愿事项之后，请愿相关法律规定分别在第三条和第四条进行列举式排除规定。

此外，关于人民请愿的范围，也有两种学说，一是广义说，即任何人对于任何事项均可以提出请愿。人们不仅可以对国家政策和公共事务行使请愿权，也可对于涉及个人权益之事项，也可请愿提出。二是狭义说，即请愿应该以公共事务为限，对个人权益之事项应以其他途径提出。这两种学说的不同在于，是否可以对于个人权益之事项请愿。请愿相关法律规定采取了广义说。

（三）请愿权行使的限制

任何权利的行使都有一定的边界，这是保持宪法权利体系得以维系的基本要求。请愿权也是如此。在请愿权的立法过程中，往往需要将请愿权与其他权利进行有效区分，防止权利行使越界导致混乱。依照请愿相关法律规定的规定，涉及请愿权行使之限制有两条，即第三条"人民请愿事项，不得抵触宪法或干预审判"和第四条"人民对于依法应提起诉讼或诉愿之事项，不得请愿"。

1. 请愿事项不得抵触宪法或干预审判

该条之规定多为学者所诟病。首先，关于请愿事项不得抵触宪法。请愿相关法律规定制定时，主要考虑到宪法是国家根本大法，"人民请愿权是宪法所赋予的，因此请愿当然不能抵触宪法"。[①] 然而，请愿权是一项基本权利，"人民对宪法的修正意见，正是对国家最为重要之请愿，绝不应加以限制，反之，到应予以特别鼓励与欢迎"。[②] 笔者也认为，在立法上规定请愿事项不得抵触宪法实属没有必要，人民提出修改宪法的请愿是请愿权应当包含的内容。而且，国外如日本请愿法、德国请愿法等，均无此规定。

2. 请愿事项不得干预审判

人民对于司法审判事项不得提出请愿。而且，人民对于司法机关正在审

[①] 李训如：《"请愿法"释评》，《中国内政》第 10 卷第 3 期。

[②] 师连舫：《论"请愿法"》，《法律评论》第 21 卷第 2 期。转引自吴万得：《"立法院"人民请愿案之研究》，（台湾）经世书局 1985 年版，第 58 页。

判之案件，不仅不能向司法机关请愿，也不能向民意机关或行政机关请愿，否则不予受理。对此问题，理论界尚有争论。如杜刚建教授认为，"国民对于司法机关审判工作不满或有其他要求同样有权向司法机关请愿。司法机关有义务接受和审查国民的请愿。至于司法机关是否按照请愿要求纠正审判工作，这是司法机关的自由裁量权。不能因为请愿涉及审判工作，就认为干扰了司法独立。在一些先进国家，请愿达到一定人数时，还可以对司法判决进行公民投票。如多数通过，可撤销判决"。[①] 在日本，请愿事项是否包括法院的裁判也有两种不同的观点。一种认为，针对确定判决的变更和有关系的实践而进行的请愿侵害了司法权的独立，因此，不被允许；另一种认为，请愿权只是陈述自己的希望而已，并无除外理由。当然，请愿权包括了审查的请愿以及答复的义务，但请愿只是表达了一种愿望，并不意味着司法机关一定采纳。因此，似乎不应一概进行限制。

3. 依法应当提起诉愿或诉讼之事项不得请愿

宪法之所以将在保障诉愿权和诉讼权之外，又保障公民的请愿权，主要是用来弥补诉愿和诉讼制度的不足，一方面人民可以表达对国家政策、公共利害的意见建议；另一方面也可以通过请愿维护个人合法权益，最大化地进行权利救济。从各国的请愿法立法实践来看，权利救济是请愿的重要内容。即使在诉讼制度发达的美国，也存在着公民请愿的个案处理制度。但是，请愿权所具有的权利救济功能是基于其请愿内容的广泛性，请愿权利救济功能的实现必须要具备一个前提条件，即请愿人需要穷尽现有的救济方式之后才能启动请愿程序进行救济。[②]

（四）请愿权行使的方式

请愿权具有受益权性质，能够请求国家为或不为某种行为，从而享受一定利益。因此，在具体权利的行使过程中有着区别于其他权利的程序性要求，需要一定的程序性规范对其运作过程进行规制。这一点，在各个国家或地区的请愿权立法实践中基本是一致的，尽管所规定的具体程序本身有所差别。

---

① 杜刚建：《请愿权理论和制度比较研究》，载刘海年等主编：《人权与宪政：中国——瑞士宪法国际研讨会文集》，中国法制出版社1999年版，第96页。

② 参见张福刚：《传统权利的现代解读——请愿权理论和规范研究》，中国政法大学出版社2013年版，第40页。

我国台湾地区请愿相关法律规定第五、六、十一条分别规制了行使请愿权的有关程序问题。

1. 提交请愿书

我国台湾地区请愿相关法律规定第五条，明确规定："人民请愿应备具请愿书，载明左列事项，由请愿人或请愿团体及其负责人签章：一、请愿人之姓名、性别、年龄、籍贯、职业、住址；请愿人为团体时，其团体之名称、地址及其负责人。二、请愿所基之事实、理由及其愿望。三、受理请愿之机关……"

2. 集体请愿需推选代表

请愿的事项多是涉及国家政策和公共利害，请愿往往涉及人数众多，同时也有请愿者以人数众多来表现民意或有意向请愿对象施加压力迫使其接受请愿要求。为此，一般请愿法均规定集体请愿的人数限制。我国台湾地区的请愿相关法律规定第六条规定，人民集体向各机关请愿，面递请愿书，有所陈述时，应推代表为之；其代表人数，不得逾十人。如此，一方面是为了确保有效沟通，另一方面也是规制请愿权行使。

3. 请愿需和平进行

我国台湾地区请愿相关法律规定第十一条规定，"人民请愿时，不得有聚众胁迫、妨害秩序、妨害公务或其他不法情事；违者，除依法制止或处罚外，受理请愿机关得不受理其请愿"。该条规定体现了人民请愿需以和平方式进行的原则。所谓的和平进行，就是指请愿人不应依恃示威运动或强求接见等威胁、违法手段行使请愿权。现代请愿制度所具有的和平抵抗属性是得到众多中外学者的认可。如杜刚建教授认为，"在现代法治社会中，和平抵抗运动通常表现为请愿运动"。[①] 肖泽晟教授也认为，"请愿是对政府不当行为进行和平抵抗的一种方式"。[②] 当代民主国家的宪法大都规定人民请愿应以和平方式行之。比如，《日本国宪法》第十六条规定："任何人……均有和平请愿之权利。"对于违法行使请愿权，不仅要依法惩治，而且请愿机关可不受理其

---

① 杜刚建：《请愿权理论和制度比较研究》，载刘海年等主编：《人权与宪政：中国——瑞士宪法国际研讨会文集》，中国法制出版社 1999 年版，第 121 页。

② 肖泽晟：《宪法学——关于人权保障与权利控制的学说》，科学出版社 2003 年版，第 261 页。

请愿。

（五）请愿事项的处理

请愿权不同于一般表达自由权的最重要特征，就是请愿权的行使具有一定的法律拘束力，请愿受理机关有义务向请愿人通告请愿处理结果并说明理由。而一般表达自由权，只是单纯地表达自己的意见，有关国家机关没有处理的义务。[①] 早在先秦时期，管子就强调指出："请入而不出谓之灭。"民间有请愿或陈请时，政府应当及时答复。"请入必出"是请愿制度的重要原则。[②]

我国台湾地区请愿相关法律规定第七、八、九条对请愿事项的处理进行了规定。一是处理过程沟通。即请愿相关法律规定第七条规定，"各机关处理请愿案件时，得通知请愿人或请愿人所推代表前来，以备答询；其代表人数，不得逾十人"。由此可知，受理请愿案件之机关，对请愿书多记载之事项、理由及愿望有所疑义，或认为应进一步加以深入了解者，可定期通知请愿人到受理机关备询，通知与否，由受理机关自由裁定。请愿人答询并不具有强制性，如果请愿人接到通知后，并未前往接受应询，法律也不会进行处罚。二是处理结果告知。请愿相关法律规定第八条规定，"各机关处理请愿案件，应将其结果通知请愿人；如请愿事项非其职掌，应将所当投递之机关通知请愿人"。明确请愿受理机关应当将请愿处理结果告知请愿人，如果请愿事项并非其职责范围，应将所应当投递之机关告知请愿人。换言之，对于人民的请愿事项，受理机关并没有必须接受的义务，但是无论接受与否，都应该说明理由并将办理结果告知请愿人。三是请愿平等对待。请愿相关法律规定第九条规定了对请愿人不得胁迫或歧视的内容，即"受理请愿机关或请愿人所属机关之首长，对于请愿人不得有胁迫行为或因其请愿而有所歧视"。

四、我国台湾地区请愿制度对大陆信访制度的启示

日本宪法学者小林直树曾言，请愿权在权利的司法救济制度尚未完善，

---

① 参见张福刚：《传统权利的现代解读——请愿权理论和规范研究》，中国政法大学出版社 2013 年版，第 53 页。

② 参见杜刚建：《请愿权理论和制度比较研究》，载刘海年等主编：《人权与宪政：中国——瑞士宪法国际研讨会文集》，中国法制出版社 1999 年版，第 101 页。

人民的参政权受到限制，甚至言论自由也未完全确立的时代曾经具有重要的意义，但在现代国家，随着上述的各种法律制度以及基本人权得到确立，其重要性则渐趋式微。① 小林直树教授判断的确具有远见，但是尽管如此，现代请愿制度就像是悬挂在国家机关头上的"达摩克利斯之剑"，让国家机关在行使权力时时刻保持谨慎。作为公民也可以随时直接向国家表达意见建议，进行权利救济。因此，从这个意义上说，请愿制度在现代社会仍然具有重要的宪政价值。

（一）　明确信访权利的宪法地位

自我国台湾地区请愿相关法律规定修订以来已近半个世纪，对于保障公民行使请愿权发挥了重要作用，部分机制的设置甚至极具特色。我国台湾地区学者蔡志方曾评论，"请愿制度在法规面缺失较少，但在实务运作之心态面，则仍存在许多缺失。例如不正视人民之最后衡平希望、虚应故事、推脱卸责之情形，屡见不鲜，导致人民舍正道而不由，而助长了不正之关说与抗争。为此，行政程序法乃以陈情制度，而加以改善"。② 究其原因，请愿制度之所以能够发挥如此重要的作用，其根源即在于我国台湾将请愿作为一种宪法权利予以保障，作为宪法权利的请愿权自然能够获得来自法律的严格保障。

实际上，就大陆地区的信访权利而言，信访权利亦是宪法权利的具体形式。我国《宪法》第四十一条规定，中华人民共和国公民对于任何国家机关和国家工作人员，有提出批评和建议的权利；对于任何国家机关和国家工作人员的违法失职行为，有向有关国家机关提出申诉、控告或者检举的权利，但是不得捏造或者歪曲事实进行诬告陷害。信访实际上即是公民行使申诉权和控告权的方式之一，其具有类似于请愿权的属性。"从比较法的角度来看，我国《宪法》第四十一条所列举的这六项权利，基本上属于或者相当于传统宪法学所说的请愿权，即人们对国家或其他公共机关就一定事项而提出希望、不满与要求的一种权利。"③ 然而，《信访条例》并没有将信访与宪法权利联系起来，该条例的第一条规定，为了保持各级人民政府同人民群众的密切联

---

①　参见林来梵：《从宪法规范到规范宪法》，法律出版社2001年版，第145页。

②　蔡志方：《行政救济法新论》，（台湾）元照出版有限公司2007年版，第18页。

③　林来梵：《从宪法规范到规范宪法——规范宪法学的一种前言》，法律出版社2001年版，第144页。

系，保护信访人的合法权益，维护信访秩序，制定本条例。可见，《信访条例》的立法目的在于"保持各级人民政府同人民群众的密切联系，保护信访人的合法权益"，而非保障公民于宪法上享有的申诉、控告权利得以充分行使。这种做法既矮化了信访权利的法律地位，也是信访权利没有获得来自法律的强有力保护的原因之一。未来信访制度的改革应将信访权利作为公民行使申诉权、控告权和参与国家事务管理的重要方式，并通过制定法律的形式使之得到严格保护。换言之，我国大陆地区有必要制定"信访法"。除了我国台湾地区之外，很多国家都有一部专门的请愿法保障公民请愿权、规范公民的请愿行为。[①] 大陆地区目前尚没有一部关于信访的法律（只有行政法规层级的国务院《信访条例》）。各地地方性法规、规章不一、做法各异，呈现出相当大的任意性与差别性。应当在总结各地信访工作经验的基础上，制定统一的"信访法"，提高信访制度的法治化、透明化、专门化。

（二）明确信访的受理范围

当前我国信访的接收的范围五花八门，既有一般的民事经济纠纷，也有司法判决和揭发控告，还有公民对政府的意见和建议。信访被戏称为"是一个筐，什么都往里装"。因此，信访制度也应当要明确受理范围和不予受理范围，厘清信访与行政复议、行政诉讼和仲裁之间的界限。笔者认为，在法治国家的背景下，信访的主要功能是民主监督和参政议政，权利救济应当只是发挥底线作用和补充功能，在其他正常法律途径得到无法救济的情况下，信访才应该"出场"。

（三）依法规范公民信访行为

当前我国信访制度门槛过低，导致大量无序、无效信访现象产生，浪费了大量的政府资源。我国台湾地区请愿相关法律规定明确规定人民请愿必须要提交请愿书，而且规定了请愿书的基本要素。人民向有关国家机关信访也应该履行相应的义务，以此减少重复信访和无效信访的发生，减少行政资源的浪费。此外，我国台湾地区请愿相关法律规定还明确规定"人民请愿时，不得有聚众胁迫、妨害秩序、妨害公务或其他不法情事；违者，除依法制止

---

① 最典型的如日本的《请愿法》、德国的《请愿委员会处理请求和申诉的原则》以及俄罗斯的《俄罗斯审理公民请愿的规则》等。

或处罚外，受理请愿机关得不受理其请愿"。当前，我国信访过程中也存在大量的违法信访行为，有的以大规模群体聚集信访的形式向政府施压，对于此类行为应当依法进行制止和处罚。

五、结语

我国台湾地区的请愿制度为同一文化背景下的大陆信访制度的完善提供了一个可供参考借鉴的样本。但是，长期以来，学界对于我国台湾地区请愿制度缺乏应有的关注，相关文献的介绍也只是蜻蜓点水。希望笔者的介绍能够推动学界对我国台湾地区请愿制度给予更多的关注 。由于大陆地区相关资料的匮乏，能够查找到的相关文献也年代久远，加之笔者也缺乏对其制度运作的实际感受，相关介绍可能存在疏漏与不足，权当抛砖引玉。

第三节　我国香港地区申诉专员制度

申诉专员（Ombudsman）又被称为监察专员。Ombudsman 一词原指征收负罪人罚款施于受害人的代理，后来用于形容一个代表他人或保护他人利益的人。[①] 1809 年瑞典依照《政府组织法》任命了近现代历史上第一位监察专员，专门代表议会监督政府，保护公民合法权益免受侵害。20 世纪 80 年代，这一制度传播到亚洲，巴基斯坦、韩国、菲律宾等国家和地区相继建立了监察专员制度。1988 年 7 月 20 日，我国香港地区通过 "1987 年行政事务申诉专员条例草案"成为法例，行政事务申诉专员公署也于 1989 年 2 月 1 日成立。自此，香港确立起了本区域的行政监察专员制度。1994 年 7 月，行政事务申诉专员的中文名称改为 "申诉专员"，条例和公署的名称也作出了相应的改变。香港申诉专员制度的建立有着深厚的时代背景、文化背景。20 世纪 60 年代，香港适应当时国际经济发展的潮流，抓住亚太地区经济迅速发展的机遇，利用得天独厚的区域优势，经济进入了迅速发展的时期。伴随着经济的

---

① 参见孔祥仁：《行政监察专员制度——世界各国行政监察机构设置模式综览之三》，《中国监察》1999 年第 7 期。

高速发展，行政权固有的扩张性趁势展露，行政管理领域日趋扩大，公共行政失当行为日渐增多。同时，在现代行政发展的背景之下，行政监察专职化以及行政救济途径多元化的趋势迫使香港作出改变，独立申诉渠道的建设显得尤为迫切。由此，香港参照传统的申诉专员制度的模式，建立起了自己的申诉专员制度。

信访制度是我国特有的一项政治制度，信访制度所依据的制度文化、意识形态以及信访制度的设置、运行都具有自己的特色。这一制度在化解矛盾、稳定秩序方面发挥了重要作用。但如今处在社会大变革和制度大转型中的信访制度，其运行面临诸多亟待解决的问题，需要进一步改革才能得到完善。香港没有纪委，没有监察局，也没有信访局，构建于申诉专员制度下的香港申诉专员公署则兼具这些机构的部分职能。从 1989 年香港申诉专员制度始建至今，这一制度已经成为监察政府工作、解决市民申诉的有效途径，对排查社会纠纷、接受社会诉求、化解社会矛盾、维护社会秩序和提升公民对政府的信任水平所产生的积极作用有目共睹。香港的申诉专员制度与内地信访制度在实然功能上有相通之处，具有许多优点，值得我们去借鉴。

一、我国香港地区申诉专员制度考察

（一）申诉专员制度的性质及产生过程

香港的司法制度与大陆不同，香港的司法制度规定举证的责任在控辩双方，根据相关行政法律的规定，市民如果要申请司法审核，必须提供证据表明政府或公营机构的行为不合法、不合理或者程序不当。否则，法院不会轻易对被投诉的行政行为进行干预。此外，诉讼程序烦琐且费用高昂。鉴于上述因素，有必要设置独立于法院之外的申诉渠道，处理一般市民的投诉。

早在 1969 年，国际司法组织香港分会发表一份报告，要求港府设立一个"简单、廉宜和有效率的机制，以保障市民的基本权利和自由，以及在市民权利受到损害时，协助他们寻求补救办法"。[①] 但在随后的 19 年，港府未按上述要求设立相关组织，只是对既有申诉渠道进行改善。后来由于民众的强烈建

_____

① 参见戴婉莹：《申诉专员制度与公民监察权》，亚洲监察协会第七次会议国外论文，秦风网，http：//www. qinfeng. gov. cn/info/1744/74191. htm，2015 年 8 月 7 日访问。

议，港府于 1987 年 10 月决定设立行政事务申诉专员（1994 年 7 月改为"申诉专员"），并制定"1987 年行政事务申诉专员条例草案"，该草案于 1988 年 6 月 20 日由立法局正式通过，申诉专员公署（Office of the Ombudsman），当时称之为"行政事务申诉专员公署"，也于 1989 年 3 月 1 日运作，开始为市民服务。申诉专员公署作为监察公共行政的独立的法定机构，是香港政府机构系统外处理涉及适当行政事宜的独立的投诉渠道和调查机构。根据《申诉专员条例》第 3 条（1）、（2）之规定："为本条例的施行，须设一个名为申诉专员的单一法团"，"专员属永久延续，并可以以该法团名称起诉和应诉"。《申诉专员条例》第 3 条（3）规定："行政长官须亲自签署文书委任一人为专员"。申诉专员作为行政申诉专员制度中的最重要部分，必须由行政长官委任，现任申诉专员由刘燕卿女士担任。

随着社会的发展，对行政失当行为的监控与处理水平已经逐渐成为社会文明和进步的标志之一。香港申诉专员制度是指申诉专员依据市民的投诉或者专员的主动调查，处理失当行政行为的制度。其所设立的目的，是为了确保香港的公共行政公平和有效率，兼及问责开明，服务优良，并透过独立、客观及公正的调查，处理及解决因公营机构行政失当而引起的不满和问题，以及提高公共行政的质素和水平，并促进行政公平。[①]

（二）申诉专员制度的具体内容

1. 申诉专员公署的组成

申诉专员公署并非政府部门，而是根据《申诉专员条例》成立的法定机构，实行首长负责制，申诉专员直接对行政长官负责，由行政长官委任，任期五年，可连选连任，其薪酬、委任条件等由行政长官决定。在申诉专员公署的内部组成机构上，设有申诉专员、副申诉专员、一个评审组、两个调查科、一个行政及发展科、一个编译组。此外，在申诉专员下设有五类顾问，分别是工程及测量、法律、社会工作及更新事务、医务及护理、会计。

2. 申诉专员的职责范围

申诉专员的职责主要是对一般政府部门和主要公营机构行政失当的投诉

---

① 参见香港申诉专员公署网，http://www.ombudsman.hk/zhcn/about_this_office/vision_and_mission.html，2015 年 8 月 8 日访问。

展开独立调查。① 应担当监察政府的角色，以确保：官僚习性不会影响行政公平；公营机构向市民提供便捷的服务；防止滥用职权；把错误纠正；在公职人员受到不公平指责时指出事实真相；人权得以保障；公营机构不断提高服务质素和效率。② 对于行政违法行为，申诉专员一般不会受理。《申诉专员条例》对行政失当做了尽可能宽泛的概括："行政失当"（maladministration）指行政欠效率、拙劣或不妥善，并在无损此解释的一般性的情况下，包括（a）不合理的行为，包括拖延、无礼及不为受行动影响的人想的行为；（b）滥用权力（包括酌情决定权）或权能，包括作出下述行动——（i）不合理、不公平、欺压、歧视或不当的偏颇的行动，或按照属于或可能属于不合理、不公平、欺压、歧视或不当的偏颇的惯例而作出的行动；或（ii）完全或部分基于法律上或事实上的错误而作出的行动；或 （c）不合理、不公平、欺压、歧视或不当的偏颇的程序。③ 归纳起来主要有三项：一是不合理的行为，包括拖延、无礼和不替受行动影响的人着想等；二是滥用权力，包括不合理、不公平、袒护等；三是程序上存在不合理、不公平之处。

同时《申诉专员条例》在第十条"调查申诉的限制"中规定了申诉专员不得展开调查的情况，归纳起来主要有：另有法定途径可供上诉人获得救济的方法的事项；与以往的投诉性质相同且经调查后并未发现行政失当的事项；微不足道或者无理取闹的事项；投诉警务处或廉政公署的事项；投诉政府政策或人事问题的事项；投诉人对所投诉的行为已知悉超过两年。

申诉专员的职权范围并非一成不变，在 20 多年的发展中逐步扩展。其主要原因在于新的行政失当行为的不断出现和市民权利诉求的日益高涨。申诉专员现有的调查范围涵盖除香港警务处和廉政公署之外的政府部门和 19 个主要法定组织。此外，香港警务处、廉政公署、香港辅助警察队和公务员叙用委员会秘书处如果被投诉违反《公开资料守则》。申诉专员也有权调查。目前在香港学界和社会，有许多人呼吁扩大申诉专员的职权，让申诉的阳光照到

---

① 参见林莉红：《香港申诉专员制度介评》，《比较法研究》1998 年第 2 期。转引自薄钢主编：《信访学概论》，中国民主法制出版社 2012 年版，第 306 页。

② 参见香港申诉专员公署网站，http：//www.ombudsman.hk/zh - cn/about_ this_ office/vision_ and_ mission.html，2015 年 8 月 8 日访问。

③ 参见《香港特别行政区申诉专员条例》第二条。

政府的每一个角落。

3. 申诉专员的职权

申诉专员的职权无疑是申诉制度的着重点之一，《申诉专员条例》授予了申诉专员概括性的权力。其中，《申诉专员条例》第七条规定了"专员的职能及权力"，第十三条规定了申诉专员的证据调查权，第十六条规定了专员的报告权，第十八条规定了专员的豁免权。概括起来主要有以下职权：

（1）调查权

这一权力是指申诉专员可以根据市民的投诉或依职权主动进行调查，不受法律条文对有关投诉事项的决定的限制，也不受有关机构的处事程序及该机构对投诉事项所作出的决定的限制。申诉专员在调查时，有权向被调查机构及其他任何人索取相关资料或者听取意见，此外，调查以闭门的方式进行，任何一方都不能委托律师。在调查完毕后，申诉专员必须将调查结果通知投诉人。

（2）公开权

这是指申诉专员将调查结果公开，但这一公开需要满足几个条件，一是必须符合公共利益的需要；二是不得披露所涉人员身份；三是公开方式必须适当。

（3）建议权

这是指申诉专员在调查完毕，得出调查结论后，向被投诉机关或人员提出纠正不当行为的意见，提出改进方法，提出对投诉人救济的意见。

（4）控告权

申诉专员在三种情况下向行政长官或者立法会提出提交报告：一是申诉专员对被投诉机关人员纠正不当行为的建议和对投诉人救济的建议没有在指明期限或合理期限内得到采纳。二是申诉专员根据调查结果，如果认为被调查部门存在严重的行政失当，可以在向有关部门提交调查报告时，另外向行政长官提交报告，说明自己的意见和理由，并在规定期限内将报告转交立法会。三是在每年的 6 月 30 日前，申诉专员须向行政长官提交年报，年报的主要内容是说明专员在过去一年内的履职情况，行政长官将报告提交立法会。

4. 申诉专员行使职权的程序

申诉专员公署在受理市民投诉后，对性质简单的投诉进行初步的研究询问之后即可解决。如果投诉的事项性质复杂，公署在经过审查后决定予以调查，在调查组调查结束时作出投诉是否成立的结论。如果认为投诉成立，则由申诉专员提出解决投诉问题的建议，包括如何纠正失当行为以及如何补救受侵害人。确有必要时，公署也会提议对相关的政策、程序甚至是法例作出修改，以防再出现同类错误。

二、香港申诉专员制度法治化建设面临的挑战[①]

香港自 1989 年设立申诉专员制度以来，一直以法治化的方式不断发展、完善着这一制度，申诉专员已在香港市民中树立起公正、独立的形象。然而随着社会的不断发展，新形式的行政失当行为的涌现与市民日益高涨的权利诉求，也使得这一制度面临着不小的现实挑战。

（一）功能定位是否要拓展的问题

香港申诉专员制度是参照传统的申诉专员制度的模式而设立，香港《申诉专员条例》也将申诉专员定位于对行政失当行为的监察者。随着公民权益保护意识的增强，一些其他国家和地区纷纷扩大申诉专员（监察专员）的职权，使之可以接受市民就公民权益的投诉。香港是否将申诉专员公署的角色扩展至公民权益保障机构，一直颇有争议。早在 1998 年，第二任申诉专员苏国荣就曾经作过相关报告，并认为香港申诉专员在具备一定条件后，可以拓展在监察公民权益保护问题上的功能。第三任申诉专员戴婉莹在任期内一直推动申诉专员在公民权益保护中的作用，并认为申诉专员在实践中已经承担了保护市民权益的现实职能。其实正如戴婉莹所言，无论是否赋予申诉专员以新角色，申诉专员在工作中切实发挥着保障公民权益的作用，处理申诉本身已经蕴含了保护公民权益的价值理念。

（二）职权范围是否要扩大的问题

纵观香港申诉专员制度 20 余年的进程，可以看出其职权范围在逐步扩大，一方面是新的公营机构不断建立，另一方面则是调查的对象不断扩大。虽然目前申诉专员的调查范围已经基本上覆盖了香港的政府部门和法定组织，

---

① 参见胡健：《香港申诉专员：前路漫漫》，《法制日报》2009 年 11 月 10 日。

但仍然存在一些部门不受申诉专员的调查。为使申诉的阳光照到政府的每一个角落，学界和社会一直在呼吁扩大申诉专员的职权范围，但在该问题上反对的声音也一直存在。如第三任申诉专员戴婉莹曾主张将选举管理委员会、区议会等八家机构纳入调查范围，但香港特别行政区政府明确表示反对将管委会和区议会纳入调查范围。伴随着社会管理的日益复杂和政府职能的不断扩充，申诉专员的扩权显得势在必行，但是如何说服反对者，将是申诉专员要面对的一项重大挑战。

（三）私人领域能否涉足的问题

香港申诉专员的本初定位是监察公营部门的行政失当行为，也许正是申诉专员制度在香港得到了成功的实践，政界和学界不仅仅主张扩大申诉专员的职权范围，更积极主张将申诉专员扩展至私人领域。香港特别行政区立法会也曾就是否设立医疗服务及大学事务申诉专员展开过辩论。但同时，申诉专员涉足私人领域也遭到了不少人士的激烈批评，他们认为大多数私人领域的纠纷已经有司法、仲裁等成熟的渠道调处，因此再设立申诉专员完全无此必要。

三、香港申诉专员制度与内地信访制度之比较

香港申诉专员制度与内地的信访制度相类似，这一制度在香港运行 20 余年以来，达到了监督政府行政行为，维护公民正当权利，使公民对政府的不当行为"投诉有门"，改善行政的目的。同时，作为一种正式的制度，申诉专员制度比信访制度成熟得多，因此，把香港的申诉专员制度与内地信访制度作深入比较必定对现行信访制度的改革有重大意义。

（一）香港申诉专员制度的特点

1. 明晰的功能定位

《香港申诉专员条例》将申诉专员定位于政府和公营部门的监察者。"担当监察政府的角色，其使命就是应对行政失当对政府管制的负面影响，确保官僚习性不会影响行政公平，公营机构向市民提供便捷的服务，防止滥用职权，及时纠正错误，在公职人员受到不公平过指责时指出事实真相促使公营

机构不断提高服务质素和效率，公民权益得以全面保护。"① 《香港申诉专员条例》授予申诉专员调查权、证据收集权、公布报告权、控告权等权力，申诉专员在认为必要的时候有权对被投诉的行政机关进行直接调查，并且向社会公布调查报告，报告一公布，就立刻引来媒体、立法会以及各种社会团体的压力。得益于香港管制文化的影响，政府部门对申诉专员的报告历来都很重视，香港特别行政区政府的首长们如行政长官、政务司长以及公务员事务局都会注意到报告的内容，在这种压力之下，涉事部门都会积极跟进申诉专员报告中的建议，改正自己的失当行为。通过这样的监督方式，申诉专员的监督权渗透到政府的各个部门以及绝大多数的公营机构，到目前为止，申诉专员的监督范围已经基本覆盖了香港的政府部门和法定组织。

2. 不断增强的独立性

"相对独立的组织机构是绩效申诉要做到维护正义、主持公道、按章办事、不偏不倚的重要条件之一。"② 为确保申诉专员能够有效地履行职权，"他不但必须独立于政府框架之外，而且让市民确信它是独立的"。③ 成立 26 年来，香港申诉专员遵循着这一原理，并且在不断地增强申诉专员的独立性。香港《申诉专员条例》的三次修订为它的独立既提供了法律保障也见证了它获得独立的全过程。《申诉专员条例》确保申诉专员的独立性有三个重要的制度安排。

（1）申诉专员的产生和免职方式

申诉专员由香港特别行政区行政长官亲自签署文书委任，任期 5 年，可连选连任。④ 申诉专员一旦任职，可随时以书面通知向行政长官辞职，但行政长官只有在申诉专员履职不能或者行为不当的时候，才能将申诉专员免职，而且这种免职必须取得立法会议员以三比二的大比数批准。

（2）申诉专员享有独立的人事权

申诉专员公署成立之初，一直参照政府部门的模式运作，属下人员都是

---

① 胡健：《"替你申诉，还你公道"》，《法制日报》2009 年 10 月 27 日。
② 卓越：《政府绩效管理导论》，清华大学出版社 2006 年版，第 347 页。
③ 戴婉莹：《申诉专员制度与公民监察权》，亚洲监察协会第七次会议国外论文，秦风网，http：//www. qinfeng. gov. cn/info/1744/74191. htm，2015 年 8 月 7 日访问。
④ 参见香港《申诉专员条例》第三条第（3）项，第 3A 条。

从政府借调过来的公务员。2001 年 12 月 29 日《2001 年申诉专员（修订）条例》生效，申诉专员才被确定单一法团，专员有正式印章，可以该法团名称起诉和被起诉，有全权处理本身的人事及行政事宜，在制度和运作程序上实现与政府脱钩。申诉专员全权委任自己所需的职员，获委任的人的薪金、为人条款及条件由专员决定。并且，专员可不时委任他认为有需要的技术或专业顾问，同时，不得视专员为政府的雇员或者代理人，① 以确保申诉专员独立于政府架构之外。为此，申诉专员不断调离公署的政府人员，取而代之为以合约的方式所聘请的社会人员。1994 年起，申诉专员聘请了首批调查人员，到 2005 财政年度，申诉专员公署的合约人员为 88 人，占全署工作人员总数的 100%。②

（3）申诉专员享有独立的财政权

为排除政府对申诉专员从财政上进行干涉或施压的可能，《2001 年申诉专员（修订）条例》规定了多个保障申诉专员财政独立的条款。③ 对于申诉专员的独立财政权，现任申诉专员黎年曾作过言简意赅的总结："简单来说，就是政府划拨一笔钱给公署，由专员独立决定雇员的薪酬开支和其他任何用途。换言之，申诉专员公署的开支不受政府预算限制，地位独立。"④

3. 工作机制规范化与灵活性的结合

申诉专员的工作程序是《香港申诉专员条例》重点规范的内容之一，申诉专员工作的各方面细节都有了立法的规范与保障。申诉专员的工作程序可分为三个部分：一是受理并审查、筛选公民的投诉，只对符合规定的对行政失当的投诉予以接受并继续下一步的工作。二是处理投诉，这是申诉专员工作的最关键环节。专员处理投诉一共有三种方式：对一般性的投诉进行查讯、对复杂的个案进行全面调查、对不涉及行政失当或者只有轻微行政失当的案件进行调解。三是根据调查结果，向被投诉的政府及公营机构提出改进建议以及向社会公布调查报告。每一个工作环节都有规范的程序约束，申诉专员不能任意地行使自己的职权。随着电子网络的发展，申诉专员工作的方式也越来越灵活。2000 年 1 月以后，专员公署开始受理以电子邮件的形式提出的

---

① 参见香港《申诉专员条例》第三条第（1）项，第六条第（1）、第（2），第 6A 条、6B 条。

② 参见陈志勇：《香港申诉专员制度的发展与启示》，《云南行政学院学报》2007 年第 1 期。

③ 参见《香港申诉专员条例》第三条第（6）项、第六条第（2）、（3）项。

④ 参见《香港申诉专员公署探访：兼具纪委信访办等职能》，《南方都市报》2012 年 8 月 16 日。

投诉。2001年3月以后，专员公署又推出了电话投诉。到目前为止，专员公署接受投诉的方式一共有6种，即亲临公署投诉、邮寄信件投诉、传真信件投诉、投诉表投诉、电子邮件投诉和电话投诉。在这些投诉方式之中，电邮方式为最多人采用。就最近3年来看，2013年全年收到电邮投诉案件2144宗，占投诉个案总数的39%，2014年这一数据上升到43.7%，2015年达到49%。[①] 投诉方式的多样化既方便了公民的监督，也有利于专员提高工作效率，快速、迅捷地对投诉事项做出处理。

4. 有所为有所不为

根据香港《申诉专员条例》，申诉专员公署的职能是依据投诉或者主动发起对行政失当的调查，并出具调查报告。对于行政失当之外的行政违法行为，可以依据传统的诉讼等司法途径请求救济，申诉专员对这类案件一般不会受理。由此可见，"香港申诉专员是在做司法之外的补丁工作"。[②] 虽然《申诉专员条例》赋予申诉专员包括调查权、建议权、公开权和控告权在内的四项权力，但申诉专员的法律定位决定了他是"无牙老虎"。这四项权力也都是"无牙"的"软权力"，因为虽有调查权，却无处分权；虽有建议权，却无决定权。[③] 申诉专员虽没有执法权和惩罚权，但有学者认为，正是他的这种"无牙"造就了他的成功。"因为他的报告只有建议权，相关部门因而不会采取太强硬或自卫性的立场作自辩，所以申诉专员的建议更容易被行政部门接受从而做出改善。这样的说法不无道理。"[④]

（二）与香港申诉专员制度对比下的内地信访制度缺陷

作为同样为倾听民意、化解社会冲突、处理不合理行政等问题而设立的制度，香港申诉专员制度与内地信访制度在设立初衷、许多方面有着共通之处。分析信访制度的缺陷并非为了比较信访制度与申诉专员制度孰优孰劣，也并非为了照搬照抄香港申诉专员制度的优点，但以香港申诉专员制度的成熟经验为鉴，有益于解决当前的信访困境，也有益于规划信访制度的未来

---

① 数据来源于《2013年香港申诉专员年报撮要》《2014年香港申诉专员年报撮要》《2015年香港申诉专员年报撮要》。

② 参见《香港申诉专员公署探访：兼具纪委信访办等职能》，《南方都市报》2012年8月16日。

③ 参见胡健：《香港申诉专员的成功之道》，《法制日报》2009年11月3日。

④ 胡健：《香港申诉专员的成功之道》，《法制日报》2009年11月3日。

走向。

1. 信访制度的功能有待重新审视

从 2005 年国务院通过的《信访条例》第二条①看，我国信访制度的设计蕴含着政治参与、意见表达和权利救济等政治参与功能。作为一种具有中国特色的制度设计，信访制度在实践中发挥着日益多元的现实功能，从实质法治角度看，这些功能的发挥有利于实现社会的公平正义，有利于确保国家整体制度的健康和稳定。然而随着经济体制的深刻变革、社会结构的急剧转型、利益格局的不断调整，信访制度的功能逐渐走向了异化。"我国信访制度目前面临的主要问题之一是信访制度功能的扭曲。其具体表现是信访制度的政治参与和表达沟通功能逐渐萎缩，权力监督功能实效单一，而权利救济功能则过度扩张。信访制度原本是一种正常司法救济和行政救济之外的补充性救济机制，而目前最主要的功能却转变为化解纠纷和提供救济。很多群众将信访视为优于司法救济和其他行政救济的救济方式，出现了'信访不信法'的现象。"②

2. 信访机构的独立性有待加强

以行政信访为例，国务院《信访条例》第六条规定："县级以上人民政府应当设立信访工作机构；县级以上人民政府工作部门及乡、镇人民政府应当按照有利工作、方便信访人的原则，确定负责信访工作的机构（以下简称信访工作机构）或者人员，具体负责信访工作。"从机构设置上看，目前国内各级政府信访局（办）均由同级政府办公厅（室）代管，信访机构是设置在政府下面的一个部门，信访机构的地位仍处于由"秘书机构"向"职能机构"艰难转型的阶段，无论是组织结构，还是人事权、财政权对政府都有很强的依赖性，因此在监督过程中存在着权威不足的问题。

3. 信访事项的受理范围过于宽泛

2005 年国务院《信访条例》对信访事项的受理范围并没有作出具体的规定。虽然根据"谁主管、谁负责"的"归口"管理原则，可以间接得出信访

---

① 《中华人民共和国信访条例》第二条："本条例所称信访，是指公民、法人或者其他组织采用书信、电子邮件、传真、电话、走访等形式，向各级人民政府、县级以上人民政府工作部门反映情况，提出建议、意见或者投诉请求，依法由有关行政机关处理的活动。"

② 孙大雄：《信访制度功能的扭曲与理性回归》，《法商研究》2011 年第 4 期。

部门受理的事项必须在政府职权部门的职权范围之内,但在信访实践中,信访事项与行政事项混同,使得一些本应当属于行政事项的被当作信访事项来处理,从而引发了许多的问题。① 同时,受限于信访功能的定位不准,信访部门既要处理公民对国家机关及其工作人员的批评、检举,也要受理公民的权利救济请求,信访的牵涉范围越来越广,几乎所有的社会矛盾都集中到信访部门,每年巨大的信访量就表明了这一点。"甚至我国公民对信访的偏爱程度已远胜于正常的司法救济途径,以至于出现了'信访不信法、信上不信下、信闹不信理'的怪象。"②

4. 信访工作机制有待规范化和程序化

虽然国务院《信访条例》已经就信访工作的法定程序做出了规定,包括信访机构的职责,信访事项的受理与处理,信访事项的办理、复查、复核和督办等方面的内容,但是,与更加注重程序价值的诉讼、仲裁制度相比,以实质正义为导向的信访制度在机制运行的规范性、程序性上有待加强。信访工作的弱程序性、弱规范性的后果已经显现出来,日益显现,很多信访领域的问题与此密切相关。

四、香港申诉专员制度对完善内地信访制度的启示

信访制度是中国政治实践的产物,既蕴含着悠久的历史文化传统,也凝聚着中国的当代政治实践,是中国宝贵的制度资源。与香港申诉专员制度相比,我国的信访制度有很大不同,但两者在功能等方面有着一定的相似之处。因此,香港申诉专员制度的有益经验对完善我国的信访制度有着重要的借鉴意义。

(一)推进信访制度的法治化

法治是人类社会重要的制度文明,也是现代国家治国理政的基础理念和方法。十八届四中全会提出要全面推进依法治国,建设社会主义法治国家。信访法治化不但是依法治国的基本要求,也是实现国家治理体系和治理能力现代化的重要内容,更是在国家治理背景之下,信访制度进行自我完善与发

---

① 参见张宗林、郑广森主编:《信访与法治》,人民出版社 2014 年版,第 109—110 页。
② 胡建淼:《信访制度改革的出路在哪里?》,《学习时报》2013 年 5 月 27 日。

展的重要机遇和选择。只有完善信访立法，规范信访行为，才能从根本上走出信访困境。虽然信访制度在社会主义民主与法治建设中取得了长足进步，但信访工作本身仍然存在诸多不足，亟须改善。在新的历史时期，信访制度的完善与发展必须走法治化的道路。信访法治化要基于法治思维保持制度一致性，未来信访立法的设计必须要从国家整体的视野、长远的角度考量，更要保持制度的传承与延续。信访法治化首先要推动统一信访法的出台。未来的信访法必然要符合宪法、立法法以及其他与之相关的法律的合法性与合理性的审查，以减弱乃至去除信访工作的现有弊病。其次，信访法治化要推动信访工作公开化、透明化。提高政府透明度，增强信息公开化是大势所趋，实现信访处理过程的公开也是信访法治化的重要内容。再次，信访法治化必须回应现实信访困境。当前我国信访法治化建设进程中面临着信访功能定位问题、信访受理事项的范围与时效问题、信访工作机制运行问题等诸多问题。未来"信访法"的设计要针对信访现状作出针对性的制度安排。最后，信访法治化应扩大信访制度红利。信访法治化的进程，也是制度的传递、接续、沿袭创新的过程。① 信访法治化必须在珍惜信访制度资源的基础上，深刻认识和准确定位信访功能，努力实现信访制度与诉讼、仲裁、行政监督等纠纷解决机制和权利救济制度的合理对接，通过自身制度变迁来实现更大的制度红利。

（二）合理定位信访制度的功能

功能定位是制度发展完善的基础。香港申诉专员制度的成功首先得益于清晰的功能定位，申诉专员作为代表人民对政府及公营机构的监督者，通过客观、公正、独立的调查，解决行政失当问题。实践中，信访制度发挥着多种制度功能，其中解决纠纷的功能凸显，这彰显了实质正义的价值。然而我们也看到，信访制度权利救济功能的愈加凸显是对转型期社会矛盾多发的现实回应。从长远来看，对信访制度的功能定位应当凸显对公共权力的监督和对法治的补充"信访既是行政信访的功能实现载体，也是行政监督的运行机制，

---

① 参见张宗林、郑广森主编：《信访与法治》，人民出版社 2014 年版，第 154 页。

它具有鲜明的行政监督的基本属性"。[1] 信访制度对于公共权力的监督职能，也有《信访条例》及《监察机关举报工作办法》的法律依据。[2] 因此，应当将信访的功能划分为两个层次，首先的是权力监督功能，其次是具有补充性质的权利救济功能。[3]

(三) 增强信访机构的独立性与权威性

香港申诉专员公署独立于政府部门，公署享有独立的人事权和财政权，同时申诉专员由行政长官任职，一般情况下无去职之忧。这些确保独立性的措施保障了申诉专员及其职员免受政府、其他社会组织的干扰，同时，独立方显超脱，公署作出的调查报告也才会得到申诉人和所涉机构的信服与接受。反观我国的信访机构，大部分信访机构仍带有浓厚的秘书色彩，其独立性与权威性的不足影响了信访功能的有效发挥。借鉴香港申诉专员的经验，结合我国的政体和国情，在今后的信访立法中应当逐步增强信访机构的独立性与权威性，赋予信访机构相应的行政监督权与行政评价权。

(四) 规范信访事项的受理范围

根据香港《申诉专员条例》，申诉专员公署的职能是对政府或公营机构的行政失当行为进行调查并出具报告，对于可以依照传统司法审查途径进行救济的行政违法行为，申诉专员一般不会受理。同时，《申诉专员条例》第十条列明了调查申诉的限制，对于"申诉人对他所申诉的行动已实际知悉超过24个月专员才接获申诉""根据任何条例有权利或曾经有权利按案情的是非曲直向行政长官、行政长官会同行政会议、由任何条例或根据任何条例组成的审裁处或委员会或其他权力机构提出上诉或反对、或申请审核"的行为，除非特殊情况，否则专员不得对申诉展开或继续调查。[4] 得益于清楚明白的申诉受理范围，香港申诉专员的投诉总量并不会太大，且也没有明显上升的趋势。"也只有那么少的投诉量，申诉专员公署才能按部就班地对投诉进行筛选，对

---

① 王浦劬：《以治理的民主实现社会民生——对于行政信访的再审视》，北京大学出版社 2012 年版，第 287 页。

② 参见王凯主编：《信访制度与国外相关制度分析研究》，中国民主法制出版社 2013 年版，第 241 页。

③ 参见苏梦婕：《对我国信访制度的思考》，《法制与社会》2014 年第 3 期。

④ 参见我国香港《申诉专员条例》第十条。

重点投诉进行全面调查。如果申诉或信访系统每年接到 1000 万件投诉,恐怕任何部门都无能为力。"①

尽管《信访条例》第十四条和第十五条区分了涉诉信访事项和非涉诉信访事项,并明确要求信访人应该依法通过司法途径解决涉诉信访事项,但是现实情况并没有解按照《信访条例》的规定发展,解决纠纷类的信访仍然占到了很高的比例,大量原本可以通过行政复议和司法诉讼等途径解决的问题涌入了信访渠道。因此,规范信访事项的受理范围、厘清信访与司法救济途径显得尤为重要。具体而言,在信访制度与司法救济途径的关系上,必须明确对依法应当通过行政复议和行政诉讼解决的案件,信访机构不予受理的原则。但这一原则可存在例外,即对于超过行政复议或诉讼时效无法救济权利的事项以及信访人举证困难不是由于自身原因造成的事项,信访机构应当予以受理。② 在厘清信访与司法救济途径关系的基础上,完善以司法救济为主的其他矛盾纠纷解决机制,并且优化信访制度与其他救济途径的程序衔接,共同保障公民权益得以周延保障和救济。

(五)增强信访工作的程序性与规范性

在这一点上,香港申诉专员制度的相关规定为信访工作的程序性与规范化提供了有益的借鉴。香港《申诉专员条例》对申诉专员工作的流程进行了科学合理的设计,申诉专员通过三阶段的工作,对投诉事项进行筛选分流,对一般性质的投诉进行查讯,对复杂的个案进行全面调查,对不涉及行政失当或者轻微行政失当的行为进行调解。这种层层递进的工作模式体现出了香港申诉专员制度的规范性与程序性,从而避免了类似内地信访洪峰现象的出现,也保证了专员有足够的时间与精力去处理投诉事宜。借鉴我国香港申诉专员的制度设计,在下一步的信访立法中,应当根据现实情况,进一步规范信访工作的具体流程,增强信访工作的程序性与规范性,既要防止信访机构及其工作人员滥用权力、相互推诿、不作为,也要限制信访人滥用信访权,妨碍公共秩序。

---

① 《香港申诉专员公署探访:兼具纪委信访办等职能》,《南方都市报》2012 年 8 月 16 日。
② 参见朱应平:《行政信访若干问题研究》,上海人民出版社 2007 年版,第 139—141 页。

五、结语

信访制度作为当代中国社会的本土性制度，是当代中国人真实生活的创造物也是当代中国民族精神的体现。[①] 信访制度已经成为中国特色社会主义民主政治的重要组成部分，是中国珍贵的制度资源。处于特定历史时期和社会转型期的信访制度面临着一系列的挑战，推进信访制度发展完善已经迫在眉睫，党的十八大报告也明确要求"完善信访制度"。借鉴我国香港申诉专员制度的成功经验，结合我国国情，我国信访制度的发展完善，应当重视信访法律法规的健全，重新审视功能定位，做好信访体制结构总体设计，细化信访工作运行机制，从而在整体上推进信访制度的法治化与规范化。

第四节　我国澳门地区请愿制度

请愿权是人民就国家的政治措施或对个人的权利、利益之维护，向国家有关机关表示愿望，请求国家为某种行为以创造人民的福祉，或不为某种行为以解除某种弊害的权利，[②] 其常见的表现形态主要是批评或者表达不满、提出建议或者意见、申诉或者提出要求。在现代民主条件下，请愿权在国家政策的制定、社会秩序的维护、强化对国家权力的制约以及合法权益的救济等方面发挥着多重作用，具有巨大的宪政价值。

一、请愿权的公民基本权利属性

请愿的萌芽最初在 1215 年的英国，英国《自由大宪章》就规定下院有向国王请愿、要求伸张不平的权利。而这一权利到 1689 年英国颁布的《权利法案》才得以确认，《权利法案》中进一步明确规定："向国王请愿乃臣民之权利，一切对此项请愿之判罪或控告，皆为非法。"在成文宪法国家，请愿权出

---

① 参见李宏勃：《法制现代化进程中的人民信访》，清华大学出版社 2007 年版，第 138 页。
② 参见李步云：《宪法比较研究》，法律出版社 1998 年版，第 503 页。

现于美国 1791 年《宪法》第一修正案中："国会不得制定法律，涉及宗教信仰或禁比其自由使用，或剥夺言论或出版自由，或剥夺人民和平集会及向政府请愿的权利。"在资产革命不断取得胜利的背景下，受到美国成文宪法立法模式的影响，许多国家不仅仿效美国制定了成文的宪法文本，而且在宪法文本中明确了请愿权的内容，如 1919 年德国《魏玛宪法》第一百二十六条也规定："德国人民有以书而向该主管官署或议会请愿或控告之权利。此权利得由一人或多人行使之。"在亚洲，1946 年《日本国宪法》第十六条规定："任何人对损害的救济，公务员的罢免，法律、命令以及规章的制定、废止和修订以及其他有关事项，都有和平请愿的权利，任何人不得因进行此种请愿而受到歧视。"1927 年《大韩民国宪法》第二十六条也规定："（一）任何国民均有依法向国家机关提出书面请愿的权利。（二）国家对国民的请愿有审查之义务。"① 在第二次世界大战结束后，尊重人权和保障人权成为世界各国达成的共识，请愿权在国际条约文件中得到确认。在国际条约的文件中，对请愿予以明确表述的为 1965 年通过的《消除一切形式种族歧视国际公约》。该《公约》第十四条第二款规定："缔约国得在其本国法律制度内设立或指定一主管机关，负责接受并审查在其管辖下自称为侵犯本公约所载任何权利行为受害者并已用尽其他可用的地方补救办法的个人或个人联名提出之请愿书。"② 但遗憾的是，在社会主义国家的宪法文本中，没有对请愿权加以明确表述。

请愿权作为公民参与国家政治生活的一种途径，成为越来越多国家宪法或者单行法确认的一项基本政治权利，有的宪政比较发达的国家，专门制定一部"请愿法"来规范请愿权的行使，例如日本以及我国的台湾地区就制定有关请愿权行使的专门法律"请愿法"。在德国，也制定了《德国联邦议院请愿委员会权限法》对请愿委员会处理公民的请愿做出规范。我国澳门特别行政区 1994 年 7 月 12 通过的第 5/94/M 号法律《请愿权的行使》中，也对公民行使请愿权以及政府对请愿权的处理作出了相关规定。从整个世界范围来看，请愿权成为世界上上宪政比较发达的国家或者地区普遍明确承认的一项权利。

---

① 张福刚：《传统权利的现代解读——请愿权理论和规范研究》，中国政法大学出版社 2013 年版，第 78—81 页。
② 杨海坤、章志远：《公民请愿权基本问题研究》，《现代法学》2004 年第 26 卷第 4 期。

二、澳门特别行政区请愿制度的主要内容

自古就是中国领土的澳门自被葡萄牙于 1887 年侵占以来，葡萄牙人在澳门一直拥有特权或特殊地位，直到 1999 年中华人民共和国恢复对澳门行使主权才结束澳门被外来侵略者长达百年的统治局面。在"一国两制"的基本国策的理念下，中央人民政府保障澳门人可享有"高度自治、澳人治澳"的权利，中央政府不干预属于澳门特别行政区自治范围内的事务。在不抵触《澳门特别行政区基本法》的前提下，澳门特别行政区建立了社会、经济、立法、司法以及有关保障居民基本权利和自由的制度。澳门社会正从一个专制落后的殖民式社会形态，转向一个法制健全、较为开明的现代化社会。在立法方面，澳门特别行政区政府注重对立法程序方面的规范，例如，在对行政程序立法方面，就先于我国的大陆地区、香港地区以及台湾地区建立了统一的行政程序法典。在保障公民权利方面以及权利救济方面，建立了程序比较完善的请愿制度、申诉制度。本书以澳门特别行政区通过的第 5/94/M 号法律《请愿权的行使》为模板，对澳门特别行政区的请愿制度作一个详细的阐述。

（一）请愿的提出

具体而言，请愿的提出主要包括以下内容：

1. 请愿的主体

"虽然各国宪法的表述不尽一致，但请愿权不受性别、年龄、职业、家庭出身、教育程度、财产状况、民族、种族等方面的限制却是不争的事实。"[①]请愿权作为公民的一项基本权利，请愿主体、请愿事项具有广泛性。如在《日本宪法》中，请愿权不仅可以由本国国民形式，外国人亦可。在《德国基本法》的《宪法修正案》的第十七条也规定了"任何人"除有权利提出请愿外，还享有要求受理机关附有理由的回答得权利。我国澳门特别行政区第 5/94/M 号法律《请愿权的行使》第四条也规定："一、请愿权是由个人或集体行使。二、合法组成的任何法人同样享有请愿权。"所以，在澳门请愿权的行使主体不限于自然人，法人亦可。请愿权可以由单个人提出，也可以联名行使。

---

① 章志远：《论公民请愿自由》，《法律科学》2004 年第 4 期。

2. 请愿的表现形式

澳门用立法的形式对请愿权及相关公民的请愿、申述、声明异议、投诉等法律术语作了明确的界定。在该法第二条中规定："当本法律单纯采用'请愿'字句，理解为适用本条文所指的全部方式。"也就是说，澳门公民的请愿权行使的基本方式主要包括请愿、申述、声明异议、投诉。其中请愿一般而言，是为向本身管理机关或任何公共当局提出一项请求或提议，以便采取、采纳或建议某种措施；申述，是一项阐述，用以表达与任何实体所采取立场的相反意见，或就有关某情况或行为要求公共当局注意以便进行检讨或考虑其后果；声明异议，是就公务员或服务人员所作的行为向其机构或上级提出申诉；投诉，是检举任何违法行为以及任何机构的不正常运作，以便采取措施针对有关负责人。

3. 请愿的方式

请愿、申述、声明异议、投诉均应以书面的方式提出。在电子科技、网络比较发达的现代社会，请愿权也可以通过邮件或电报、电传、传真及其他通信工具行使。请愿书一般递交至请愿事项有关的实体部门或者立法会。

（二）请愿的初端驳回

请愿书递交至有关实体部门之后由有关的实体部门对该请愿书予以初步审查，审查不仅包括形式审查，亦包括实体审查。形式审查主要审查请愿书的相关材料是否符合要求。当请愿书是以匿名的方式、不能判断该请愿书是来自何人时，以及该请愿事项欠缺相关的质证材料、证据时，该请愿会被初端驳回。实质审查主要对请愿的内容予以审查，当请愿的内容时违法的，或者请愿的事项是要求重新审议法院的裁判或者不能上诉的行政行为，该请愿会被初端驳回。根据一事不再理得原则，如果请愿要求实体机关重新审议该机关已经审议过的个案，该请愿也会被初端驳回，除非有新的审议材料出现，该请愿才会得到实体机关的重新审议。对于被初端驳回的请愿，实体机关应当把初端驳回的决定告知请愿者。

（三）请愿的处理程序

在第5/94/M号法律《请愿权的行使》中对请愿权的处理作了两种程序规定，一种是对于一般实体对请愿的处理程序，另一种是对提交到立法会的请愿的处理程序作了详细说明。

1. 实体机关对请愿书的处理程序

接纳请愿书的实体，在经过对请愿书的形式审查和实体审查之后，如果没有出现应当被初端驳回的情形，则应当在和请愿书内提出事项的复杂性相符合的最短时间内作出决定。如果同一实体认为对请愿书的目标事项并无权限处理，则该实体机关应当把请愿书转交给有权限的实体机关处理，并将此转交的事实通知请愿者。为了鉴定请愿者提交的证据是否真实，实体机关必须进行认为必要的调查，根据调查的结果对请愿做出回应或将个案归档。

2. 立法会对请愿书的处理程序

对于提交到立法会的请愿书，由立法会的主席审议，按涉及事项分别采取措施：如果请愿牵涉与立法会专有权限的事项，或者主席认为请愿关系到本地区重要利益时，则把请愿书交与有关委员会或特别为此目的而组成的委员会审议；如果立法会对涉及事项没有权限处理，则把请愿书提交特别行政区行政长官，以便交由有权限实体处理；如果发现存有迹象导致采取刑事诉讼的前提下，把请愿书送交助理检察总长，在存有迹象可引致刑事调查的前提下，把请愿书送交司法警察；如果涉及贪污、职权犯罪等事项，则应把请愿书送交反贪污暨反行政违法性高级专员公署；对于出现初端驳回的情形，应当驳回请愿书，并把驳回决定告知请愿者；对于请愿者通过行使特定的权利能够维护其权益或者能够弥补其损失，而请愿者对此权利不了解时，应当告知请愿者该权利行使的途径；如果请愿书是对本地区及公共实体有关公共事项管理方面的任何行为所提出质疑或疑问，向请愿者或一般市民澄清。立法会主席对于上列事项，应当在收到请愿书之日起计 30 天期限内对请愿书作出决定，并把有关决定通知请愿者。

对于立法会主席交由有关委员会或特别为此目的而组成的委员会审议的请愿，有关委员会或特别委员会应由收件日起计，在可延长的 30 天期限内研究经由立法会主席发交的请愿书。委员会经研究请愿书及有关资料后，应按事项的范围，社会，经济或文化的重要性，以及请愿目标的情况的严重性，决定请愿书是否交由全体会议审议。对于符合条件需要全体会议审议的请愿，应将请愿书连同有依据的报告书以及其他准备资料，送交立法会主席，以使列入议程。委员会经研究认为其没有权限处理该请愿事项时，应当按其内容连同认为适当的建议送交有权限的实体审议。委员会在对请愿事项研究时，应当听取请愿者意见，要求当事人陈述，并且有权向本身管理机关或任何公共或私人实体申请及取得资料和文件并可向公共行政当局要求采取认为必需的措施，但是不得妨碍有关司法保密及专业保密的法律规定。委员会完成请愿书的研究后，应制定最后报告送交立法会主席，可以附同其认为适宜采取的适当措施的建议。

（四）请愿处理结果的告知和公布

请愿的处理结果应当告知请愿者。当请愿在初步审查阶段被初端驳回时，应当把驳回的决定告知请愿者；立法会主席对提交立法会的请愿审议后，对其有权作出决定的，应当把有关决定告知请愿者。对于经委员会审议的请愿，在立法会主席主动或委员会的建议下，可决定把请愿书全文公布在"立法会会刊"内，有关该请愿书的报告也应该同样公布。在德国，对程序要求尤为严格，依据《德国联邦议院请愿委员会权限法》，请愿委员会对作出的决定必须陈述理由。否则，请愿者有权对该决定提起诉讼。① 和德国相比较而言，处理结果理由告知在澳门的请愿制度中没有明确规定。

（五）请愿权行使的保障

澳门特别行政区在在该法律中，为了保障该请愿权的充分行使，所涉及的保障条款也比较丰富。如第 5/94/M 号法律《请愿权的行使》第三条规定："请愿权是与维护正当权利及利益的其他工具兼用，任何本身管理机关或公共当局不得加以限制或约束其行使。"第六条："任何公共或私人实体不得禁止或以任何方式防止或阻碍行使请愿权……"第七条第一款也规定了："任何人不得因行使请愿权而受损害，优惠或剥夺任何权利。"其第五条认为行使请愿权为一项普遍性且免费的权利，规定："提出请愿为普遍且免费的权利，在任何情况下不需缴付任何税项或收费。"这些人权保障性条款，为请愿权的行使拓展了更为广阔的自由空间。

总的来说，以域外请愿制度比较发达的国家（如德国、日本、俄罗斯以及加拿大等国）为参照物的话，我国澳门地区建立起来的请愿制度在程序规

---

① 参见李琦、祖力克：《德国议会请愿制度简介》，《人大研究》2005 年第 8 期。

范方面还是相当完备的，整体上看来遵循了"请愿的提出——请愿的受理——请愿的处理——请愿结果的告知"这样一个程序。

三、请愿制度与信访制度的区别

澳门的请愿制度有其完备的制度体系，请愿制度的运行也为公民权利的保障提供了坚实的路径。信访制度与请求制度存在一定的类似之处，具体表现为信访与请愿都是公民表达诉求的途径之一。然而，应该看到，信访制度与请愿制度存在较大区别：

（一）法律地位不同

在澳门，请愿权被作为一项基本权利来对待，我国澳门特别行政区1994年7月12通过的第5/94/M号法律《请愿权的行使》中，对公民行使请愿权以及政府对请愿权的处理作出了相关规定。换言之，澳门的请愿权制度是作为表达民意的基本权利保障制度而存在的。然而，我国大陆公民是否享有请愿权，请愿权在我国大陆是否有法律依据？在我国《宪法》中由于没有请愿权的直观依据，是不是可以说我们国家不存在请愿权？这一问题一直以来也颇有争议。有的学者就指出，《宪法》第四十一条所规定的"提出批评和建议的权利"实际上就是请愿权的核心内容。[①] 林来梵教授也指出："从比较法的角度来看，我国《宪法》第四十一条所列举的这六项权利，基本上属于或者相当于传统宪法学所说的请愿权，即人们对国家或其他公共机关就一定事项而提出希望、不满与要求的一种权利。"[②] 但对于《宪法》第四十一条，也不乏有学者从监督权的角度去理解，如王月明教授在其文章中指出："结合我国《宪法》对国家制度和公民基本权利体系的整体安排，可以发现没有一种概括比公民监督权的概念更能够体现出立宪者的充满豪情的制宪意图，并折射出该权利内容的民主理念和人民当家作主的理想。"[③] 除此之外，还有学者直接

[①] 参见张福刚：《传统权利的现代解读——请愿权理论和规范研究》，中国政法大学出版社2013年版，第190页。

[②] 林来梵：《从宪法规范到规范宪法——规范宪法学的一种前言》，法律出版社2001年版，第144页。

[③] 王月明：《公民监督权体系及其价值实现》，《华东政法大学学报》2010年第3期。

将《宪法》第四十一条称为"批评、建议、申诉、控告和检举的权利"。① 从学者对《宪法》第四十一条的不同理解中，我们可以发现，《宪法》第四十一条所规定的若干权利还无法与请愿权进行完全的对接。更为重要的是，尽管信访权利源于《宪法》第四十一条规定的批评、建议、申诉、控告和检举的权利，但《信访条例》并没有表现信访权利与批评、建议、申诉、控告和检举的权利之间的关系，从这个角度而言，澳门的请愿制度与内地的信访制度在法律地位上是不相同的。

（二）信访制度与请愿制度的核心功能不同

在目前的中国宪法学、社会学以及社会学的理论研究中，信访制度被许多学者认为是请愿权在我国的制度体现。② 从直观的外在表现形式上来说，请愿和信访确有相似之处，比如，两者作为一种民意输出机制，都是将诉求诉诸于有关机关处理并要求答复。但是对两者深入比较，发现两者之间并不能等同。首先，从权利属性上来说，请愿权在诸多功能上更侧重于参政权属性，通过请愿活动，公民和大众可以越来越广泛地直陈意愿，参与国事。而信访设立的初衷主要是为了密切党和政府与人民群众的联系，然而在实际的演变过程中，其权利救济功能越发凸显，其更侧重于救济权属性。其次，请愿权的核心内容是为了维护自身权益或者团体、公共利益就特定事项向国家机关表达意见，而信访人上访主要是为了维护自身的权益，所以请愿权所保护的权益范围比信访要更为广泛。

四、澳门请愿制度对完善大陆信访制度的启示

尽管信访制度与请愿制度存在诸多区别，但二者都同时具有民意表达的功能。从信访制度设置之初来看，民意表达功能在信访制度之中也占据有相当重要的地位。基于此相同点的存在以及澳门请愿制度本身较为完备的制度体系，其对我国大陆信访制度的完善亦具有相当重要的借鉴意义。

（一）激活信访的民意表达功能

如上所述，我国大陆地区的信访制度在其设计之初是存在民意表达功能

---

① 周叶中主编：《宪法》，高等教育出版社、北京大学出版社 2005 年版，第 275 页。
② 参见李秋学：《中国信访史论》，中国社会科学出版社 2009 年版，第 127—132 页。

的，《信访条例》第三条即规定，各级人民政府、县级以上人民政府工作部门应当做好信访工作，认真处理来信、接待来访，倾听人民群众的意见、建议和要求，接受人民群众的监督，努力为人民群众服务。依此条的规定，信访工作的内容即包括了倾听人民群众的意见、建议和要求。"信访制度在设立之初就具有深厚的民主因素。信访制度设立之初，其目的是通过处理人民群众的来信来访，加强政府和群众的沟通联系，满足人民群众的合理要求。"① 实践中，信访部门也确实起到传达民意的作用。然而，尽管如此，信访的信访制度的民意表达功能则相对较弱，在很多情况下信访机关陷于纠纷处理之中，主要目的在于维护社会和谐，其民意表达功能反被纠纷解决功能所遮蔽。未来信访制度的改革有必要使信访回复民意表达机关这一地位，从而充分发挥其在汇聚民意和传达民意方面的重要功能。

（二）在信访制度中建构请愿机制

信访制度之民意表达功能得以充分发挥的前提在于信访制度之中存在畅通的民意表达和传达机制。据此，我们认为，在现有的信访纠纷解决机制的基础上，我国有必要在信访机关之中设置与纠纷解决机制相平行的请愿机制，具体需要从以下几个方面进行完善：

1. 扩大请愿权主体

请愿权的主体是请愿法律关系不可或缺的一方当事人，无论是借鉴我国澳门地区的经验，还是从整个世界范围来看，请愿权的主体不应该有太多限制。在我国，在信访制度中建构民意表达机制的，则可扩大信访案的受理范围。也就是说，就请求解决纠纷的信访人而言，其只能是与纠纷有直接利害关系且不能通过诉讼等途径解决的案件的当事人；而就请愿权的行使主体而言，不仅包括我国公民，外国人、无国籍人应当包含在内，自然人可以享有请愿权，法人也可以享有，并且允许多人联名请愿。

2. 明确请愿的事项

请愿的事项，也即请愿的受理范围。为了保障请愿权行使有足够大的自由空间，信访制度中请愿机制的建构须对请愿事项的范围应当予以合理界定。

---

① 参见成晓娜：《论信访法治化的可行性与必要性》，《政法学刊》2015年第4期。

在立法原则上，应当采取肯定性概括列举和否定式列举的方式对请愿事项予以明确。对涉及立法方面、国家政策方面，公民都可以行使请愿权提出意见和建议。在维护公共利益和个人利益不能通过法律途径解决的情形下，也可以选择行使请愿权予以救济。但是值得注意的一点是为了维护司法独立性原则和司法终局性原则，对法院的判决或者处理决定不服的事项不能通过请愿解决。

3. 完善请愿程序

以澳门规范的请愿制度为参考，我国在立法上应当对于请愿的具体处理程序进行更为明确的规范。总的来说，请愿的具体处理程序应当包括请愿的提出、请愿的登记、请愿的初步审查、请愿的受理和处理、请愿处理结果的告知等程序。关于请愿的提出，在方式上可以口头提出，也可以书面提出，在网络比较发达的现代社会，网络请愿也应当认可。对请愿的初步审查应当采取形式审查和实质审查相结合，对于初步审查被驳回的请愿，也应当将被驳回的结果告知当事人。在请愿程序的设计中，民意的转达程序应予以明确规定。如在上文所述的国家信访局的民意传达案例中，国家信访总局对所有来信进行了筛选，在此基础上予以上报。信访机关在此过程中筛选的标准是什么、当事人享有哪些权利、上报的期限、上级机关的处理程序等，这在请愿制度建构中都需要予以明确。

4. 法律责任

法律责任也是我国请愿立法中不可缺少的一部分。为了能够最大限度地保证请愿人不受到请愿的受理机关以及相关处理机关对其权益的侵害，有必要在立法中设置一定的责任条款，对于请愿受理机关应当受理而不受理，以及对于处理请愿事项过程中，请愿处理机关侵犯请愿人人身权、财产权、人格权以及其他合法权益的行为应当规定其应该承担的法律责任。

（三）对信访制度法治化建设的借鉴

我国澳门地区通过第 5/94/M 号法律《请愿权的行使》对公民行使请愿权以及政府对请愿权的处理作出了详细规定，从而为请愿制度提供了法治化的保障。澳门请愿制度的发展也为我国大陆信访制度的法治化提供了有益的思考，信访法治化的路径也应该从源头着手。我们看到，在我们国家，目前还没有专门调整信访的法律，规范信访行为的主要依据是 2005 年国务院制定的《信访条例》，该条例对信访主体、信访行为和信访事项受理等内容作出了界定，回应了现实工作中的一些迫切需要。但由于国务院《信访条例》属于行政法规，位阶较低，仅对行政机关的行为进行规范和约束。同时，《信访条例》的原则性较强，有些内容尚不完整，随着社会形势的变化和发展，对信访领域出现的一些新情况、新问题和新诉求，《信访条例》在实体规定和程序规定上没有适时作出调整，不利于信访制度的完善。此外，各省、自治区和直辖市人大相继制定了地方《信访条例》，这些规范性法规是对国务院《信访条例》的具体落实和创新，具有较强针对性和可操作性。但是一些地方法规同《信访条例》存在不一致甚至相互冲突的内容，影响信访制度的功能充分发挥。法律依据是制度运行的合法性来源和规范基础，信访的法治化应该首先通过完善信访立法展开——制定统一的《信访法》。《信访法》应对国家机关信访工作的基本原则、机构设置、职责职权、法律地位、信访范围、程序、信访人的权利义务、国家机关受理公民信访所负的法律责任等根本问题作出细化的规定。这些规定统领全国范围内的信访工作，能够消解目前信访制度内所存在的抵触和矛盾，使各系统和各地方的信访活动协调一致。即使各系统和各地方可以根据实际情况进行细化，这些细化规定也不能突破《信访法》的规定。同时，《信访法》能够对中央和地方的各系统和各部门进行统一约束，并明确对信访案件处理的分工和责任，将信访压力分散，既能避免显规则之间的冲突，也能抑制潜规则的出现和泛滥。虽然，《信访法》的制定虽然不是信访法治化的全部内容，但却是信访法治化进程中重要的一步，信访有了基本法的规范，不仅能够使信访工作本身的运作严格、规范，而且能通过信访工作的法治化推动整个国家机关活动的法治化，切实实现依法治国。

五、结语

请愿权是宪政发达的国家或地区普遍确认的一项公民权利。澳门作为我国的特别行政区，在高度自治的立法过程中建立了包括请愿的受理、处理和请愿结果的告知等在内的一整套程序完备的请愿制度，对保护公民的权益具有重大意义。由于缺乏宪法和法律依据，请愿权在我国大陆地区长久处于模糊状态。当然，信访制度也具有一定的民意表达功能，这为将请愿制度植入信访制度之中提供了现实可能，这种植入实际上也是信访制度发挥其应然功能的必经路径。为此，我国信访制度当中即需建构与纠纷解决机制并行的请愿机制，并对请愿主体、请愿事项和请愿程序等予以明确规定。

|第八章|
亚洲类信访制度的比较分析

第一节　亚洲类信访制度文化背景的比较

文化与法律制度之间存在极为紧密的联系，特定的文化造就了特定的法律制度。而另一方面，特定的法律制度也只有立足于本国具体的历史文化基础之上，才有可能获得民众的普遍遵守，成为有生命力的"活法"。从这种意义上来说，对于亚洲各国、各地区类信访制度的考察，当然也需要将该制度还原到其产生和发生作用的特定历史文化背景之中，分析各种类信访制度赖以形成和发展的文化背景。就亚洲各国而言，这些国家大都接受了来自西方的民主法治文化，同时各国历史文化传统仍具有相应的影响力，这就使得这些国家的类信访制度既受到了西方民主法治观念的影响，也受到了本国历史文化的影响。

一、亚洲类信访制度共同的文化背景——民主法治观念

就制度的文化背景而言，在此方面的共同点表现为这些亚洲类信访制度都建立在现代民主法治理念的基础之上。也就是说，亚洲类信访制度之所以得以建立和运行，其前提在于这些国家已普遍接受民主法治观念。因此，亚

洲类信访制度可以视为民主法治观念传播后的产物。例如，在日本，其请愿制度即是西方民主法治观念"入侵"之后建立起来的。在明治维新以后，民众参与国政和设立民选议院的热情空前高涨，政府于明治15年（1882年）发布了《请愿规则》，并第一次使用"请愿"一词。从中可见，在日本，"请愿"即是民主观念传播的结果。到1889年，日本受立宪主义的影响，颁布了"明治宪法"，该宪法第三十条规定："日本臣民遵守相当之礼仪并遵照所定规程，得实行请愿"，这就明确了请愿权之宪法权利的地位，成为请愿制度得以建构的基础；更为重要的是，"明治宪法"第五十条规定："对于臣民呈交的请愿书，两议院必须受理"，这就使得请愿制度成为宪法明文设置的制度。至于新加坡的民情联系组等制度，更是建立在议会制度、政党制度等制度体系的基础之上，是确保议会和政党能够最大限度地听取民意的制度安排，这也同时表明民主理念成为新加坡类信访制度建构的文化基础。另外，以色列的监察专员制度直接借鉴于瑞典的监察专员制度，也是民主法治观念的产物。

就我国而言，清末以来，在西学东渐过程中，西方民主法治观念得以迅速传播。新中国成立之后，信访制度正式确立，信访制度的建立遵循了社会主义的法治理念，秉承了中国特色的人民民主理念。以1951年政务院发布的《关于处理人民来信和接见人民工作的决定》为标志，但其本身亦体现浓重的民主法治色彩。毛泽东在与民主人士黄炎培谈话的过程中即提出，"我们已经找到新路，我们能跳出这周期率。这条新路，就是民主。只有让人民来监督政府，政府才不敢松懈。只有人人起来负责，才不会人亡政息"。此段谈话即点出了"人民监督政府"这一民主法治的精粹，信访制度实际上也是建立在此基础之上。也就是说，建立信访制度的初衷在于拓展政府听取公民意见的渠道，使民意体现于政府决策过程当中。实践中，信访制度纳入当代中国法律体系的规范范畴，是确保我国公民充分行使利益诉求表达权的法定渠道，是推动实现法乃良法的一个法定制度。可以这么说，信访制度是新中国法治化建设的具体成果。

二、本土文化对亚洲类信访制度的影响

当然，各国类信访制度建构的文化背景也存在不同，体现为各国传统文

化对该国类信访制度的影响是不尽相同的。从各国的具体情况来看，在韩国、印度和中国，传统文化对类信访制度建构和运行的影响要大一些。具体而言，韩国为了方便广大人民群众提出申请，在网络上设置了国民申闻鼓网站，并设置了110电话热线等便民设施，这些系统与其苦衷民愿处理制度相对接，便于民众进行申诉。"申闻鼓"的名称来源于朝鲜时代的"申闻鼓"制度，其目的在于实现"国民细微的声音也要放大地倾听"这一目的，有利于强化国民和政府间的沟通窗口作用。也就是说，韩国的苦衷民愿处理制度在很大程度上受其古代的"申闻鼓"制度的影响。就印度而言，印度则建构有"人民法庭"制度。"人民法庭"主要审理婚姻家庭案件、土地转让、劳动保护、工业争议、银行案件和较小的侵权刑事案件，其在审理过程中更多地借助民意力量促使当事人达成协议。因此，"人民法庭"的建构与运行具备较浓的传统色彩。在我国，传统文化对信访制度的影响也具有现实影响。具体而言，在中国延续2000多年的封建社会中，传统法律文化的法源价值是"法自君出"，在这种法律文化框架中，中国传统社会的官员们习惯于不受法律约束；中国传统社会的百姓则习惯寄希望于执掌权力的官员为民做主，主持公道，形成"清官情结"和"权力崇拜"。时至今日，传统法律文化的一些意识仍存在民众观念之中，影响着当代中国包括信访制度在内的法律制度的现实运行。具体而言，传统法律问题对信访实践的影响，表现为"无讼"传统法律心理、"信访不信法"观念的影响等。

相比而言，日本、新加坡等国，以及我国的台湾、香港、澳门等地区，因现代化进程较为深入，其类信访制度的建构受到传统文化的影响相对较小。如日本的行政相谈制度、请愿制度等皆是民主法治观念发展到一定程度后，为解决社会中存在的问题而创制的法律制度。另外，我国的台湾、香港、澳门，以及新加坡等地虽然也深受儒家文化影响，但这些地方民主法治观念得到更为广泛的传播，从而使得这些地区或国家的法律制度包括类信访制度并没有体现更多的儒家色彩。换言之，这些国家和地区的类信访制度更多的是在民主法治观念支配下运行。

三、树立中国公民的现代法治意识

结合我国信访制度运行的现实文化背景，借鉴日本、新加坡等国，以及我国台湾、香港、澳门等地区的经验，未来，应积极推动中国公民树立的现代法治意识。法治意识，通俗地说，是指人们相信法律，并按法治精神行动。法治意识其实是一种"尚法"理念。这种珍视法律的情怀不仅应当为立法、司法、执法工作人员所拥有，也应在广大普通民众中滋生、培育。事实上也应如此，法治环境的营造绝对需要全社会每个成员的具体努力，或者说来自每个公民的自省和觉悟，尤其是在中国这样一个传统观念和礼教文化根深蒂固的社会。对公民而言，最基本的法治意识是：在依据宪法法律享有最广泛的权利与自由的同时应当遵守宪法法律、履行法定义务。与法治意识相关的概念还有"法治文化""法律信仰"。可以说，个体的法治意识凝聚到一起，便是法治文化的彰显；个体的法治意识提升到信任、信服乃至敬畏宪法和法律的层次，便是升华到法律信仰。无论是法治意识，还是法治文化、法律信仰，实际上都强调公民对宪法和法律权威的认同，对法律解决纠纷的信任，是法治内化为公民一种生活的品格和方式的过程。

近年来，类似"信访不信法""求人不求法"等现象的频繁出现，是对法律权威的极大侵蚀，在某种程度上也折射出我国公民法治意识的欠缺和非正常发展。宪法和法制宣传教育的艰巨性和长期性，使得公民个体对现行法律制度、法律规范的了解和掌握仍需要一个较为长期的过程，公民法治意识的培育自然也不可能一蹴而就。同时，公民法治意识的欠缺也与我国缺乏法治文化的强有力支撑有关。商品经济的欠发展，传统礼教文化的根深蒂固，以及法治文明移植后的水土不服，都使得我国的法治文化氛围难以获得有效的培育土壤。法治理念、法治思想的提倡也相对较晚。而尽管这些年来法治的各项因素逐渐为人们所认知和熟悉，但真正的法治基因事实上并未形成，对法治的功利化理解和运用远甚于对法治的内在认同和遵从。

法治意识的树立，不仅需要执政党、国家权力机关对依法治国的有效落实，也需要公民自身对法治形成正确的认识，并将之内化为行为的习惯和品格。法治意识作为现代法治建设的内核，其形成和发展既可呈现为一个自然历史的过程，也可以是人们有意识地选择和培育的结果。在我国这样一个典型的主要依靠政府推进法治实现的国家，要培植法治意识，使全体公民牢固树立对法律的信仰，应着重解决好以下几个问题：

第一，加强宪法和法律的宣传教育，提高公民的宪法意识和法制观念。

法制宣传教育的目的不仅在于"普法"——让宪法和法律家喻户晓，还在于形塑公民对法治的正确认识、引导公民法治意识的良性发展——让公民充分相信法律、自觉运用法律，使民众认识到宪法法律不仅是全体公民必须遵循的行为规范，而且是保障公民权利的法律武器。

第二，弘扬法治文化，将法治内化为公民的行为习惯和品格。法治工作，只有上升到文化的层次，使之成为中华民族文化的重要组成部分，才有可能自觉不自觉地渗透到每个公民的思想观念之中。对宪法和法律的宣传教育，只是让公民形成对法治的正确认识的第一步；要让公民从内心遵从法治、信任法治，则需要法治文化和法治基因的培养，从而完成公民由"认识法律"到"相信法律"到"信仰法律"的内化过程。

第三，着力培育公民法治思维下的权利义务观。在维护公民权利、启迪维权意识的同时，不可误导成"个人权利至上""唯我独尊"，必须树立"享有权利必须承担义务"的法治观念。

第二节　亚洲类信访制度的功能定位、机构设置的比较

一、亚洲类信访制度模式的比较

从亚洲各国各地区制度设置的基本情况来看，各国都设置有类似于我国信访制度的制度机制。这些国家的类信访制度根植于其法制传统之中，展开了自身独有的特征。从这些国家的类信访制度的机构设置、处理程序、功能等方面进行分析，可将亚洲各地的类信访制度分为专门机关处理模式、主管部门处理模式和权力监督附带处理模式三种模式。

（一）专门机关处理模式

所谓专门机关处理模式，即是指设置有专门的处理类信访事务的机关的模式。也就是说，在实行专门机关处理模式的国家，其在国家机关序列当中设置有专门类信访事务的机关，这些机关在其性质上必须有别于传统意义上的司法机关或法律监督机关，其可以是行政机关系统的组成部分，也可直属

于立法机关，但其必须具有一定的独立性，并区别于专门对某一经济社会领域行使管理职权的政府职能部门。日本的类信访制度即是典型的专门机关处理模式。日本总务省也在各省派遣了行政相谈委员，行政相谈委员的主要职责即是受理对居民生活造成重大影响但又不适宜于通过司法途径予以解决的事态。基于行政相谈委员的"专职性"，我们即可以把日本类信访制度列入专门机关处理模式。韩国的类信访制度同样也属于这一模式。如上所述，韩国于 2008 年 2 月 29 日李明博总统上台后整合了总统下的国家清廉委员会、国务总理下的国民苦衷处理委员会和行政审判委员会等三个机构，在国务总理下成立了国民权益委员会，以迅速地对国民权益进行救济。由此，在中央级别上，韩国设立有国民权益委员会，在地方级别上则设置有市民苦衷处理委员会，国民权益委员会和市民苦衷处理委员会都是负责处理类信访事务的专门机关。与此同时，中国香港的申诉专员制度也属于专门机关处理模式。香港设置有申诉专员公署处理类信访事务，该机构具有独立性和专门性，即其在组织体系上独立于政府部门，直接对行政长官负责，在职权上专职负责类信访事务的处理。同样的，印度的"人民法庭"是从法院体系中派生出来的，其主要作用在于使纠纷解决更多便利和贴合地方实际，同时减轻法院的负担。我国信访制度也主要属于专门机关处理模式，亦即在我国，从中央到地方到设置有专门的信访机构，信访机构一般为同级党委或政府的下属机构。当然，中国的信访机构在受理信访事务方面具有专门性，其是专职处理此项事务的部门。

专门机关处理模式的优点很明显，亦即其在处理类信访事务方面形成了一整套较为完善的制度机制，如日本相谈制度的机构设置、职权设置、处理程序、人员配备等都较为完整，这套制度机制专门针对类信访事务即对公民日常生活造成重大影响但又不适宜通过司法程序解决的事务而设计，其具有很高的专业性，其专业性为信访事务的有效处理提供了有力保障。当然，在专门机关处理模式中，不管是韩国、日本、中国香港的类信访制度抑或是中国内地的信访制度，都表现出来共同的缺点，即专门负责信访事务的这些机关并没有实体上的处理权限。韩国的国民权益委员会和市民苦衷处理委员会对其受理的类信访事务可以进行调解、提出制度改善的劝告和表明意见、请求监察介入、驳回或者移送其他机关等，但其不能直接对纠纷涉及的法律关系进行处理；日本的行政相谈机构认为苦情申诉人的申诉意见合理的话，也只能以苦情申诉人的申诉意见作为行政相谈机关或委员的斡旋方案向相关行政机关提出，最终如何处理，只能由行政机关作出决定；中国香港特别行政区《申诉专员条例》赋予申诉专员的职权则有调查权、公开权、建议权和控告权，这其中并未包括实体性的处理权力。同样的，在我国内地地区，信访局对于信访案件，其一般的处理方式也是将案件转交原作出决定的机关进行处理。专门处理机关无实体上的处理权限实际上是行政分权的要求，亦即行政机关之间也存在明确的权力划分，不同机关处理不同事务，类信访部门对于由其他职能部门作出的决定当然不宜直接进行干预，只能通过建议、控告等方式催促其进行改正，这就极大地限制了专门机关处理模式对类信访事务的处理能力。

（二）主管部门处理模式

所谓主管部门处理模式，即是指由各个涉嫌实施违法行为而被控告的职能部门对被控告事务进行处理的模式。在这种模式之下，受理和处理类信访案件的机关并非专门设置的机关，这些机关的主要职责并不是处理类信访事务，而是依法律规定实施行政管理或开展立法活动。据此，在主管部门处理模式中，受理信访的部门本身即应具有对外开展管理活动的职权，对外开展管理活动是其职权的主要构成部分，只不过其同时兼具对在行使对外管理职权的过程中发生的纠纷进行处理的权力，即受理和处理类信访事务的职权。我国台湾地区的陈情制度即属于主管部门处理模式。在我国台湾地区，民众陈情可以向各个国家机关提出，人民陈情案件由陈情事项的主管机关受理，不属于职权范围内的陈情案件，应移交有权的主管机关处理，并告知陈情人。由此可见，我国台湾地区陈情制度在其管辖上要求受理机关为"主管机关"，即处理类信访事务的机关对该项事务享有实体上的处理权限。我国澳门地区的请愿制度也属于主管部门处理模式。我国澳门地区的请愿制度包括请愿、申述、声明异议、投诉等方式，请愿是向主管部门提出请求或提议，申述则是就有关某情况或行为要求政府当局注意以便进行检讨或考虑其后果，声明异议和投诉的受理主体也都是相应事项的主管部门。因此，我国澳门类信访事务即是由产生主管该事务的部门进行处理，其是典型的主管部门处理模式。

与此同时，印度的申诉官制度也属于主管部门处理模式。印度中央政府的人事部设置有公共申诉司，公共申诉司下属的处中设置有专门负责申诉事务的官员，其他中央各个部门也都设有主任职务的官员负责申诉事务。由此可见，印度类信访制度采用了主管部门处理模式，由具有行政管辖权的职能部门对纠纷进行处理。实际上，我国也存在主管部门处理模式。在我国，除了设置在党委或政府之下设置的专职信访机构，政府的各职能部门以及法院、检察院、人民代表大会等皆设有受理信访事务的内设机构，这些机构不具有独立性，代表本部门处理信访事务。

主管部门处理模式的优势在于其在处理程序上的直接性，也就是说，受理信访案件的机关可以直接对该案件涉及的法律关系进行实体上的处理。现实生活中，我国台湾地区的陈情处理部门一般也直接对案件作出处理决定，只有少部分案件转交其他相关的权责部门进行处理。同样的，在我国澳门地区，接纳请愿书的实体，在经过对请愿书的形式审查和实体审查之后，如果没有出现应当被驳回的情形，则应当在和请愿书内提出事项的复杂性相符合的最短时间内作出决定。当然，例外的是，在印度，申诉官无权直接变更相关机关已经作出的行政决定，只能在调查的基础上给出合理化的建议。而在我国，各政府职能部门内设的信访处理机构由于无独立法律地位，其不能对外开展管理活动，但信访机构所属的机关有权对信访案件的实体法律关系进行处理。主管部门处理模式的缺点则在于，在这种处理模式中，信访事务因主管部门的管理活动而产生，因此信访处理部门与信访事务之间存在利益牵连，这就有可能影响到案件处理的公正性。也就是说，由实施某项管理活动的主管部门对因该项活动而发生的信访案件进行处理的，主管部门作为管理活动的实施者，其有可能难以保持不偏不倚的立场，先入为主的判断可能使案件未能得到公正处理。

（三）权力监督附带处理模式

所谓权力监督附带处理模式，即是指由行使司法权、法律监督权等权力的部门，依托其司法权或法律监督职权而对类信访事务进行处理的模式。在权力监督附带处理模式中，处理类信访事务的机关既非专门设置的机关，也非对该事务享有管理职权的主管部门，而是在司法机关或者法律监督机关中设置特别的程序以对类信访事务进行处理。因此，这种处理模式中的类信访处理机关具有独立性，其与信访事务之间并无利益牵连关系，而这些机关又不是专门设置用以处理信访事务的，而是依托其职权顺带调查处理公民的申诉。以色列的监察专员制度即属于这种模式。以色列的监察专员制度实际上仿效了瑞典的监察专员制度。以色列监察专员署享有调查和检举权、投诉权、直接纠正权和建议权、帮助请求权、信息公开权、确定和建议权、惩罚权等权力，调查权可以基于公民申诉而启动，公民对任何公职人员、公共机构的雇员、办事处或代理机构的作为或不作为向监督专员进行投诉时，监督专员即可启动调查和后续处理程序。监察专员制度之所以是一种权力监督附带的信访处理模式，其缘由即在于，监察专员署本身属于法律监督机关，其主要任务是监督国家机关执行法律的情况。基于法律监督权的存在，监察专员可依启动调查程序，但程序运行的目的在于监察和促使相关部门纠正违法行为。因此，权力监督性是监察专员署的第一属性，其同时附带地处理公民提起的申诉。除此之外，新加坡的议员定期接待选民制度和政社互动机制以及印度的人民法庭制度也属于此种模式。新加坡的议员定期接待选民制度和政社互动机制本身是一种民主机制，其主要作用在于传达民意以增强公共决策的民主性。当然，在民主传达的过程中，公众也有可能就影响其切身利益的事态向议员和公民咨询委员会、民众联络所管理委员会、居民委员会等进行申诉，从而使得议员定期接待选民制度和政社互动机制初步具备了处理信访事务的功能。

权力监督附带处理模式的优势在于处理机关享有较大的权威性，这可使得公民申诉得到较好的解决。当然，需要说明的是，权力监督附带处理模式下处理机关往往也并不是直接对信访案件的实体法律关系形成处理决定，处理机关往往在调查的基础上形成处理建议并转送相关的权责部门，最终处理结果还有赖这些职能部门作出决定。当然，作为权力监督机关，监察专员可以充分利用其法律监督职权以促使其建议得到相应职能部门的落实。如在以色列，监察专员会依据调查结果向对被申诉机构指出被申诉机构需要改正的地方，他会在调查报告中指定改正的方式以及改正的期限。随后被申诉机构必须告知监察专员改正的进度。因此，在权力监督附带处理模式中，监督专员署依托其强大的法律监督职权，往往能使案件得到很好的处理。当然，权力监督附带处理模式的劣势则在于，由于监察专员制度、议员定期接待选民制度和政社互动机制并非专门针对类信访事务设置的，这些制度负责法律监督或民意表达等重大职责，这就可能使得很多对公民生活未造成较大影响的事务为监察专员署等机关所忽略，难以实现对社会纠纷的全面覆盖。

二、亚洲类信访制度功能定位的比较

亚洲各国各地区的类信访制度根植于本国制度体系之中，借助该国的政治体制和司法制度发挥重要作用。从各国、各地区类信访制度在社会生活中所发挥的作用来看，类信访制度的社会功能一般包括了权利保障、权力监督、纠纷解决和民意表达等。当然，各国、各地区类信访制度的功能不是单一的，其往往是特定功能为基础，兼具其他功能，进而使各国、各地区类信访制度成为本国制度体系中不可或缺的一部分。

（一）权利救济功能

权利救济功能是目前亚洲各国各地区类信访制度的首要功能。应该说，类信访制度在其程序上一般设置有接纳公众控诉的机制，而公众的控诉更多地出于保护自身权利的需要，因此，类信访制度对公众控诉的受理和处理本身即具有权利保障的功能。从这个角度而言，权利保障是类信访制度的一般性功能，亚洲各国各地区的类信访制度也都存在这一功能。例如，日本的行政相谈制度又称为苦情处理制度，所谓苦情处理，即是对公众权利或利益遭受影响的事态进行处理的制度机制。因此，从行政相谈制度的名称中即可发现该制度设立的初衷在于为权利或利益遭受影响的公众提供救济。当然，需要说明的是，管区行政监察局是作为日本的行政监察部门存在的，因此日本的信访制度在运行过程中也同时发挥法律监督的作用。同样的，在韩国，其类信访制度设置的起点亦是权利救济。韩国的苦衷民愿处理制度被认为是具有代表性的一般个人权利救济模式、是迅速简便的柔性权益救济、是以国民视角而非官僚视角来解决问题、是政府内的最终信访处理机关、能够实现对政府政策和业务的修改、通过改正劝告和表明意见实现对行政的间接制约。这即表明权利救济在韩国类信访制度功能体系中的基础性地位。我国的信访制度同样具备权利救济功能，信访人因诉讼时效、诉讼证据等原因而未能获得救济的，在特定情况下可通过信访渠道获得适度救济。"当代申诉机制在承担监督功能的同时，救济功能不断加强，逐渐发展成为一种便利、灵活和有效的解纷机制。从功能角度而言，我国信访制度亦属于这类申诉机制。"① 权利救济功能在其他亚洲国家的类信访制度中也都有所体现。总之，权利救济功能应是类信访制度的基础性功能，其他功能，如纠纷解决功能、民意表达功能等更多地建立在权利救济功能的基础之上。

（二）纠纷解决功能

纠纷解决功能也是类信访制度的重要功能。应该说，纠纷解决与权利救济具有密切的联系，纠纷解决的基础在于权利获得救济。当然，二者并不能画上等号。纠纷解决强调的是纠纷得到妥善处理，当事人同意不再就涉信访事务寻求其他解决途径；而权利救济功能强调当事人享有的正当权益得到保障，当事人权利得到保障并不一定导致纠纷得到解决，获得救济的当事人或对方当事人也有可能就该纠纷寻求其他处理方式。从这个角度而言，纠纷解决以纠纷得以消灭为目标，因此纠纷解决功能的发挥一般有赖调解机制的存在。换言之，亚洲许多国家和地区的类信访制度因存在调解机制而使其纠纷解决功能得以凸显。如在韩国的苦衷民愿制度当中，国民权益委员会和市民苦衷处理委员会认定涉及多数人利益或者会产生社会效果的情况时，可以根据当事人的申请或者依职权进行调解。印度申诉官制度同样强调纠纷的解决，申诉官有权对公民申诉的各类事项进行调查、分析、处理，在此基础上提出处理建议，其建议一般会得到相关机关的尊重。印度的人民法庭制度则存在法律援助组制度。在人民法庭受理案件的过程中，一般先是由援助组的成员先接触争议双方，他们接触的目的就是要找到争议双方可接受的妥协点。在此基础上，援助组通过听取双方意见而推断出争议双方都可以接受的协商调解范围，并依据调解结果形成一个书面协议，并要求当事人签字。当事人签完字后，由"人民法庭"的法官审查该协议的真实性和公平性。我国的信访制度也相当注重纠纷解决功能。实际上，我国信访制度虽早已有之，但其是在"和谐社会"理念指导下方得以发挥巨大作用的。因此，信访制度的重要

---

① 范愉：《申诉机制的救济功能与信访制度改革》，《中国法学》2014 年第 4 期。

功能即是调处社会纠纷，平息社会矛盾，维护社会和谐。从我国信访制度运行的实际情况来看，其"在化解社会矛盾、维护群众合法权益、促进社会和谐稳定等方面发挥了不可替代的作用"。[①] 因此，纠纷解决功能是我国信访制度的重要功能。

（三）权力监督功能

如上所述，信访制度的基本模式包括专门机关处理模式、主管部门处理模式和权力监督附带处理模式。在权力监督附带处理模式中，处理机关多为权力监督机关。为确保权力监督机制的有效运行，各国一般赋予权力监督机关针对违法行为进行惩处的权力。因此，在类信访制度中，类信访事务的受理机关有权对违法机关进行惩处的，我们即认为此种信访制度的主要功能在于进行权力监督，其中的典型即是以色列等国家的监督专员制度。如上所述，这些国家的监察专员制度源自瑞典的监察专员制度，监察专员制度本身是作为权力监督机制而存在的。当这一权力监督机制同时兼具受理类信访案件之时，其对案件的处理即依托于权力监督职权，此时类信访制度的权力监督功能即得以体现。例如，在菲律宾，监察专员公署有进行调查和投诉的权力，并可以采取直接措施纠正公权力机关或公职人员不当履职行为；有权参照法院惩治藐视法庭行为的规则和程序，对无理由不服从公署决定的个人和机构予以惩处。这些权力，都是典型的权力监督权，其运行也能够很好地直到监察其他机关依法开展活动的作用。

当然，权力监督功能并非权力监督附带处理模式的类信访制度所独有。实际上，类信访制度作为对公民之申诉进行调查和处理的制度机制，其在处理的过程中当然需要对涉信访的政府活动之合法性进行判断，因此天然地带有权力监督的功能。换言之，权力监督功能实际上也是信访制度的基础性功能，其在其他国家和地区的类信访制度中也得以体现。如我国香港地区的申诉制度也具备权力监督功能。申诉专员享有调查权和控告权，其通过调查认为相关部门存在严重违法行为的，即可向行政长官和立法会另行提交报告。此项权力的运行可以很好地起到监察政府部门依法开展活动的作用。我国大

---

① 龙宁丽：《信访制度的现状及其完善》，《信访与社会矛盾问题研究》2015 年第 2 期。

陆地区的信访制度也具有一定的权力监督的作用。通过信访，公民可以直接向政府反映情况，提出批评建议，直接提出申诉、检举和控告。此外，在信访处理过程中，信访部门虽然一般不会对信访案件的实体法律关系做出处理，但由上级信访部门转交下级部门处理的案件，上下级直属关系的存在可能给下级部门造成一定的压力，促使其公正处理该案件。信访作为一种监督方式，与司法监督、行政监督和舆论监督等其他监督方式相比，具有监督范围广泛、监督方式灵活等特点，信访制度是我国公共权力监督体系的重要组成部分，我国信访制度中也隐含有一定的权力监督功能。

（四）民意表达功能

所谓民意表达功能，即是指类信访机关在处理具体的个案纠纷的同时，将民众的意见予以吸纳，使之成为公共决策的重要参考。类信访制度需要发挥民意表达功能的，即要求其存在意见转交机制，即信访机关不仅需要对案件进行处理，还需要将公民诉求予以接纳或转交。而就亚洲部分国家、地区的类信访制度而言，这些国家、地区在类信访机关本身既非民意代表机关，其也仅就案件本身提出处理意见，而未能使公众意见成为影响公共决策的力量，因此，在这些国家，信访制度并不具有民意表达功能。民意表达功能表现得最为突出的国家为新加坡。如上所述，民情联系组由新加坡政府设立，其本身首先是政府了解民情和与民众沟通的渠道，在此基础上也处理公民提出的申诉；议员定期接待选民制度即由议员在社区中接待选民，将其反映的问题进行详细记录，其目的在于形成提案，在此基础上对不能解答的问题交由有权的政府部门或有关机构来处理。其政社互动机制主要也是由半官方的人民协会负责联系群众，反映群众诉求。因此，从整体上而言，新加坡的类信访制度具有较强的民意表达功能。日本的行政相谈制度也具有一定的民意表达功能。这是因为，日本行政相谈制度存在行政评价和行政监督机制，能够从个案中发现行政制度、行政运行的问题，并反映公众诉求，促进从根本上改善行政制度、行政运行。从日本行政相谈解决的实际问题上来看，行政相谈的结果对公共决策也有一定影响。如通过行政相谈制度而实现的简易保险期满通知中文字颜色的改善、养老金申请书中添付的金融机构证明书的简便化等，这些事项中民意都在一定程度上实现了对公共决策的影响。

在我国，信访制度的民意表达功能则相对较弱，在很多情况下信访机关处理信访事务的目的在于解决纠纷，维护社会和谐，至于信访人在信访过程中所提出的意见，其影响力更多只及于该信访案件，而不及于公共决策的做出。实际上，就我国信访制度的设计而言，民意表达才是其核心功能，我国信访制度在其设计之初即是为了畅通倾听群众意见渠道的。"信访制度在设立之初就具有深厚的民主因素。信访制度设立之初，其目的是通过处理人民群众的来信来访，加强政府和群众的沟通联系，满足人民群众的合理要求。"[①]值得关注的是，目前大陆一些地区信访制度的创新性举措，如北京市建立中国首个信访矛盾分析研究中心，透过信访窗口汇集民意诉求，反思公共政策制定、执行和协调过程中存在的问题，推动公共政策制定科学化、民主化。类似做法不失为信访制度新时期功能的有益探索。就未来而言，信访制度的改革应使信访制度"回复到宪法框架下次要政制的位置，并继续发挥'密切联系群众'、'反对官僚主义'的政治参与和社会监督功能"。[②]

三、亚洲类信访制度与其他权利救济制度之间关系的比较

司法制度是各国制度建设的重要组成部分，因此，亚洲各国、各地区一般都设置了较为完善的司法制度体系，公民权利受到侵害时可寻求司法程序予以解决。换言之，司法制度是权利救济的主要制度体系。出于司法体制等因素的不同，亚洲类信访制度与司法程序等其他救济制度之间的关系各不相同。但总体上而言，类信访制度和其他权利救济制度之间存在并列的关系，类信访制度的运行并不影响到寻求司法救济的权利的行使。当然，也有部分国家、地区实现了将类信访制度作为司法审查程序的替代性程序，另外还有部分国家、地区将类信访制度作为权力监督程序的一部分，通过类信访活动的接访而启动权力监督与救济。

（一）替代型关系

类信访制度作为其他权利救济制度的替代性程序，即是指公民在通过其他方式寻求权利救济时，可选择先由类信访部门进行处理，由类信访部门进

---

① 成晓娜：《论信访法治化的可行性与必要性》，《政法学刊》2015年第4期。
② 李栋：《信访制度改革与统一〈信访法〉的制定》，《法学》2014年第12期。

行处理的,该处理结果即具有终局性,当事人不得再寻求其他途径进行解决。印度的"人民法庭"制度即是司法制度的替代性程序。在印度,"人民法庭"对起诉到法院但还没有判决的案件有管辖权,组织某"人民法庭"的法院对某案件有管辖权,如果该案件没有起诉到该法院,那么由该法院组织的"人民法庭"对此案件有管辖权。在"人民法庭"的建立初期,受理的案件主要是交通事故赔偿案件、家事案件、财产争议案件,主要是一些较小的非对抗性的案件,目的是要满足社会弱势群体的需要,适合穷人、受压迫者或妇女等。而"人民法庭"取得对这些案件的管辖权,还需要以双方共同同意为前提,"人民法庭"不能受理有任何一方不同意将其提交给"人民法庭"审理的案件。当然,法院在审理案件的过程中,发现案件本身适合于"人民法庭"进行审查的,也可建议当事人选择"人民法庭",当事人同意的,法院即可将案件将由"人民法庭"进行处理。"人民法庭"的处理结果具有终局性,根据1987年的《法律服务机构组织法》的规定,"人民法庭"所作的每一个裁决都是终局性的,对争议双方都具有约束力,而且该裁决是不能向法院提起上诉的。应该说,在亚洲各地内,只有印度的人民法庭制度构成司法制度的替代性程序,除了印度之外,其他各地的类信访制度皆没有这样的地位,对于公民提起的申诉,除非该事项未进入其他救济制度的受案范围之内,否则当事人不服信访处理决定的都可以寻求其他救济。

(二)嵌入型关系

所谓嵌入型关系,即是指类信访制度是其他救济制度的组成部分,类信访嵌入其他救济程序之中,公民提出的申诉成为启动法律监督或其他处理程序的要素之一。类信访制度嵌入他救济制度之中,主要出现于附带处理模式之中。如上所述,在附带处理模式之下,处理类信访事务的机关既非专门设置的机关,也非对该事务享有管理职权的主管部门,而是在司法机关或者法律监督机关中设置特别的程序以对类信访事务进行处理。因此,在此种关系中,信访与权力监督实际上是分不开的,信访的受理是启动权力监督的条件之下,公民对有关机关提出申诉后,权力监督机关即据此启动法律监督程序。以色列等实现监察专员制度的国家,其类信访制度即嵌入到监察专员制度之中。换言之,"信访"问题只不过是监察专员制度的一个环节,监察专署受理公民申诉之后，即将该申诉作为一个法律监察案件来对待；因而，在处理该信访案件的过程中则不仅需要解决公民与相关机关之间的纠纷，更重要的是对相关机关的违法行为进行监察和惩戒，这也是嵌入型关系的主要特征之一。

（三）并列型关系

所谓并列型，即是指类信访制度与其他权利救济制度之间处于并行不悖的关系，类信访制度与其他权利救济途径相互独立，针对不同事项，当事人可以寻求不同程序予以解决。当然，需要说明的是，司法的终局是司法制度的基本特性，司法终局性在亚洲各国、各地的司法体制中都得以体现，这就决定了进入司法程序或通过司法解决的案件一般即不能再寻求类信访制度予以解决。在亚洲，类信访制度与其他权利救济制度之间处于并列关系的国家和地区占据了大多数，如在日本、韩国、我国台湾地区和我国香港特别行政区等，其类信访制度与其他权利救济程序都是相互独立的。如在日本，行政相谈机关进行行政相谈后，一般会通知相关行政机关，或在行政机关与公民之间进行斡旋。至于行政相谈的处理结果则对公民寻求其他权利救济方式不产生影响，公民对相谈结果不服，只有符合其他权利救济程序的要求的，即可寻求其他救济。韩国的苦衷民愿处理制度同样也是与其他救济方式并列的，国民权益委员会和市民苦衷处理委员会的处理并不会影响到其他救济程序的运作。

当然，在上述并列型关系中，类信访制度和其他救济制度虽处于相互独立的关系当中，但类信访制度更多地表现为其他权利救济方式的补充制度，对于其他救济方式尤其是司法制度不能解决的问题，信访制度才有其发挥作用的空间。如在韩国，对国会、法院、宪法裁判所、选举管理委员会、监察院、地方议会的相关事项，国民权益委员会和市民苦衷处理委员会只能驳回申请或者移送其他行政机关。这表明对于司法管辖范围内的事项，信访制度没有对其进行处理的权利。而从日本类信访部门解决的实际问题来看，养老金申请书中添付的金融机构证明书、简易保险期满通知中文字颜色等问题远远未达到影响公民"权利"的地位，公民也难以将之诉至法院以请求司法予以解决。同样的，在我国台湾地区，公民对于诉愿案件而提起陈情的，陈情人应依据"诉愿法"提起诉愿而非陈情；属于行政诉讼受案范围的，人民若提起陈情，受理陈情机关应告知陈情人，应通过提起行政诉讼的方式解决纠纷。这表明，在类信访制度与其他救济机制之间，类信访制度处于辅助性地位，一般只有不宜通过其他救济方式予以解决的，公民方可寻求类信访制度予以解决。

应该说，我国信访制度与其他权利救济制度之间的关系也属于补充型关系。"无论是从我国现行法律的规定上还是从一般的法律理论上讲，信访救济的补充性都有着明确的依据。"① 一方面，公民进行信访的，信访程序的行进并不影响公民寻求其他救济的权利，即当事人对信访结果不满的，可以提起复议或诉讼。另一方面，在受理范围上，信访制度接纳的案件往往不限于公民"权利"受到侵害的案件，无明确的法律规定的利益受到侵害的，当事人也可以寻求信访机制予以解决。这就表明信访受理案件的范围比其他救济机制要广阔，能够解决其他救济制度不能解决的问题。然而，在我国的信访制度与其他救济制度的关系中存在的最大问题在于司法的终局性得不到保障，公民认为其通过其他救济程序未获得充分救济的，往往还会寻求信访途径予以解决；而信访机关出于维护社会稳定的目的，也有可能愿意受理此类案件，这实际上既无助于司法权威的树立，还有可能引发新的纠纷。因此，我国应坚持并列型的信访与其他救济制度的关系，将信访制度作为其他救济制度的补充制度，只有不宜适用其他救济制度解决的问题，方可启动信访制度予以解决。

四、亚洲类信访制度中机构设置的比较

如上所述，亚洲各国各地区的类信访制度主要有三种模式，即专门机关处理模式、主管部门处理模式和权力监督附带处理模式。这三种模式主要即是以类信访机关的设置为分类标准的。当然，类信访制度中的机构设置不仅涉及这些国家设置了什么机关处理信访事务，还涉及信访机关的性质、职权及其人员配置等情况。因此，对各国、各地区类信访制度的比较主要从机构设置、性质、职权和人员配置情况进行。

（一）类信访机构的设置

1. 类信访机构的横向分工

横向上看，亚洲类信访制度的机构设置一般包括三种模式，分别为专门

---

① 王锴、杨福忠：《论信访救济的补充性》，《法商研究》2011 年第 4 期。

机关处理模式、主管部门处理模式和权力监督附带处理模式（本章第一节已详细介绍）。在专门机关处理模式中，信访机关的组织体系具有一定的独立性，具有独立的法律地位，能够以自己的名义开展处理信访事务。当然，信访机关可能直属于行政部门。在韩国，国务总理下成立了国民权益委员会，国民权益委员会直属于国务总理，但其与传统意义上的行政机关又存在较大区别，其并不具有对外开展行政活动的职权。同样的，我国香港地区申诉专员公署也是专门设置的信访机关，其具有非常强的独立性，独立于政府部门，实行首长负责制。申诉专员则直接对行政长官负责，由行政长官委任，任期 5 年，可连选连任，其薪酬、委任条件等由行政长官决定。而在主管机关处理模式中，信访机关的设置则契合于其国家机关的设置，亦即在这种模式中，信访由立法机关、行政机关等部门的内设机构受理，不存在独立于这些机关之外专门负责信访事务的机关。如在我国台湾地区，公民可向各个国家机关提出陈情，甚至还可以向供水厂等公用事业部门提出，由这些部门的内设机构负责受理信访事务，并以该部门的名义作出决定。在附带处理模式中，同样不存在专门设置的信访机关，信访事务由法律监察部门受理，信访事务是启动法律监察的情形之一，法律监察部门与信访部门合二为一，法律监察部门的设置即是信访部门的设置。

2. 类信访机构的纵向分层

在纵向上，亚洲一些国家或地区分别设置有中央和地方层面的类信访机关。如在日本，中央层面设置有总务省行政评价局，总务省在各地也派遣了5000 名行政相谈委员，在地方层面则设置有管区行政评价局和行政评价事务所。韩国在中央层面设置了国民权益委员会，在地方层面则设置了市民苦衷处理委员会。在我国，中央层面设置了国家信访局，各省、市和区、县也都设置有相应的信访局。印度在联邦和地方层面都有各自的申诉官。在中央和地方分别设置各自的类信访机关的国家，中央类信访机关和地方类信访机关之间一般不具备直接的隶属关系，中央类信访机关无权领导地方类信访机关的工作。如在韩国，国民权益委员会和各市民苦衷委员会相互独立、各自履行独立业务。无正当理由，在收到协作或者支援要求时必须相互协作。国民权益委员会应积极支援市民苦衷委员会的活动。在我国，上下级信访部门之间也不存在直接的隶属关系，而是分别隶属于同级政府或党委，上级信访部门可以按属地管辖的原则将案件下移给下级信访部门处理，但其对下级信访部门的工作无权进行直接的干预的指挥。

另外，在新加坡、我国香港地区等国家或地区，其信访机构的设置则不具备层级性。新加坡的民情联系组制度和议员定期接待选民制度等并不具有层级性，香港作为中国的一部分，其申诉专员公署也只有一级。

（二）类信访机构的性质

亚洲各国各地区信访制度中，其机构的性质与信访模式具有很大的关联度，可以说，信访机构设置即决定了信访机构的性质，主要包括以下几种类型：

1. 准司法机关性质

司法机关基本特征有二：一是在职权上，司法机关本职工作在于解决社会纠纷，维护社会秩序；二是在程序上，司法机关一般为中立的第三方，司法机关对纠纷进行居中裁判。亚洲很多国家和地区的信访机构由于具备以上两个特征，我们即可以把其定位为准司法机关。例如，日本的行政相谈委员、韩国的国民权益委员会和香港申诉专员公署等，都是专门设置用以处理类信访事务的，其职权具有专职性，程序上作为独立的第三方而存在，因此可以将其性质界定为"准司法机关"。

2. 行政机关性质

在由主管部门负责处理信访事务的模式中，行政机关本身即是类信访机关，因此类信访机关的性质即为行政机关。当然，我国国务院《信访条例》明确规范的是政府的信访机构，即行政信访。我国政府部门的信访机构的性质属于行政机关。特别重要的是，我国政府的信访机关亦是以行政化的手段处理纠纷。因此，我国信访机关可列入行政机关的行列。在当前我国信访的体制结构中，行政信访是最为核心的子系统。[1]

3. 权力监督机关性质

如以色列其将监察专署作为受理类信访事务的机关，其类信访机关即法律监督机关，信访机关的性质当然应界定为法律监督机关。

---

① 参见王凯：《信访制度与国外相关制度分析研究》，中国民主法制出版社 2012 年版，第 22 页。

（三）类信访机构的职权

亚洲各国各地区的类信访机构主要享有以下几项职权：

1. 调查权

调查权在大部分亚洲国家和地区的信访制度中普遍存在。应该，信访机制作为纠纷解决机制或法律监督机制，信访问题的解决以事实清楚为前提，因此，各国一般都赋予了信访机制查清案件事实的权力。如韩国的国民权益委员会可以调查和处理苦衷民愿；在新加坡，对于受理的投诉或主动确定的事项，民情联系组可以开展调查；在菲律宾，针对任何公职人员、公共机构的雇员、办事处或代理机构的作为或不作为，只要这些作为或不作为有不合法、不适当、不正确的可能性，公署基于自己的调查和民众的投诉。

2. 调解权

相对于诉讼案件，类信访案件一般为对公民日常生活关系紧密但对其权利影响不大的事件，这类案件具有进行调解的可能。因此，亚洲各国各地区的类信访机构一般也具有进行调解的权利。如日本《总务省设置法》即规定，行政相谈机关或委员对于与行政机关等的事务相关的苦情申诉，可以从公正、中立的立场出发与相关机关进行斡旋，以促进苦情解决的活动。

3. 建议权

在对信访案件进行处理上，各国信访机关都具有多种手段。其中，提出建议即是最为重要的手段之一。如在香港，申诉专员在调查完毕得出调查结论后，向被投诉机关或人员提出纠正不当行为的意见，以及提出对投诉人救济的意见。

4. 实体处理权

在由主管部门负责类信访活动的国家，主管部门作为对该类信访事务享有管理职权的机关，当然享有实体上的处理权，可以对信访涉及的法律关系进行调整、变更或者予以消灭。

5. 惩戒权

不是所有亚洲类信访机构都享有惩戒权。其缘由即在于，如上所述，大部分亚洲类信访机构为专门设置的机构或主管部门的内设机构。由专门设立的类信访机构或者主管部门的内设机构负责信访事务的，基于行政分权的理念，这些机构当然不宜对职能部门所形成的决定予以直接的变更，只能提出建议进行协商。因此，这些国家或地区的类信访部门即未享有实体上的处理权限。在由权力监督机关充当类信访机关的国家，权力监督机关即具有对违法行政进行惩戒的权力。如香港申诉专署享有进行控告的权力，可视为有权启动惩戒程序。

（四）类信访机构的人员配置

亚洲类信访机构的人员配置情况是与其机构设置情况相匹配的。在设置专门的类信访处理机构的国家，其一般也配备有大量的信访处理人员。例如，在日本，全国行政相谈委员联合协议会在全国配备了5000人的行政相谈委员。韩国的国民权益委员会共设15名委员（委员长1人、副委员长3人、常任委员3人、非常任委员8人），其中委员长是部长级别公务员，副委员长是次长级公务员。委员长由国务总理提名总统任命，副委员长由委员长提名总统任命。非常任委员由总统委任（其中国会推荐3人、大法院长推荐3人）。任期为3年，可连任一次。内设机构有1室4局4官1发言人39课，总共有464人。在由主管部门处理信访事务模式中，主管部门一般设置相应的内设机构和人员。如在印度，中央政府中的人事部下设公共申诉司，其下属的处有专门负责申诉事务的官员。除去人事部，其他中央各个部门也都设有主任职务的官员负责申诉事务，各个部门的申诉主任由联秘（在印度中央机关公务员职务序列依次是由部长、秘书长即副部长、辅秘、联秘、处长、副秘、下秘、科长、股长、文秘、办事员组成担任）担任。在由权力监督机关负责类信访事务的模式中，类信访事务是启动法律监督的一个环节，法律监督机关的组成人员同时负责对信访事务进行处理。

第三节　亚洲类信访制度的受案范围及处理程序比较

一、亚洲类信访制度的受案范围和受理机制的比较

案件受理是类信访制度的重要组成部分。案件受理主要由受案范围和受

理机制构成，受案范围和受理机构即决定了哪些案件可以获得救济和获得救济的方式。亚洲类信访制度在受案范围和受理机制上各有其特色。

（一）受案范围

基于类信访制度本身的灵活性，亚洲类信访制度受案范围的设置上一般不如诉讼制度严格，即类信访制度没有严格限定其受案范围，只要是公民认为国家机关的行为存在违法或不当，即可寻求通过类信访制度予以解决，提起信访人甚至不需要与被申诉的行为存在利害关系。例如，在日本，其行政相谈制度的受案范围即十分宽泛，公民对行政机关之行为不服的，都可以认为是"苦情"而进入行政相谈制度的受理范围内，具体包括国家行政机关的事务、独立行政法人或特殊法人的事务、地方公共团体中属于法定的受托事务以及接受国家的委任或补助而进行的事务等，涉及广泛的行政事务。而且，即使行政活动的所属行政机关不明确或者存在着复数的行政机关等情况下也可以受理。韩国的苦衷民愿处理制度也没有专门设置受案范围，这即意味着只要是对公共机关的行为不满即可提出处理要求。巴基斯坦监察专员制度是为了针对相关机构的乱政行为，对于相关机构的内涵和何为乱政行为必须结合《关于建立监察专员公署的法令》《2002年监察专员修正案》等法律的规定进行判断，这个范围相当广泛。在印度，不论是普通公民，抑或是政府官员都可以提起申诉。普通公民可以对政府部门的工作，甚至是对个人工作和待遇不满的话，都可以申诉。

当然，也有国家或地区在"类信访"与"诉讼"之间予以区分，可以司法程序解决的案件，则被排除于信访制度的受案范围之外。如在台湾，对于诉愿案件而提起陈情的，陈情人应依据"诉愿法"提起诉愿而非陈情；属于行政诉讼受案范围的，人民若提起陈情，受理陈情机关应告知陈情人，应通过提起行政诉讼的方式解决纠纷，国家赔偿、请愿等案件也不能寻求陈情制度予以解决。

在我国大陆地区的信访制度中，国务院《信访条例》第十四条规定，信访人对下列组织、人员的职务行为反映情况，提出建议、意见，或者不服下列组织、人员的职务行为，可以向有关行政机关提出信访事项：行政机关及其工作人员；法律、法规授权的具有管理公共事务职能的组织及其工作人员；

提供公共服务的企业、事业单位及其工作人员；社会团体或者其他企业、事业单位中由国家行政机关任命、派出的人员；村民委员会、居民委员会及其成员。对依法应当通过诉讼、仲裁、行政复议等法定途径解决的投诉请求，信访人应当依照有关法律、行政法规规定的程序向有关机关提出。这意味着，对以上机关及其工作人员的行为，公民皆可以提出信访；可以通过诉讼、仲裁、行政复议等程序解决的除外。然而，在实践中，很多应该通过诉讼解决的案件涌入了信访机关，形成了很大的压力。未来信访制度受案范围的设置应区分两种情形：其一，向行政机关提出建议或者控告、申诉的，可以不设受案范围；其二，向行政机关提出权利救济请求的，则需要划分诉讼受案范围和信访受案范围，将大部分信访案件分流至纠纷解决专业机关的司法机关，只有无法进入司法程序的才能寻求信访制度救济。信访案件向司法机关的分流将可以"稳固司法独立裁决的宪政权力架构，提升司法中立裁决事实以及独立适用法律的自主性、专业性和权威度，纠正政府和公众对信访制度权利救济功能的过高期望和过度依赖，打破司法权羸弱、司法功效不足、外部干预加剧形成的恶性循环，改变行政救济取代司法救济所带来的消解司法权威等严重后果，促成信访体制依宪法精神和法治原则回归其本位"。[①]

（二）受理机制

由于类信访制度设立的初衷在于解决与公民日常生活密切相关的问题，亚洲很多类信访制度的受理机制设置上相当注重便民性，使公民可以迅速地寻求通过信访制度解决问题。日本设置有管区行政评价局、行政评价事务所、行政相谈委员、综合行政相谈所、地区综合窗、行政相谈周、"一日合同行政相谈所"、特设相谈所、行政相谈恳谈会、特别行政相谈活动等机制受理信访案件。除此之外，公民还可以通过上网、电话、邮寄信件等方式提出行政相谈的要求。韩国则在网络上设置了国民申闻鼓网站，并设置了110电话热线等便民设施。为了实现"国民细微的声音也要放大地倾听"的口号，强化国民和政府间的沟通窗口作用，韩国整合了所有行政机构运营中的民愿、提案、政策讨论等系统，成立了国民申闻鼓系统，作为对国民的网上窗口而存在。

---

① 刘旭：《信访法治化进路研究——以信访的司法分流为视角》，《政治与法律》2013 年第 3 期。

在国民申闻鼓系统中，针对民愿处理的各个阶段都会以电子邮件、短信实时的给申请人发送相关信息。新加坡则设置了 27 个民情联系组，另外，其议员接待选民一般都在社区举行，这大大增加了公民提出申诉的便利性。在我国台湾地区，人民可以以书面形式或口头形式向主管机关提起陈情，书面形式包括了电子邮件及传真等在内，内容应记载陈述事项、真实姓名及联络方式，这也提升了陈情受理的便利度。在我国澳门地区，请愿、申述、声明异议、投诉均应以书面的方式提出。当然，近年来，随着电子科技、网络的发展，我国澳门地区也注重通过互联网技术提升请愿的便利度，请愿权也可以通过邮件或电报、电传、传真及其他通讯工具行使。请愿书一般递交至请愿事项有关的实体部门或者立法会。

在我国大陆地区，当事人既可向主管机关的内设信访机构提出，也可向各级专职信访机关提出。依国务院《信访条例》的规定，信访人提出信访事项，一般应当采用书信、电子邮件、传真等书面形式。信访人采用走访形式提出信访事项的，应当到有关机关设立或者指定的接待场所提出。信访机关收到信访申请之后，应当对案件进行登记，能够当场答复是否受理的，应当当场书面答复；不能当场答复的，应当自收到信访事项之日起 15 日内书面告知信访人。从中可见，我国信访受理机制的设置也强调便民性。

二、亚洲类信访制度中处理程序的比较

由于亚洲类信访制度一般是作为诉讼制度的补充性制度而存在的，其更多地偏重处理的便捷性，这也在一定程度上牺牲了程序的严格性。因此，从亚洲各国和各地区的类信访制度来看，其在程序设置方面的共性并不多，相互间的差别相当大。当然，纵观亚洲各国、各地区类信访制度的程序机制，其一般也包括了受理、调查和审理、作出处理决定等程序环节。

（一）受理程序

就其受理程序而言，上文在对亚洲类信访机关之受案范围和受理机制进行介绍时已有所涉及。在亚洲类信访案件的受理上，很多国家的信访机关都接受以口头或书面形式提出的类信访申请。至于受理案件之后，类信访机关的处理程序和期限，各个国家的规定都不尽相同，这主要是由类信访制度在

各国政治体制和纠纷解决机制中的不同地位所决定的。在我国，县级以上人民政府信访工作机构收到信访事项应当予以登记，并区分情况，在 15 日内作出处理决定，其处理决定包括：应由其他部门受理的，告知其向其他部门提出信访申请；依照法定职责属于本级人民政府或者其工作部门处理决定的信访事项，转送有权处理的行政机关。

（二）调查程序

亚洲很多类信访制度都具有纠纷解决的制度功能，作为一种纠纷解决机制，纠纷的解决需要以事实清楚为前提。为此，各国一般设置了调查程序。如在以色列，监察专员机构对收到的申诉一般都会展开调查，除非申诉内容不符合国家审计官法所规定的条件或者是非常琐碎、没有合理依据的申诉，抑或者监察专员认为他自己不是适格的受理主体。有下列情形之一的，监察专员会停止调查程序：被申诉的事情或行为已经被纠正的；申诉人撤回申诉请求的；申诉人没有对监察专员的对他的请求进行回应的；被申诉的情况是合理的。调查的开展不受程序规则和证据规则的约束。在日本，行政相谈委员对受理的国民有关行政的苦情进行必要的调查，并基于自己的判断向相关行政机关提出处理的意见或建议。韩国《关于腐败防止与国民权益委员会设立运营法》第十二条也规定，国民权益委员会的具体功能包括调查和处理苦衷民愿。

当然，在印度的人民法庭制度中还存在开庭程序。一般开庭时间会选定在周末，争议地点由双方提前确定，可能被选定的地点或者是一个村庄中的一片空地，一个学校或者是借用法院的房间。

（三）审查和处理程序

在以色列，监察专员经调查后，其处理结果有：一是监察专员认为申诉是正当的，他会通知申诉人和被申诉人，告知双方调查结果以及作出调查结果的原因。监察专员会依据调查结果向对被申诉机构指出被申诉机构需要改正的地方，他会在调查报告中指定改正的方式以及改正的期限。随后被申诉机构必须告知监察专员改正的进度。二是假如申诉是不正当的，监察专员机构也会告知申诉人和被申诉人调查结果以及原因。

印度的"人民法庭"制度同是经开庭审理之后作出裁决。在开庭审查过程中，一般先是由援助组的成员先接触争议双方，他们接触的目的就是要找到争议双方可接受的妥协点。一般通过接触双方当事人，向他们讲述案件的利弊，法律援助组成员一般都年纪较大、威望高、富有服务精神并擅长引导和说服，所以他们通过听取双方的意见，能大概推断出争议双方都可以接受的协商调解范围。在得出上述结论后，援助组成员会依据调解结果形成一个书面协议，并要求当事人签字。当事人签完字后，由"人民法庭"的法官审查该协议的真实性和公平性。如果未达成协议，"人民法庭"的法官会建议当事人选择相关法院寻求帮助。根据1987年的《法律服务机构组织法》的规定，"人民法庭"所作的每一个裁决都是终局性的，对争议双方都具有约束力，而且该裁决是不能向法院提起上诉的。而印度的申诉处理制度的程序设置则与此不同。在申诉处理机制中，中央各个部门将收集到的申诉案件进行分类、筛选、分析、整合，并针对申诉案件的属性，轻重缓急，申诉倾向进行个案研究，提交所属的专业部门并按照程序上报人事部的行政改革司，研究对策。

在我国香港地区，申诉专员公署在受理市民投诉后，对性质简单的投诉进行初步的研究询问之后即可解决。如果投诉的事项性质复杂，公署在经过审查后决定予以调查，在调查组调查结束时作出投诉是否成立的结论。如果认为投诉成立，则由申诉专员提出解决投诉问题的建议，包括如何纠正失当行为以及如何补救受侵害人。在我国澳门地区，接纳请愿书的实体，在经过对请愿书的形式审查和实体审查之后，如果没有出现应当被初端驳回的情形，则应当在和请愿书内提出事项的复杂性相符合的最短时间内作出决定。

在我国大陆地区，依国务院《信访条例》的规定，信访制度中处理程序大致包括以下环节：其一是信访的提出，信访人可以采用书信、电子邮件、传真等书面形式提出信访要求；其二是信访的受理，县级以上人民政府信访工作机构收到信访事项应当予以登记，并区分情况，在15日内做出处理；其三是信访的办理，对信访事项有权处理的行政机关受理信访案件之后，其在处理过程中需要遵循回避、听证等程序规则，并在受理之日起60日内办结信访事务。

三、亚洲类信访制度处理结果的比较

类信访制度作为纠纷解决机制的一种，与司法制度相比，其最大的特色即在于其受理范围、处理程序和处理结果等方面的灵活性。纵观亚洲各国各地区的类信访制度，其在处理结果的设计上，信访机关的处理决定一般不具有强制性。

（一）调解

由于类信访制度注重纠纷解决功能的设计，为有效解决纠纷，很多国家和地区的信访机关都具有进行调解的功能。实际上，以调解方式结案也构成了类信访制度的最大特色，诸多国家或地区的类信访制度都规定了信访机制之调解功能。例如，在日本，行政相谈的核心在于"斡旋"，所谓的"斡旋"是指行政相谈机关或委员介于苦情申诉人和作为相对方的行政机关之间，通过与该行政机关的联系、建议等方式促进苦情解决的行为。韩国国民权益委员会和市民苦衷处理委员会也可以通过调解的方式对案件形成最终处理结果。国民权益委员会和市民苦衷处理委员会认定涉及多数人利益或者会产生社会效果的情况时，可以根据当事人的申请或者依职权进行调解。当事人在调解书上就达成合意并签名盖印，国民权益委员会和市民苦衷处理委员会对此进行确认后，调解成立，调解与民法上的和解具有同等效力。印度的"人民法庭"即定位为"ADR"，法律援助组织协助法官的任务即在于通过听取双方的意见，能大概推断出争议双方都可以接受的协商调解范围。在得出上述结论后，援助组成员会依据调解结果形成一个书面协议，并要求当事人签字。至于调解与司法救济之间的关系，日本、韩国和印度等地的相关制度并没有对其进行明确限制，因此，基于有权利必有救济的原则，法律未禁止当事人在调解后寻求司法救济的，当事人就应当享有寻求司法救济的权利。

（二）提出建议

除调解之外，亚洲各国各地区的信访机关往往也规定了信访机关提出建议的权力。如在日本，行政相谈机关从个案中发现行政制度、行政运行的问题的，即可以向相关机关提出建议。在韩国，国民权益委员会、市民苦衷处理委员会在调查、处理苦衷民愿的过程中，认定法令及之外的制度、政策等

存在改善必要时，可以向相关行政机关等的首长提出合理的改善劝告或者表明意见。不认可劝告内容的，相关行政机关等的首长可以将其处理理由通报给国民权益委员会或市民苦衷处理委员会。相关行政机关等的首长应尊重国民权益委员会或市民苦衷处理委员会提出的劝告或者意见时，并在收到之日起 30 日内将处理结果通报给国民权益委员会或市民苦衷处理委员会。在我国香港地区，申诉专员在调查完毕得出调查结论后，向被投诉机关或人员提出纠正不当行为的意见，以及提出对投诉人救济的意见。就日韩两国和我国香港地区类信访机关的建议权来看，其建议对相关机关并没有约束力，相关机关可以选择听取或不听取信访机关的意见。

在我国大陆地区，国务院《信访条例》明确赋予信访工作机构对信访事项的督办权，信访专职信访机构可针对以下行为进行督办，并提出改进建议：一是无正当理由未按规定的办理期限办结信访事项的；二是未按规定反馈事项办理结果的；三是未按规定程序办理信访事项的；四是办理信访事项推诿、敷衍、拖延的；五是不执行信访处理意见的；六是需督办的其他情形。收到改进建议的行政机关应当在 30 日内书面反馈情况，未采纳改进建议的，应当说明理由。这一规定赋予了县级以上人民政府专职信访机构督办权。实践中，人民政府专职信访工作机构履行督办权时，主要是通过提出改进建议等间接方式督促其他行政机关依法处理信访事项，通常不能直接作出信访处理意见，因此，行使的是一种"软权力"，效力有限。"信访机构作出的建议缺乏约束力，信访机构的督查权力缺乏实质性的效力。"[1] 转送之后有权处理的机关何时处理、以何种方式处理都不会受理"转送"程序及转送中的建议的约束。"从《信访条例》对信访制度功能的定位可以肯定，其最大功能是'上传下达'，起到民众与政府之间的桥梁作用。"[2] 信访机关重新将矛盾交由有权处理的机关进行处理，后续的监督力度相对有限。从这个角度而言，我国可借鉴监察专员制度，赋予类信访机关建议权，并需强化信访建议的效力，有权处理的机关不按建议进行处理的，应向当事人和信访机关予以说明。

---

① 杨建锋：《试论我国行政信访权利救济功能的完善——对国外议会行政监察专员制度的考察与借鉴》，《福建行政学院学报》2010 年第 4 期。

② 参见王弘宁、刘佩：《论信访制度的功能定位》，《东北师大学报（哲学社会科学版）》2014年第 4 期。

（三）责任追究

责任追究是信访机关确保其处理决定之效力的"杀手锏"，亚洲许多国家或地区的类信访制度也赋予了类信访机关启动责任追究程序或自行进行追究的权力。如在印度，对于违法行政的行为，申诉官可以通过"特别报告"的形式建议相关部门的负责人追究相关人员的法律责任，但是申诉官本身对调查结果无权干涉。而在我国香港地区，申诉专员可以通过控告权的行使启动责任追究程序，即申诉专员对被投诉机关人员纠正不当行为的建议和对投诉人救济的建议没有在指明期限或合理期限内得到采纳的，申诉专员可以进行控告；申诉专员根据调查结果，如果认为被调查部门存在严重的行政失当，可以在向有关部门提交调查报告时，另外向行政长官提交报告，说明自己的意见和理由，并在规定期限内将报告转交立法会。在韩国，国民权益委员会、市民苦衷处理委员会在调查、处理苦衷民愿的过程中，认定相关行政机关等的职员存在故意或者重大过失而发生违法、不当处理业务时，可将其发现事实向监察院移送举报，请求监察机关介入。

从中可见，在亚洲范围内，很多国家、地区的类信访制度是与行政监察制度相勾连的，类信访机构发现违法行为或者被申诉机关不服从类信访问题处理结果的现象的，类信访机关即可以启动或申请启动责任追究程序，这无疑可以在很大程度上提升类信访机关的地位，增强类信访机制在纠纷解决和法律监督的作用。相对而言，在我国信访机构即缺乏此方面的法定权力。实践中，中国一些地方的信访机构在实务工作中建立了与监察机构的互动工作机制，这种尝试也是还仍属于具体地方业务工作层面的创新，没有上升到制度化的层面。就未来而言，为提升信访机关的地位，充分发挥信访机制在权力监督中的作用，我国可以推动信访制度与行政监察制度的制度化对接，信访机关在处理信访事务过程中发现违法违纪行为，或者被申诉机关无理由不接受信访机关建议的，则可依法向行政监察部门提出控告，行政监察部门必须启动调查。

第四节 信访制度法治化建设的思考

亚洲各国和地区的类信访制度各有其特色，这些特色产生于各国或地区特定的历史文化条件和制度环境，能确保信访制度的良好运行。我国信访制度同样也是立足于我国特定的制度环境之中，信访制度的存在和运行能够很好地解决社会纠纷，拓展民众监督政府的渠道。在当前全面建设"法治中国"背景下，信访制度仍有待发展完善，这就要求我们立足于中国国情，借鉴亚洲类信访制度的法治化建设的成功经验，大力推进我国信访制度法治化建设的进程。

一、推动制定统一的信访法①

信访法律法规是信访制度合法性的来源，也是其运行的基本依据。对于信访制度本身的重要性而言，信访制度在法律依据方面仍存在明显不足。信访制度作为我国《宪法》第四十一条的体现，是我国公民批评权、建议权、申诉权、控告权、检举权等基本权利的制度保障，具有很高的法律地位。但是，目前我国并未制定规范信访制度的专门法律，这使得信访制度在关键立法环节上存在断层。信访领域的"基本法"是国务院颁布的《信访条例》，属于行政法规，其效力低于宪法和法律，调整范围相对有限。信访制度的立法现状，模糊了信访制度在整个国家法律体系中的法律地位，无法确保信访制度的权威性。实践中，信访制度立法方面的不足，也影响了信访制度的正常运行：立法规范缺失阻碍信访制度功能的充分发挥，无法应对信访领域出现的一些新情况、新问题和新诉求；各级信访法规存在冲突，消解了信访工作的严肃性和权威性。

与信访制度相比，亚洲很多国家的类信访制度都制定专门的法律，明确了相关制度的法律地位。如日本针对类信访制度制定《行政相谈委员法》《请

---

① 本部分内容参考北京市信访矛盾分析研究中心 2013 年课题"信访立法可行性研究"的研究成果。

愿法》；韩国制定《有关民愿事务处理的法律》；我国台湾地区制定了"请愿法"等，从实体和程序两方面对类信访制度进行法律规范，保障该制度有效运行。一个具体制度的良性运行和发展，需要健全、扎实的法律制度保障。当前，我国信访制度的法律依据仍有待健全，有必要针对当前信访制度运行过程中的问题，制定统一的信访法。

（一）信访存废之争需要统一的信访立法予以调和

面对"信访洪峰"以及信访的制度困境和信访工作面临的尴尬状况，实务界和理论界对信访制度进行了反思，并提出种种改革方案，但如果细究这些方案，大致可将其分为两类，即"取消信访论"和"强化信访论"。

"取消信访论"者站在西方宪政主义的高度，在法治主义的旗帜下，认为当下的信访制度充满了"人治"色彩，与现代"法治"的诸多精神、原则背道而驰，因而主张采取"休克疗法"，撤销信访部门，希望单纯通过传统的立法救济、行政监督和司法救济途径化解转型时期的各种矛盾。然而，取消信访制度会使情况发生转变吗？

从现状及多数涉及实际问题的信访事由上看，目前引起信访的原因主要包括：社会转型时期政策、法律相对滞后；政策、法律虽有规定，但配套性制度相对缺失；一些群众对许多政策、法律无法理解，不会运用；一些纠纷、矛盾群众无法在司法机构得到解决；问题涉及的面广，需要多个部门协调处理。可以看出，有些根源不可能在短时间消除。因为法律并不能解决所有的社会矛盾和纠纷，一国的法律制度即使充分地发挥了其所有的制度功能，总还有一部分矛盾、纠纷无法通过司法途径解决，它为道德、政策、习惯、纪律等多种替代性纠纷解决方式的存在提供了空间。尽管现代社会应当强调通过法律解决纠纷的重要性和根本性，但这并不意味着其他纠纷解决形式不重要，甚至可以无视其存在。

为了及时化解矛盾和纠纷，平衡各种利益冲突，需要有一些灵活性、即时性的应对方法来防止某些领域的社会失序或者解决这些失序问题，而中国的信访制度目前就充当了此种角色。试想在当下中国，如果没有信访制度的存在，上述提到的问题和矛盾依然会存在。当政策和法律的缺失使人们无法获得权利保障时，当配套性政策和法律阙如导致实体正义失落时，当用尽司法救济仍无法获得权利保障时，我们仍然必须为民众保留"底线救济"的权利。因此，信访制度有其存在的必要性和合理性。况且，从巩固党的领导地位和维护国家建设大局的角度看，来自于民众的社会监督是极为必要的。在我国目前社会监督体系并不十分完善的情况下，信访制度以接纳、汇集、处理民情民愿的方式，实际上对党和国家的各项工作形成了一种社会监督。

因此，取消信访制度论忽略了中国现实国情，其思路因前提得不到满足而不具有现实性。更为重要的是，站在现代法治语境下的"取消信访论"无视中国特殊的社会性质与国情，只会一味地批判中国的信访制度，从而将信访问题的讨论符号化、简单化，如此势必加剧与主导中国信访制度改革的政治家或实务工作者之间的隔膜，自说自话，不能对中国目前信访制度困境的解决提供任何"知识增量"。

既然取消信访制度的思路在当下不能满足现实形势和任务的需要，那么，面对日益增多的信访矛盾，强化信访制度，增强信访部门职权的观点被信访实务界人士提了出来。其大致思路是，为了有效解决纠纷，信访部门应该有更多职权；为了更好地整合信访资源，信访部门要做大做强，要"构建大信访格局"。

在一定程度上"强化信访论"的提出，反映出信访实务部门当下处理信访问题时的尴尬与无奈。面对日益增多的信访问题，信访实务部门"责重权轻"的反差使得其根本无法满足党和国家以及人民群众多方面、多层次的各种要求。因此，信访实务部门不得不从实际解决问题的角度出发，希望通过强化信访部门职能，来解决当下亟待解决的信访问题。然而，实践中这种治标不治本的做法虽在一定程度上缓解了信访矛盾，但问题并未从根本上得到解决，相反，这些应时的"修补术"客观上又衍生出新的信访问题。

一方面，当下中国的信访部门面对大量的上访者，仅仅从技术的角度上讲，如果时下党委、政府对此都束手无策，那么又怎能寄希望于"扩权"后的信访部门呢？另一方面，从国家长远治理的角度看，扩张信访部门权力只会将信访制度进一步推向异化，推向无法自拔的泥潭。如果授予信访部门太大的权力，信访部门解决的问题就会越多，群众对信访部门的信任和期待就会越强烈，信访部门无论怎样扩大编制，都会面临不堪重负的后果。到头来，信访部门依法行政的可能性就会越小，进而引发的问题就会越多。因此，仅仅希望以扩充信访部门权力来消解群众信访困扰的做法，不仅不能从根本上化解矛盾，而且必然对现行国家政治体制内部国家各个权力机关之间的权力配置格局和既有的法律制度造成破坏，从而造成危害国家核心政制的后果。

既然单纯地取消或强化都不能从根本上解决当下中国的信访问题，那么，一条走渐进性整合信访制度的思路逐渐受到各方的重视。在整合过程中，我们必须坚持"依法治国"的基本方略，在尊重和结合中国既有的政治体制结构和法律制度的前提下，站在中国宪法体制这一具有全局性的体系框架下，寻求问题的解决。因此，中国信访制度的运作必然应由全国人民代表大会审议通过的，具有普遍效力的全国性的法律，予以调整。

既然是国家统一制定的法律，那么，未来的信访法必然要符合宪法、立法法以及其他与之相关法律的合法性和合理性的审查。这样一来，不仅原先信访制度"人治"化的一面将会减弱乃至去除，向"法治"化的要求逐渐靠拢，而且现有消解、异化信访制度的创新性举措也将会被消减。信访存废之争的问题将会在统一信访法的制定中予以调和。

（二）既有信访法律规范体系存在的问题需要统一的信访法予以解决

目前指导中国信访活动的法律规范体系在实践中突出的问题表现在法律规范效力层级低、各级信访部门之间缺乏协调以及信访机构功能和各级信访立法不统一三个方面。

第一，就既有信访法律规范的效力层级问题而言，目前我国指导信访活动效力最高的法律规范是 2005 年修订的《信访条例》，而《信访条例》在法律效力层级上只属于行政法规，并非经全国人大通过立法程序制定发布的国家法律。这种效力较低的立法状况，一方面使部分国家机关从事信访工作之权力来源无实证法支持；另一方面也与信访制度作为我国一项重要的政治参与和权利救济的机制在社会生活中的重要性是不相适应的。因此，需要制定统一的国家性信访法解决此效力层级问题。

第二，就各级信访部门之间缺乏协调性问题而言，根据 2005 年《信访条例》的规定，信访的执行主体是"各级人民政府、县级以上各级人民政府工作部门"。但实际上，在我国履行类似职能的机构和部门很多，并非只有行政机关才有信访工作。从中央到地方，各级党委、人大、政府、检察院、法院以及政府相关职能部门，都设有信访机构，一些相关职能部门内部和社区居委会也设有信访机构，这些门类众多的信访部分显然不能由一部行政法规来调整与统合。信访组织体系的多元化客观上造成各级信访机构之间没有严格意义上的隶属关系，缺少权威性的统一归口管理及领导机构。这直接导致信访事项受理及处理的主体不明，信访事项在不同层级机构间来回转办。有的信访者为了是问题早日解决，同时向多个信访机构上访，得到的答复和解决方案可能是多样的，甚至是相互矛盾的。因此，需要通过制定统一信访法协调各级信访部门及其相互之间隶属关系问题。

第三，就各级信访立法不统一问题而言，国务院信访条例效力仅及于行政机关，地方信访条例则及于地方人民代表大会等其他地方性国家机关。按信访复查复核制度，对信访人不服省级人民代表大会所作出的信访事项决定的，其上一级复查复核机关为谁？全国人民代表大会不是地方各级人民代表大会的上级机关且不受地方信访条例效力规范。由此，可能存在当事人权利因信访立法不统一问题而无法实现的窘境。因而，未来制定统一"信访法"，统一各级相互之间可能冲突的信访法律规范极为必要。

（三）信访的制度功能有赖于统一的信访立法予以实现

自信访制度建立以来，其功能不断丰富、拓展。新中国成立之初，信访更多地被作为一种政治运动被使用，目的主要是为了"密切联系群众"和"监督官僚队伍"，其制度功能更多地是政治参与。但在后来的发展实践中，信访制度更多地成为群众维护自身权益的手段。后来的《信访条例》以及一系列文件也认可信访的这一制度功能。当前，信访部门所受理的信访事项也多与民众切身权益有关。

从这条主线出发，信访制度功能实际上实现了从政治参与和个人权益维护相结合的内涵不断丰富发展的扩张过程。从另一方面看，在 2009 年国务院新闻办公厅发布的《国家人权行动计划（2009—2010 年)》中，信访制度被明确认定为中国公民维护个人人权机制之一种方式。[①] 这一功能在 2012 年的人权计划中被再次重申。[②] 因而，在当下中国，信访在某种意义上是公民维护

[①]　如在该《国家人权行动计划（2009—2010 年)》第 2 部分 "公民权利与政治权利保障" 中，信访是作为公民的一项表达权而存在的。

[②]　参见国务院新闻办公厅发布的《国家人权行动计划（2012—2015 年)》。

人权及宪法性权利的方式之一。

依法理，但凡人权及公民宪法性权利的规定，皆应由基本法规定。而《信访条例》本属行政法规，不能承担维护人权及公民宪法性权利之重担。如果群众依法依规，请求以信访为方式维护自身人权及宪法性权利，信访部门如何处置？其中必有法律上难以逾越之障碍。解决此立法上的漏洞，需依赖更高层次统一的信访立法方可为之。

（四）现有的信访矛盾需要统一的信访法立法予以解决

从信访矛盾的属性上看，尽管不同群体的诉求不同，不同阶段信访矛盾反映的内容和重点不同，但从本质上讲，信访矛盾是人民内部矛盾，集中表现为利益诉求，突出反映在民生领域，主要针对具体问题，是对当和政府信任下的诉求，是根本利益一致基础上的矛盾，是改革和发展过程中的矛盾。这就决定了信访矛盾的属性是一种从属性矛盾；是人民内部矛盾，而非敌我矛盾；是显性矛盾，而不是隐性矛盾；是裂痕性矛盾，而不是颠覆性矛盾。

信访矛盾之所以多发且突出，主要是因为没有真正地用现代化的理念管理现代社会，很多时候还用的是传统农业社会牧民式的理念管理现代社会。在这种管理理念下，信访矛盾大多与官员、政府和政策有关。要减少信访矛盾的产生，就需要约束政府及其官员的行为，使其依法行政。而依法行政的关键就在于运用法律，规范政府及其官员的行为，降低信访矛盾发生的可能及其扩大的风险。

因此，统一信访法的制定不仅能使群众通过信访活动更好地监督政府及其官员的行政行为，迫使其依法行政；而且使群众表达利益诉求的渠道更加规范、畅通，信访的从属性矛盾、隐性矛盾和裂痕性矛盾不至于激化、变质。

（五）现有信访的制度困境需要统一的信访法立法予以化解

诚如前述，基本法律层面的统一信访法之阙如是导致信访制度困境及其实际实操陷入窘境的重要原因之一。如信"访"不信"法"现象的出现，就是因为国家信访条例因效力层级问题，没有对信访与司法之间的关系进行准确清晰的厘定。各种创新性举措异化信访制度的问题，实是因为中央和地方有关信访制度的立法并不完善，欠缺法治化的原则规定，因而各级政府在"无法可依"的情况下，为了解决眼前问题，才产生各种创新性举措。

因此，制定统一的信访法，一则可以消除中央和地方在信访立法方面的差异，为各级信访部门和信访群众提供明确、权威的规范，指引其行为选择；二则可以为信访制度起到"确权"作用，以法律的形式明确信访的工作范围和相应的救济途径，减少因规则不明或缺失所引发的问题。

（六）信访机制的良性运转需要统一的信访立法予以完善

信访机制的良性运转一方面有赖于其制度的完备性，另一方面依托于其制度的科学性。就前者而言，目前国务院《信访条例》所规定的内容更多地涉及信访程序问题，许多关于信访制度实体性的内容并没有涉及。例如，信访除了具有维护群众权益的制度功能以外，还有政治参与和民主监督等方面的功能，而现有的信访具体工作机制设置并没有相关内容规定。就后者而言，国务院《信访条例》虽然对信访秩序、信访听证以及信访终结等问题有所规定，但这些既有规定在实践中很难操作。如《信访条例》虽有上访人上访秩序的规定，但规定对越级上访、群体上访围堵冲击机关、单位，阻塞交通或在信访接待场所滞留、谩骂甚至殴打工作人员等问题以及在公共场所和繁华地区以上访为名滋事等行为，欠缺必要的规制和与治安处罚法、刑法上的技术性衔接，因而导致信访无序问题十分严重。因此，制定统一信访法既可以弥补现有信访立法的缺失，也可以增强既有法律规范之科学性，从制度上完善信访机制的良性运转。可见，信访制度作为沟通执政党和人民群众之间关系的重要制度，极具中国特色。完善信访制度，进一步发挥其沟通民意、反馈诉求、化解矛盾、维护稳定等方面的作用，不仅是社会转型时期时代发展之要求，而且也是党十八大报告的明确指向。完善信访制度应当制定统一信访法，这对于解决目前信访所面临的实践困境和理论困境都大有裨益，同时对党的十八大报告提出的"积极稳妥地推进政治体制改革"亦有所帮助。

二、"信访"概念法律内涵的思考

信访概念的准确界定，是信访法治化需要解决的基础理论问题。目前，国务院于2005年通过的《信访条例》对信访的定义是目前公认的最具权威性的解释，该条例第二条对信访的定义是"本条例所称信访，是指公民、法人或者其他组织采用书信、电子邮件、传真、电话、走访等形式，向各级人民政府、县级以上人民政府工作部门反映情况，提出建议、意见或者投诉请求，依法由有关行政机关处理的活动"。国务院《信访条例》颁布后，这一定义及其定义方式被后来众多的地方性法规、部门规章以及从事信访工作的其他国家机关、事业单位和人民团体所采用。

由于我国信访活动的本身的复杂性，国务院《信访条例》对"信访"的简单定义并不一定适用于所有机关和单位的信访活动，很多非行政机关、国家机关在普遍采用国务院《信访条例》对信访活动的定义时也会与本机关或是单位的权力运行结构和方式带来很多困扰，如法院中的涉诉上访问题就给法院中的"两审终审制"带来了很大的困扰。[①] 这也就构成为"信访"现实困境的法律隐患。例如在实践中，只要行为符合信访的形式要件，就成为法定的信访行为，这也使信访与诉讼、复议、仲裁等纠纷解决法定形式无法在法律层面进行准确的界定。在学术研究中，学界也普遍接受了《信访条例》中对信访的这一法律规范语言的形式定义作为信访理论研究的起点。但是这种形式上的定义很大程度上会遮蔽我们的理论视野，使我们难以真正认识"信访"的本质内涵。正如我们没有发现导致胃癌的真正原因是幽门螺旋杆菌一样，导致胃癌一直无法治愈。由于我们一直没有发现"信访"的本质内涵，所以我们一直没有从根本上化解信访问题的思路和路径。

放眼亚洲日本、韩国、新加坡等国，近代以来，伴随公民诉求多元化，不同利益群体间的博弈加剧，各种社会矛盾交织，社会生态环境逐步恶化，亚洲各国都面临着矛盾呈现更加复杂化、多样化的趋势。由于这些社会矛盾在很大程度上是每个国家在转型期都会遇到的"通病"。纵观亚洲类信访制度运行的现状，其一个重大共性在于面对的类信访问题，主要是行政争议。随着行政国家的兴起，政府干预向经济与社会领域拓展，行政的触角伸向社会各个角落。与之相应，因行政干预所产生的各类争议，尤其是行政干预对公民利益侵害造成的利益诉求争议，呈现大规模的爆发之势。各国所面临的社会矛盾绝大部分是行政争议或行政附带民事争议，也就是说，由公法调整的社会矛盾纠纷，即公法争议（冲突）是各国社会矛盾的主体。

---

① 参见张文国：《试论涉诉信访的制度困境及其出路》，《华东师范大学学报（社会社会科学版）》2007 年第 6 期。

与亚洲各国类信制度运行背景相似，当前我国的信访工作已经不是传统意义上的信访工作，当前的信访问题的显著特征就是公共政策类信访问题的集中凸显，信访问题与政府的行政行为密切相关。新形势下，亟须重新审视"信访"概念的本质特征，以适应新时期信访工作的现实需求。结合当前信访工作实践的特点，信访的本质内涵可从以下几个方面理解：

第一，信访是与政府、官员有关系的活动。这不仅仅是说政府机关是信访活动的受理者和裁判者，而是意味着"信访"诉求是涉及公权力的利益冲突，政府是当事人之一，其涉及的是公权力侵害个人或者团体利益的行为。

第二，"有关系"并非意味着"有问题"。政府作为当事人之一，并非意味着政府就一定违法，但意味着政府、官员必须接受法律的考量。

第三，在信访活动中，政府不应既是当事人，又是裁判人。目前，信访机构作为政府的组成部分，缺乏相应的独立性，也导致很多与政府、官员有关的信访问题得不到有效的解决。为了更好地发挥信访制度的权力监督功能，应该在同级政府中赋予信访部门更为独立的权力，使其能够有效地承担起裁判人的角色。

第四，信访是一项权力监督制度，也是一条权利救济渠道。信访制度是在我国正式的国家制度之外为公民提供的一条权利救济渠道，并对监督政府机关的依法行政发挥着十分重要的作用。

三、信访的受理范围问题

信访制度的案件受理范围决定了信访"能够做什么"，因此，受理范围是信访制度设计和完善首要考虑的因素。在信访制度受案范围的建构方面首要解决的即是信访与诉讼之间的关系问题。在亚洲，很多国家在"类信访"与"诉讼"之间予以区分，可以司法程序解决的案件，则被排除于信访制度的受案范围之外。当然，也有国家或地区没有明确界定信访与诉讼在受理范围上的区分。如日本的行政相谈制度、韩国的苦衷民愿制度等，没有明确排除诉讼事项。然而，从这些国家的类信访制度运行情况来看，尽管这些国家没有区别信访与诉讼在受案范围上的区别，但信访一般仅处理对公民权利义务影响不大的日常生活事件，至于涉及公共利益或者当事人的较大利益的，一般则通过诉讼予以解决。

就我国而言，《信访条例》第十四条规定，信访人对下列组织、人员的职务行为反映情况，提出建议、意见，或者不服下列组织、人员的职务行为，可以向有关行政机关提出信访事项：行政机关及其工作人员；法律、法规授权的具有管理公共事务职能的组织及其工作人员；提供公共服务的企业、事业单位及其工作人员；社会团体或者其他企业、事业单位中由国家行政机关任命、派出的人员；村民委员会、居民委员会及其成员。对依法应当通过诉讼、仲裁、行政复议等法定途径解决的投诉请求，信访人应当依照有关法律、行政法规规定的程序向有关机关提出。因此，我国信访制度是有区别信访与诉讼在受案范围上的区别的，能够通过诉讼解决的，则不能进行信访。然而，在实际执行过程中，经很多经司法程序处理的事务，当事人没有得到满意结果的，信访机关将之作为"未能通过司法程序"处理的事项，从而接受其信访申请，产生了很多涉法涉诉问题，成为当前信访实践工作的难点。

因此未来信访制度受案范围的设置可区分两种情形：其一，向行政机关提出建议或者控告、申诉的，可以不设受案范围；其二，向行政机关提出权利救济请求的，则需要划分诉讼受案范围和信访受案范围，将大部分信访案件分流至作为纠纷解决专业机关的司法机关，只有无法进入司法程序的才能寻求信访制度救济。

四、信访的功能定位问题

如上所述，亚洲各国、各地区类信访的功能可以分为权利救济、纠纷解决、权力监督和民意表达等功能。当然，这些功能之间并不是完全对立的，如权利救济功能的发挥也有可能使纠纷得到解决，而纠纷解决的过程亦是违法行为被纠正的过程，法律监督功能也因此得到体现。换言之，各国、各地区类信访功能往往不是单一的，而是多种功能的集合。

我国信访制度也存在多种功能，主要包括权利救济功能、纠纷解决功能、民意表达功能、权力监督功能等。信访制度在"维护社会稳定"的目标导向下展开对具体纠纷的处理，在处理过程中既使纠纷得到解决，又使当事人权利得到保护，此过程即具备纠纷解决和权利救济功能；而信访制度作为处理

"人民来信来访"的制度机制，公民对政府及其工作存在的问题也可通过信访途径反映，这即是信访制度的民意表达功能。

实际上，我国信访制度最初的功能设置为民意表达功能。如上所述，我国信访制度的设立以政务院发布的《关于处理人民来信和接见人民工作的决定》为标志，其得以建立的最直接原因为"民众监督政府"这一观念的影响，"人民监督政府"这一民主政治的精粹是信访制度得以建立的理论基础。也就是说，《关于处理人民来信和接见人民工作的决定》建构信访制度的初衷在于拓展政府听取公民意见的渠道，使民意体现于政府决策过程当中。因此，信访制度实际上是立足民意表达功能而设立的。然而，信访制度在其实际运行的过程中，其主要功能则从民意表达转向纠纷解决。具体而言，自改革开放以来，尤其是市场经济体制确立之后，我国社会进入了转型时期，各种社会予以日益增加，原有的纠纷解决机制无法很好地处理这些矛盾，司法机关的压力越来越大。[①] 这种情形下，信访机制即被从幕后推向了台前，诸多社会问题纠纷涌入信访部门，这就在客观上促使信访之纠纷解决功能膨胀，民意表达功能则相应地萎缩。

笔者认为，未来我国信访制度的改革，在功能设置上，应使之回归以民意表达为主、以纠纷解决为辅的状况。其缘由即在于，民意表达功能具有明确的宪法依据。我国《宪法》第四十一条规定，公民对国家机关及其工作人员的工作有权提出批评建议，对国家机关及其工作人员的违法行为有权进行控告和申诉。纵观我国的宪政体制结构，除信访机关之外，实际上没有其他机关专门负责受理民众的批评建议和控告申诉。从这个角度而言，信访机关的设置实际上有明确的宪法依据，其存在也有利于保护公民依宪法所享有的权利。将信访机关作为批评建议和控告申诉的受理机关，即可使信访机关解决其合法性问题，甚至使之获得充足的合宪性基础。当然，这也同时要求信访机关切实发挥其民意表达功能，将工作重点转向对公民批评建议和控告申诉的受理和处理上。简言之，未来信访制度的改革必须使信访制度"回复到宪法框架下次要政制的位置，并继续发挥'密切联系群众'、'反对官僚主

---

① 参见周海源：《迈向规则主义的司法——中国司法改革回顾与展望》，《天津行政学院学报》2015 年第 4 期。

义'的政治参与和社会监督功能"。①

五、信访部门的机构设置问题

如上所述，在亚洲各地在信访部门的设置上一般包括三种模式，分别为专门机关处理模式、主管部门处理模式和权力监督附带处理模式。在专门机关处理模式中，类信访机关的组织体系具有一定的独立性，具有独立的法律地位，能够以自己的名义开展处理信访事务。在主管机关处理模式中，类信访机关的设置则契合于其国家机关的设置，亦即在这种模式中，信访由立法机关、行政机关等部门的内设机构受理，不存在独立于这些机关之外专门负责信访事务的机关。在权力监督附带处理模式中，同样不存在专门设置的信访机关，信访事务由法律监察部门受理，信访事务是启动法律监察的情形之一，法律监察部门与信访部门合二为一，法律监察部门的设置即是信访部门的设置。

我国既设置有专门管理信访事务的部门即各级信访局，各个主管部门也在设立有内部机构处理信访事务，亦即我国各级政府的工作部门及人民法院、人民检察院等一般都设置有信访机构。就专门机构而言，上下级信访部门之间也不存在直接的隶属关系，而是分别隶属于同级政府或党委，上级信访部门可以按属地管辖的原则将案件下移给下级信访部门处理，但其对下级信访部门的工作无权进行直接的干预的指挥。应该说，我国信访机构的设置即兼顾到信访事务的专门性，也考虑到各主管部门处理信访事务的便利性。从这个角度而言，当前我国信访机构的设置是考虑了当前中国的现实，重视确保民众利益诉求你表达渠道的畅通，充分发挥了畅通公民诉求渠道的正面效应。但实践中，由于党委、人大、行政、司法、政协和企事业单位的信访机构自成体系，就整个信访体制而言，也客观存在缺乏整体设计、部门林立、机构臃肿、人员有限等问题。因此，在确保公民诉求有效表达的前提，未来应探讨进一步推进信访机构设置的规范化。

此外，未来信访机构的改革还需要增强信访机构的独立性。在我国，不管是专职的信访机构，抑或是职能部门下属的信访机构，其独立性均有待加

---

① 李栋：《信访制度改革与统一〈信访法〉的制定》，《法学》2014 年第 12 期。

强。就专职的信访部门而言，其一般对同级党委或政府负责，接受其领导；职能部门下属的信访机构同样需要接受该职能部门的领导。这种领导关系不仅体现于信访部门或机构的设立、人员任免和日常事务处理等方面，还体现于信访事务的办理过程中。也就是说，信访机关办理信访事务，在很多情况下需要遵循同级政府或其所属部门的指令。信访机关独立性不强的问题，即有可能制约其功能的发挥。"如果信访机关沉于任何一个机关，都会失去其应有的效能。"① 因此，未来信访机关的改革，需要进一步增强信访机关的独立性。当然，需要说明的是，增强信访机关的独立性并不是要求信访机关独立于行政机关、人民法院和人民检察院。就目前我国的宪政体制来看，人民代表大会领导下的"一府两院"是我国政权的基本组织形式，在这一组织形式之中，信访机关不可能独立于"一府两院"的政治体制，否则将有可能与我国宪法设置的政权组织形式相冲突。因此，信访机关的独立即是有限的独立，信访机关的独立只能是处理信访事务上的独立，而非组织结构上的独立。也就是说，信访机关在组织体系上仍然有必要隶属于行政机关，但法律应保障信访机关在处理信访事务上的独立性，亦即信访机关应当具备独立的调查、调解等方面的权力，其对这些权力的行使不易受其上级部门的干预，如此才能增强信访工作的独立性和公正性。

六、信访机关的职责问题

信访机构的职责是与信访制度的功能相联系的。换言之，信访机构职责需要围绕信访机构的功能定位设置，职责设置的目的在于满足发挥特定功能所必需的手段和权力。如上所述，未来我国信访制度的改革，在功能设置上，应使之回归以民意表达为主、以纠纷解决为辅的状况。基于此，我国信访机构之职责设置需要从以下两个方面进行改革：

第一，增强民意吸收和处理职责。如上所述，信访机构应回应民意表达机构这一属性。这就要求信访机关强化在民意吸收和处理方面的职责。当前我国信访制度仅仅将信访机关作为受理人民来信来访的机构，但在信访机关

---

① 田文利：《信访制度的性质、功能、结构及原则的承接性研究》，《行政法学研究》2011 年第 1 期。

受理人民来信来访之后,人民的意见如何传达,信访机关应如什么样的处理,这在当前的《信访条例》中都没有规定。为此,笔者认为,信访机关须增强其民意吸收和处理职责的,就要求《信访条例》进一步明确人民来信来访的处理程序,使人民意见不仅能够"进得来",且可以"出得去",即演化为政府部门决策的参考意见。

第二,重视其权力监督功能。信访制度是我国公民参与国家政治生活、参与社会公共事务、监督公共权力的重要渠道。通过信访,公民可以直接向政府反映情况,提出批评建议,直接提出申诉、检举和控告。从实践看,公民通过信访渠道反映的问题涉及公、检、法、司等部门工作人员不作为问题,涉及基层干部、部门领导干部和企事业单位领导干部违规违纪问题,以及行政执法和司法审判部门裁决不公正、权钱交易、作风粗暴、办案进程慢、案件执行难等问题,对公权力依法运作起到重大的监督作用。信访作为一种监督方式,与司法监督、行政监督和舆论监督等其他监督方式相比,具有监督范围广泛、监督方式灵活等特点,信访制度是我国公共权力监督体系的重要组成部分。信访实践显示,越来越多的信访问题与政府、官员有关,信访制度的权力监督功能应得到更多的重视。

第三,弱化纠纷处理的职责。实际上,多国已建立有较为完备的纠纷解决机制,司法机关、基层司法行政部门、仲裁机构等都在纠纷解决中发挥重要作用。信访机关的纠纷解决功能因司法难以全面回应社会纠纷解决的需要而产生,这问题应归责于司法能力不强、权威性不足。为此,问题的解决出路也应当是强化司法功能,增强司法权威。为此,未来信访机关之职责改革须削减信访部门的纠纷解决功能。具体的解决办法即是限制信访机关的受理范围,对于可以由司法程序或行政复议程序解决的问题,需严格执行《信访条例》的规定,将之排除于信访机关的处理范围之内;对于不能通过诉讼、复议等法律程序解决的问题,方允许信访机关进行处理。如此,信访机关的职责即得以明确化。

七、信访工作程序和终结制度问题

我国《信访条例》明确规定了信访的工作程序和信访程序的终结问题。具体而言,我国《信访条例》中规定的工作程序包括以下环节:其一是信访的受理。依我国《信访条例》的规定，当事人既可向职能机关的内设信访机构提出，也可向设立的专职信访机关提出。国务院《信访条例》明确的行政信访日常业务工作的法定程序，即对于依法提出的信访事项，进行受理、办理、复查和复核的法定程序和方法，行政信访机构的工作也主要是围绕这些中心程序开展的。目前，信访事项实行办理、复查、复核三级终结制，即同一信访事项，最多经过三级行政机关相应的办理、复查、复核程序并作出信访决定后，对该信访事项的处理即为终结，信访人仍以同一事实和理由提出投诉请求的，各级政府信访机构不再受理。但是，实践中，客观存在信访案件终而不结的情况，也就是信访案件已经走完了信访复查复核程序，但是信访人对处理结果不满，仍坚持信访。

应该说，以上程序的设置即全面纳入了信访事务处理的各个环节，又考虑到了案件处理的时效性问题，其要求主管部门在 60 日内办结信访事务即体现了便民和效率的原则。然而，由于我国信访机关没有实体上的处理权限，其受理信访案件之后只能通过调解方式解决，或者将案件转交主管部门处理。这种情况下，当事人不愿意进行调解或者不服主管部门处理的，一些案件实际上无法得到有效化解。换言之，信访案件不能依程序办结的根源不在程序本身，而在于信访部门没有实体上的处理权限。

当然，在当前的政治体制下，赋予信访部门实体上的处理权限是不适宜的，这种做法既可能使信访机关的职权与司法机关的纠纷解决职权相冲突，不符合权力分立原则；也可能导致信访机关与主管部门的行政管理权能相冲突，不符合行政分权的原则。为此，信访机关的处理权能还需要从其功能设定上进行设定。也就是说，如上所述，未来我国信访制度的改革，在功能设置上，应使之回归以民意表达为主、以纠纷解决为辅的状况。作为民意转达机关，信访机关在受理信访案件之后，应当在当事人对政府或其工作部门和工作人员的意见向有权处理的部门进行反映，这种"反映"应当获得法律保障，即有权处理的行政部门对信访部门所反映的情况有义务做出处理或予以说明，如此即可使当事人经信访之后其所反映的情况得到恰当处理；纵使处理决定不符合其期待的，也能够获得合理解决。另一方面，为解决重复信访问题，确保案件经信访程序处理后能够得以"终结"，我国还可推动信访制度与行政监察制度对接。具体而言，在我国，信访机关不具备对违纪行为予以追究的权力，即使是信访机关在信访过程中发展有违法违纪行为，其也不存在制度化的途径以启动责任追究程序。为使信访机关之处理能够真正得到当事人的信服，我国可以将信访制度与行政监察制度进行对接，信访机关在处理信访事务过程中发现违法违纪行为，或者被申诉机关无理由不接受信访机关建议的，则可向信访机关向行政监察部门提出控告，行政监察部门必须启动调查。这种情况下，信访当事人通过信访即能够直到启动权力监督的效果，这即可能提升信访当事人对信访程序的满意程序，最终使信访案件真正得以终结。

附　录

各国、各地区类信访制度相关法律

附录一　日本类信访制度相关法律

（一）日本《请愿法》

（1947 年 3 月 13 日第 13 号法律）

第一条　请愿除其他法律有规定的情况以外，适用于本法律。

第二条　请愿必须以书面形式，并记载请愿人的姓名（法人的情况下为法人名称）及住所（没有住所的情形为居所）。

第三条　请愿书必须提交给掌管请愿事项的官公署。对天皇的请愿书需提交给内阁。

掌管请愿事项不明确的情况下，请愿书可以提交给内阁。

第四条　误将请愿书提交给前条所规定的官公署以外的官公署时，收到请愿书的官公署应当向请愿人告知适当的官公署，或者将请愿书送交给适当的官公署。

第五条　适用于本法的请愿，官公署必须受理并诚实处理。

第六条　任何人不因请愿而受到差别待遇。

附则　本法律自《日本国宪法》施行之日起施行。

（二）日本《总务省设置法》
（节选）

（1999 年 7 月 16 日法律第 91 号、2014 年 6 月 20 日法律第 75 号最终修改）

第四条　总务省为了实现前款所规定的任务，主管以下事务：

……

（21）对于有关各行政机关的事务、第 19 项规定的事务以及第 20 项规定的地方公共团体的事务的苦情申诉，进行必要的斡旋；

（22）有关行政相谈委员的事项；

……

（三）日本《警察法》
（节选）

（1954 年 6 月 8 日法律第 162 号）

最终修改：2014 年 11 月 27 日法律第 124 号（苦情的申诉等）

第七十九条　对于都道府县警察的职员的职务执行有苦情（不满）者，可以按照国家公安委员会规则规定的程序，以文书的方式向都道府县公安委员会提出苦情申诉。

都道府县公安委员会在收到前款规定的申诉时，必须基于法令或条例的规定认真地加以处理，并以文书的方式将处理结果通知申诉者。但是，在以下所列的情况下，不受此限。

（一）申诉被认为是以妨碍都道府县警察事务的适当行使为目的时；

（二）申诉者的所在不明时；

（三）申诉者与他人共同提起苦情申诉，而已经向他人通知有关该苦情的处理结果时。

（四）日本《行政相谈委员法》

（1966 年 6 月 30 日法律第 99 号）

最终修改：1999 年 12 月 22 日法律第 160 号

（目的）

第一条 本法律的目的在于为了促进国民与行政相关的苦情的解决，规定有关苦情相谈事务委托的必要事项，有助于行政的民主性运行。

（行政相谈委员）

第二条 总务大臣对于具有社会威望而且能够理解并热心于改善行政运行的人，可以委托其开展以下所列的事务。

（一）根据与行政机关等（包括内阁府、宫内厅，《内阁府设置法》（1999 年法律第 89 号）第四十九条第一款、第二款规定的机关，《国家行政组织法》（1948 年法律第 120 号）第三条第二款规定机关，《总务省设置法》（1999 年法律第 91 号）第四条第 19 项第一至第三规定的法人中由政令确定的部分。以下相同）的事务相关的苦情相谈的需要，依据总务大臣的规定，对申诉人进行必要的帮助性建议以及向总务省或者该相关的行政机关等通知该苦情；

（二）对于依据前项的规定进行通知的苦情，依据行政机关等的答复以及在认为有必要时，向申诉人通知该行政机关等作出的处理结果。

前款规定的委托，必须规定准备委托者承担的市（包括特别区。附则第二款也同样。）町村区域，而且期间限定在两年之内。

根据第一款的规定接受委托者，称之为行政相谈委员（以下简称“委员”）。

（告知等）

第三条 总务大臣在作出前条第一款所规定的委托时，必须采取适当的措施将委员的姓名及住所告知相关居民。

委员对于其事务，应当进行引导和宣传。

（意见的陈述）

第四条 委员对于总务大臣，可以陈述其通过事务的履行而获得的有关行政运行改善的意见。

（规范）

第五条　委员不得泄露其在履行事务时知晓的秘密。其不再担任委员之后也同样。

委员不得为了政党或者政治目的而利用其地位。

委员必须公平而且确切地履行其事务。

（解除委托）

第六条　总务大臣在认为委员具有下列情形之一时，可以依据第二条第一款的规定解除委托。

（一）由于心身障碍，而妨碍或者不能胜任事务的履行时；

（二）怠于履行事务或者违反前条的规定时；

（三）存在着不适合担当委员的违法行为时。

（指导）

第七条　委员对于其事务，不得从国家获取报酬。

委员在预算的范围内，可以获得为了履行其事务所必需的费用。

附则（摘抄）

（实施日期）

本法律自 1966 年 7 月 1 日起实施。

附则（1983 年 12 月 2 日法律第 80 号）（摘抄）

（实施日期）

本法律自《总务厅设置法》（1983 年法律第 79 号）实施之日起实施。

（过渡措施）

除本法律所规定的事项外，有关本法律实施必要的过渡措施，可以由政令规定。

附则（1999 年 12 月 22 日法律第 160 号）（摘抄）

（实施日期）

本法律（除第二条、第三条外）自 2002 年 1 月 6 日起实施。

（五）日本《有关确定〈行政相谈委员法〉第二条第一款第一项中的法人的政令》

（1966 年政令第 222 号）

最终修改：2014 年 3 月 21 日政令第 121 号

内阁根据《行政相谈委员法》（1966 年法律第 99 号）第二条第一款第一项的规定，制定政令。

由《行政相谈委员法》第二条第一款第一项规定的由政令确定的法人包括以下部分：

1. 自动车检查独立行政法人、独立行政法人中小企业基盘整备机构、独立行政法人铁道建设运输设施整备支援机构、独立行政法人水资源机构、独立行政法人自动车事故对策机构、独立行政法人国立医院机构、独立行政法人都市再生机构、独立行政法人国立高等专门学校机构、独立行政法人地域医疗功能推进机构、独立行政法人住宅金融支援机构、独立行政法人国立癌症研究中心、独立行政法人国立循环器官疾病研究中心、独立行政法人国立精神神经医疗研究中心、独立行政法人国立国际医疗研究中心、独立行政法人国立成育医疗研究中心以及独立行政法人国立长寿医疗研究中心；

2. 《国立大学法人法》（2003 年法律第 120 号）第二条第一款规定的国立大学法人；

3. 日本司法支援中心；

4. 冲绳振兴开发金融公库；

5. 日本烟草产业株式会社、东日本电信电话株式会社、西日本电信电话株式会社、北海道旅客铁道株式会社、四国旅客铁道株式会社、九州旅客铁道株式会社、日本货物铁道株式会社、成田国际空港株式会社、东日本高速道路株式会社、首都高速道路株式会社、中日本高速道路株式会社、西日本高速道路株式会社、阪神高速道路株式会社、本州四国联络高速道路株式会社、日本邮寄株式会社以及株式会社日本政策金融公库；

6. 全国健康保险协会；

7. 日本年金机构。

附则（省略）

（六）日本《有关〈行政相谈委员法〉实施的训令》

（1984 年 7 月 1 日总务厅训令第 22 号）

（行政相谈委员的数量）

第一条　行政评价局局长根据每个管区行政评价局（包括四国行政评价局以及冲绳行政评价事务所。）以及行政评价所所管辖的区域，考虑其管辖的市（包括特别区）町村的数量、人口、交通以及其他情况，依据《行政相谈委员法》（以下称为“法”。）第二条第一款的规定，确定委托行政相谈委员的数量。

（委员候补者的选考）

第二条　管区行政评价局局长（包括四国行政评价局局长以及冲绳行政评价事务所所长。以下相同）以及行政评价事务所所长在前条所确定的委员人数的范围内，从管辖区域内选考委员候补者，将其姓名及其预定负责的区域上报给行政评价局局长。

管区行政评价局局长以及行政评价事务所所长在进行前款所规定的选考时，应当听取相关市町村长的意见。

第一款所规定的行政评价事务所所长的上报，必须经由管区行政评价局局长。

（委托期间）

第三条　根据法第二条第二款的规定委托的委员事务委托期间为 2 年。但是，由于委员死亡、委托的辞退或者解除时新委员的委托期间是前委员的剩余期间。除此之外缺员的补充或者按照第一条的规定增加委员的数量时新委员的委托期间由行政评价局局长来决定。

（实费偿还金）

第四条　根据法第八条第二款的规定支付给委员的费用如下：

（一）为了进行事务而开销的通信费、文具费以及交通费等各种经费；

（二）出差时的出差费。

（其他事项）

第五条　有关本规则实施的必要事项，由行政评价局局长决定。

附则（略）

附录二 韩国苦衷民愿处理制度相关法律

（一）韩国《有关民愿事务处理的法律》

（部分修正，2014 年 11 月 19 日法律第 128844 号）

第一章 总 则

第一条（目的）

本法规定民愿事务处理相关的基本事项，目的是谋求公正处理民愿事务和合理改善民愿行政制度，以保护国民的权益。

第二条（定义）

本法使用的用语定义如下：

1. "民愿人"是指对行政机关要求处分等特定行为的个人、法人或者团体。

2. "民愿事务"是指民愿人对行政机关要求处分等特定行为的事项（以下称为"民愿事项"）的相关事务。

3. "复合民愿"是指，为了实现民愿目的，根据法令、训令、例规、告示等（以下称为"关联法令等"）需要经过关联机关（包含民愿事项关联的团体、协会等）或者关联部门的许可、认可、承认、推荐、协议或者确认等处理的民愿事务。

4. "电子民愿窗口"是指《电子政府法》第九条规定设立的电子民愿窗口。

5. "无人民愿发送窗口"是指行政机关首长在行政机关或者公共场所等设置的，可以直接收到民愿人发送民愿文书的电子装备。

第三条（适用范围）

除其他法律有特别规定，民愿事务相关适用本法。

本法适用于根据法令被赋予权限的行政机关或者被委任、委托行政权限的法人、团体及其单位或者个人。

第二章　（民愿事务的处理）

第四条（处理民愿事务公务员的义务）

处理民愿事务的公务员须迅速、公正、热情地处理担当民愿事务。

第五条（民愿事务处理的原则）

根据关联法令等规定行政机关应优先于其他业务处理民愿事务

行政机关不得以关联法令等规定的处理期间还有剩余或者与该民愿事务无关的公共费用等未交纳的理由，延迟处理民愿事务。

除非法令有明确规定或者委任，行政机关不得强化民愿事务处理的程序等。

第六条（处理期间的计算）

民愿事务的处理期间规定为五日以下的，从民愿事务的接受时刻开始以"小时"为单位计算，不计算公休日和星期六。此情形一天以八小时工作时间计算。

民愿事务的处理期间规定为六日以上的，以"天"为单位计算。第一天计算在内，公休日不计算在内。

民愿事务的处理期间规定为周、月、年的，第一天计算在内，准用《民法》第一百五十九条到一百六十一条的规定。

第七条（民愿事务便览的置备）

行政机关首长应将民愿事项申请的必要事项告知（包括网络等方式的告知）或者配置便览，以方便民愿人浏览。

第八条（民愿的申请）

民愿事项的申请必须采用文书方式（包括《电子政府法》第二条第七号的电子文书）。但是，总统令有特殊规定的也可采用口述或者电话、电信、传真等情报通信网（特指《电子政府法》第二条第十号的情报通信网，以下亦同）方式。

第九条（民愿的接收）

除非其他法令有特殊规定，行政机关首长在收到民愿事项的申请后，不得拒绝或者保留其接收。接收的民愿文书不得不当退还。

第一项的民愿事项的接收等必要事项由总统令规定。

第十条（禁止要求提供不必要的文件）

行政机关首长接收、处理民愿事项时，不得追加要求民愿人提供规定的必备文件之外的文件。

行政机关首长在收到复数的同一民愿文件或者必备文件时，如无特别事由，应允许提供原本及其复制本。

如属于下列各号情形，行政机关首长接收、处理民愿事项时，不得要求民愿人提供相关证明文件或者必备文件。处理该民愿事务的公务员应直接确认、处理：

1. 民愿人持有的住民登陆证、护照、驾照等行政机关颁发的证明书可以确认该民愿事务处理的必要内容的情形；

2. 该行政机关的公文或者政府信息可以确认该民愿事务处理的必要内容的情形；

3. 《电子情报法》第三十六条第一项规定的可以通过共同利用政府信息确认该民愿事务处理的必要内容的情形。

行政机关首长在收到原民愿事项的内容变更或者换新申请后，如无特别事由，不得再次要求提供已经提交的相关证明文件或者必备文件。

第十一条（利用其他行政机关等的接收、交付）

为了民愿人的便利，行政机关首长对于必须由该行政机关接收、交付的民愿事项，可以让其他行政机关或者根据特别法设立的具有全国组织的法人中由总统令确定的法人接收、交付。

第一项规定的接收、交付的程序和机关间送达方法等相关必要事项由总统令确定。

第一项规定接收、交付民愿事项的作为非公务员的职员适用《刑法》或其他法律规定的罚则时，视为公务员。

第十二条（民愿文件的移送）

行政机关首长发现接收的民愿文件属于其他行政机关的管辖时，须毫不迟延地向该管辖机关移送。

第一项规定的民愿文件的移送程序和方法等相关必要事项由总统令规定。

第十三条 （民愿文件的补充、撤销等）

行政机关首长在认定接收的民愿文件存在瑕疵需要补充时，须在必要的相当期间内毫不迟延地要求民愿人补充。

民愿事务处理终结前，民愿人可以补充或者变更、撤销其申请的内容。但是，其他法律有特殊规定或者该民愿事务性质上不能补充或者变更、撤销的除外。

第一项规定的民愿文件的补充程序和方法等必要事项由总统令规定。

第十四条 （复合民愿的处理）

行政机关首长指定复合民愿处理的主办部门，使得该部门与关联机关或者部门协作后能够一次处理民愿事务。

第一项规定的复合民愿的处理方法和程序等必要事项由总统令确定。

第十五条 （处理结果的通知）

行政机关首长须向民愿人以书面方式通知其申请民愿事项的处理结果。但是，总统令可规定以口述或者情报通信网的方式通知，此时民愿人如有请求时应立即以书面方式通知处理结果。

如属于拒绝民愿人申请的，行政机关首长通知第一项规定的处理结果时，须一并通知拒绝事由和救济程序。

第十六条 （利用无人民愿发送窗口送达民愿文书）

行政机关首长可以利用无人民愿发送窗口送达民愿事项（包括其他行政机关管辖的民愿事项）的处理结果。

不论其他法律是否有规定，按照第一项送达民愿文书时可以减免手续费，也可以征收手续费之外的无人民愿发送窗口的设置、管理等必要费用。

按照第一项送达民愿文书的，该民愿事务的种类由行政自治部长官经与关联中央行政机关首长的协商后决定、告示。

第十七条 （利用情报通信网向其他行政机关接收、交付其管辖民愿事务）

利用情报通信网向其他行政机关接收、交付其管辖民愿事务时，行政机关首长可以直接接收、交付。

第一项规定的可以接收、交付的民愿事务种类，行政自治部长官经与关联中央行政机关首长的协商后决定、告示。

第十八条 （拒绝处分的异议申请）

对行政机关首长关于民愿事项的拒绝处分不服的民愿人，自收到该拒绝处分之日起 90 日内可以向该行政机关首长以书面方式申请异议。

行政机关首长自收到异议申请之日起算 10 日内，对该异议申请作出决定并将结果毫不迟延地以书面方式通知民愿人。但是，出于不得已事由在确定期限内无法决定时，可以在该期间结束日的下一日开始计算延长 10 日，并须将延长事由通知民愿人。

民愿人可以提起与第一项规定的异议申请与否无关的《行政审判法》中的行政审判或者《行政诉讼法》中的行政诉讼。

第一项规定的异议申请方法、程序等相关必要事项由总统令确定。

第十九条（请求事前审查）

如属于需要花费大规模经济费用的民愿事项的，民愿人在正式提出民愿文书之前，可以向行政机关首长申请略式文件的事前审查。

第一项规定事前审查的民愿事项属于须与其他行政机关首长协商的事项的，行政机关首长必须事先与该行政机关首长协商。

行政机关首长须向民愿人通报事前审查结果。可能的话对通报的民愿事项通报事前审查结果时，不能因不得具体提示之外的理由而采用拒绝等方法处理民愿事项，但因民愿人的归责事由属于不可抗力或者其他特别事由而不能履行的除外。

为了有效运行第一项的事前审查制度，行政机关首长须备齐并施行必要的法律性、制度性的机制。

第二十条（民愿事务处理基准表的公告等）

为了民愿人的便利，行政自治部长官应将关联法令等规定的民愿事项处理机关、处理期限、必备文件、处理程序、申请方法等相关事项作成民愿事务处理基准表，并在政府公报上公告和在网络上公示。

随着关联法令等制定、修订或者废止等，行政机关首长认定需要变更第一项的公告的民愿事务处理基准表时，应立即向行政自治部长官通报。行政自治部长官须在政府公报上公告和在网络上公示后，并在第一项规定的民愿事务处理基准表上反映。

为了逐步减少民愿事务，行政自治部长官认定必要时可以向关联行政机关首长请求修改关联法令等规定的处理期限、必备文件、处理程序、申请方法等相关事项。

第二十一条（民愿事务处理基准表的调整等）

为了逐步减少民愿事务，行政自治部长官认定必要时在作成、公告第二十条规定的民愿事务处理基准表之前，经与关联行政机关首长协商后，在关联法令等修改之前，可以暂时的减少关联法令等规定的处理期间、必备文件或者暂时的变更处理程序、申请方法。

在第一项规定的民愿事务处理基准表调整、公告后，行政机关首长须按照该规定处理民愿事务。中央行政机关首长须按照民愿事务处理基准表调整、公告后的内容毫无迟延的修改、整理关联法令等。

第二十二条（民愿室的设置）

为了迅速处理民愿事务和提供对民愿人指导、咨询的便利，行政机关首长可以设置民愿室。

第二十三条（民愿事务审查官）

为了确认、检查民愿事务处理状况，行政机关首长须在所属公务员中指定民愿事务审查官。

第一项的民愿事务审查官的业务等相关必要事项由总统令规定。

第二十四条（民愿一回访问处理制的施行）

行政机关首长在处理民愿事务时，由担当公务员直接进行行政机关内的资料确认、关联机关和部门的协作等所有程序，确立民愿一回访问处理制，须避免民愿人因不必要事由再次访问该行政机关。

为了第一项规定的民愿一回访问处理制相关的指导和咨询便利，行政机关须设置民愿一回访问咨询窗口。

第一项规定的民愿一回访问处理制实行下列各号程序：

1. 民愿一回访问咨询窗口的运营；

2. 民愿监护人的指定、运营；

3. 审议复合民愿的委员会的运营；

4. 为了民愿事项的审议、调整等而设置的委员会的再审议；

5. 行政机关首长的最终决定。

第二十五条（民愿监护人）

为了圆满运行民愿一回访问处理制，行政机关首长可以指定民愿事务处理经验充足的下属公务员作为民愿监护人，以指导民愿人或者向民愿人提供咨询。

第二十六条（信息保护）

行政机关首长应努力防止民愿事务处理中获得的民愿事项内容和民愿人的个人信息等泄露，保护民愿人的权益。

第三章　民愿行政制度的改善

第二十七条（民愿事务的定期调查和减少化）

中央行政机关首长须每年调查其机关掌管的民愿事务的处理和运行实际状况。

根据第一项调查的结果，中央行政机关首长必须准备好精简其管辖民愿事务中的必备文书、处理程序等的方案。

第二十八条（确认、检查、评价等）

为了有效改善民愿事务，行政自治部长官认定必要时可以对行政机关民愿事务的改善状况和运行实际状况进行确认、检查、评价。

根据第一项确认、检查、评价结果，行政自治部长官认定民愿事务的改善存在消极或者履行状态不良情形时，可以向国务总理提出改正措施建议。

第二十九条（民愿行政相关的舆论收集）

必要时行政自治部长官可以收集民愿处理相关的国民舆论，并反映在民愿行政制度及其运营改善上。

第一项规定的舆论收集的必要事项由总统令确定。

第三十条（处理民愿的事后管理）

行政机关首长在处理民愿后可以调查民愿人的满意与否和改善事项等，并将其反映在业务中。

第三十一条（国民提案的处理）

行政机关首长必须接受、处理与政府施行的政策或者行政制度及其运行改善相关的国民提案。

第一项中的国民提案的运营和程序等相关必要事项由总统令规定。

附则（略）

（二）韩国《关于腐败防止与国民权益委员会设立运营法》

（2008 年 2 月 29 日第 8878 号法律制定；2009 年 2 月 3 日、

2010 年 1 月 25 日、2012 年 2 月 17 日、2014 年 11 月 19 日部分修订）①

第一章　总　则

第一条（目的）

本法的目的在于通过设置国民权益委员会，处理苦衷民愿事务并改善与之相关的不合理行政制度，预防腐败的发生并有效规制腐败行为，以维护国民的基本权益和确保行政适当性，确立清廉的公职及社会风气。

第二条（定义）

本法所使用的用词的含义如下：【本条于 2009 年 2 月 3 日修订】

1. "公共机关"是指属于下列各目之一的机关、团体：

（1）《政府组织法》规定的各级行政机关和《地方自治法》规定的地方自治团体的执行

机关及地方议会；

（2）《关于地方教育自治的法律》规定的教育监、教育厅及教育委员会；

（3）《国会法》规定的国会，《法院组织法》规定的各级法院，《宪法裁判所法》规定的宪法裁判所，《选举管理委员会法》规定的各级选举管理委员会，《监查院法》规定的监查院；

（4）《公职人员伦理法》第三条第一项第 12 号规定的公职相关团体。

2. "行政机关等"是指中央行政机关、地方自治团体、《关于公共机关运营的法律》第四条规定的机关，以及根据法令具有行政机关的权限或者被委任、委托该权限的法人、团体或者该机关、个人。

3. "公职人员"是指属于下列各目之一者：

（1）《国家公务员法》及《地方公务员法》规定的公务员和根据其他法律在其资格、任用、教育训练、服务、报酬、身份保障等方面认定为公务

---

① 本书翻译参考《环球法律评论》2013 年第 2 期所载韩相敦的《韩国反腐败法述评》附录法条，并新译本法中第三章、第四章及其他部分条文。

员者；

（2）本条第 1 号第（4）目所规定的公职相关团体的首长及其职员。

4. "腐败行为"是指属于下列各目之一的行为：

（1）公职人员在职务及其相关事项上滥用其地位或权限或者违反法令而谋取自己或者第三者利益的行为；

（2）在使用公共机关的预算，取得、管理、处分公共机关财物，或者签订及履行以公共机关作为当事人的合同时，违反法令而给公共机关造成财产上损害的行为；

（3）协助从事第（1）目和第（2）目的行为，或者隐瞒其强要、劝告、提议、诱导的行为。

5. "苦衷民愿"是指，因行政机关的违法、不当或者消极的处分（包括事实行为和不作为），以及因不合理的行政制度导致的侵害国民权益或者给国民带来不便、负担的事项的民愿。

6. "申请人"是指本法规定的向国民权益委员会或市民苦衷处理委员会申请苦衷民愿的个人、法人或者团体。

7. "市民社会团体"是指在《非营利民间团体支援法》第四条规定的主务长官或者市、道知事登记的非营利民间团体。

8. "市民苦衷处理委员会"是指为了处理苦衷民愿及改善其关联制度，地方自治团体及其所属机关（包括法令规定的受地方自治团体或其所属机关的权限委任、委托的法人、团体或者该机关、个人，以下亦同）根据第三十二条而设置的机关。

第三条（公共机关的责任和义务）

公共机关具有为了确立健康的社会伦理而努力防止腐败的责任和义务。

为了防止腐败，公共机关认定法令上、制度上或行政上存在矛盾或者有其他需要改善的事项时，应立即予以改善或改正。

公共机关应积极努力采用教育、宣传等适当的方法，提高所属职员和国民对铲除腐败的意识。

公共机关应积极努力的进行以防止腐败为目的的国际交流与合作。

第四条（政党的责任和义务）

依照《政党法》登记的政党及其党员应当积极努力创造清廉透明的政治

文化。

政党及其党员应当确立正确的选举文化，并应保证政党运营及政治资金募集与使用的透明。

第五条（企业的义务）企业应确立健全的交易秩序和企业伦理，并应采取防止任何腐败所需的措施。

第六条（国民的义务）所有国民应积极配合公共机关防止腐败的措施。

第七条（公职人员的清廉义务）公职人员应遵守法令，亲切公正地执行公务，不得实施任何腐败行为和损害职位身份的行为。

第七条之二（禁止公职人员利用业务上秘密）

公职人员不得利用其在处理业务过程中得知的秘密而使自己取得或者使第三者取得财物或财产上的利益。【2009年1月7日新增条款】

第八条（公职人员行为守则）

公职人员应当遵守的行为守则，由总统令、国会规则、大法院规则、宪法裁判所规则、中央选举管理委员会规则或者公职相关团体的内部规定制定。

第一项规定的公职人员行为守则规定下列各种事项：

1. 关于禁止、限制接受职务相关者的接待、礼品等行为的事项。

2. 关于禁止、限制利用职务之便干预人事、权利介入、斡旋、请托行为的事项。

3. 公职人员为了树立公正的人事等健康的公职风气而应遵守的事项。

4. 其他为防止腐败和维持公职人员的职务清廉性及职位身份等所需事项。

公职人员违反第一项规定的公职人员行为守则时，可处以惩治处分。

第三项规定的惩治种类、程序及效力等事项，应当遵行法令上或内部规定上有关该公职人员所属机关或团体的惩治事项的规定。

第九条（公职人员的生活保障）

为了促使公职人员献身于公职，国家及地方自治团体应当为公职人员的生活保障而尽力，并为了提高其待遇而应采取必要的措施。

第十条（向权益救济机关等请求协助）

国民权益委员会或市民市民苦衷处理委员会认为执行业务上有需要的，可以依照法律向以改善法令、制度而救济国民的权益或增进社会正义和公益为目的设置的国家人权委员会等行政机关或法人、团体请求协助。

第二章　国民权益委员会

第十一条（国民权益委员会的设置）为了处理苦衷民愿和改善与其相关的不合理的行政制度，同时预防腐败的发生并有效规制腐败行为，在国务总理属下设置国民权益委员会（以下简称"委员会"）。

第十二条（功能）委员会进行下列各项业务：【本条于 2010 年 1 月 25 日修订】

（1）制定和实施有关国民的权利保护、权益救济以及防止腐败的政策；

（2）调查和处理苦衷民愿，以及就此提出改正劝告或表明意见；

（3）认为引起苦衷民愿的相关行政制度及该制度的运行需要进行改善时，对此提出劝告或表明意见；

（4）对委员会处理苦衷民愿的结果及行政制度的改善进行实况调查和评价；

（5）制定或者劝告公共机关制定防止腐败的政策及制度改善事项，并对公共机关进行实况调查；

（6）对公共机关防止腐败政策的推进情况进行实况调查和评价；

（7）制定、施行防止腐败及救济权益的教育、宣传计划；

（8）协助和支持与委员会活动相关的个人、法人或团体，包括支持非营利民间团体的防止腐败活动：

（9）开展与委员会活动相关的国际合作；

（10）腐败行为举报指南、咨询及受理等；

（11）保护和补偿举报者；

（12）对法令等进行腐败诱发因素之检验；

（13）收集、管理和分析防止腐败及权益救济的相关资料；

（14）实施、运行公职人员行为守则，受理、处理对其违反行为的举报，以及保护举报人；

（15）关于民愿事项的指南、咨询，以及确认、指导民愿事项实际处理情况；

（16）统一运营管理国民参与门户网站和设置、运行政府民愿指南电话中心；

（17）提供与市民苦衷处理委员会的活动相关的合作、支持及教育；

（18）仲裁、调解多数人纠纷事项，以及为解除企业困境而调查、处理企业的苦衷民愿；

（19）与《行政审判法》规定的中央行政审判委员会之运行有关的事项；

（20）根据其他法令规定的委员会负责管理的事项；

（21）其他为提高国民权益而由国务总理提交委员会讨论的事项。

第十三条（委员会的组成）

委员会由包括 1 名委员长在内的 15 名委员（包括 3 名副委员长和 3 名常任委员）组成。此时的副委员长辅佐委员长分管苦衷民愿、防止腐败及中央行政审判委员会的业务。但是，关于中央行政审判委员会组成的事项则遵循《行政审判法》的规定。【本项于 2010 年 1 月 25 日修订】

委员长、副委员长和委员，应当能够公正而独立地执行有关苦衷民愿和防止腐败的业务，并在下列人员中任命或委任：

（1）在大学或公认的研究机关任副教授以上或与此相当的职位上任职或曾经任职满 8 年以上的；

（2）从事或曾经从事法官、检察官或律师职业 10 年以上的；

（3）任职于或者曾经任职于 3 级以上公务员或属于高位公务员团的公务员职位的；

（4）具有建筑师、税务师、注册会计师、技术师、专利申请代理人资格，并在该等职业任职或曾经任职 10 年以上的；

（5）依照第三十三条第一项受任为市民苦衷处理委员会委员并在其职 4 年以上的；

（6）其他具有很高的社会声望以及丰富行政相关见识和经验，并被市民社会团体推荐的。

委员长及副委员长由国务总理提名由总统任命，常任委员由委员长提名由总统任命，非常任的委员由总统任命或委任。此时，非常任的委员中的 3 名由国会、3 名由大法院院长推荐并得以任命或委任。【本项于 2012 年 2 月 17 日修订】

委员长和副委员长各任政务职，常任委员则任属于高位公务员团的一般职公务员，视为《国家公务员法》第 26 条之 5 规定的任期制公务员。【本项

于 2014 年 5 月 28 日修订】

委员缺位时，应立即任命或委任新的委员。此时，已新被任命或委任的委员之任期重新起算。

第十四条（委员长）

委员长代表委员会。

委员长因不得已的事由无法执行职务时，由委员长指定一名副委员长代理其职务。

第十五条（委员的缺格事由）

属于下列各号情形的不能成为委员：

1. 非韩国国民的；

2. 属于《国家公务员法》第三十三条各号情形的；

3. 政党的党员；

4. 依照《公职选举法》实施选举时登记为候选人的。

委员中如有属于第 1 项情形的，当然退职。

第十六条（职务上独立和身份保障）

委员会独立开展其权限内的业务。

委员长和委员的任期都为 3 年，可以连任一次。

除非属于下列各号情形的，不得违背个人意愿免职或者解任：

1. 属于第十五条第一项各号情形的；

2. 因身心上的障碍履行职务显著困难的；

3. 第十七条规定的违反兼职禁止义务的。

第十七条（委员的兼职禁止等）委员在职期间不得兼任以下各项职位：

1. 国会议员或地方议会议员；

2. 与行政机关等具有由总统令所规定的特别利害关系的个人或者法人、团体的干部、职员。

第十八条（委员的排斥、回避）

属于下列各号情形的委员在该委员会的审议、议决中排斥：

1. 委员或者其前任或现任配偶在案件中作为当事人或者共同权利人或者共同义务人的；

2. 委员与案件申请人是或者曾经是亲属关系的；

3. 委员做过与案件相关的证言、鉴定、法律咨询或者损害评估的；

4. 做委员之前参与过与案件相关的监察、侦查或者调查的；

5. 作为或者曾经作为案件申请人的代理人的。

委员会审议、依据的利害关系人，可以向委员提出很难有公正期待的特别情况的回避申请。

委员本人属于第一项或者第二项的事由时，可以自行回避该案件的审议、议决。

第十九条（委员会的议决）

委员会需在籍委员过半数出席并经出席委员过半数赞成的才能议决。但是，第二十条第一项第 4 号的事项需在籍委员过半数赞成的才能通过。

第十八条规定不参与审议、议决的委员不计算在第十九条第一项规定的在籍委员总数内。

其他委员会的业务和运营相关必要事项由总统令规定。

第二十条（小委员会）

委员会在处理苦衷民愿及其相关事务时，可以成立 3 人的小委员会来审议、议决下列各号事项之外的事项：

1. 第四十六条规定的改正劝告中总统令确定的与多数人存在利害关联等的事项；

2. 第四十七条规定的制度改善劝告事项；

3. 第五十一条规定的决定请求监察事项；

4. 需要变更委员会之前判例的事项；

5. 小委员会决定需要委员会直接处理议决的事项；

6. 委员长认定需要由委员会处理的其他事项。

小委员会的会议构成委员全员的出席和出席委员会的全员赞成才能决定。

其他必要事项由总统令确定。

第二十一条（分科委员会）

为了有效履行委员会业务，委员会可按照业务领域不同设置分科委员会。

第二十二条（专门委员）

为了有效支援委员会的业务和进行专门调查、研究业务，委员长认定必要时，可在委员会设置学界、社会团体及其他关联专家组成的专门委员。

第二十三条（事务处的设置）

为了处理委员会的事务可在委员会设置事务处。

事务处设置事务处长 1 名，事务处长由委员长指定的 1 名副委员长兼任。受委员长的指挥，管理委员会的管辖事务，指挥、监督所属职员。

该法规定的事项之外的事务处的组织和运营相关必要事项由总统令规定。

第二十四条（咨询机构）

为了业务履行必要事项咨询的需要，委员会可设置咨询机构。

第 1 项规定的咨询机构的组织和运行相关必要事项由总统令确定。

第二十五条（公务员等的派遣）

业务履行中委员会认定有必要时，可以向国家机关、地方自治团体、《关于公共机关运营的法律》第四条规定的机关或者关联法人、团体请求派遣其所属公务员或者职员。

国家机关、地方自治团体、《关于公共机关运营的法律》第四条规定的机关或者关联法人、团体的首长应当对依照第一项规定向委员会派遣的公务员或者职员采取优待措施。

第二十六条（运行情况的报告及公布等）

委员会应当每年将有关苦衷民愿的委员会运行情况向总统和国会报告，并予以公布。

除了第一款规定的报告以外，委员会认为有必要进行报告的，可以向总统和国会进行特别报告。

第二十七条（制度改善的劝告）

委员会认为有必要的，可以劝告公共机关的首长为防止腐败而改善制度。

根据第一款收到制度改善劝告的公共机关的首长应进行相应的制度改善，并须将其结果通知委员会，委员会有权确认、检查其实际履行情况。

根据第二款收到制度改善劝告的公共机关的首长认为难以按照委员会的劝告采取措施的，应向委员会提请再次审议，委员会则应对此再次审议。

第二十八条（对法令等腐败诱发因素的探讨）

委员会可以分析、探讨法律、总统令、总理令、部令及受其委任的训令、例规、告示、公告和条例、规则的腐败诱发因素，并可向该法令等的所管机关之首长提出采取改善所需之事项的劝告。

根据第一款规定的探讨腐败诱发因素的程序和方法等必要事项由总统令规定。

第二十九条（听取意见等）

委员会在执行第十二条第 5 号至第 14 号所规定的功能的过程当中，必要时可以采取下列各项措施：

（1）要求公共机关作出说明或提交材料、文件等，以及对公共机关进行实况调查；

（2）要求利害关系人、第三人或相关公务人员出席和陈述意见。

委员会对下列各项之一的事项不得采取第一项规定的措施：

（1）有关国家机密的事项；

（2）有关侦查、审判及刑罚执行（包括保安处分、保安观察处分、保护处分、保护观察处分、保护监护处分、治疗监护处分、社会服务令）是否恰当的事项或者监查院已着手进行监察的事项；

（3）行政审判或行政诉讼、宪法裁判所的审判、宪法申诉或者监查院的监察请求以及其他救济程序等正在依法进行的事项；

（4）根据法令以调整当事人之间利害关系为目的而进行的和解、斡旋、调解、仲裁等程序正在进行的事项；

（5）根据判决、决定、裁决、和解、调解、仲裁等得以确定的事项，或者《监查院法》规定的监查院已经议决的事项。

第一项各号措施仅限于为执行第十二条各号所规定的委员会功能所需之范围，并应当注意不得妨碍公共机关执行业务。

公共机关的首长应认真接受并协助第一项规定的材料提交要求或实况调查等，若不接受则须说明理由。

公共机关的首长针对制度改善等相关事项可让所属职员或相关专家在委员会出席、陈述其意见或提交所需材料。

第三十条（禁止泄露秘密）

曾任或者现任委员会的委员、专门委员、职员、被派遣到委员会改正的职员、受委员会委托履行委员会业务的职员，不得泄露业务处理中知道的秘密。

第三十一条（适用罚则上公务员的拟制）

委员会中不是公务员的委员和专门委员、被派遣到委员会工作的职员在委员会业务相关活动中适用《刑法》及其他法律的罚则时，视为公务员。

第三章　市民苦衷处理委员会

第三十二条（市民苦衷处理委员会的设置）

为了处理地方自治团体及其所属机关相关的苦衷民愿和改善行政制度等，在地方自治团体设置市民苦衷处理委员会。

市民苦衷处理委员会履行下列各号业务：

1. 地方自治团体及其所属机关的苦衷民愿的调查和处理；

2. 苦衷民愿关联的改正劝告或者表明意见；

3. 在处理苦衷民愿过程中，如果认定有必要改善行政制度及其运营的，可以提出相关劝告和表明意见；

4. 市民苦衷处理委员会对已处理的苦衷民愿的结果和行政制度的改善进行实地调查和评价；

5. 关于民愿事项的指导、咨询和民愿处理支援；

6. 市民苦衷处理委员会活动关联的教育和宣传；

7. 与市民苦衷处理委员会活动关联的国际机构或者外国权益救济机关等的交流和合作；

8. 与市民苦衷处理委员会活动关联的个人、法人或者团体的合作和支援；

9. 其他法令规定的委托市民苦衷处理委员会处理的事项。

第三十三条（市民苦衷处理委员会委员的资格要件等）

市民苦衷处理委员会委员应当能够公正而独立地执行有关苦衷民愿和防止腐败的业务，并在下列人员中经地方议会同意后由地方自治团体首长委任：

（1）在大学或公认的研究机关任副教授以上或与此相当的职位上任职或曾经任职的；

（2）从事或曾经从事法官、检察官或律师职业的；

（3）任职于或者曾经任职于4级以上公务员的；

（4）具有建筑师、税务师、注册会计师、技术师、专利申请代理人资格，并在该等职业任职或曾经任职5年以上的；

（5）其他具有很高的社会声望以及丰富行政相关见识和经验，并被市民社会团体推荐的。

市民苦衷处理委员会委员的任期为 4 年，不得连任。

市民苦衷处理委员会的任满或者任期中缺位时，地方自治团体首长应在 30 日内委任继任者。

缺位后新被委任的市民苦衷处理委员会委员之任期重新起算。

第三十四条（活动经费支援）

地方自治团体首长设置市民苦衷处理委员会的，应当在市民苦衷处理委员会履行第 32 条第 2 项业务时支援必要活动经费。

第三十五条（关于委员会规定的准用）

市民苦衷处理委员会可准用第十五条、第十六条第三项、第十七条、第十八条、第二十五条和第三十条规定。

第三十六条（事务机构）

为了支援市民苦衷处理委员会的事务，地方自治团体首长可设置事务机构。

事务机构中可设置事务机构首长及其必要职员。

第三十七条（运营状况的报告和对外公告等）

市民苦衷处理委员会须每年将其运营状况向地方自治团体首长和地方议会报告，并公开发表；

市民苦衷处理委员会在第一项规定的报告之外认定必要时也可向地方自治团体首长和地方议会特别报告。

第三十八条（市民苦衷处理委员会的组织和运营相关事项）

本法规定之外市民苦衷处理委员会的组织和运营相关的其他事项，由所在地的地方自治团体的条例确定。

第四章　苦衷民愿的处理

第三十九条（苦衷民愿的申请和接收）

所有人（包含在国内居住的外国人）都可以向委员会或者市民苦衷处理委员会（本章内都称为"权益委员会"）申请苦衷民愿。这种情况下，已经向某权益委员会提起苦衷民愿的申请人还可以向其他权益委员会申请

申请人申请时须以书面方式提交记载下列事项文件（包括电子文件，以

下亦同），但是，如有特殊事由也可口头申请。

1. 申请人的姓名和住所（法人或者团体须提供办公住所和法定代表人的姓名）；

2. 申请的目的、理由以及苦衷民愿的原因事实内容；

3. 行政机关的名称等其他总统令规定事项。

除了法定代表人外，申请人可委托下列人员作为代理人。并须提供代理人资格证明文件。

1. 申请人的配偶、直系亲属或者兄弟姐妹；

2. 申请人是法人的，其干部或职员；

3. 律师；

4. 其他法律规定的可以代理苦衷民愿的人；

5. 第 1 号到第 4 号规定外获得权益委员会许可的人。

除非其他法令有特殊规定，权益委员会不得接收后留滞或者拒绝。接收的民愿文件不得不当返还。但是，如存在留滞、拒绝或者返还情形时权益委员会须立即将相关事由告知申请人。

第四十条（苦衷民愿的移转等）

如认为由其他行政机关处理更为妥当可移转给其他行政机关。此时收到移转的关联行政机关等的首长须应权益委员会的请求将结果通报给权益委员会。

权益委员会也可处理其他行政机关首长认定由权益委员会处理更为妥当而移转过来的民愿事项。此时收到移转日视为权益委员会接受日。

权益委员会按照第一项移转事项后，应立即将事由告知申请人。此时，权益委员会认定必要时，可以告知申请人相关权利救济的程序和措施。

申请人依据第三十九条第一项向委员会和市民苦衷处理委员会就同一苦衷民愿事项提出申请时，各权益委员会应立即将相关事实通报，并相互协作来处理苦衷民愿事项。

第四十一条（苦衷民愿的调查）

接收苦衷民愿后，权益委员会可以就苦衷民愿内容相关进行必要调查。但是下列情形不得调查：

1. 第四十三条第一项列明的各号事项；

2. 苦衷民愿事项被认定属于伪造或者没有正当事由的；

3. 其他不属于苦衷民愿事项等权益委员会认定不适合调查的事项；

权益委员会开始调查后，如发现属于第一项事项不能继续调查的，可以中止或者中断调查。

权益委员会接收苦衷民愿后，当存在不调查或者中止、中断调查情形，应立即将相关事由告知申请人。

第四十二条（调查方法）

权益委员会根据第四十一条进行调查时，可以采取下列各号措施：

1. 要求关联行政机关等进行说明或者提供相关资料、文件；

2. 要求关联行政机关等的职员、申请人、利害关系人或者证人出席并陈述意见；

3. 对认定与调查事项有关联的场所、设施等进行实地调查；

4. 请求鉴定。

权益委员会的职员按照第一项实行实地调查或者听取陈述时，应向关系人出示证件。

关联行政机关等的首长应按照第一项规定在权益委员会要求或者调查时诚实回应并协助。

第四十三条（苦衷民愿的驳回等）

已接收苦衷民愿如属于下列情形的，权益委员会可以驳回或者移送其他行政机关：

1. 需要高度政治判断或者国家秘密、公务秘密的相关事项；

2. 国会、法院、宪法裁判所、中央选举管理委员会、监察院、地方议会相关事项；

3. 调查、刑罚执行相关由主管机关处理更为正当的事项，或者监察院监察开始着手的事项；

4. 正在进行行政审判、行政诉讼、宪法裁判所的审判或者监察院的请求审查及其他法律规定的救济程序的事项；

5. 正在进行法令规定的和解、斡旋、调解、仲裁等以调整当事人之间利害关系为目的的程序的事项；

6. 判决、决定、裁决、和解、调解、仲裁等确定的权益相关的事项，或者要求监察院处分的事项；

7. 私人间的权利关系或者个人私生活事项；

8. 行政机关等的职员相关的人事行政行为的事项。

权益委员会依照第一项作出驳回或者移送的决定时应明示事由并通报申请人。此时认定必要的，可向申请人告知权利救济的程序和措施。

如权益委员会开始着手调查的事项属于第一项情形的，关联行政机关等的首长知道后应立即通报给权益委员会。

第四十四条（劝告协商）

权益委员会为了公正解决调查中或者调查完毕的苦衷民愿，可向当事人提示必要的措施，并劝告协商。

第四十五条（调解）

为了迅速和公正解决苦衷民愿，在涉及多数人利益或者会产生严重冲击社会的效果的情况时，权益委员会认定必要时，可以根据当事人的申请或者依职权进行调解。

当事人在调解书上记载合意事项并签名盖章，权益委员会对此进行确认后，调解成立。

第二项的调解与民法上的和解具有同等效力。

第四十六条（改正劝告和意见表明）

根据对苦衷民愿的调查结果，权益委员会认定处分等有相当的可能存在违法、不当的情形，可以向关联行政机关等的首长提出适当的改正劝告

根据对苦衷民愿的调查结果，权益委员会认定申请人的主张有相当的理由时，可以向关联行政机关等的首长表明意见。

第四十七条（改善制度的劝告和意见表明）

权益委员会在调查、处理苦衷民愿的过程中，认定法令及之外的制度、政策等存在改善必要时，可以向关联行政机关等的首长提出合理的改善劝告或者表明意见。

第四十八条（赋予提出意见的机会）

权益委员会依据第四十六条或者第四十七条的规定向关联行政机关等的首长提出改正或者制度改善的劝告之前，应给予该关联行政机关等、申请人或者利害关系人的提出意见的机会。

关联行政机关等的职员、申请人或者利害关系人，可以在权益委员会召

开的会议上出席并发表自己的意见或者提供相关材料。

第四十九条（决定的通知）

权益委员会须立即将决定内容通知申请人和关联行政机关等的首长。

第五十条（通报处理结果等）

关联行政机关等的首长应尊重第四十六条、第四十七条的劝告或者意见时，并在收到之日起 30 日内将处理结果通报给权益委员会；

在收到第一项的劝告后，如不能履行该劝告内容的，关联行政机关等的首长应将其理由以书面方式通报给权益委员会；

权益委员会收到第一项和第二项的通报后，应立即将其内容通知给申请人。

第五十一条（请求监察）

在调查、处理苦衷民愿的过程中，认定关联行政机关等的职员在其业务中存在故意或者重大过失而发生违法、不当的情形，委员会向监察院、市民苦衷委员会向当地地方自治团体的监察，对该发现的事实提出监察的请求。

第五十二条（劝告等履行实况的确认和检查）

权益委员会可确认、检查第四十六条、第四十七条规定的劝告和意见的履行实况。

第五十三条（公开发表）

除其他法律明确规定有限制的或者存在侵害个人的私生活忧虑的之外，权益委员会可以公开发表下列各号事项：

1. 第四十六条和第四十七条规定的劝告或者表明意见的内容；

2. 第五十条第一项规定的处理结果；

3. 第五十条第二项规定的不履行劝告内容的事由。

第五十四条（权益委员会相互间的关系）

委员会或者各市民苦衷委员会相互独立、各自履行独立业务。在收到协作或者支援要求时无正当理由应相互协作。

委员会应积极支援市民苦衷委员会的活动。

第五章　腐败行为的举报及对举报人等的保护

（第五十五—七十一条略）

第六章 请求国民监察

（第七十二—七十六条略）

第七章 补 则

第七十七条（对制度改善的提案等）

委员会在处理民愿事务过程中，发现不合理的制度或者认定有其他改善必要的事项，可以向总统或者国会提出意见。

委员会或者市民苦衷委员会在处理民愿事务过程中，认定关联法律或者条例有显著不合理的，可以向国会或者地方议会提出修改或者废止等该法律或者条例的意见。

第七十八条（苦衷民愿事务的信息保护）

委员会或者市民苦衷委员会以及关联行政机关等应努力加强信息保护，不得泄露申请人和利害关系人的信息而侵害其权益。

第七十九条（苦衷民愿申请事项的公示等）

委员会或者市民苦衷委员会以及关联行政机关等的首长等应当提供公示苦衷民愿申请必要事项或者安排汇编等所有的便利；

委员会或者市民苦衷委员会在处理苦衷民愿业务时，应当让担当职员能直接履行自行确认资料或者向关联行政机关等要求协助等相关必要程序等，努力向申请人提供便利。

第八十条（与关联行政机关等的协助）

委员会或者市民苦衷委员会为了履行其业务，认定必要时可以请求关联行政机关等的协助。

收到委员会或者市民苦衷委员会的协助请求后，关联行政机关等无正当理由应诚实的响应。

第八十一条（教育和宣传等）

委员会或者市民苦衷委员会可以开展必要的教育和宣传，以让所有人都能认识自己的权利，在权利受到侵害时能获得救济。

委员会或者市民苦衷委员会可以与教育部长官协商，以支援在学校开展苦衷民愿处理和权利救济以及防止腐败的相关内容。

委员会或者市民苦衷委员会可以与关联行政机关等的首长协商，以在公务员教育训练过程中加入苦衷民愿制度和防止腐败的相关内容。

第八十二条（违法被免职者之就业限制）

公职人员因与职务相关的腐败行为而被解职、罢免或解任时，自离职日起 5 年内不得在公共机关、与离职前三年期间所属部门业务密切相关的、具有一定规模以上并以营利为目的的私营企业（以下简称"营利性私营企业"）或者为营利性私营企业的共同利益和相互协助等而设立的法人、团体（以下简称"协会"）就业。

《公职人员伦理法》第十七条第二项应准用于第一项关于离职前所属部门的业务和营利性私营企业之间密切相关性的范围和营利性私营企业的规模及协会的范围。

第八十三条（就业者的解任要求）

具有违反第八十二条而就业于公共机关者时，委员会应向该公共机关之首长要求其解任，收到解任要求的公共机关之首长如无有正当事由应当对此响应。

具有违反第八十二条而就业于营利性私营企业或协会者时，委员会应请求关联公共机关的首长谋求解除该就业者就业的措施，收到请求的关联公共机关的首长应向该就业者就业的营利性私营企业或协会的首长要求其解任。此时，收到解任要求的营利性私营企业或协会的首长如无正当事由应立即对此响应。

第八十四条（国会等的特例）（略）

第八十五条（与其他法律的关系等）

本法规定事项之外与行政审判相关的适用《行政审判法》。

本法规定事项之外与本法施行相关的必要事项，由总统令、国会规则、大法院规则、宪法裁判所规则、中央选举管理委员会规则或者监察院规则规定。

第八章　罚　则

第八十六条（业务上利用秘密罪）

公职人员违反第七条之二的，处以 7 年以有期徒刑或者 7000 万元以下的

罚金。【本项于 2009 年 1 月 7 日、2014 年 5 月 28 日修订】

第一款的情况下，可以并处有期徒刑和罚金。

实施第一款犯罪或者知情该事实的第三者因第一款的犯罪而取得的财物或财产上的利益，应当予以没收或追征。

第八十七条（业务上泄露秘密罪）（略）

第八十八条（违反禁止公开个人信息等规定罪）（略）

第八十九条（违反非法违法免职公职人员就业限制规定罪）（略）

第九十条（对措施要求的不履行罪）（略）

第九十一条（罚款）

可对下列各号人员处以 1000 万元以下的罚款：【本项于 2009 年 1 月 7 日修订】

1. 根据第六十二条第一项给予身份上不利益处分或工作条件上歧视待遇的；

2. 违反第六十二条第六项（包括准用于第六十七条的情况）和第五项规定，不对要求、查询、措施诚实响应的；

3. 无正当理由，不履行第六十二条第七项（包括准用于第六十七条的情况）委员会的采取措施要求的（第六十二条第一项给予身份上不利益处分或工作条件上歧视待遇的除外）。

对无正当理由而妨碍、拒绝或者逃避或者故意迟延第四十二条的业务履行的，可处以 500 万元以下的罚款。

第一项和第二项规定的罚款根据总统令规定由委员会决定、征收。

删除（2009 年 1 月 7 日）

删除（2009 年 1 月 7 日）

删除（2009 年 1 月 7 日）

删除（2009 年 1 月 7 日）

删除（2009 年 1 月 7 日）

附则（略）

附录三　印度类信访制度相关法律

印度《宪法》
（节选）

......

第三十二条　实施执行本篇所赋权利之补救

通过适当程序赋予促请最高法院实施本篇所赋予权利之权利应受到保障。

......

第二款　实施本篇所赋予的任何权利，最高法院有权发布指令、命令或令状，包括人身保护状、命令状、禁令、追究权力令与移送复审令等令状，视何者为适当而定。

第三款　在不损害第一、二两款所赋予最高法院权力的原则下，议会得以法律授权任何其他法院，在其管辖权范围内，行使在第见款授予最高法院之任何权力。

第四款　本条所保障之权利除本宪法另有规定者外，不得停止实行。

......

第三十九条　司法平等与免费给予法律帮助——国家应确保法制的实施，以伸张正义为己任，以机会均等为基础，尤应通过适当的立法、计划或其他方式免费提供法律帮助，务使公民不因经济或其他方面能力不足而失去伸张正义之机会。

第四十条　乡村评议会——国家应采取步骤组织乡村评议会，并赋以必要之权力与权威，使之具有自治单位之职能。

第四十一条　工作权、受教育权和一定条件的享有公共补助的权利—国家应在经济能力与经济发展之限度内，制定有效规定确保工作权、受教育权及在失业、年老、疾病、残疾及其他过分困难情形下享受公共补助之权利。

第四十二条　关于适当的人遭的工作条件和优待产妇的规定——国家应作出规定确保适当与人道之工作条件及对产妇之优待。

第四十三条　工人维持生计之工资等——国家应通过适当立法成立经济组织，或以其他方法竭力使一切工农业工人和其他工人在工作、维持生活之工资和工作条件方面拥有保降，保证他们享有一定的生活水准，享有闲暇，拥有社会与文化上的机会。

国家在农村地区尤应在个人或合作社的基础上努力促进家庭手工业的发展。

……

第一百二十四条　最高法院的设置和组成

第一款　联邦设印度最高法院，由印度首席法官一人及其他法官七人组成，但议会得以法律规定增加上述其他法官的人数。

第二款　最高法院的所有法官，应由总统在同总统认为有必要征询其意见的最高法院法官及邦高等法院法官磋商后，签署盖印颁发委任状任命。最高法院法官任职至六十五岁时为止。但首席法官以外的其他法官的任命，必须征询印度首席法官的意见，但是：

（一）法官可以亲自向总统书面辞职；

（二）法官可依第四款的规定免职。

第二款　（甲）最高法院法官的年龄，由议会法令所指定的机构和按该法令所规定的方法确定。

……

第三款　非印度公民以及不具备下列条件的印度公民，不得担任最高法院法官：

（一）在任一高等法院，或两个以上高等法院连续担任法官至少五年者；

（二）在任一高等法院，或两个以上高等法院连续担任律师至少十年者；

（三）总统认为卓越的法学家。

第四款　最高法院法官不得免职，除非两院于同一会期中以该法官行为失检或不适任为由向总统同时提出咨文由总统下令免除其职务，上述咨文须由各院分别以全体议员的过半数及出席投票议员的三分之二多数通过方可提出。

第五款　第四款所述咨文的送呈程序及最高法院法官行为失检或不适任的调查与证实程序，由议会以法律作出规定。

第六款　被任命的最高法院法官在就职前，应在总统或总统指定的代表主持下，按照附表三所规定的誓词举行宣誓。

第七款　最高法院在任法官不得在印度境内任何法庭或机关执行律师业务。

……

第三百二十三条　其他法庭

第一款　相应的立法机构可以通过法律对裁决或审判与第二救所列事项有关的纠纷、申诉或罪行的法庭作出规定，但立法机构制定此项规定不得超越本身的立法权限。

第二款　第一救所述的问题：

（一）斌税的征收、摊派和交纳；

（二）外汇、进口和出口；

（三）工业和劳工争端；

（四）国家通过征用第三十一条（甲）规定的不动产和权利，通过废除限制这种权利，通过对农业土地规定最高限额或其他办法实行土地改革的有关问题；

（五）有关城市财产最高限额的规定；

（六）议会两院选举或邦议会选举的有关问题。但第三百二十九条、第三百二十九条（甲）规定的事项除外；

（七）食品（包括油菜籽和食用油）和总统为实施本条及控制有关物资的价格而宣布为必需物资的其他物品的生产、采办、供应和分配；

（八）违反与第一、第七两项所述事项有关的法律的不法行为；

（九）与第一、第八两项所述内容有关的事项。

第三款　第一款所述法律可以规定：

（一）设立宗教法庭；

（二）上述各法庭的可法权限和权力（包括惩罚藐视法庭罪的权力和权威）；

（三）上述法庭的司法程序（包括作证规则和限度）；

（四）除最高法院根据第一百三十六条规定拥有的司法权限外，上述法庭管辖权限内的问题概不允许其他法院受理；

（五）上述法庭设立前夕，任何法院或机关审理的未决案件均应移交各有关上述法庭。上述法庭对这类案件拥有的司法权限——如对发生于上述法庭建立后的类似案件；

（六）有关立法机构为使上述法庭有效行使职能，加速案件的处理和执行有关命令，可制定必要的补充、附加和关联（包括费用）条款。

第四款　无论本宪法其他条款有何规定，也无论其他现行法律有何规定，本条款均不受影响。

……

附录四 以色列信访制度相关法律

以色列《国家审计官法》
（节选）

……

第三条（提供信息的义务）

一旦机构收到国家审计的要求，必须立即提供国家审计官法所要求的信息、文件、解释及其他有关国家审计官要求提供为审计服务的资料。

第四条（审计官作为受理申诉的专员）

根据法律规定，国家审计官将调查来自公众对机构和个人的投诉：审计官因在这方面的能力而被称为"公众的申诉专员"。

第五条（其他职能）

国家审计长应承担法律规定的其他职能。

第六条（向议会负责）

履行职责的国家审计官只向议会负责而不是内阁。

……

第十二条（与议会联系及报告义务）

第一款

国家审计官应当按照法律的规定与议会保持联系。

第二款

国家审计官应当根据其职责范围发表报告和意见，并在法律规定的任何限制范围内将之公之于众。

第十三条（撤职）

弹劾国家审计官只能由议会三分之二的议会投票通过。弹劾事项必须由法律规定。

第十四条

若国家审计官不能履行职务，国家将会任命代理审计官，其任命方式和任期由法律规定。

……

附录五　我国台湾地区类信访制度相关法律

（一）我国台湾地区行政主管部门及所属
各机关处理人民陈情案件要点
（节选）

我国台湾地区行政主管部门及所属各机关处理人民陈情案件要点第三点、第四点：

三、人民陈情得以书面为之，书面包括电子邮件及传真等在内。

前项书面应载明具体陈诉事项、真实姓名及联络方式。

本要点所称联络方式包括电话、住址、传真号码或电子邮件位址等。

四、人民陈情得以言词为之，受理机关应作成记录，载明陈述事项、真实姓名及联络方式，并向陈情人朗读或使阅览，请其签名或盖章确认后，据以办理。

各机关得利用公共设施设置协谈室或其他指定地点，聆听陈诉、解答民众施政问题或办理首长与民有约活动。

（二）台湾"请愿法"

第一条（适用范围）

人民请愿，依本法之规定。

第二条（得请愿之事项及受理机关）

人民对国家政策、公共利害或其权益之维护，得向职权所属之民意机关或主管行政机关请愿。

第三条（请愿事项不得抵触宪法或干预审判）

人民请愿事项，不得抵触宪法或干预审判。

第四条（应提起诉讼或诉愿事项不得请愿）

人民对于依法应提起诉讼或诉愿之事项，不得请愿。

第五条（请愿书之应记载事项）

人民请愿应备具请愿书，载明左列事项，由请愿人或请愿团体及其负责人签章：

一、请愿人之姓名、性别、年龄、籍贯、职业、住址；请愿人为团体时，其团体之名称、地址及其负责人。

二、请愿所基之事实、理由及其愿望。

三、受理请愿之机关。

……

第六条（集体请愿之陈述应推代表为之）

人民集体向各机关请愿，面递请愿书，有所陈述时，应推代表为之；其代表人数，不得逾十人。

第七条（受理机关得通知请愿人前来答询）

各机关处理请愿案件时，得通知请愿人或请愿人所推代表前来，以备答询；其代表人数，不得逾十人。

第八条（请愿案件之结果应通知请愿人）

各机关处理请愿案件，应将其结果通知请愿人；如请愿事项非其职掌，应将所当投递之机关通知请愿人。

第九条（对请愿人不得胁迫或歧视）

受理请愿机关或请愿人所属机关之首长，对于请愿人不得有胁迫行为或因其请愿而有所歧视。

第十条（民意机关代表请愿时之准用规定）

地方民意机关代表人民向有关民意机关请愿时，准用本法之规定。

第十一条（请愿时不得有暴行等不法行为）

人民请愿时，不得有聚众胁迫、妨害秩序、妨害公务或其他不法情事；违者，除依法制止或处罚外，受理请愿机关得不受理其请愿。

第十二条（施行日）

本法自公布之日施行。

（三）我国台湾地区行政程序相关法律规定
（节选）

第一百六十八条

人民对于行政兴革之建议、行政法令之查询、行政违失之举发或行政上权益之维护，得向主管机关陈情。

第一百六十九条

陈情得以书面或言词为之；其以言词为之者，受理机关应作成记录，并向陈情人朗读或使阅览后命其签名或盖章。

陈情人对记录有异议者，应更正之。

第一百七十条

行政机关对人民之陈情，应订定作业规定，指派人员迅速、确实处理之。

人民之陈情有保密必要者，受理机关处理时，应不予公开。

第一百七十一条

受理机关认为人民之陈情有理由者，应采取适当之措施；认为无理由者，应通知陈情人，并说明其意旨。

受理机关认为陈情之重要内容不明确或有疑义者，得通知陈情人补陈之。

第一百七十二条

人民之陈情应向其他机关为之者，受理机关应告知陈情人。但受理机关认为适当时，应即移送其他机关处理，并通知陈情人。

陈情之事项，依法得提起诉愿、诉讼或请求国家赔偿者，受理机关应告知陈情人。

第一百七十三条

人民陈情案有下列情形之一者，得不予处理：

一、无具体之内容或未具真实姓名或住址者。

二、同一事由，经予适当处理，并已明确答复后，而仍一再陈情者。

三、非主管陈情内容之机关，接获陈情人以同一事由分向各机关陈情者。

（四）我国台湾地区诉愿相关法律规定
（节选）

第一条

人民对于"中央"或地方机关之行政处分，认为违法或不当，致损害其权利或利益者，得依本法提起诉愿。但法律另有规定者，从其规定。各级地方自治团体或其他公法人对上级监督机关之行政处分，认为违法或不当，致损害其权利或利益者，亦同。

第二条

人民因"中央"或地方机关对其依法申请之案件，于法定期间内应作为而不作为，认为损害其权利或利益者，亦得提起诉愿。前项期间，法令未规定者，自机关受理申请之日起为二个月。

第三条

本法所称行政处分，系指"中央"或地方机关就公法上具体事件所为之决定或其他公权力措施而对外直接发生法律效果之单方行政行为。前项决定或措施之相对人虽非特定，而依一般性特征可得确定其范围者，亦为行政处分。有关公物之设定、变更、废止或一般使用者，亦同。

附录六　我国香港特别行政区类信访制度相关法律

我国香港特别行政区《申诉专员条例》

本条例旨在委任一位专员就任何申诉或主动对政府或公共主管当局在行政上所采取的行动进行调查，并就专员的权力与职能以及相关事宜订定条文。

（1988 年制定，由 1994 年第 44 号第二条修订）

［1989 年 2 月 1 日］1989 年第 27 号法律公告

（本为 1988 年第 67 号）

注：

《2001 年申诉专员（修订）条例》（2001 年第 30 号）的保留及过渡条文见载于该条例第 III 部（第二十一至二十二条）。

第一条　简称 版本日期 30/06/1997

第一部　导言

本条例可引称为《申诉专员条例》（有关文字因已失时效而略去）

（1988 年制定）

第二条　释义版本日期 19/07/2002

（1）在本条例中，除文意另有所指外——

"人员"（officer）包括雇员；

"行政失当"（maladministration）指行政欠效率、拙劣或不妥善，并在无损此解释的一般性的情况下，包括——

（a）不合理的行为，包括拖延、无礼及不为受行动影响的行为；

（b）滥用权力（包括酌情决定权）或权能，包括做出下述行动——

（i）不合理、不公平、欺压、歧视或不当地偏颇的行动，或按照属于或可能属于不合理、不公平、欺压、歧视或不当地偏颇的惯例而做出的行动；或

（ii）完全或部分基于法律上或事实上的错误而做出的行动；或

（c）不合理、不公平、欺压、歧视或不当地偏颇的程序；

"行动"（action）包括不作为、建议或决定；

"首长"（head）——

（a）就政府总部以外的任何机构而言，指该机构的首长、署长、处长或职位相等的人员；（由1998年第25号第二条修订）

（b）就政府总部而言，指其辖下各组别的首长，而申诉所针对的行动，正是向该首长负责的人员所做出的；（由1994年第44号第三条代替。由1998年第25号第二条修订；由2002年第23号第一百二十六条修订）

"专员"（Ombudsman）指第三（1）条提述的申诉专员；（由1996年第74号第四条修订；由2001年第30号第二条修订）

"调查"（investigation）指专员根据本条例所作的调查；

"机构"（organization）指附表1所指明的机构。（由1994年第44号第三条增补）

（2）在本条例中，任何对某机构的提述，均包括对该机构的人员的提述。

（1988年制定，由1994年第44号第三条修订）

第三条　委任及任期 版本日期 19/07/2002

第 II 部　申诉专员的委任

（1）为本条例的施行，须设一个名为"申诉专员"的单一法团。（由2001年第30号第三条代替）

（2）专员属永久延续，并——

（a）可以该法团名称起诉和被起诉；及

（b）须备有正式印章。（由2001年第30号第三条代替）

（3）行政长官须亲自签署文书委任一人为专员。（由2001年第30号第三条代替）

（3A）除第（4）款另有规定外，获委为专员的人的任期为5年，并有资格获委连任。（由2001年第30号第三条增补）

（4）获委为专员的人——

（a）可随时以书面通知向行政长官辞职；

（b）可以其无能力履行职能或行为不当为理由，经立法会以决议方式批

准而由行政长官免职。（由 2002 年第 23 号第一百二十六条修订）

（5）获委为专员的人的薪酬、委任条款及条件，由行政长官决定。（由 2001 年第 30 号第三条修订）

（6）支付予获委为专员的人的薪金或其他利益，由政府一般收入支付。（由 2001 年第 30 号第三条修订）

（7）附表 1A 所载关于财务及报告的条文就专员具有效力。（由 2001 年第 30 号第 3 条增补）

（1988 年制定。由 1998 年第 25 号第二条修订）

第四条　专员不得担任其他职位 版本日期 19/07/2002

未经行政长官明确批准，获委为专员的人不得担任其专员职位以外的其他有收益职位，亦不得从事其专员职责以外的其他有报酬职业。

（1988 年制定。由 1998 年第 25 号第二条修订；由 2001 年第 30 号第四条修订；由 2002 年第 23 号第一百二十六条修订）

第五条　临时空缺的填补 版本日期 19/07/2002

（1）如获委为专员的人——（由 2001 年第 30 号第五条修订）

（a）去世；

（b）辞职；

（c）遭免职；（由 2002 年第 23 号第一百二十六条修订）

（d）不在香港；或

（e）因其他理由不能执行其职能，则其职能须由获委为署理专员的人承担及执行，直至该获委为专员的人恢复执行其职能，或直至根据第三条委任另一人为专员为止；署理专员须由行政长官亲自签署文书委任。（由 1998 年第 25 号第二条修订；由 2001 年第 30 号第五条修订）

（2）本条例中所有适用于获委为专员的人的条文［第三（3）、（3A）及（4）条除外］），均适用于获委为署理专员的人。（由 2001 年第 30 号第五条代替）

（1988 年制定）

第六条　专员的职员 版本日期 19/12/2001

（1）专员可委任所需人选，使他在本条例下的职能得以有效执行。

（2）根据第（1）款获委任的人的薪金、委任条款及条件，须由专员决

定。（由 2001 年第 30 号第六条修订）

（3）除第 3（6）条另有规定外，专员的开支，以及支付予根据第（1）款获委任的人的薪金或利益，须由立法会为该用途而通过的拨款支付。

（1988 年制定，由 1998 年第 25 号第二条修订）

第六 A 条 顾问版本日期 19/12/2001

专员可不时委任他认为有需要的技术或专业顾问，以协助他根据本条例执行他的职能。

（由 2001 年第 30 号第七条增补）

第六 B 条 不得视专员为政府的雇员或代理人 版本日期 19/12/2001

（1）除第（2）及（3）款另有规定外，专员不得视为政府的雇员或代理人，亦不得视为享有政府的地位、豁免权或特权。

（2）为施行《防止贿赂条例》（第二百零一章），获委为专员的人须当作为该条例第二条所指的公职人员。

（3）为施行《公共财政条例》（第二章），获委为专员的人须当作为公职人员，并须根据该条例第十二条被指定为管制专员的开支预算的管制人员。

（由 2001 年第 30 号第七条增补）

第七条 专员的职能及权力 版本日期 19/12/2001

第 III 部 专员的职能及权力

（由 2001 年第 30 号第八条修订）

（1）凡——

（a）附表 1 第 I 部所列任何机构在行使该机构的行政职能时采取或由他人代其采取任何行动；或

（b）附表 1 第 II 部所列任何机构在就政府所颁布的《公开资料守则》而行使该机构的行政职能时采取或由他人代其采取任何行动，则专员在以下情况下可调查该行动——

（i）有人提出申诉，声称因与该行动相关的行政失当，以致他遭受不公平待遇；或

（ii）尽管无人向专员提出申诉，但专员认为因与该行动相关的行政失当，以致可能已有人遭受不公平待遇。（由 1996 年第 74 号第六条代替）

（1A）专员可做出所有为更佳地执行其职能而需要做出的或连带须做出

的事情，亦可做出所有有助于更佳地执行其职能的事情，而在不损害前文的一般性的原则下，专员尤可——

（a）取得和持有他认为为以下目的而需要的任何类别的财产——

（i）提供地方给专员或任何根据第六（1）条委任的人；

（ii）执行专员的任何职能，并可在持有该财产所按的条款及条件的规限下处置该财产。

（b）订立、履行、转让、更改或撤销任何合约、协议或其他义务，或接受他人所转让的任何合约、协议或其他义务。（由 2001 年第 30 号第九条增补）

（2）本条例所授予专员的权力，须按照本条例的条文行使；尽管有任何法律条文规定某项决定属最终决定，或规定不得就该项决定提出上诉，或规定不得反对、审核、推翻或质疑有关机构的处事程序或其所作的决定，专员仍可按照本条例行使权力。（由 1994 年第 44 号第四条修订）

（3）（由 1994 年第 44 号第四条废除）

（1988 年制定）

第八条 不受调查的行动 版本日期 30/06/1997

专员不得展开或继续与附表 2 所指明的行动或事项有关的调查。

（1988 年制定。由 1994 年第 44 号第五条修订）

第九条 有关专员权能问题的断定 版本日期 30/06/1997

在断定是否展开、继续或中止一项调查时，除本条例条文另有规定外，专员须按照其本身的酌情决定权而行事；至于某一项申诉是否根据本条例妥当地提出，亦须由专员断定。

（1988 年制定）

第九 A 条 费用 版本日期 19/12/2001

（1）专员可就符合以下说明的服务向某人收取由专员决定的合理费用——

（a）经行政署长批准的；及

（b）专员根据本条例向该人提供的（但依据本条例委予的义务而提供的除外）。

（2）专员可将根据第（1）款须缴付的任何费用作为拖欠他的民事债项

予以追讨。

（由 2001 年第 30 号第十条增补）

第十条 调查申诉的限制 版本日期 01/07/1997

附注：

具追溯力的修订——见 1998 年第 25 号第二条

第 IV 部 申诉

（1）专员虽获本条例授予概括性的权力，但如有以下情形，专员不得对申诉展开或继续调查——

（a）申诉人对他所申诉的行动已实际知悉超过 24 个月专员才接获申诉；但如专员信纳在某一申诉的特别情况下，对该逾期提出的申诉进行调查是恰当者，则属例外；

（b）申诉由匿名者提出；

（c）申诉人无从识别或下落不明；

（d）申诉并非由感到受屈的个别人士亲自提出，而在本可提出申诉的个别人士已去世或因其他理由不能亲自行事的情况下，申诉并非由该人士的遗产代理人或家庭成员或其他适宜代表该人士的个别人士提出；（由 1994 年第 44 号第六条修订）

（da）申诉是代任何法人团体作出，而专员并不信纳该法人团体曾授权作出该项申诉；（由 1994 年第 44 号第六条增补）

（db）就有关申诉而言，以下条件无一符合——

（i）在采取申诉所针对的行动时，申诉人（如属个别人士者）居住于香港或（如属法人团体者）在香港有营业地点；或

（ii）申诉所针对的行动是就感到受屈的人在香港时所采取的；或

（iii）申诉所针对的行动是就任何在香港产生或出现的权利或义务而采取；或（由 1994 年第 44 号第六条增补）

（e）对于申诉所针对的行动，申诉人——

（i）根据任何条例有权利或曾经有权利按案情的是非曲直向行政长官、行政长官会同行政会议、由任何条例或根据任何条例组成的审裁处或委员会或其他权力机构提出上诉或反对，或申请审核；或（由 1998 年第 25 号第二条修订）

（ii）有或曾经有以下补救方法，即向法院提出司法审核以外的法律程序，或向由任何条例或根据任何条例组成的审裁处提出法律程序，但如专员信纳在某一申诉的特别情况下，预期申诉人会使用或曾经会使用该权利或补救方法是不合理的，则属例外。

（2）专员在考虑申诉事件的所有情况后，如得出以下意见，则可酌情决定不对该申诉展开或继续调查——

（a）以前曾调查该宗申诉或性质极为相近的申诉，而结果专员认为并无行政失当之处；

（b）申诉关乎微不足道的事；

（c）申诉事属琐屑无聊、无理取闹或非真诚作出；或

（d）因其他理由而无须调查或进一步调查。

（3）专员如决定不对申诉展开或继续调查，须将此决定及其理由通知申诉人。（由1994年第44号第六条修订）

（1988年制定）

第十一条 专员可展开或继续调查已撤回的申诉 版本日期 30/06/1997

专员凡认为调查一项申诉是符合公众利益的，则即使申诉人已撤回该申诉，他仍可对该申诉展开或继续调查，而在此情况下，本条例的条文须适用于该申诉及申诉人，犹如该申诉并未撤回一样。

（1988年制定）

第十一A条 初步查讯 版本日期 19/12/2001

专员可为断定是否展开调查而进行他认为适当的初步查讯。

（由2001年第30号第十一条增补）

第十一B条 以调解方式处理申诉 版本日期 19/12/2001

（1）专员在考虑有关个案的所有情况后，如认为某宗申诉的标的事项不涉及行政失当，或只涉及轻微的行政失当，则可决定根据本条以调解方式处理该宗申诉。

（2）专员可授权任何根据第六（1）条获委任的人为进行调解的调解员。

（3）据第三（3）条获委为专员的人不得以调解员身份参与任何调解。

（4）申诉人与申诉所涉机构参与调解属于自愿，任何一方可随时退出。

（5）调解员可随时终止调解。

（6）如根据本条以调解方式处理申诉的尝试并不成功，则——

（a）该申诉须根据本部处理，犹如从未进行调解一样；及

（b）有关调解员不得以调查人员身份参与随后就该申诉而进行的任何调查。

（7）在调解过程中所说出的任何话语或承认的任何事宜，以及为该调解而拟备的任何文件——

（a）不得在随后就有关申诉而进行的任何调查中获接纳为证据，除非说出有关话语或承认有关事宜的人，或有关文件所关乎的人，同意该等话语、事宜或文件获接纳为证据；

（b）不得在任何法庭、研讯或其他法律程序中获接纳为针对任何人的证据，而任何关于该调解的证据，亦不得用以针对任何人。

（8）本条的规定并不阻止以按照本条行事以外的方式处理申诉。

（由 2001 年第 30 号第十一条增补）

第十二条 专员的处事程序 版本日期 19/07/2002

第 V 部 处事程序

（1）专员在调查任何行动之前，须将其进行调查的意向通知所涉机构的首长，并可征询其意见。（由 1994 年第 44 号第七条修订）

（2）专员如认为在某个案的特别情况下，不适宜遵照第（1）款办理，则该款即不适用，而专员无须遵照该款办理，但须改为将其进行调查的意向通知政务司司长。（由 1997 年第 362 号法律公告修订）

（3）除本条例另有规定外，专员可——

（a）向他认为适当的人获取任何资料、文件或物件，并可作出他认为适当的查询；及（由 1994 年第 44 号第七条修订）

（b）按他认为适当的方式规管本身的处事程序。

（4）每项调查均须不公开进行，大律师及律师在专员席前并无发言权，但如专员认为适当则可在专员席前出席。

（5）专员没有必要召开聆讯，而除第（6）款另有规定外，任何人均无权要求专员聆听其陈述。

（6）如在调查过程的任何时间，专员觉得可能有足够理由提出报告或建议，而该报告或建议又可能对任何人员、机构或任何人作出批评或带来不利

影响，则专员须让该人员、所涉机构的首长或该人有机会获得聆听。（由 1994年第 44 号第七条修订；由 2002 年第 23 号第一百二十六条修订）

（1988 年制定）

第十三条 证据 版本日期 19/12/2001

（1）在符合第十四条的规定下，专员可传召——

（a）他认为能够就他正在调查的行动提供有关资料的人，不论该人是否任何机构的人员；及

（b）申诉人，到其席前，并可加以讯问；专员如认为该人或该申诉人（视属何情况而定）可能管有或控制与受调查行动有关的资料、文件或物件，可要求他提供该资料及出示该文件或物件，不论该资料、文件或物件是否正由任何机构保管或控制。（由 1994 年第 44 号第八条修订）

（2）专员如认为适当，可为根据第（1）款进行的讯问而监督。

（3）除非是与根据第十四（3）条发出的证明书之标的有关，否则——

（a）关于机构管有或控制（或曾管有或控制）资料、文件或其他物件的保密义务或由法律施加的披露限制，不适用于为根据本条例进行的调查而作的披露；及（由 2001 年第 30 号第十二条修订）

（b）专员要求任何人为根据本条例进行的调查而披露或出示（a）段所提述的资料、文件或物件，即为向专员披露该资料或出示该文件或物件的充足权力依据。

（4）专员可支付申诉人及证人在根据本条例进行的调查过程中所招致的合理开支。

（1988 年制定）

第十四条 保护证人等 版本日期 01/07/1997

附注：

具追溯力的修订——见 1998 年第 25 号第二条

（1）任何人为本条例的施行而在提供资料、回答问题及出示文件及物件方面享有的特权，与高等法院民事诉讼中的证人所享有的特权相同；但除第（3）款另有规定外，任何法律规则如以披露文件或物件或回答问题会危害公众利益为理由而授权或规定不出示任何文件或物件或不回答问题，则该法律规则不适用于任何调查。

（2）某人或任何其他人于调查过程中所作的陈述或回答，除了在就该某人经宣誓的证供而检控的假证供罪或在本条例所订罪行的审讯中可接纳为证据外，不得在任何法庭、研讯或其他法律程序中接纳为针对任何人的证据；而就任何调查提供的证据，亦不得用以针对任何人。

（3）凡提供任何资料、回答任何问题或出示任何文件或物件——

（a）经行政长官以证明书说明可能有损香港的保安、防卫或国际关系（包括与任何国际组织的关系）；或

（b）经政务司司长以证明书说明可能——（由 1997 年第 362 号法律公告修订）

（i）有损刑事罪的调查或侦查；或

（ii）牵涉未经行政长官同意而披露行政会议的审议内容，则专员不得要求任何人提供该资料、给予该回答或出示该文件或物件（视属何情况而定）。

（1988 年制定。由 1998 年第 25 号第二条修订）

第十五条　专员及其职员须保密 版本日期 19/12/2001

（1）除第（2）及（3）款另有规定外，专员及每名根据第六或六 A 条获委任的人，均须将符合以下说明的一切事项保密——

（a）由任何调查或向专员作出的申诉所引起的；及

（b）是专员或每名根据第六或六 A 条获委任的人在行使其职能时所实际知悉的。（由 1996 年第 74 号第七条代替。由 2001 年第 30 号第十三条修订）

（2）第（1）款不得用于阻止专员或根据第六或六 A 条获委任的人——（由 2001 年第 30 号第十三条修订）

（a）在本条例所订罪行的法律程序过程中，披露与该法律程序有关的任何事项；

（b）向他认为适当的权力机构举报任何刑事罪的证据；

（c）在认为第（1）款所提述的事项——

（i）是可作为任何人提出申诉的理由时；或

（ii）是为调查一项申诉或决定是否展开、继续或中止一项调查而有需要向任何人披露时，向该人披露该事项。（由 1996 年第 74 号第七条代替）

（3）专员在根据本条例提交的报告中，可披露他认为应予披露以支持其结论和建议的事项，但如行政长官证明披露该事项可能有损香港的保安、防

衞或国际关系（包括与任何国际组织的关系），或会在其他方面有违公众利益，则不得披露该事项。（由 1998 年第 25 号第二条修订）

（4）任何人不遵守第（1）款的规定，即属犯罪，可处罚款 MYM50000 及监禁 2 年。

（1988 年制定）

第十六条　专员的报告 版本日期 19/07/2002

（1）专员如就任何申诉而调查任何行动后，认为该调查显露以下一项或多于一项情况——

（a）有证据显示任何机构有人员行政失当；（由 1994 年第 44 号第九条修订）

（b）事件应转介所涉机构的首长作进一步考虑；（由 1994 年第 44 号第九条修订）

（c）有一项不作为应予纠正；

（d）有关行动应予撤销或变更；

（e）有关行动所依据的惯例应予更改；

（f）有关行动所依据的法律观点应予重新考虑；

（g）采取有关行动的理由本应说明；

（h）有其他步骤应予采取，则专员如认为适宜，可就其意见及理由作出报告，连同以下文件（如有的话）——（由 1996 年第 74 号第八条修订）

（i）一项说明他认为应采用的补救办法的陈述；

（ii）一项关于他认为适宜提出的建议的陈述；

（iii）由所涉机构的首长就专员的调查所得、意见或建议而提出或他人代其提出的评论副本一份，（由 2002 年第 23 号第一百二十六条修订）交予所涉机构的首长，如专员认为在某个案的特别情况下，不适宜向该机构的首长作出报告，则可向行政长官作出该报告。（由 1994 年第 44 号第九条修订；由 1996 年第 74 号第八条修订）

（2）专员在根据第（1）款向任何机构的首长提交的报告中，可指明他认为在所有情况下就该报告采取行动的合理期间。（由 1994 年第 44 号第九条修订）

（3）专员如认为根据第（1）款向任何机构的首长提交的报告——（由

1994 年第 44 号第九条修订）

（a）在报告所指明的期间内，未获充分采取行动；或

（b）（如该报告并无指明期间）在他认为在所有情况下均属合理的期间内，未获充分采取行动，则专员可将该报告及建议，连同他认为适宜提出的其他观点，向行政长官呈交。

（4）专员根据第（3）款向行政长官呈交的每份报告，须连同所涉机构的首长就该报告而提出或他人代其提出的任何评论的副本一份，一并呈交。（由 1994 年第 44 号第九条修订）

（5）除根据第（1）或（3）款提交报告外，专员如认为曾有严重的不当或不公平事件发生，可向行政长官提交另一份报告，述明其意见及理由。

（6）在专员根据第（5）款提交的报告接获后 1 个月内，或行政长官厘定的更长期间内，须将该报告的文本提交立法会省览。

（1988 年制定，由 1998 年第 25 号第二条修订）

第十六 A 条 公布报告 版本日期 19/12/2001

（1）在调查任何行动后，专员如认为将报告公布是符合公众利益的，则可按其认为适当的方式，将调查报告公布。

（2）根据第（1）款公布的报告不得披露以下人士的身份——（由 2001 年第 30 号第十四条修订）

（a）感到受屈的人；

（b）申诉人；或

（c）有关机构的人员，而其行动正是有关的调查所针对者，或他本人在其他方面受该项调查涉及者。

（3）第（2）款不得解释为阻止专员披露根据第（1）款公布的报告中所述机构的名称。

（1988 年制定，由 1994 年第 44 号第十条增补）

第十七条 须获通知调查结果的人 版本日期 01/07/1997

附注：

具追溯力的修订——见 1998 年第 25 号第二条

（1）专员如就任何申诉进行调查，须以他认为适当的方式及在他认为适当的时间，将以下事项通知申诉人——（由 1994 年第 44 号第十一条修订）

（a）调查的结果；

（b）根据第十六条作出的任何报告或建议，以及所涉机构的首长就该报告或建议而提出或别人代其提出的评论；（由 1994 年第 44 号第十一条修订）

（c）他认为适宜就该事件提出的评论；及

（d）行政长官要求专员转告申诉人的任何评论。（由 1998 年第 25 号第二条修订）

（2）专员如就任何个案进行调查，除非他已根据第十六（1）条向所涉机构的首长作出报告，否则须以他认为适当的方式及在他认为适当的时间，将调查结果通知该首长。（由 1994 年第 44 号第十一条修订）

（3）（由 1994 年第 44 号第十一条废除）

（1988 年制定）

第十八条 特权 版本日期 19/07/2002

第 VI 部 补充条文

就诽谤法而言，在以下情况公布任何事项均享有绝对特权——

（a）专员或其职员为根据本条例进行任何调查，或为施行第十六、十六 A 或十七条或附表 1A 第三（4）（a）条而作出报告、公布或发出通知。（由 1994 年第 44 号第十二条修订；由 2001 年第 30 号第十五条修订；由 2002 年第 23 号第一百二十六条修订）

（b）（由 1994 年第 44 号第十二条废除）

（1988 年制定）

第十八 A 条 豁免权 版本日期 19/12/2001

任何人如在执行或其意是执行本条例下的任何职能，或行使或其意是行使本条例下的任何权力时，出于真诚而作出或不作出任何作为，该人无须就该等作为负上个人民事法律责任，亦无须就该等作为而对任何民事申索负上个人法律责任。

（由 2001 年第 30 号第十六条增补）

第十九条 机构的首长的职责 版本日期 30/06/1997

所涉机构的首长已采取的任何行动，或该首长就有关调查所针对的任何决定而采取进一步行动的任何权力或职责，均不受该项调查影响。

（1988 年制定，由 1994 年第 44 号第十三条修订）

第二十条 进入处所的权力 版本日期 01/07/1997

附注：

具追溯力的修订——见 1998 年第 25 号第二条

（1）为施行本条例，并在符合第（2）及（3）款的规定下，专员可随时——

（a）进入任何机构所占用、管理或控制的任何处所；（由 1994 年第 44 号第十四条修订）

（b）视察该处所；及

（c）在符合第十三条及第十四条的规定下，在该处所内进行属其职权范围内的调查。

（2）专员进入任何该等处所前，须通知占用、管理或控制该处所的有关机构的首长。（由 1994 年第 44 号第十四条修订）

（3）行政长官如信纳，将指明的某处所或某类处所列入第（1）款的适用范围内，可能导致有损香港的保安、防卫或国际关系（包括与任何国际组织的关系），则可不时向专员发出通知，将指明的某处所或某类处所豁除，使其不属该款的适用范围。（由 1998 年第 25 号第二条修订）

（1988 年制定）

第二十一条 专员权力及职责的转授 版本日期 30/06/1997

（1）除第（2）款另有规定外，专员可藉宪报公告，将本条例授予他的权力转授予任何根据第六条获委任的人，但本条所授予的转授权除外；专员凡觉得他本身与根据第七条进行的调查有或可能有利害关系，则须按本条转授其权力，而不得亲自展开或继续该项调查，亦不得就该项调查作出报告。（由 1994 年第 44 号第十五条修订）

（2）除非专员在第（1）款的规定下，须将本条例授予他的权力转授他人，否则他根据本条例作出报告的权力或职责，均不得转授；但如专员因上述规定而须转授权力，则本条例委予专员的任何职责，须改为委予获转授专员在第（1）款下的权力的人。

（1988 年制定）

第二十二条 （由 2001 年第 30 号第十七条废除）版本日期 19/12/2001

第二十三条 罪行 版本日期 30/06/1997

任何人——

（a）无合法辩解而妨碍、阻挠或抗拒专员或任何其他人根据本条例行使权力；

（b）无合法辩解而不遵从专员或任何其他人根据本条例作出的合法要求；或

（c）于专员或任何其他人根据本条例行使权力时，向其作出明知为虚假或不信为真的陈述，或以其他方式明知而误导专员或该人，即属犯罪，可处罚款 MYM10000 及监禁 6 个月。

（1988 年制定）

第二十四条 修订附表的权力 版本日期 19/12/2001

行政长官会同行政会议可据宪报刊登的命令将附表 1 及 1A 修订。

（1988 年制定。由 1994 年第 44 号第十六条代替。由 1998 年第 25 号第二条修订。由 2001 年第 30 号第十八条修订）

第二十五条 过渡性条文 版本日期 30/06/1997

对于在本条例生效日期前发生的事项，可根据本条例提出申诉；而就第十（1）（a）条而言，本条例的制定日期与生效日期之间相距的时间，不得计算在内，但在制定日期前的任何时间则须计算在内。

（1988 年制定）

附表 1 本条例适用的机构 版本日期 14/01/2005

［第二及二十四条］

第 1 部（由 1994 年第 44 号第十七条修订；由 1996 年第 74 号第九条修订）

入境事务处。（由 1997 年第 362 号法律公告修订）

九广铁路公司。（由 1994 年第 44 号第十七条增补）

土木工程拓展署。（由 1992 年第 183 号法律公告代替。由 2004 年第 104 号法律公告修订）

土地注册处。（由 1993 年第 8 号第二十八条增补）

工业教育及训练署。

工业贸易署。（由 2000 年第 173 号法律公告代替）

大学教育资助委员会秘书处。（由 1995 年第 35 号法律公告修订）

公司注册处。（由 1993 年第 8 号第二十八条增补）

公务及司法人员薪俸及服务条件咨询委员会联合秘书处。（由 2001 年第 253 号法律公告增补）

公务员培训处。（由 1996 年第 155 号法律公告增补）

水务署。

立法会秘书处。（由 1994 年第 14 号第二十四条代替。由 1998 年第 25 号第二条修订）

司法机构政务长辖下所有法院与审裁处的登记处及行政办事处。（由 1996 年第 155 号第一条代替）

民政事务总署。（由 1997 年第 362 号法律公告修订）

民航处。

＋民众安全服务处（部门）。（由 1996 年第 155 号法律公告增补）

市区重建局。（由 2000 年第 63 号第三十八条代替）

平等机会委员会。（由 2001 年第 30 号第十九条增补）

行政长官办公室总务室。（由 1996 年第 155 号法律公告增补。由 1998 年第 25 号第二条修订）

地政总署。（由 1993 年第 282 号法律公告增补）

投资推广署。（由 2000 年第 152 号法律公告增补）

法定语文事务署。（由 1996 年第 155 号法律公告增补）

法律援助署。

房屋署。

社会福利署。

知识产权署。（由 1990 年第 236 号法律公告增补）

屋宇署。（由 1993 年第 282 号法律公告代替）

政府化验所。

政府物流服务署。（由 2003 年第 164 号法律公告修订）

政府飞行服务队。（由 1993 年第 242 号法律公告增补）

政府产业署。（由 1991 年第 181 号法律公告增补）

政府统计处。

政府新闻处。

政府总部。（由 1998 年第 25 号第二条修订）

食物环境卫生署。（由 1999 年第 78 号第七条增补）

律政司。（由 1997 年第 362 号法律公告修订）

香港天文台。（由 1998 年第 25 号第二条修订）

香港考试及评核局。（由 2002 年第 23 号第二十七条代替）

香港房屋事务委员会。（由 1994 年第 44 号第十七条增补）

香港房屋协会。（由 1996 年第 155 号法律公告增补）

香港金融管理局。（由 1993 年第 97 号法律公告增补）

香港海关。

香港电台。

香港艺术发展局。（由 1995 年第 26 号第二十条增补）

香港体育学院有限公司。（由 2005 年第 5 号法律公告增补）

建筑署。

个人资料私隐专员。（由 2001 年第 30 号第十九条增补）

消防处。

海事处。

库务署。

破产管理署。（由 1992 年第 183 号法律公告增补）

差饷物业估价署。

强制性公积金计划管理局。（由 1999 年第 139 号法律公告增补）

邮政署。

规划署。（由 1989 年第 414 号法律公告增补）

康乐及文化事务署。（由 1999 年第 78 号第七条增补）

劳工处。

税务局。

渠务署。（由 1989 年第 357 号法律公告增补）

路政署。

资讯科技署。（由 1989 年第 373 号法律公告增补）

电讯管理局。（由 1993 年第 242 号法律公告增补）

运输署。

雇员再培训局。（由 1999 年第 139 号法律公告增补）

管理参议署。（由 1993 年第 383 号法律公告增补）

渔农自然护理署。（由 1999 年第 331 号法律公告代替）

审计署。（由 1997 年第 362 号法律公告修订）

影视及娱乐事务管理处。

卫生署。（由 1989 年第 414 号法律公告代替）

机场管理局。（由 1996 年第 155 号法律公告增补）

机电工程署。

选举事务处。（由 1994 年第 251 号法律公告增补）

环境保护署。

职工会登记局。

职业训练局。（由 1996 年第 155 号法律公告增补）

医院事务署。（由 1989 年第 414 号法律公告增补）

医院管理局。（由 1991 年第 420 号法律公告增补）

＊医疗辅助队（部门）。（由 1996 年第 155 号法律公告增补）

证券及期货事务监察委员会。（由 1994 年第 44 号第十七条增补）

惩教署。

（由 1989 年第 76 号法律公告修订；由 1989 年第 373 号法律公告修订；由 1993 年第 8 号第二十八条修订；由 1999 年第 78 号第七条修订；由 2000 年第十三号第六十五条修订；由 2000 年第 152 号法律公告修订；由 2000 年第 63 号第三十八条修订；由 2001 年第 253 号法律公告修订；由 2003 年第 3 号第二十八条修订；由 2003 年第 164 号法律公告修订；由 2004 年第 104 号法律公告修订；由 2004 年第 11 号第十八条修订）

第 II 部　公务员叙用委员会秘书处。

投诉警方独立监察委员会秘书处。

香港辅助警队。（由 1998 年第 25 号第二条修订）

香港警队。（由 1998 年第 25 号第二条修订）

廉政公署。（由 1997 年第 362 号法律公告修订）

（1988 年制定。第 II 部由 1996 年第 74 号第九条增补）

注：

《2003 年教育重组（杂项修订）条例》（2003 年第 3 号）自本附表第 I 部废除"教育署"。相关的保留及过渡性条文见于该条例第二十九条。

+请参阅载于第 518 章第三十三（4）条的保留条文。

*请参阅载于第 517 章第三十三（4）条的保留条文。

附表 1A 条 专员的财务事宜等 版本日期 01/07/2002

[第三（7）、十八（a）及二十四条]

1. 专员的资源

专员的资源计有——

（a）经立法会根据本条例第六（3）条通过的所有拨款；

（b）所有其他款项及财产，包括专员所收的费用、利息及累积的收益。

2. 盈余资金的投资

（1）在符合第（2）款的规定下，专员可将他非即时需支用的资金投资。

（2）专员依据第（1）款将资金投资的方式，必须得到行政署长经谘询财经事务及库务局局长后给予的批准。（由 2002 年第 106 号法律公告修订）

3. 专员的账目、审计及年报

（1）专员须安排就其所有财务往来备存妥善的账目。

（2）在财政年度完结后，专员须在切实可行范围内尽快拟备专员的账目的报表，报表须包括收支结算表及资产负债表。

（3）专员须委任一名核数师，而在财政年度完结后，该核数师须在切实可行范围内尽快审计第（1）款规定的账目及第（2）款规定的账目报表，并就该报表向专员提交报告。

（4）在财政年度完结后，专员须在切实可行范围内尽快（在任何情况下须在财政年度完结后的 6 个月内）将以下文件提交行政长官，而行政长官须安排将之提交立法会省览——

（a）一份专员的工作的报告，报告须全面概述在专员职能范围内的事务在该年度内的发展；

（b）第（2）款规定的账目报表的文本；及

（c）核数师就该报表所作的报告。

4. 审计署署长的审核

（1）审计署署长可就任何财政年度，对专员在执行其职能及行使其权力时使用其资源是否合乎经济原则及讲求效率及效验的情况进行审核。

（2）在符合第（3）款的规定下，审计署署长有权在任何合理时间，查阅他为根据本条进行的审核而可能合理地需要的一切文件，并有权要求持有该等文件的人或对该等文件负责的人提交他认为为该目的而合理地需要的资料及解释。

（3）第（2）款只适用于专员所保管和控制的文件。

（4）审计署署长可向立法会主席报告关于他根据本条进行的审核的结果。

（5）第（1）款的施行不得令审计署署长有权质疑专员的政策目标是否可取。

5. 豁免缴税

（1）专员获豁免缴付根据《税务条例》（第112章）征收的税项。

（2）为免生疑问，现宣布第（1）款不适用于本条例第三（6）条提述的由政府一般收入拨付的薪金或其他利益，亦不就该等薪金或其他利益而适用。

（附表1A由2001年第30号第二十条增补）

附表2 不受调查的行动 版本日期 19/07/2002

［第八条］

1. 在行政长官证明会影响香港保安、防卫或国际关系（包括与任何国际组织的关系）的事情上所做的行动。（由1998年第25号第二条修订）

2. 在香港任何法庭或审裁处的任何民事或刑事法律程序的展开或进行，包括是否为任何罪行检控任何人的决定。（由1997年第80号第一八零二条修订）

3. 行政长官行使权力，赦免被裁定犯了刑事罪行的人或改判这些人的刑罚。（由1998年第25号第二条代替）

4. 在合约或其他商业交易上所作的行动，但不包括招标、确定投标人资格及挑选中标人时采取的程序。

5. 与以下项目有关的任免、薪酬、服务条件、纪律、退休金、离职金或其他人事问题上所作出的行动——

（a）政府或任何机构的职位或受雇工作中服务，或

（b）在任何职位或根据任何服务合约而提供服务，而就该项服务作出与上述各问题有关的行动的权力，或决定采取或批准采取该行动的权力，是赋

予行政长官或任何机构者。（由 1994 年第 44 号第十八条修订；由 1998 年第 25 号第二条修订）

6. 在政府授予权内颁赐勋衔、奖赏或特权。（由 1998 年第 25 号第二条修订）

7. 行政长官亲自作出的行动。（由 1998 年第 25 号第二条修订）

8. 关乎政府土地权益的批出、延期或续期条件的施加或更改的决定。（由 1994 年第 44 号第十八条增补。由 1998 年第 25 号第二条修订；由 1998 年第 29 号第一百零五条修订）

9. 与证券及期货事务委员会所印发的《香港公司收购、合并及股份购回守则》有关的任何行动。（由 1994 年第 44 号第十八条增补）

10. 廉政公署、香港辅助警队或香港警队就防止、侦查或调查任何刑事罪或罪行而做出的行动，不论该行动是否由其中任何一个机构单独做出，或是由其中多于一个的机构共同做出或由其中任何一个或多于一个的机构与任何其他机构或人士共同做出。（由 1996 年第 74 号第十条增补。由 1997 年第 362 号法律公告修订；由 1998 年第 25 号第二条修订；由 2002 年第 23 号第一百二十六条修订）

附录七　我国澳门特别行政区类信访制度相关法律

澳门第 5/94/M 号法律

请愿权的行使

立法会按《澳门组织章程》第三十一条第 1 款 b) 项规定，制定具有法律效力的条文如下：

第一章　一般原则

第一条

（范围）

一、本法律管制及确保行使请愿权，透过向本身管理机关或任何公共当局，提出请愿、申述、声明异议或投诉，以维护人权，合法性或公众利益。

二、本法律不适用于：

a) 面对法院的权利及利益的维护；

b) 透过声明异议或诉愿而申诉的行政行为；

c) 向反贪污暨反行政违法性高级专员公署的投诉权；

d) 澳门保安部队军人及军事化人员的集体请。

（定义）

一、为本法律的目的：

请愿—— 一般而言，为向本身管理机关或任何公共当局提出一项请求或提议，以便采取、采纳或建议某种措施；

申述—— 是一项阐述，用以表达与任何实体所采取立场的相反意见，或就有关某情况或行为要求公共当局注意以便进行检讨或考虑其后果；

声明异议—— 是就公务员或服务人员所作的行为向其机构或上级提出申诉；

投诉—— 是检举任何违法行为以及任何机构的不正常运作，以便采取措施针对有关负责人。

二、请愿、申述、声明异议及投诉，当由一组人士透过单一件工具提出以及由代表有关成员的一法人以集体名义提出，则视为集体。

三、当本法律单纯采用"请愿"字句，理解为适用本条文所指的全部方式。

第三条

（并用）

请愿权是与维护正当权利及利益的其他工具兼用，任何本身管理机关或公共当局不得加以限制或约束其行使。

第四条

（拥有）

一、请愿权是由个人或集体行使。

二、合法组成的任何法人同样享有请愿权。

第五条

（普通性及免费性）

提出请愿为普遍且免费的权利，在任何情况下不需缴付任何税项或收费。

第六条

（请愿的自由）

任何公共或私人实体不得禁止或以任何方式防止或阻碍行使请愿权，尤其是自由搜集签名与从事其他必需的行为方面，但尚该项行使违反任何其他法律规定则除外。

第七条

（保证）

一、任何人不得因行使请愿权而受损害，优惠或剥夺任何权利。

二、倘行使该权利时引致不合理侵犯法律所保障的权利或利益，上款规定不免除请愿者的刑事、纪律或民事责任。

第八条

（研究和通知的义务）

一、行使该权利令相对实体接纳和研究请愿书、申诉书、声明异议书和投诉书,并将所作决定通知提出者。

二、在第二条所指请愿权模式的错误分类,不能成为使相对实体拒绝研究的理由。

第二章 方式及程式

第九条

(方式)

一、请愿、申述、声明异议及投诉均应以书面作出而该权利的行使无须依从任何方式或特定程序。

二、请愿权得透过邮件或电报、电传、传真及其他通信工具行使。

三、相对实体应要求请愿者对所提出之书面予以补充,当:

a)函件内未有请愿者的正确认别资料且无载明其住所时;

b)文件难以理解或欠指明请愿的目标。

四、为着上款效力,相对实体定出不能超出二十天的期限,并劝告如果不补充所指不足,则导致将请愿书初步归档。

五、在集体或以集体名义请愿,只需其中一名签名者有充分认别即可。

第十条

(递交)

请愿书一般递交所针对实体的部门。

第十一条

(初端驳回)

一、请愿书遭初端驳回,明显地当:

a)所作要求是违例的;

b)目标是重新审议的法院裁判或不能上诉的行政行为;

c)目标是就同一实体重新审议基于行使请愿权所引致已进行审议的个案,除非提出现新的审议资料。

二、请愿书亦遭初端驳回,倘:

a)以匿名方式提出且经研究不能辨别来自何人;

b)欠缺任何依据。

第十二条

（程序）

一、接纳请愿书的实体，倘不出现上条所指初端驳回的情况，在和请愿书内提出事项的复杂性相符合的最短时间内作出决定。

二、倘同一实体认为对请愿书的目标事项并无权限处理，即将之转交为此目标而具有权限的实体，并将此事实通知请愿者。

三、为监定所提及的依据，有权限的实体得进行认为必需的调查及按照情况采取适当的措施以回应要求或将个案归档。

第三章　向立法会提交的请愿书

第十三条

（程序）

一、向立法会提出的请愿书，是致于立法会主席，由主席按涉及事项采取下列措施：

a）倘请愿牵涉与立法会专有权限的事项，或倘主席认为请愿关系到本地区重要利益时，把请愿书交与有关委员会或特别为此目的而组成的委员会审议；

b）把请愿书提交总督，以便交由有权限实体处理；

c）在存有迹象导致采取刑事诉讼的前提下，把请愿书送交助理检察总长；

d）在存有迹象可引致刑事调查的前提下，把请愿书送交司法警察；

e）为着九月十日第 11/90/M 号法律的目的，把请愿书送交反贪污暨反行政违法性高级专员公署；

f）在不遵守第九条第 1 款及第 3 款规定的情况下，知会请愿者补足所提交的呈文，或提交补充资料；

g）倘出现第十一条所载的情况，初端驳回请愿书，并把决定通知请愿者；

h）对于请愿者显示不了解的权利，可能依循的途径或可能采取的行为使权利获得承认，保护一项利益或弥补一项损失，通知请愿者；

i）就请愿书对本地区及公共实体有关公共事项管理方面的任何行为所提出质疑或疑问，向请愿者或一般市民澄清；

j）将请愿书归档并把事实通知请愿者。

二、立法会主席按上款规定，在收到请愿书之日起计三十天期限内对请愿书作出决定，并把有关决定通知请愿者。

三、有关委员会或特别委员会应由收件日起计，在可延长的三十天期限内研究经由立法会主席发交的请愿书。

四、委员会完成请愿书的研究后，即制定最后报告送交立法会主席，附同在有需要时认为宜采取的适当措施的建议。

第十四条

（效力）

委员会经研究请愿书及有关资料后，可产生：

a）按第十八条的规定，由立法会全体会议审议；

b）按其内容连同认为适当的建议送交有权限的实体审议；

c）制订有需要的立法措施，以便其后由任何议员提出；

d）向总督提交建议，以便采取立法或行政的措施；

e）将之归档并知会请愿者。

第十五条

（委员会的权力）

一、委员会得听取请愿者意见，要求任何人陈述，向本身管理机关或任何公共或私人实体申请及取得资料和文件，但不妨碍有关司法保密及专业保密的法律规定，并可向公共行政当局要求采取认为必需的措施。

二、经研究请愿者提出的问题后，委员会得按照编撰人的建议，要求有关实体对此事项提供所需的解释。

三、经收到上款所指委员会的要求后，有关实体应尽快采取措施及回复立法会。

四、本条所规定权利的行使，应提及本法律。

第十六条

（研究的跟进）

一、当委员会行使上条所载权力而要求措施但遭公共实体无理拒绝时，委员会应把事件通知其上级实体及有权限采取恰当措施以便延续程序的机关。

二、经解决拒绝的情况后，委员会可按既定的程序：

a）继续审议有关事项；

b）重新要求有关实体所需的合作；

c）直接建议该等实体纠正情况或改正引致请愿的原因。

第十七条

（处分）

一、无理缺席，拒绝陈述或不履行第十五条第一款所规定措施，构成不服从罪，且不免除有需要时的纪律起诉。

二、请愿者无理缺席，可造成将有关卷宗归档的后果，而上款规定，则不会施行。

第十八条

（由全体会议审议）

一、经分析请愿书后，委员会应按事项的范围，社会、经济或文化的重要性，以及请愿目标的情况的严重性，决定请愿书是否交由全体会议审议。

二、按上款规定具有条件交由全体会议审议的请愿书，连同有适当依据的报告书，以及倘有的其他准备资料，送交立法会主席，以使列入议程。

三、请愿书所载事项，不付诸表决，但根据该请愿书，任何议员可按章规行使主动权，而当审议该项主动时，请愿书将被收回。

四、随后所发生的事，将通知请愿书内第一位有认别资料的签名人，并送交一份载明该项辩论，与请愿书事项有关的动议的提出和表决的结果的《立法会会刊》。

第十九条

（公布）

一、在立法会主席主动或委员会的建议下，可决定把请愿书全文公布在《立法会会刊》内。

二、有关上款所指请愿书的报告亦同样公布。

三、全体会议将被告知所收到请愿书的主要目的，以及就此所采取的措施，每立法会期至少两次。

一九九四年七月十二日通过

立法会主席　林绮涛

一九九四年七月二十五日颁布

|后　记|

　　《亚洲类信访制度比较研究》是北京市信访矛盾分析研究中心出版的"信访制度比较研究系列丛书"中的一本。本书结合亚洲各国或地区的不同文化背景，对我国的信访制度，与日本、韩国、新加坡、印度、以色列以及我国港澳台地区的类信访制度进行比较性质的研究，通过反思亚洲类信访制度建设的经验特别是制度法治化建设领域的经验，为推动我国信访制度的发展和创新提供借鉴。

　　"信访制度比较研究系列丛书"由中国政法大学教授、北京市信访矛盾分析研究中心创制主任张宗林担任总主编。本书由华东政法大学教授、信访制度比较研究中心主任江利红和北京市信访矛盾分析研究中心主任助理王凯担任主编，北京市信访矛盾分析研究中心的赵斯宇、张晓锐、杨慧，华东政法大学杨官鹏博士后、周海源博士后、张坤博士、杜丹丹、孙晓丹、温作玩、孙光强，北京市检察院的何赞国参与了书稿的撰写工作。以上人员都全程参与了该书的研究和写作。

　　书稿撰写过程中，中国宪法学研究会副会长、华东政法大学法治中国建设研究中心主任童之伟教授给予了精心指导和热情帮助。北京市信访矛盾分析研究中心的郑广淼主任、吴镝鸣副主任也提出了很多宝贵的修改建议，北京市信访矛盾分析研究中心的其他同事也在选题、策划、提纲撰写等过程中给予了热心的帮助。此外，人民出版社为本书的出版付出了巨大的努力，特别是编辑对本书的策划设计、语言、排版等都做了大量认真细致的工作，为本书提出了很多有益的建议。特此感谢!

由于时间和水平所限,本书难免有不足和疏漏之处,权且抛砖引玉,敬请专家学者、信访实务工作者和读者朋友们提出批评和建议。

编　者
二〇一六年二月

责任编辑:邓创业

装帧设计:胡欣欣

责任校对:吕　飞

图书在版编目(CIP)数据

亚洲类信访制度比较研究/江利红,王凯 主编. —北京:人民出版社,2016.2

ISBN 978-7-01-016538-7

Ⅰ.①亚…　Ⅱ.①江…　②王…　Ⅲ.①信访工作-工作制度-对比研究-

亚洲　Ⅳ.①D632.8

中国版本图书馆 CIP 数据核字(2016)第 176310 号

亚洲类信访制度比较研究

YAZHOU LEIXINFANG ZHIDU BIJIAO YANJIU

江利红　王凯　主编

人 民 出 版 社 出版发行

(100706　北京市东城区隆福寺街 99 号)

北京中印联印务有限公司印刷　新华书店经销

2016 年 2 月第 1 版　2016 年 2 月北京第 1 次印刷

开本:710 毫米×1000 毫米 1/16　印张:22.25

字数:290 千字

ISBN 978-7-01-016538-7　定价:48.00 元

邮购地址 100706　北京市东城区隆福寺街 99 号

人民东方图书销售中心　电话 (010)65250042　65289539